계명대학교
국제학연구소
학술총서 02

# 세계지역의 이슈

## 갈등과 협력

김정규 · 김명수 · 윤성환
이동훈 · 정상희 · 한미애
김태형 · 성일광 · 이지혁 　지음

명인문화사

# 세계지역의 이슈: 갈등과 협력

**제1쇄 펴낸 날**   2021년 6월 30일

**지은이**   김정규, 김명수, 윤성환, 이동훈, 정상희, 한미애, 김태형, 성일광, 이지혁
**펴낸이**   박선영
**주 간**   김계동
**디자인**   전수연

**펴낸곳**   명인문화사
**등 록**   제2005-77호(2005.11.10)
**주 소**   서울시 송파구 백제고분로 36가길 15 미주빌딩 202호
**이메일**   myunginbooks@hanmail.net
**전 화**   02)416-3059
**팩 스**   02)417-3095

**ISBN**   979-11-6193-040-4
**가 격**   19,000원

ⓒ 명인문화사

국내외 저작권법에 의거하여 복사제본과 PPT제작 등 **무단 전재**와 **무단 복제**를 **금지**합니다.

이 저서는 2019년 대한민국 교육부와 한국연구재단의 지원을 받아 수행된 연구임(NRF-2019S1A5C2A04083308)

## 1부 정치·외교

- 1장 중국의 일대일로정책 / 윤성환    24
- 2장 유럽의 통합과 갈등: 브렉시트 / 한미애    54
- 3장 이슬람 테러리즘과 중동분쟁 / 성일광    80
- 4장 홍콩의 민주화 시위 / 윤성환    121
- 5장 지속가능한개발목표(SDGs)체제에서 중남미 국제개발협력의 이해 / 정상희    155

## 2부 경제

- 6장 일본의 대한(對韓) 수출규제 강화조치와 한일관계의 변화 / 김명수    188
- 7장 유럽 경제의 위기와 극복: 그리스 금융위기 사태 / 한미애    221
- 8장 말레이시아와 인도네시아의 이슬람 경제 / 이지혁    250

## 3부 사회·문화

- 9장 미국의 인종과 민족 / 김정규    282
- 10장 일본 후쿠시마 원자력발전소 사고와 탈원전 논의 / 이동훈    323
- 11장 세계화와 중남미 메가시티 / 정상희    355
- 12장 영화산업과 할리우드 / 김태형    383

서문 13

## 1부 | 정치·외교

### 1장 중국의 일대일로정책　24
　1. 일대일로정책의 추진 배경과 목표　25
　2. 일대일로정책의 추진 과정과 내용　28
　3. 일대일로정책의 추진 성과와 당면 과제　43
　4. 일대일로정책의 향후 발전 전망과 시사점　47

### 2장 유럽의 통합과 갈등: 브렉시트　54
　1. 국제사회에서 통용되는 '통합'의 의미　55
　2. '하나의 유럽'을 위한 유럽연합 탄생과 영국의 가입　57
　3. 영국과 유럽연합의 충돌과 탈퇴　66
　4. 유럽통합 역사의 중요한 전환점이 된 브렉시트　75

### 3장 이슬람 테러리즘과 중동분쟁　80
　1. 테러리즘의 개념과 역사　81
　2. 테러리즘 이론과 실체　89

| | |
|---|---|
| 3. 현대 이슬람주의 운동 동향 | 100 |
| 4. 현대 중동분쟁 현황 | 111 |
| 5. 대테러 대응전략과 중동분쟁 정세전망 | 115 |

## 4장 홍콩의 민주화 시위     121

| | |
|---|---|
| 1. 홍콩의 역사와 홍콩 민주화 시위의 발생 원인 | 122 |
| 2. 홍콩 민주화 시위의 전개 과정과 주요 특징 | 131 |
| 3. 홍콩 민주화 시위에 대한 중국정부의 대응과 국내외 파급 영향 | 139 |
| 4. 홍콩 민주화 시위의 의의와 향후 전망 및 평가 | 146 |

## 5장 지속가능한개발목표(SDGs)체제에서 중남미 국제개발협력의 이해     155

| | |
|---|---|
| 1. 국제개발협력의 개념 | 156 |
| 2. 국제개발협력의 전통적인 행위 주체와 새로운 행위 주체 | 160 |
| 3. 국제개발협력체제의 특성 | 164 |
| 4. 새로운 국제개발협력체제에서 중남미 국가의 역할과 위상 | 168 |
| 5. 중남미 개발협력 프로그램 사례 | 176 |

## 2부 | 경제

## 6장 일본의 대한(對韓) 수출규제 강화조치와 한일관계의 변화     188

| | |
|---|---|
| 1. 수출규제 강화 조치와 그 내용 | 189 |
| 2. 수출규제 강화 조치의 근본적 배경 | 194 |
| 3. 상징적 사건들과 한국의 대응 | 207 |

세부목차 • 7

4. 수출규제 강화 조치의 결과 **212**
   5. 수출규제 강화 조치와 한일관계의 변화 **215**

**7장 유럽 경제의 위기와 극복: 그리스 금융위기 사태** **221**
   1. 유럽통화동맹의 출범과 유로의 탄생 **222**
   2. 유럽의 경제통합체제와 2007년 세계금융위기 **224**
   3. 유럽연합의 경제 위기로 번진 그리스의 금융위기 **229**
   4. 유럽연합의 지원을 통한 그리스의 국가 부도 위기 극복 **243**

**8장 말레이시아와 인도네시아의 이슬람 경제** **250**
   1. 이슬람 경제의 출현과 확산 **252**
   2. 동남아 이슬람의 특징 **257**
   3. 동남아에서의 이슬람 경제 부상 **259**
   4. 이슬람 금융과 할랄 인증 **263**
   5. 이슬람 경제에 대한 비판적 시각 **272**

## 3부 │ 사회·문화

**9장 미국의 인종과 민족** **282**
   1. 미국의 인종과 민족: 구성과 변화 **284**
   2. 인종과 민족에 따른 지역 분포 **292**
   3. 이민과 인종 차별 **297**
   4. 인종차별의 시작과 백인들의 불만 **305**
   5. 새로운 형태의 인종주의 **310**
   6. 인종차별 그리고 새로운 도전 **314**

## 10장 일본 후쿠시마 원자력발전소 사고와 탈원전 논의   323
1. 동일본대지진과 후쿠시마 원자력발전 사고   324
2. 일본의 원자력발전 도입의 역사   332
3. 방사능 피폭의 역사   336
4. 후쿠시마 원전사고 처리와 검증   341
5. 일본의 탈원전 논의와 한국   348

## 11장 세계화와 중남미 메가시티   355
1. 중남미 도시의 기원 및 발전과정   357
2. 세계화와 중남미 도시의 발전과정   360
3. 멕시코 도시의 성장과 발전과정   362
4. 멕시코시티의 도시문제와 이를 해결하기 위한 방안   371

## 12장 영화산업과 할리우드   383
1. 영화산업의 시작   385
2. 영화의 규격화와 대량생산   391
3. 영화 장르의 이데올로기   396
4. 영화제작과 배급의 구조   399
5. 미디어 변화와 영화 콘텐츠   404

저자소개   410

### 글상자

| | |
|---|---|
| 1.1 환태평양 경제동반자협정 | 31 |
| 1.2 신북방정책 | 50 |
| 1.3 신남방정책 | 51 |
| 2.1 시리아 난민사태 | 67 |
| 3.1 티모시 맥베이 | 84 |
| 3.2 유나바머 | 85 |
| 3.3 니잠 알물크 | 88 |
| 4.1 애로호 사건 | 123 |
| 4.2 복면금지법 | 135 |
| 4.3 중국몽 | 149 |
| 5.1 종속이론 | 163 |
| 6.1 2019년 1월 9일 위안부합의에 대한 정부 입장 발표 | 196 |
| 6.2 지소미아 종료에 대한 청와대 입장 발표문 | 210 |
| 7.1 브레튼우즈체제 | 223 |
| 8.1 샤리아 | 253 |
| 8.2 2007~2008년 세계금융위기 | 255 |
| 8.3 이슬람 주택금융 사례(무라바하) | 274 |
| 9.1 피 한 방울의 법칙 | 286 |
| 10.1 도쿄전력 | 326 |
| 11.1 멕시코시티 | 363 |
| 12.1 제7의 예술 | 384 |
| 12.2 독립영화 | 390 |

## 표

- 1.1 일대일로정책의 주요 추진 과정 … **29**
- 1.2 중국 일대일로 경제회랑별 중점 사업 … **33**
- 1.3 육상 실크로드 경제벨트의 신로드맵 … **33**
- 1.4 중국과 일대일로 주요 연선 국가와의 통화스와프 체결 현황 … **38**
- 1.5 아시아인프라투자은행(AIIB)의 개요 및 설립과정 … **40**
- 2.1 유럽통합 역사 … **64**
- 2.2 영국 내 브렉시트에 관한 의견 … **71**
- 2.3 브렉시트 역사 … **74**
- 3.1 대표적 이슬람주의 단체와 테러단체 … **99**
- 3.2 알카에다와 IS 비교 … **112**
- 4.1 1997년과 2018년의 홍콩의 주요 경제지표 비교 … **129**
- 5.1 개발재원의 형태 … **158**
- 5.2 개발재원의 흐름, 2013~2018년 … **161**
- 5.3 국제개발협력의 다양한 행위 주체 … **163**
- 5.4 국제개발협력의 새로운 패러다임 … **168**
- 5.5 OECD DAC의 중남미 수원국 리스트, 2018~2020년 … **170**
- 5.6 삼각협력 프로젝트에 참여하고 있는 전통적인 공여국과 중남미 국가 … **179**
- 6.1 제4차 아베 재개조내각 '야스쿠니'파 개헌·우익단체 우원연맹 가맹 상황 … **202**
- 6.2 한일 양국 각종 지표 비교 … **205**
- 7.1 그리스 신용등급 변화 … **232**
- 7.2 그리스 금융위기 역사 … **242**
- 8.1 이슬람 금융의 계약 유형 … **265**
- 8.2 할랄식품과 하람식품(말레이시아정부 기준) … **271**
- 11.1 대륙별 도시화 비율, 1990~2050년 … **359**
- 11.2 멕시코 도시의 발전과정 … **367**
- 11.3 멕시코 산업구조의 변화 … **368**
- 11.4 멕시코 도시의 발전 현황(1980~2013년) … **369**

## 도표

2.1 리스본조약 50조에 의한 탈퇴 과정 … 69
2.2 추가 합의사항 발생 시 절차 … 70
3.1 테러공격의 스크립트 의사결정 … 90
3.2 대테러 대응전략 개입 포인트 … 91
3.3 무슬림 형제단 시각에서 보는 국가 시스템 왼쪽부터 이슬람 국가 체제, 중세유럽 왕체제와 현대 민주주의체제 … 93
5.1 ODA의 대륙별 지원추이(%) … 171
5.2 SDGs와 삼각협력, 2016년 … 180
7.1 그리스의 부채 … 231
7.2 2015년 그리스의 구제금융 투표결과 … 234
8.1 글로벌이슬람경제지표(GIEIS) 점수 … 260
8.2 이슬람 금융 계약 … 267
8.3 이자라 수쿡 … 269
10.1 멜트다운, 멜트스루, 멜트아웃 … 329

## 사진

5.1 과테말라 여성을 위한 직업훈련원(굿네이버스) … 173
6.1 수출무역관리령 일부 개정안을 담은 일본의 『관보』 … 191
10.1 사고 당시 후쿠시마 제1원자력발전소의 모습 … 325
10.2 원폭 투하 직후 히로시마 거리의 모습 … 337
11.1 중남미 도시의 다양한 모습: 과테말라 … 361
11.2 멕시코시티 도심지역 … 373

## 지도

1.1 중국의 육상 및 해상 실크로드 경제지대 … 30
1.2 일대일로 연선 6대 경제회랑 … 32
2.1 영국의 유럽연합 탈퇴 투표결과 … 69
4.1 홍콩 전도(全圖) … 124
11.1 멕시코지도 … 364

## 서문

글로벌(global)이라는 단어가 오늘을 살고 있는 우리에게 현실감 있고 체험적으로 다가온 지도 벌써 오래되었다. 이 단어가 본격적으로 등장하였을 때만 하더라도 무엇인가 세련되고, 도전적이며, 미래지향적인 뜻을 함축하는 것으로 사람들의 마음에 새겨졌다. 그러나 이제는 더 이상 새롭지도 않고 식상할 정도로 진부해진 단어가 된 느낌이다. 글로벌하다는 것이 더 이상 새로운 것이 아니고 도전도 아니며 우리 주변에 그리고 나에게 늘 일어나는 일이 되었기 때문이다. 바꾸어 말하면 거부할 수도 없을 만큼 우리는 이미 글로벌한 세상에 살고 있으며 그것을 벗어날 수도 없다. 자동차가 처음에 등장했을 때 정말 신기한 것이었지만 아직도 그렇다고 여기는 사람은 없다. 자동차가 필요 없어서 그런 것이 아니라 누구에게나 정말 중요해져서 삶의 한 부분이 되었을 뿐이다.

세계화, 국제화, 글로벌, 세계지역이라는 단어들이 그렇다. 우리는 이 단어들과 떨어져서는 살 수 없는 시대에 머물고 있다. 예전에는 그저 다른 곳의 이야기처럼 여겨지던 세계 여러 지역의 일들이 이제는 우리 삶의 모든 영역에 모세혈관처럼 뻗어져 있다. 반대로 한국도 이제 더 이상 세계의 변방국으로 남아 있지 않다. 경제적으로뿐만 아니라 여러 영역에서 세계 곳곳에 영향을 미치고 있다. 한반도의 불안한 안보적인 상황에도 불구하고 경제적으로 이미 선진국들과 어깨를 나란히 하고 있고 국방력도 미국을 비롯한 전통적 강대국을 제외하고 최고 수준에 이른다. 세계가 한국을 이제 그저 그런 국가로 여기지 않는다. 더 나아가 이러한 바탕 위에 최근에 활발하게 이루어지고 있는 문화 영역에서의 세계 진출은 놀랄만한 것이어서 경제와 안보 분야에서 최고 수준에 있는 이웃의 일본, 중국 등의 국가로부터 부러움을 살 정도이다. 이제 우리 안에 세계가 놓여있고, 동시에 세계를 향해 끊임없이 진출해 나가는 것이 오늘을 사는 우리의 모습이다.

세계지역의 이슈와 그 쟁점들이 그들만의 문제가 아니라 우리의 문제 더 나아가 나의 문제와 직결되는 세상, IT 기술과 인터넷의 확산으로 인한 세계로 향한 무한한 자기 노출이 가능하고 동시에 지구촌 어느 구석의 이야기가 나의 이야기로 순식간에 바뀌고 마는 세상에서 어떠한 삶을 살아가야 할 것인지에 대해 우리는 끊임없이 도전받는다. 이제 국경의 제약을 넘어 세계 여러 지역에서 발생하는 사건들, 사람들의 이야기, 사회적 이슈와 문제점들은 반드시 알아야 하고, 토론되어야 하며, 함께 고민하고 풀어가지 않으면 안 된다.

탈영토화, 탈공간화 되어 가고 있는 세계 사회에서 또 다른 한편으로 국경은 여전히 중요한 공간적 틀을 유지하고 있다. 국경안과 밖은 물리적으로 통제되고 있으며 국가와 지역에 따라 느슨하기도 하지만 대부분의 국가에서 아주 뚜렷이 공간적 구조를 유지하고 있는 것도 사실이다. 그러므로 세계 주요 국가에서 어떠한 부분이 주로 논쟁이 되고 있으며 중요한 이슈로 등장하고 있는지 체계적으로 살펴보고 이해하는 것은 국제사회를 이해하기 위해서는 아주 중요하다. 국가의 경계 안에서 일어나는 일들이 곧 주변에 그리고 세계 전체에 영향을 줄 수도 있다. 따라서 우리는 이러한 문제에 대하여 비판적으로 인식하고 논리적으로 사고

할 수 있는 방법을 배울 필요가 있다.

국가의 행위와 결정도 개인의 행위의 결정과 유사한 면이 많다. 국가 집단은 개인들이 모여 더 큰 집단을 이루고, 그것을 바탕으로 가장 크게 확대된 집단이기 때문이다. 한 국가 안에서의 일들과 국가의 행위는 국민들의 생각과 가치관 그리고 이해관계와 경제적 이익을 대변한다. 그렇지만 개별 국가들의 주요 이슈들이 주변의 다른 국가와 긴밀하게 연결되어 있고 교류와 상호작용의 정도는 생각하는 것보다 앞으로 더 강화될 것이 분명하다.

지구촌 전체가 코로나19 바이러스로 인한 펜데믹을 경험하면서 국가와 국가 간의 이동이 단절되고, 각국들은 각자도생의 길로 살길을 찾느라 분주한 것처럼 보이고 있었지만, 결국은 국가와 국가 간의 교류와 협력 없이는 펜데믹의 극복은 있을 수 없음을 목도하였다. 사실 전염병의 확산은 동전의 두 면이다. 세계화가 진행되지 않았고 국가 간의 이동이 적었다면, 바이러스의 전염도 그만큼 줄어들었거나 한 지역에서 끝이 났을 수도 있다. 그러나 세계화의 방향을 거슬러 갈 수 없다면 국가와 국가, 지역과 지역 간의 이해, 공동적 협력과 노력 없이 인류 사회의 발전과 존속은 있을 수 없음을 경험하였다. 그렇다면 국제사회의 미래를 위해 해결하고 고민해야 할 가장 뚜렷한 현안이 무엇인지 그리고 국제적 쟁점은 무엇인지 이해할 필요가 있다. 그것은 크게는 지구촌 전체와 우리가 살고 있는 국가의 미래를 위해 고민해야 할 문제이지만 순식간에 나 자신의 문제로도 금방 다가올 수 있음을 알고 바르게 볼 수 있어야 한다.

이 책은 계명대학교 국제학연구소 인문사회연구소지원사업팀이 수행하고 있는 국제지역학 교육을 위한 연구에 바탕을 두고 있다. 총 3부 12장으로 나누어 한국과 밀접한 관계가 있는 이웃 국가뿐만 아니라 유럽과 중남미 지역, 동남아시아와 중동지역에 이르기까지 세계지역 전반에 걸쳐 영향을 미칠 수 있는 주요 이슈들을 중심으로 구체적으로 그 문제를 분석하여 독자들이 주요 논점들에 대해 체계적인 이해를 할 수 있도록 구성하였다. 전체적으로 1부는 세계 주요 지역의 정치·외교 관련 이슈, 2부는 경제, 3부는 사회·문화 관련 이슈를 중심으로 살펴보고 있다. 세부적인 내용을 보다 구체적으로 살펴보면 다음과 같다.

1장과 4장에서는 중국과 관련한 정치·외교 이슈에 대해 다루고 있다. 1장에서는 중국의 가장 핵심적인 구상인 일대일로 정책에 대해 분석하고 있다. 이 정책의 배경과 주요 목표, 그리고 중국정부가 강조하고 있는 내용이 무엇인지 밝혀 봄으로써 세계를 향한 중국의 국가적 전략이 어떠한지 파악한다. 더 나아가 이 정책이 향후 전개될 모습에 대해 전망하고 정책의 시행으로 인해 나타날 수 있는 다양한 시사점을 살펴본다.

4장에서는 최근 중국의 가장 뚜렷한 이슈로 등장한 홍콩의 민주화 시위를 살펴보고 있다. 홍콩은 중국에서 어떠한 위치를 점하고 있는지 역사적 배경부터 시작하여 민주화 시위의 발생 배경, 그리고 전개 과정과 홍콩 민주화 시위의 특징이 무엇인지 설명한다. 그리고 중국정부가 홍콩 시위를 어떤 식으로 인식하고 대응하였는지, 그리고 향후 홍콩 민주화 시위가 가지는 파급 효과와 중국에 미칠 영향 등을 전망하고 평가하고 있다.

2장과 7장에서는 유럽지역의 주된 이슈에 대해 논의하고 있다. 유럽지역은 북미지역과 함께 선진국들이 가장 많이 위치하고 있는 지역이다. 유럽의 국가들은 19세기와 20세기 초반에 걸쳐 가장 강력한 국가들을 이루어 세계의 많은 곳을 식민지화하고 그것을 발판삼아 국가의 부를 축적해 왔다. 그러나 유럽국가들 안의 경쟁으로 인해 두 번의 세계대전을 겪었는데 무기가 발달된 제2차 세계대전은 승전국과 패전국 할 것 없이 전쟁의 큰 피해를 가져다주었다. 그 결과 유럽 국가들의 세력은 급격히 줄어들게 되고 식민지배에 있던 많은 곳들이 독립하여 오늘에 이르고 있다. 전쟁으로 인한 유럽의 경제적 어려움은 미국의 적극적인 도움으로 빠른 시기에 극복되어 서구 유럽의 주요국들은 다시 중심국가로 올라설 수 있게 되었지만, 이념의 대립에 따른 냉전시대를 거치면서 동구 유럽의 경제적 발전은 진척이 없었다. 그러나 페레스트로이카로 대변되는 소비에트 사회주의의 몰락은 새로운 유럽의 시대를 열었다. 크고 작은 국가들이 공존하는 유럽은 경제적으로 북미, 아시아 지역과 경쟁하기 위한 지역적 블록으로 하나의 유럽을 주창하며 유럽연합(EU)을 창설하고, 유로(Euro)화를 도입하여 통화를 통일하는 등, 단일 경제체제를 구축하였고 더 나아가 정치적 공동체를 구성하기 위해 지속적으로 노력하고 있다.

이러한 배경을 바탕으로 2장은 하나의 유럽을 주창하는 유럽통합의 의미가 무엇인지, 유럽 전체와 세계에 미치는 영향을 중심으로 살펴본다. 특히 영국의 유럽연합 탈퇴를 일컫는 브렉시트(BREXIT)를 중심으로 유럽통합의 한계와 논란의 핵심이 무엇인지를 구체적으로 설명하고 있다. 그리고 이러한 분석을 통해 경제 블록화 그리고 국가 공동체의 한계와 논쟁점에 대해 다루고 있다.

7장은 그리스 사례를 통해 본 유럽의 금융위기를 다루고 있다. 경제적으로 하나 된 유럽이 세계 전체에 차지하는 비중과 영향력은 상당하다. 그러나 다양한 국가들의 연합으로 이루어져 있으므로 회원국들 중 한 국가라도 경제적으로 어려움에 처하게 되면 유럽 전체 그리고 더 나아가 세계 경제에 영향을 미치게 되는 구조이다. EU의 회원국인 그리스가 겪은 경제위기와 세계금융위기가 어떻게 연결되었으며 문제의 해결을 위해 유럽이 시행한 정책은 무엇이었는지에 초점을 맞추었다.

3장은 중동지역에 대해서 다루고 있다. 중동지역은 이슬람 종교의 발상지이자 대부분의 국가들이 종교와 정치가 뚜렷하게 분리되어 있지 않다. 이슬람교 국가들은 국가의 단위보다 이슬람교 내에서의 순니파와 시아파 등과 같이 종교적 전통의 뿌리가 민족주의처럼 작용하는 종교적 민족주의의 모습을 가지고 있다. 그러므로 중동국가들 사이에서의 갈등 문제도 자주 발생한다. 특히 테러리즘의 문제와 관련하여 이 지역을 주된 터전으로 삼고 있는 단체들이 세계적으로 주목을 받고 있는 지역이기도 하다. 이 장에서는 테러리즘에 대해서 먼저 살펴보고 현대 이슬람주의와 테러리즘이 어떠한 연관성이 있는지, 아랍과 이스라엘 그리고 팔레스타인 사이에서 나타나는 분쟁의 핵심적인 내용을 파악한다. 그리고 이슬람의 가장 큰 두 교파인 순니파와 시아파의 세력 대결 더 나아가 미국과의 갈등의 문제를 조명함으로써 종교와 문화의 차이 그리고 세계 안보의 문제를 함께 생각해 본다.

5장과 11장은 중남미 지역의 정치·외교 그리고 사회·문화와 관련한 주요 이슈를 다루고 있다. 중남미 지역은 물리적 거리를 따지면 한국과 가장 떨어진 지역에 속하지만 최근 들어 뚜렷하게 관심을 받고 있는 지역이다. 특히 칠레를 시작으로 한국과의 FTA를 체결하여 경제적 교류를 확대하고 자본과 인력의 교류도 활발해지고 있다. 중남미 국가들은 포르투갈어를 쓰는 브라질을 제외하고 모든 국가가 스페인어를 사용하는 단일어 지역이어서 공통적인 특징을 공유하고 있는 반면, 국가별 위상과 규모는 아주 다양해서 하나의 지역으로 통합하여 살펴보기에는 큰 무리가 있다. 그래서 5장에서는 중남미 국가들에 대해서 공통적으로 접근할 수 있는 개발협력 프로그램을 중심으로 관련 국가들의 전반적인 특징과 처한 상황을 이해해 보고자 하였다.

11장에서는 중남미 도시의 발전과정을 중심으로 중남미의 발전이 어떤 방식으로 전개되었으며 세계화의 도전에 직면하여 대처하고 변화해 나가는 모습을 살펴보고 있다. 특히 중남미지역에서 가장 큰 도시 중의 하나인 멕시코시티의 성장과 발전과정을 집중적으로 분석함으로써 중남미 지역이 처한 어려움과 도전 그리고 문제해결의 노력들을 조명한다.

6장과 10장에서는 우리와 지리적으로 가장 가까운 나라인 일본의 경제 그리고 사회·문화와 관련한 주요 이슈들에 대해 살펴보고 있다. 6장에서는 경제 이슈와 관련한 것으로 일본의 대한 수출규제 강화조치에 대해서 살펴보고 이와 관련하여 한일관계가 어떻게 영향을 받고 있는지 논의한다. 한국에 대한 일본정부의 수출규제 조치는 겉으로는 안보적인 문제라고 하지만 사실 그 내막은 징용공이나 위안부 이슈와 같은 과거사의 문제와 밀접한 관련이 있다. 또한, 아베 정권이 동북아 정세에서 주도권을 잡으려고 하는 야심, 그리고 한국 경제성장에 대한 견제, 트럼프가 중국과의 무역에서 보여준 정치행위 등 여러 가지 원인들이 얽혀서 작동한 것이라고 볼 수 있다. 이러한 내용에 대해서 구체적으로 살펴보고, 한국정부와 한국인들의 대응을 비롯하여 한국에 대한 수출규제 사건이 한일관계에 주는 교훈과 해결해 나가야 할 문제들을 조명해 본다.

10장에서는 후쿠시마 원전사고와 일본의 탈원전 논의에 대해 조명한다. 후쿠시마 원전사고는 근래에 세계적으로 발생한 원전 사고 중 가장 심각한 피해를 주고 있다. 일본뿐만이 아니라 방사능 오염수 유출 문제로 인해 태평양 연안 국가들과 마찰을 빚고 있으며, 특히 이웃 국가인 한국은 아주 민감하게 반응할 수밖에 없다. 이 장에서는 동일본대지진과 후쿠시마 원전 사고의 구체적인 내용에 대해 설명하고 특히 방사능 피폭의 역사적 경험이 뚜렷한 일본인들이 이 문제를 어떤 방식으로 대처하고 해결해 나가고 있는지 살펴본다. 탈원전 논의는 일본에서 지속적으로 제기되고 있는데 한국도 최근 탈원전 정책이 쟁점 사항이 되어 주목을 받고 있으므로 관련하여 논의한다.

8장은 동남아시아 지역을 대표하는 말레이시아와 인도네시아의 이슬람 경제를 구체적으로 다루고 있다. 동남아시아는 지역적으로 묶기에는 종교와 문화적 배경이 아주 다른 나라들이 함께 공존하고 있다. 태국을 제외한 여러 국가들이 식민지배를 당한 경험이 있고, 정치적으로도 자본주의와 사회주의 국가들이 공존하고 있으며, 종교적으로도 불교, 기독교, 이슬람교 등 주요 종교들이 국가에 따라 혼재되어 있다. 동남아시아의 국가들 중 가장 큰 인구 규모와 경제를 가지고 있으며 이슬람 문화의 공통점을 지닌 국가가 말레이시아와 인도네시아이다. 이 두 국가는 이슬람 경제라는 공통의 특징을 가지고 최근 가장 빠르게 부상하고 있다. 우리에게 다소 익숙한 태국, 필리핀, 베트남 등의 동남아시아 국가들과는 달리 이슬람 경제권을 형성하고 있는 이 두 국가를 중심으로 동남아시아 이슬람의 특징과 이슬람권 경제가 지니고 있는 모습들을 비판적으로 분석하고 있다.

9장과 12장은 세계에서 가장 강력한 국가로 군림하고 있는 미국과 관련한 주된 이슈를 다루고 있다. 미국은 경제와 안보를 중심으로 독보적인 강대국의 지위를 지니고 있지만, 미국 내에서는 다양한 갈등 현상이 존재한다. 특히 세계에서 가장 다양한 인종과 민족으로 국민들이 구성되어 있기 때문에 이와 관련한 인종과 민족의 문제는 미국 사회 전체를 관통하고 있다.

9장에서는 이민의 역사를 통해 미국인들이 어떻게 구성되었는지, 인종과 민족의 분포는 어떠한지 그리고 이민 시기별로 나타난 인종과 민족의 차이에 따른 차별의 역사에 대해 먼저 살펴본다. 미국에서의 인종차별의 시작과 구체적인 모습은 오늘날 어떻게 나타나고 있는지, 인구의 다수를 차지하는 백인들의 불만은 무엇인지, 그리고 과거와는 다른 형태로 일어나고 있는 오늘날의 인종주의의 특징들은 무엇인지에 주목한다. 그럼으로써 미국 발전의 뚜렷한 걸림돌이 되는 인종주의의 가장 뜨거운 이슈의 중심으로 접근을 시도하고 있다.

마지막으로 12장은 미국의 소프트파워의 핵심인 문화산업 특히 영화산업에 집중한다. 영화산업은 하루아침에 이루어진 것이 아니라 과학과 기술, 영화의 텍스트를 위한 지적 문화 생태계의 성장, 대량생산과 같은 산업의 발전, 소비할 수 있는 대중의 존재와 같은 것이 함께 이루어져야 한다. 이것을 배경으로 예술 산업으로서의 영화, 영화산업, 영화기술의 발달, 영화의 제작 배급에 이르는 산업구조와 논리, 영화 장르에서 드러나는 이데올로기 등을 중심으로 할리우드로 대변되는 미국 영화산업과 그것을 통해 세계로 확산된 미국식 문화에 관해 살펴본다.

이 책에서 다루지 못한 수도 없이 많은 이슈들이 세계지역에서 매일 발생하고 있으며, 해결점이 공동으로 모색되기도 하지만 그 갈등의 골을 해결하지 못하고 심각한 분쟁으로 발전하거나 긴장관계가 지속되는 경우가 많다. 이러한 모든 주요 이슈를 한꺼번에 다루기에는 역부족인 것이 사실이다. 그러나 각각의 이슈들이 독립적인 개별 사건으로 존재하기도 하지만 크게 보면 서로 연결되어 있는 부분들이 많고 유사한 이슈들이 지역적으로 그리고 역사적으로 갈등과 협력을 통해 반복되는 일도 많다. 따라서 이 책에서 다루고 있는 이슈들을 바탕으로 하여 문제를 파악하고 분석하는 능력을 배울 수 있다면 여기서 다루지 못한 다양한 세계적 이슈를 대한다고 할지라도 충분히 이해할 수 있는 능력을 갖출 수 있다고 생각한다.

마지막으로 이 책이 나올 수 있도록 여러 가지로 도움을 준 명인문화사 관계자 여러분께 감사의 말씀을 드린다.

계명대학교 국제학연구소장<br>김정규

# 1부

# 정치·외교

1장   중국의 일대일로정책 • 24

2장   유럽의 통합과 갈등: 브렉시트 • 54

3장   이슬람 테러리즘과 중동분쟁 • 80

4장   홍콩의 민주화 시위 • 121

5장   지속가능한개발목표(SDGs)체제에서
      중남미 국제개발협력의 이해 • 155

# 중국의 일대일로정책

윤성환(계명대 국제지역학부 중국학전공)

1978년 개혁개방정책을 실시한 이후 중국은 급속한 경제발전을 이룩하여 오늘날 세계 2위의 경제규모, 세계 최대의 무역국가로 성장하게 되었다. 그러나 최근 글로벌 경기침체와 중국 내 불안요인들은 중국경제의 지속성장에 먹구름을 가져다주고 있다. 이러한 비관적인 상황에도 불구하고 중국의 경제발전 구상은 장기적이고 포괄적이며 더욱 구체화되고 있는데 이것이 바로 2013년 시진핑(習近平) 국가주석이 제안한 일대일로(一帶一路) 추진정책이다. 일대일로정책은 중국과 유라시아 경제권을 육상과 해상으로 연결하여 하나의 경제권을 형성하고자 하는 초대형 프로젝트이다. 따라서 순조롭게 진행될 경우 중국과 세계 경제발전의 새로운 동력은 물론 국제경제의 구도를 변화시키는 요인이 될 수 있을 것이다. 이에 본 장에서는 중국이 현재 야심 차게 추진하고 있는 일대일로정책에 관한 제반 내용들을 체계적으로 설명함으로써 일대일로정책에 대한 독자들의 이해를 제고하고자 한다.

## 1. 일대일로정책의 추진 배경과 목표

중국의 일대일로정책은 시진핑 국가주석이 2013년부터 적극 추진하고 있는 중국의 신(新)대외전략으로, '실크로드 경제벨트'를 가리키는 '일대(一帶, One Belt)'와 '21세기 해상 실크로드'를 가리키는 '일로(一路, One Road)'를 통칭하는 개념이다. 이러한 개념의 일대일로는 시 주석이 2013년 9~10월 중앙아시아와 동남아시아를 차례로 순방하면서 고대 실크로드와 해상무역로 주변 지역에 교통 인프라망을 구축하는 전략적 계획을 설명하면서 처음으로 제시하였다. 즉, 일대일로정책은 육상 및 해상 실크로드를 통하여 중국, 중앙아시아, 남아시아, 동남아시아, 오세아니아, 유럽, 아프리카를 포괄하는 거대한 경제 네트워크를 형성하자는 중국의 대외전략이다.

  이러한 중국의 일대일로 구상은 중국의 대내적 및 대외적 상황이 반영되어 대외개방을 확대 및 심화시킬 필요가 있을 뿐만 아니라, 주변국들과의 협력을 강화해 나갈 필요성에서 제기되었다고 볼 수 있다. 즉, 중국 내부적으로 해외투자 및 산업이전 등을 통하여 국내의 과잉생산능력을 해소하며 지속가능한 발전을 위하여 해외 자원 및 에너지를 안정적으로 확보하고 서부지역 등 변경지역의 개발을 통하여 국가안보를 강화함과 동시에 지역경제통합의 주도권을 확보하기 위한 차원에서 이루어졌다고 볼 수 있다. 중국은 덩샤오핑(鄧小平)의 개혁개방정책으로 인하여 지난 35년(1978~2013년) 동안 높은 경제발전을 추구하여 왔으며 향후 중국의 경제발전은 일대일로 구상을 통하여 이룰 것이라는 중국 지도부의 강한 의지를 엿볼 수 있는 것이다. 또한, 일대일로 구상에는 강화된 중국의 국력을 토대로 하여 '중화민족의 부흥'이라는 원대한 꿈, 즉 '중국의 꿈(中國夢)'을 실현하기 위한 적극적인 대외정책적 고려가 포함되어 있다.

한편 중국이 일대일로 구상을 제기하게 된 대외적 배경으로는 미국의 대중국 견제전략에 대한 대응차원으로 여겨지고 있다. 중국의 일대일로 구상에는 미국의 유라시아에 대한 패권 유지를 위한 적극적인 개입과 '아시아 재균형' 전략을 통한 중국에 대한 압박과 봉쇄를 무력화하고 미국의 포위망을 우회하여 슈퍼국가로 부상하기 위한 중국의 지정학(地政學)적 대응이라는 측면이 내포되어 있는 것이다. 결국, 중국은 자신의 근거지인 아시아 지역에서 미국의 대중국 견제에 효과적으로 대응하기 위하여 주변 지역에 대한 지정학적 통제를 강화시켜 나가야 할 필요성을 깊이 인식하게 되었으며 이것이 중국에게 큰 자극으로 작용하여 인접 국가들과의 협력을 강화하기 위한 돌파구로서 일대일로 구상을 제기하게 된 것이다. 아울러 중국은 일대일로정책을 추진함으로써 인접국인 중앙아시아국가들과의 경제협력을 포함한 전방위적인 협력 강화를 통하여 이들 국가들이 가진 방대한 자원의 확보뿐만 아니라 중장기적인 차원에서 중앙아시아 지역에서 러시아와의 주도권 경쟁에서 우위를 점하려는 의도가 내포되어 있다.

중국이 추진하고 있는 일대일로정책의 주요 추진 목표로는 크게 다음의 세 가지를 들 수 있다.

첫째, 일대일로정책은 지속가능한 발전을 위한 중국의 신경제구상이라고 말할 수 있다. 시진핑 시기의 중국은 저성장과 성장률 하향 조정이 필요한 '신창타이(新常態)' 시대에 들어왔다고 볼 수 있으며, 성장 속도를 고속에서 중속으로 전환하고 경제구조의 패러다임 전환을 통해 새로운 성장 방식과 동력이 필요하다고 인식하고 있다. 중국경제의 지속가능한 성장을 위해서는 무엇보다도 주변국과의 경제협력이 필요하며 그 방법으로 일대일로를 제안하고 있다. 다시 말해, 중국은 내수시장과 전통적인 무역 협력국가만으로는 국내기업의 잉여 생산능력을 충당하기 어려워지게 됨으로써 시장 확대와 새로운 시장 개척을 위해 기존의 '외자유치(引進來)정책'에서 '해외투자(走出去)정책'으로의 전략을 수정하여 중국경제의 성장 동력을 마련하겠다는 것이다. 즉, 육상을 관통하는 실크로드 경제벨트와 해상 거점을 잇는 21세기 해상 실크로드를 통하여 자국 산업의 공급과잉 문제를 해결하고 자원획득과 산업 재배치에 주력하며, 철도 및 항구 등 사회간접자본(SOC), 에너지, 교통물류, 유통, 금융 분야 등에서 막대한 수요를 창출하고 기회를 얻고자 하고 있다는 점에서 일대일로 구상은 '신창타이' 시대에 직면한 중국의 미래성장전략으로 받아들여지고 있다. 중국은 1978년 개혁개방 이래로 지역 간, 계층 간, 한족(漢族)과 소수민족 간 불평등이 심화되면서 서부대개발(西部大開發),[1] 중부굴기(中部崛起),[2] 동북진흥(東北振興)[3] 등의 국가급 프로젝트를 실시하여 왔으나 큰 성과를 이루지 못하고 있다. 따라서, 일대일로에는 기존의 중국내 내재하고 있는 여러 불균형 문제를 해소하고 내수시장을 확대하면서 중국 주도의 새로운 경제권을 추진하겠다는 중국 지도부의 강한 의도가 내포되어 있다고 하겠다.

둘째, 일대일로 구상은 미국의 단일 패권주의를 견제하기 위한 중국의 서진(西進)전략이다. 중국은 지난 30여 년 간 개혁개방을 통하여 정치, 경제적으로 국제사회의 일원으로 자리매김하여 왔으나 여전히 미국을 비롯한 서방 자본주의 국가들의 중국에 대한 편견과 적대감은 사라지지 않았다고 보고 있다. 특히, 중국의 급격한 국력신장으로 인하여 미국이 경계심을 지니고 중국을 대하고 있으며, 최근에는 미일 동맹을 중심으로 중국을 강하게 압박하고 있다고 여기고 있다. 이러한 상황 하에서 중국의 국가안보 문제는 더 이상 중국 국내문제가 아니며 주변 지역과의 긴밀한 협력이 절실함을 인식하게 된 것이다.

셋째, 일대일로 구상은 중국 서부지역의 경제 발전을 도모하려는 중국정부의 숨은 의도가 내포되어 있다. 개혁개방 실시로 동남부 연해지역과 중서부 내륙지역 간의 발전격차는 나날이 커지면서 자연히 지역 간 경제 차이가 확대되고 모순이 심화되게 되었다. 이러한 동서간 지역격차 문제는 장래 중국경제의 지속적인 발전은 물론이고 중국의 정치 및 사회적 안정에도 부정적인 영향을 미칠 수 있는 민감한 사안이다. 중국의 서부지역은 외부와의 연계성이 떨어지고 인구도 희박하여 자체 성장 동력이 매우 부족하므로 무엇보다도 중앙정부의 정책이니셔티브(initiative)가 필요한 지역이다. 즉, 철도, 도로, 항만 등 기초인프라 건설을 통해 중국 서부 내륙지역의 도시화, 공업화를 추진하면서 주변국과의 연계 개발, 나아가 유라시아 대륙을 중국과 연결하고자 하는 것이 일대일로 추진정책의 주요 목적 중 하나인 것이다. 이러한 점을 고려할 때, 중국정부가 추진하고 있는 일대일로정책은 그 시사하는 바가 크다고 할 수 있으며, 서부지역의 경제발전을 위해 중앙정부의 정책수단들이 얼마나 효과적으로 나타날 수 있는지가 중요한 과제라고 할 수 있다.

## 2. 일대일로정책의 추진 과정과 내용

중국의 일대일로정책의 추진 과정을 살펴보면 표 1.1과 같이 요약할 수 있다. 2013년 시진핑 국가주석이 대내외적으로 일대일로 추진을 선언한 이후 일대일로 추진을 위한 다양한 정책들이 본격적으로 마련되기 시작하였다. 그중 가장 대표적인 것으로 '실크로드 경제벨트 및 21세기 해상 실크로드 공동건설을 위한 비전 및 행동'(이하 비전 및 행동)을 들 수 있다. '비전 및 행동'은 2015년 3월 중국의 국가발전개혁위원회, 외

### 표 1.1  일대일로정책의 주요 추진 과정

| 시기 | 주요 내용 |
|---|---|
| 2013.09. | 시진핑 주석, 최초로 일대일로 전략 공표 |
| 2013.11. | 18기 3중전회(中全會)[4]에서 일대일로 건설 추진에 관한 내용을 공식적으로 명시 |
| 2014.11. | 베이징(北京) APEC회의에서 400억 달러 규모의 실크로드기금 조성 발표 |
| 2015.03. | 국가발전개혁위원회, 외교부, 상무부에서 '실크로드 경제벨트 및 21세기 해상 실크로드 공동건설을 위한 비전 및 행동' 발표 |
| 2015.12. | 아시아 인프라 투자은행(AIIB) 설립 |
| 2016.03. | 13·5 규획에 일대일로를 핵심 국가사업으로 포함 |
| 2016.06. | '제1차 AIIB 2016년 연차총회' 개최 |
| 2016.11. | 유엔 총회에서 193개 회원국 만장일치로 일대일로 결의안 채택 |
| 2017.05. | 제1회 일대일로 국제협력 정상포럼 개최 |
| 2017.06. | '제2차 AIIB 2017년 연차총회' 개최 |
| 2017.10. | 중국 공산당 당장(黨章)에 일대일로를 공식적으로 명시 |
| 2019.04. | 제2회 일대일로 국제협력 정상포럼 개최 |

출처: 각종 자료를 토대로 저자 정리.

교부, 상무부(商務部)가 공동으로 발표한 것으로 중앙정부 차원에서 일대일로정책의 추진 배경, 원칙, 중점협력 분야를 명시한 로드맵(road map)으로 볼 수 있다. 이를 토대로 중국정부는 분야별 추진 방안을 마련하고 있다. 2017년 5월 '일대일로 국제협력 정상 포럼'이 개최된 데 이어 동년(同年) 10월 개최된 중국 공산당 제19차 당대회에서는 일대일로가 중국 공산당의 당장(黨章)에 공식적으로 삽입되기에 이르렀다. 이를 통하여 중국은 일대일로 프로젝트를 중심으로 외자 유치와 해외진출을 적극 추진한다고 강조하였다. 이는 일대일로를 대외 경제협력의 구심점으로 삼아 장기적으로 당 차원에서 일대일로 사업을 적극 추진하겠다는 중국정부의 강력한 의지를 표명한 것으로 해석된다.

일대일로정책이 이러한 추진 과정 하에 이루어졌다면 추진 내용은 육상 및 해상 실크로드 경제벨트, 5통(通)정책, 금융플랫폼 구축 등으로 구분된다. 이를 자세히 살펴보면 다음과 같다.

### 1) 육상 및 해상 실크로드 경제벨트

일대일로의 주요 노선은 육상 실크로드 경제벨트(一帶)와 해상 실크로드 경제벨트(一路)로 구성된다. 육상 실크로드 경제벨트는 중국의 고대 실크로드를 통하여 동남아시아, 중앙아시아, 서아시아를 거쳐 유럽으로까지 연결되며, 해상 실크로드 경제벨트는 남태평양, 중국 연해, 남중국해, 인도양, 유럽 등을 포함하고 있다(지도 1.1 참조).

일대일로 경제벨트에 연계되는 국가들의 규모는 약 60개국으로 인구규모는 전(全) 세계 인구의 63%에 해당하는 44억 명을 차지하고 있

**지도 1.1  중국의 육상 및 해상 실크로드 경제지대**

출처: 백우열, 2017, "중국 일대일로 정책의 국내 정치경제적 추동요인 분석," 『동서연구』, 제29권 제3호, p. 187.

으며 경제규모도 세계 경제의 29%에 해당하는 21조 달러에 달하고 있다. 또한, 역내 교역은 전 세계 교역량의 23.9%를 차지하고 있어 유라시아 대륙 전체 국가들에게 직·간접적인 영향을 미칠 것으로 분석되고 있다. 중국은 우선적으로 이들 지역과의 연결을 위한 교통 인프라 건설 프로젝트를 추진할 계획이나 장기적으로는 미국의 TPP(Trans-Pacific Partnership, 환태평양 경제동반자협정)에 대항하여 중국이 주도하는 대규모 경제공동체를 만들겠다는 구상이 담겨져 있다.

## (1) 육상 실크로드 경제벨트

일대일로 전략의 육상 실크로드 경제벨트는 연선(沿線) 국가들과 중국을 연결하는 6대 경제회랑(economic corridor)을 중심으로 추진되고 있다. 여기에는 중국-파키스탄 경제회랑, 방글라데시-중국-인도-미얀마 경제회랑, 중국-몽골-러시아 경제회랑, 신(新)유라시아 대륙교량, 중국-중앙아시아-서아시아 경제회랑과 중국-인도차이나(중남[中南])반도 경제

---

**글상자 1.1  환태평양 경제동반자협정**

환태평양 경제동반자협정은 아시아, 태평양 지역의 관세 철폐와 경제 통합이라는 목표를 가지고 2015년 10월 출범한 광역 자유무역협정(FTA)으로 미국, 일본, 캐나다, 호주, 싱가포르, 말레이시아, 페루, 뉴질랜드, 브루나이, 칠레, 베트남, 멕시코 등 총 12개국이 회원국으로 되어 있다. 주요 내용으로는 농수산물·공산품의 역내 관세 철폐, 전자상거래 등 역내 온라인 거래 활성화, 데이터 서버의 현지 설치 강요 금지, 금융·외국인 투자규제 완화, 기업인 체류기간 연장 등이다. 2019년 1월 미국이 탈퇴하면서 협정의 명칭을 포괄적·점진적 환태평양 경제동반자협정(CPTPP: Comprehensive and Progressive Agreement for Trans-Pacific Partnership)으로 변경하였다.

회랑이 있으며 중국은 이러한 6개의 경제협력 회랑을 구축하고 철도, 도로, 수로, 항로, 송유관 및 정보통신망 등 6개의 통로를 건설하여 여러 국가들과 경제협력을 추진한다는 것이다(지도 1.2, 표 1.2 참조). 현재까지 진행된 6대 경제회랑 프로젝트는 중국의 서쪽인 중앙아시아, 러시아, 남아시아 등에 편중되어 있다. 또한, 6대 경제회랑 프로젝트 중 진전 속도가 가장 빠른 것은 중국-파키스탄 경제회랑으로 전체 사업규모는 460억 달러 수준으로 교통 인프라 및 에너지 분야에 집중되어 있다.

한편 최근 중국정부가 발표한 일대일로 관련 문건에 의하면 새로운 실크로드 경제벨트의 신(新)로드맵은 육상의 경우, 표 1.3과 같이 3개의 노선으로 추진되고 있으며, 그 추진 효과는 다음과 같다.

첫째, 거대한 랜드브리지(land bridge)를 이용할 수 있기 때문에 기존의 항로에 비하여 소요되는 수송시간을 상당히 단축시킬 수 있다. 둘째, 기존 해상운송에 대하여 랜드브리지를 이용하는 복합운송 이용이 가능하게 됨으로써 운송비용의 절감효과를 볼 수 있다. 셋째, 육상 실크

### 지도 1.2  일대일로 연선 6대 경제회랑

출처: 김성애, 2017, "中 '일대일로' 2.0시대 ② 핵심 프로젝트 6대 경제회랑," 『KOTRA 해외시장 뉴스』, 2017.05.29.

로드 경제벨트에 인접한 국가들과의 협력을 촉진시킴으로써 국가 간의 연계가 한층 더 강화될 수 있을 것이다.

표 1.2  중국 일대일로 경제회랑별 중점 사업

| 회랑 | 포함 국가 | 중점 사업 |
|---|---|---|
| 중국-파키스탄 | 중국, 파키스탄 | 철도 및 도로, 석유 및 가스 수송관, 광케이블, 산업단지 등 |
| 방글라데시-중국-인도-미얀마 | 방글라데시, 중국, 인도, 미얀마 | 철도 및 도로 |
| 중국-몽골-러시아 | 중국, 몽골, 러시아 | 고속운송통로 |
| 신유라시아 대륙교량 | 중국, 러시아, 카자흐스탄, 키르기스스탄, 우즈베키스탄, 투르크메니스탄, 이란, 터키, 우크라이나, 폴란드, 독일, 네덜란드 등 | 국제 철도간선 |
| 중국-중앙아시아-서아시아 | 중국, 카자흐스탄, 키르기스스탄, 타지키스탄, 우즈베키스탄, 투르크메니스탄, 이란, 터키 등 | 석유 및 가스 수송관 |
| 중국-인도차이나(중남)반도 | 중국, 베트남, 태국, 말레이시아, 싱가포르 등 | 철도 및 도로 |

출처: KIEP 북경사무소, 2015, "일대일로 경제회랑 건설추진 동향," 『KIEP 북경사무소 브리핑』, 제18권 제3호, 대외경제정책연구원, p. 9.

표 1.3  육상 실크로드 경제벨트의 신로드맵

| 지역 구분 | 주요 루트 |
|---|---|
| 제1노선 | 중국-중앙아시아-러시아-유럽(발트해) |
| 제2노선 | 중국-중앙아시아-서아시아-페르시아만-지중해 |
| 제3노선 | 중국-동남아시아-남아시아-인도양 |

출처: 이선영·문희철, 2015, "중국의 일대일로정책, 한국의 유라시아 이니셔티브 및 러시아 신동방정책의 비교," 『유라시아지역연구』, 제1권 (대전: 충남대학교 유라시아연구센터), p. 95.

### (2) 해상 실크로드 경제벨트

해상 실크로드 경제벨트는 중국 연해항만-남중국해-인도양-유럽으로 연결되는 노선과 중국 연해항만-남중국해-남태평양을 잇는 노선의 두 가지로 구성되며, 이러한 노선의 주요 해상에서 몇몇 중점항구를 건설하여 안전성과 원활성이 보장된 국제적인 운송통로를 건설한다는 것이다. 즉, 해상운송의 지렛목 역할을 담당하는 다수의 항구를 건설한다는 계획이다.

최근 중국의 대외무역이 지속적으로 증가함에 따라 해상운송에 대한 의존도는 나날이 높아지고 있으며 중국의 국내외 항만의존도가 높아지면서 해상무역 및 에너지 수송로의 안정적인 확보를 위한 국내외 항만투자 확대에 대한 필요성이 차츰 높아지고 있다. 해상 실크로드 경제벨트 추진계획에 따라 중국은 아세안(ASEAN), 중동, 동부 아프리카 및 유럽국가 등의 주요 항만들을 지정하여 개발을 서두르고 있다. 특히, 인도양에 위치한 중동과 아세안 국가의 주요 항만에 주로 안정적인 에너지 자원 수송을 위한 투자를 확대하고 있으며, 중동과 동부 아프리카 일부 지역의 경우, 군사적 목적에서 개발되고 있다.

### 2) 5통(通)정책

'비전과 행동'에 의하면 일대일로정책은 정책소통(政策溝通), 인프라 연결(設施聯通), 무역의 원활화(貿易暢通), 자금융통(資金融通), 민간교류의 확대(民心相通) 등 '5통(通)'을 핵심 내용으로 삼아 일대일로 지역 국가들과의 협력을 강화해 나가는 것으로 설명하고 있다. 5통은 중장기적으로 유라시아 경제공동체 구축을 목적으로 물류와 금융 인프라를 구축하고 인식공동체를 확대, 심화시켜 나가는 일대일로의 실행전략이다. 그 과정에서 오늘날 중국경제의 모순을 극복하기 위해 외부에서 새로운 성장 동력을 창출하고 자원을 확보하여 지속성장의 기반을 공고히 해나가겠다는 중국 지도부의 지경(地境)학적 팽창전략으로 이해된다.

## (1) 정책소통(政策溝通)

'정책소통'이란 일대일로 사업추진을 통하여 정부 간의 협력을 강화하고 다각적인 차원에서 정부 간의 거시정책교류 시스템을 구축하여 상호이익을 통합시키고 정치적인 신뢰를 구축하는 것을 의미한다. 중국은 '정책소통'을 도모하기 위하여 상하이협력기구(SCO: Shanghai Cooperation Organization), '10+1'(ASEAN+중국), 아시아태평양경제협력체(APEC: Asia-Pacific Economic Cooperation), 아시아-유럽정상회의(ASEM: Asia-Europe Meeting), 아시아교류·신뢰구축회의(CICA: Conference on Interaction and Confidence-Building Measures in Asia), 중앙아시아 지역경제협력체(CAREC: Central Asia Regional Economic Cooperation), 메콩강경제권 개발계획(GMS: Great Mekong Subregion Cooperation Program), 중국-아랍협력포럼 등 기존의 다자간 협력기구와 협력을 강화해 나가고 있는 한편, '일대일로 국제협력 수뇌 포럼'(一帶一路國際合作高峰論壇)을 새로이 설립하여 운영하고 있다. 아울러 'G20 항저우(杭州) 정상회담' 및 '보아오 포럼(博鰲亞洲論壇, Boao Forum for Asia)' 등의 교류협력 플랫폼도 만들어 일대일로 연선국가들과 적극적인 소통을 해나가고 있다. 아울러 시 주석은 2013년 일대일로 구상을 제기한 이후부터 2018년 말 현재까지 일대일로 연선국가들을 40차례 이상 방문하였으며 타지키스탄, 헝가리, 이스라엘, 에티오피아, 마다가스카르 등 30여 개 국가와는 외교 관계를 격상시키기도 하였다. 이외에도 중국은 세계 122개 국가 및 29개의 국제기구와 170건의 정부 간 일대일로 공동건설 협력 문건을 체결하는 등 일대일로 연선 국가들과 적극적인 정책소통을 위해 노력하고 있다.

### (2) 인프라 연결(設施聯通)

중국은 일대일로 사업을 추진함에 있어 '인프라 연결' 협력이 가장 중요한 영역임을 강조하여 왔으며 연선 국가들과의 항구, 철도, 도로, 전력, 항공, 통신 등 다양한 인프라 방면에서의 적극적인 건설 협력을 도모하고 있다. 그러나 현재까지 실시된 협력은 항만과 철도건설 그리고 항공 분야에서 주로 이루어지고 있다.

우선 일대일로의 해상 실크로드 인프라 건설의 주요 분야인 항구건설에서 중국은 그리스, 스리랑카, 파키스탄 등을 포함한 34개 국가의 42개 항구건설에 참여하고 있을 뿐만 아니라 2018년 현재 전 세계 200여 개 국가 600여 개의 항구와 노선을 연결하여 세계 1위의 해운 연결 지수를 나타내고 있다. 또한, 철도연결 협력분야에서는 2010년 이후 중국과 유럽 간을 운행하는 철도운행 횟수가 연평균 100% 이상 증가하여 2018년 현재 누적기준으로 12,000회를 초과할 정도로 급속한 발전을 나타내고 있다. 또한, 운행지역도 중국 내 56개 도시와 유럽 15개 국가의 49개 도시에 걸쳐 광범위하게 나타나고 있다. 이러한 중국의 철도건설 협력의 결과로 일대일로 연선 국가들과의 무역 중 철도를 통한 수출량이 매년 증가되고 있다. 한편 항공 분야에서도 중국은 2018년 현재 일대일로 연선의 62개 국가들과 항공운송협정을 체결하고 있으며, 45개의 연선국가들과 매주 약 5,100회의 직항이 운행되고 있을 정도로 항공분야에서의 협력도 활발히 진행되고 있다.

### (3) 무역의 원활화(貿易暢通)

'무역의 원활화'를 도모하기 위한 협력에서도 중국은 일대일로 연선 국가들과 적극적인 무역교류를 추진하고 있다. 이의 결과로 2013년부터 2018년까지 일대일로 연선 국가들과의 교역 규모는 중국 전체 대외 교역총액의 증가율보다 더 높게 나타나고 있다. 즉, 2017년 기준으로 중국의 대외 교역총액은 전년 대비 7.5% 증가를 보인 반면, 일대일로 연선 국가들과의 대외 교역총액 증가율은 13.5%로 훨씬 높게 나타났다.

특히, 일대일로 연선에 위치한 베트남, 말레이시아, 러시아, 인도 등의 국가들은 중국의 주요 무역파트너로 부상하였으며 중앙아시아에 위치한 카타르, 몬테네그로, 카자흐스탄 등의 국가들과도 최근 활발한 교역을 보이고 있어 향후 중국의 주요 무역대상국으로 발전할 가능성이 매우 크다고 볼 수 있다. 이와 같이 중국의 일대일로 연선 국가들과의 무역 확대는 최근 둔화되고 있는 중국경제 성장을 제고시키는데 기여할 수 있을 것으로 전망된다.

### (4) 자금융통(資金融通)

'자금융통'과 관련된 협력에 있어서도 중국은 현재까지 아시아인프라투자은행(AIIB: Asia Infrastructure Investment Bank)과 실크로드기금(Silk Road Fund) 등을 통한 협력 이외에도 일대일로 연선 국가들과의 금융지원 환경을 개선해 나가고 있다. 가령, 중국 자본설립 은행의 해외지점을 일대일로 연선 국가 중 24개국에 102개를 설립한 것을 포함하여 위안화 결제도 일대일로 연선 국가인 러시아, 싱가포르, 말레이시아, 태국 등의 40개 국가 165개 은행에서 실시 가능하도록 하고 있다. 아울러 일대일로 연선의 50여 개 국가와는 유니온페이(銀聯, Union Pay) 업무를 함께 진행하고 있기도 하다. 뿐만 아니라, 중국은 일대일로 연선 국가들과 상당 규모의 통화스와프(currency swaps)[5]을 체결하고 있는데 2018년 말 현재 중국이 일대일로 연선 국가들과 체결하고 있는 통화스와프 규모는 무려 1조 2,400억 위안에 달하고 있다(표 1.4 참조).

### 표 1.4  중국과 일대일로 주요 연선 국가와의 통화스와프 체결 현황

(단위: 억 위안, 년)

| 대상국 | 체결 시기 | 체결 규모 | 체결 기간 |
|---|---|---|---|
| 싱가포르 | 2016.03.07. | 3,000 | 3 |
| 헝가리 | 2016.09.12. | 100 | 3 |
| 이집트 | 2016.12.06. | 180 | 3 |
| 몽골 | 2017.07.06. | 150 | 3 |
| 스위스 | 2017.07.21. | 1,500 | 3 |
| 알바니아 | 2018.04.03. | 20 | 3 |
| 나이지리아 | 2018.04.28. | 150 | 3 |
| 말레이시아 | 2018.08.20. | 1,800 | 3 |
| 영국 | 2018.11.12. | 3,500 | 3 |
| 인도네시아 | 2018.11.19. | 2,000 | 3 |

주: 체결 시기는 신규 체결 이외에 연장 체결도 포함
출처: 中國人民銀行(www.pbc.gov.cn)

### (5) 민간교류의 확대(民心相通)

중국과 연결되는 일대일로 연선 국가들 간에 문화교육 방면에서의 협력뿐만 아니라, 의료위생, 관광, 과학기술 분야의 협력 등 모든 분야에 걸쳐 민간교류를 확대함으로써 관련국 국민들의 마음을 얻는다는 내용을 포함하고 있다. '민간교류'에서도 중국은 2018년 8월 말 현재 일대일로 연선의 61개 국가의 1,023개 도시와 상호협력 관계를 체결하고 있다. 이는 중국이 협력관계를 맺고 있는 전체 해외 도시의 약 41%에 해당하는 수치이다. 특히, 중국은 민간교류 확대의 일환으로 관광교류협력을 적극 추진하고 있다. 이를 구체적으로 말하면 일대일로 연선 국가들과 비자발급 서비스를 확대 실시하고 있는 등 다양한 형태의 일대일로 연선 국가들과의 민간교류의 폭을 넓혀 나가고 있다.

이 외에도 중국은 연선 국가에 장학재단을 설립하여 해마다 1만 명의 학생들이 중국에서 유학 및 어학연수의 기회를 받을 수 있게끔 하고 있다. 특히 24개의 연선 국가 및 지역과 고등교육 학력을 상호 인정해 주는 협약을 체결하고 있으며, 일대일로 연선 국가에 17개의 국가문화 중심과 173개의 공자학원(孔子學院) 그리고 184개의 공자학당(孔子學堂) 등을 설립하여 운영하고 있다. 이들 지역에서의 이러한 설립 규모는 전 세계 설립 규모의 약 1/4에 해당하는 것이다.

### 3) 금융플랫폼 구축

위에서 언급한 바와 같이 중국의 일대일로 구상은 중국에서 시작하여 아시아와 아프리카를 거쳐 유럽에 이르는 광대한 인프라망을 구축하고, 장기적으로는 이러한 지역들과 하나의 경제권을 형성하고자 하는 것을 핵심목표로 하고 있다. 그러므로 현(現) 단계에서는 일대일로 노선상의 인프라 구축이 무엇보다도 중요한 사안이라고 할 수 있다.

하지만 중국의 일대일로 구상은 실로 방대한 인프라 구축사업이기 때문에 그 필요 자금조달의 규모를 정확하게 예측하기는 매우 어렵지만 실로 엄청난 규모의 금융투자자금이 소요되리라는 것에는 의심의 여지가 없다. 따라서 이러한 막대한 자금조달에는 큰 어려움이 있을 것으로 예상된다. 더욱이 일대일로 연선 국가들은 대부분 경제적으로 낙후된 국가들이 대부분이기 때문에 이와 같이 방대한 인프라 건설자금을 조달하기는 쉽지 않을 전망이다. 더욱이 인프라 건설은 투자 규모는 크지만, 투자 회수기간이 장기간이며 투자기대 수익률도 낮은 특성이 있어 자금조달이 쉽지 않아 보인다. 중국은 이를 위해 다양한 자금조달 창구를 확보하려고 노력하고 있다. 중국이 제시하고 있는 대표적인 자금조달 방안은 다음과 같다.

### (1) 아시아인프라투자은행(AIIB)의 설립

아시아인프라투자은행(AIIB: Asia Infrastructure Investment Bank)은 중국이 최초 자본금 500억 달러를 출자하고 다른 국가들이 참여하여 총 자본금을 1,000억 달러로 확대한다는 계획하에 2015년 12월 공식적으로 설립되었으며 사무국은 베이징(北京)에 두고 있다. 설립 당시 회원국 수는 아시아 지역 34개국, 유럽 지역 20개국, 아프리카 지역 2개국, 아메리카 지역 1개국 등으로 총 57개국이 참여하였는데 AIIB의 개요 및 설립과정을 살펴보면 표 1.5와 같이 요약할 수 있다.

AIIB 창립과정에서 미국의 부정적인 시각에도 불구하고 2019년 7월 현재 회원국 수가 100개국으로 증가하여 미국과 일본이 주도하고 있는

**표 1.5 아시아인프라투자은행(AIIB)의 개요 및 설립과정**

| 분류 | 주요 내용 |
| --- | --- |
| 설립 과정 | 2013.10. 시진핑 중국 국가주석이 동남아 순방 중 공식제안<br>2014.10. 중국 포함 21개국 MOU 체결<br>2014.11. 한중 정상회담에서 한국 참여 공식 요구<br>2015.03. 영국, 프랑스, 독일, 이탈리아 등 참여의사 발표<br>2015.03.26. 한국 AIIB 참가신청<br>2015.03.31. 참가신청 마감<br>2015.04.15. 승인절차를 거쳐 57개 창립회원국 확정<br>2015.06.29. 설립 협정문 서명(〈亞洲基礎設施投資銀行協定〉)<br>2015.12. 공식 출범<br>2016.01.16.~18. 베이징에서 이사회 개최<br>2019.07. 베냉, 지부티, 르완다의 가입 승인으로 총 100개 회원국으로 확대 |
| 설립 의도 | 아시아 지역의 지속성장을 위한 인프라 투자 지원 |
| 참가 현황 | 인도, 아세안(ASEAN), 영국, 독일, 한국 등 100개국<br>(2019.07. 현재) |
| 규모 | 자본금 500억 달러(중국 출자), 1,000억 달러(법정자본) 확대 |

출처: AIIB(www.aiib.org/en/index.html)

아시아개발은행(ADB: Asian Development Bank)의 회원국 수인 67개국보다 훨씬 많은 실정이다. 특히, G20 회원국 중 미국, 일본, 멕시코를 제외한 대부분의 국가들이 회원국으로 가입하고 있어 향후 국제경제에 상당한 영향력을 발휘하는 금융기구로 발전할 가능성이 농후하다.

한편, AIIB는 법정 자본금을 1,000억 달러로 정하고 이 중 75%는 역내 국가들에게 나머지 25%는 역외 국가들에게 부담시키고 있다. 그리고 참가국들의 출자자본 지분율은 각국의 경제 규모에 상응하도록 배정하고 있다. 이러한 기준에 따라 중국의 지분율은 50%를 초과하게 되어 회원국 중 유일하게 거부권을 행사하게 된다. 하지만 중국은 국제사회의 우려를 인식하여 회원국이 추가될 때마다 지분율을 하향 조정하는 유연한 태도를 보여 왔다. 이는 중국이 AIIB에서 독점적 위치를 차지하여 WB(World Bank, 세계은행), ADB 등 기존의 국제금융기구에 대항할 수 있다는 국제사회의 우려를 불식시켜 보겠다는 의도로 해석된다. 그럼에도 불구하고 중국은 2018년 12월 말 현재 AIIB 법정 자본금 1,000억 달러 중 297.8억 달러를 출자하여 지분율(30.9%)과 의결권(26.8%)에서 막강한 영향력을 행사하고 있다.

### (2) 신개발은행(NDB) 활용을 통한 자금의 확보

신개발은행(NDB: New Development Bank)은 브라질, 러시아, 인도, 중국, 남아프리카공화국 등 브릭스(BRICS) 5개국이 중심이 되어 2015년 상하이(上海)에 설립한 금융기구이다. 최초 자본금은 500억 달러 규모로 브릭스 회원국들이 각각 100억 달러씩 출자하였으며 향후 1,000억 달러로 확대할 계획이다. NDB는 브릭스를 포함한 신흥국 및 개발도상국의 인프라 개발과 지속성장을 위한 금융자금 지원을 목적으로 하고 있는데 중국은 이를 적극 이용할 계획을 수립하고 있다.

### (3) 상하이협력기구(SCO) 개발은행을 통한 자금의 확보

상하이협력기구(SCO: Shanghai Cooperation Organization)는 1996년 중국 주도로 형성된 5자 회담(중국, 러시아, 카자흐스탄, 타지키스탄, 키르기스스탄)에 2001년 우즈베키스탄이 참여하면서 출범한 국제기구이다. 현재 회원국으로는 2017년에 정식으로 가입한 인도, 파키스탄을 포함한 8개 회원국으로 구성되어 있으며 회원국 상호 간의 신뢰와 우호증진, 각 분야의 협력관계구축, 역내평화, 안보안정을 위한 공조체제 구축을 도모하고 있다. 한편 최근에는 회원국 간의 외교·안보 차원의 협력을 넘어 회원국들의 경제개발을 위한 금융협력기구로 전환하고 있다. 즉, 회원국들에게 차관을 제공하고 역내 경제발전을 위하여 회원국들로 구성된 특별계좌 및 개발은행을 설립하였는데 중국은 일대일로 사업의 원활한 추진을 위하여 이를 적극 활용할 계획이다.

### (4) 실크로드기금 조성을 통한 자금의 확보

중국은 2014년 11월 일대일로 사업추진에 필요한 자금조달을 위하여 중국이 보유하고 있는 외환과 중국수출입은행, 중국투자회사, 국가개발은행 등을 통하여 자체적으로 400억 달러의 기금을 조성하겠다는 계획을 발표하였으며 이를 위하여 같은 해 12월 29일 베이징에 실크로드 유한회사를 설립하였다. 2019년 1월 말 현재 중국은 약 250억 달러의 실크로드기금을 조성하였으며 이렇게 조성된 기금은 '중국기업법'(中華人民共和國公司法)에 따라 일대일로 인프라 건설사업에 집중적으로 사용될 계획이다. 중국의 이러한 실크로드자금 운용은 일대일로 건설의 중장기 인프라 건설프로젝트에 안정적인 자금을 제공하며 국내외 금융기관 간의 협력 확대를 통하여 중국이 보유하고 있는 외환의 투자방식을 다양화하고 중국 자본의 해외 진출을 유리하게 만들 것으로 예상되고 있다.

## 3. 일대일로정책의 추진 성과와 당면 과제

중국은 일대일로 전략 추진으로 인하여 다음과 같은 가시적인 성과를 내고 있다. 우선 중국 지도부는 일대일로 연선국들에 대한 방문을 통하여 관련 국가의 공감대를 형성하고 지지를 얻고 있다. 일대일로 구상은 단순한 상품무역에서부터 국가의 기반시설 연결과 이를 지지해줄 수 있는 금융협력 및 경제협력 그리고 민간협력까지를 아우르고 있는 관계로 관련국의 협력과 지지가 없다면 실현할 수 없게 된다. 다시 말하자면 초기단계에서 국가 간 협력과 투자와 관련된 구체적인 실행 계획을 개별적으로 협의해야만 하며 이때 연선국가들의 지지는 필수적인 사항이 되고 있다.

둘째, 중국은 일대일로 사업추진에 필요한 제도적 차원에서의 정책소통 실현을 위하여 2015년 1월 '실크로드 경제벨트 협동연구 창조센터(絲綢之路經濟帶硏究協同創新中心)'를 설립하였다. 본 창조센터는 육상루트의 시발점인 중국 시안(西安)에 위치한 시안교통(西安交通)대학이 중국 상무부와 산시성(陝西省) 성정부와 함께 조직한 것으로 중국의 칭화(淸華)대학, 란조우(蘭州)대학, 영국의 케임브리지대학, 미국의 뉴욕대학, 싱가포르 국립대학 등 관련 대학과 연구기관들이 협력 기관으로 동참하고 있다. 일대일로 사업추진을 성공적으로 수행하기 위해서는 각 분야에 참여하는 국가들이 정책의 통일성을 기할 필요성이 제기되고 있는데 이를 위하여 본 센터에서는 실크로드 경제벨트 건설에 필요한 법률, 정치, 경제, 사회, 문화 등 다방면에서의 제도 구축과 우호협력 추진을 도모하기 위한 방안을 연구하고 있다. 중국은 이 센터의 설립을 추진함으로써 정부와 학계, 산업계의 공동연구를 통하여 일대일로 구상의 성공적 추진에의 발판을 마련하고자 하는 의도가 있음을 알 수 있다.

셋째, 일대일로 연선국가들과 철도, 항만 건설을 포함한 교통·통신

인프라 건설협력을 강화해 나가고 있다. 중국은 이미 20~30개 국가들과 고속철도 건설관련 협력을 추진하고 있으며 고속철도 건설사업에 필요한 자금과 기술은 중국 측에서 출자하는 방식으로 이미 2009년 3개 노선(유라시아, 중앙아시아, 범아시아 고속철도)을 확정하였다.

넷째, 중국은 일대일로 건설사업 추진에 필요한 자금지원 역할을 담당할 금융기구를 설립하여 운영하고 있다. 즉, 전술한 바와 같이 중국은 2014년 말부터 일대일로 사업추진에 금융지원과 인프라 건설지원을 위하여 실크로드기금과 아시아 인프라 투자은행(AIIB)을 이미 발족시켰다. 현재 실크로드기금은 중국정부의 자금 위주로 구성되어 있으나 민간자본도 참여할 수 있고, 기금이 인프라 건설뿐만 아니라 일대일로 연선국들의 투자 및 무역 활성화, 인적·문화·학술교류 확대 및 제반 정책제정과 관련한 다양한 분야에까지 운영되어야 할 필요성이 제기되고 있어 일대일로 사업추진을 위한 자금공급이 보다 활성화될 것으로 예상된다.

끝으로, 일대일로 연선국가들에 대한 투자교류가 증대되었다. 중국 상무부가 발표한 통계에 의하면, 2015년 상반기 일대일로 구상 연선국가인 싱가포르, 인도네시아, 라오스, 러시아, 태국, 카자흐스탄 등 48개 국가에 대한 중국기업들의 해외직접투자금액이 전년 대비 22% 늘어난 70억 5,000만 달러를 기록하였으며, 비금융 부문에서의 투자비중도 전체 직접투자금액의 15%를 차지하는 것으로 나타났다. 또한, 중국기업들이 일대일로 전략 연선국가 60개국으로부터 1,401건의 해외사업을 수주받았는데 새로 체결한 사업계약 금액이 무려 375억 5,000만 달러에 달하는 것으로 나타났다.

일대일로정책의 이러한 가시적인 성과가 이루어졌다면, 일대일로정책을 추진하는 과정에서 중국이 직면하고 있는 몇 가지 당면 과제를 제시하면 다음과 같다.

첫째, 주변국들의 경계를 들 수 있다. 중국은 일대일로 사업을 추진하는 과정에서 동남아시아, 남아시아, 중앙아시아 지역과의 교류협력을 빈번하게 유지하여 왔으며 그동안 해당 지역에서 큰 영향력을 행사해 왔던 미국, 인도, 러시아 등의 국가를 자극할 가능성을 배제할 수 없게 되었다. 이들 몇몇 강대국들은 중국이 주도하는 새로운 지역적 협력이 그들과 그들이 주도하여 온 지역적 협력을, 나아가 경제적 질서를 대체할 수 있다는 강한 우려를 표명하고 있다. 한편 중국과 미국, 인도, 러시아 사이에서 전략적 균형을 유지하려고 노력하는 국가들, 혹은 그들 사이의 전략적 긴장을 이용하여 자신의 이익을 도모하려는 국가들도 다수 존재하고 있다. 뿐만 아니라, 종교나 역사적 이유로 인해 중국에 비판적이거나 반중(反中) 정서가 만연한 국가들에게는 비록 일대일로 사업 참여가 그들에게 경제적으로 이익을 가져다준다 하더라도 중국의 투자나 협력에 반대할 가능성도 존재하게 된다. 또한, 중국과 영토 및 해양 영유권 문제로 마찰을 빚고 있는 국가들은 중국의 경제적 영토 확장과 영향력 확대가 관련 당사국 간의 세력균형과 문제해결에 부정적인 영향을 미치게 될 가능성을 깊이 우려하고 있다. 아울러 중국에 대하여 직접적인 반감은 가지고 있지 않더라도 미국, 러시아, 인도 등 중국을 견제하는 국가와 우호적인 관계를 형성하고 있는 경우에는 중국과의 교류나 경제권역 편입에 소극적인 자세를 취할 가능성도 존재하게 된다.

둘째, 환경문제를 들 수 있다. 일대일로의 1차 목표인 대규모 인프라 건설사업 추진은 필연적으로 환경문제를 발생시킬 수밖에 없을 것으로 보인다. 실제로 중국 윈난성(雲南省)과 미얀마 벵골만을 연결해 줄 200억 달러 규모의 미얀마 철도건설 사업이 2015년 초 추진 예정이었으나, 환경파괴를 이유로 취소된 적이 있다. 또한, 일대일로 사업에 필요한 자금을 투자하게 될 AIIB에 영국, 프랑스 등과 같은 서방 선진국들이 대거 가입하게 되면서 환경문제에 대한 관심은 향후 더 높아질 것으로 전망되고 있다.

셋째, 지역 간 분쟁 및 정치적 불안문제를 들 수 있다. 일대일로 사업 추진과 관련한 지역에서 지역 간 분쟁이 끊이지 않고 있으며 관련 당사국들의 정치적 불안이 지속되고 있어 일대일로 사업추진에 리스크 요인이 되고 있다. 일대일로 사업은 아시아를 거쳐 유럽, 아프리카에 이르기까지 약 60여 개 국가를 연결하고 있어 이들 국가 간의 협력관계 형성이 필수적이나, 중앙아시아 국가들 간에 이러한 국경분쟁이 아직도 발생하고 있다. 실제로 2014년 8월 중국이 천연가스 채굴과 파이프라인 건설을 추진하고자 하는 지역 중 하나인 키르기스스탄과 타지키스탄 양국의 국경 수비대 간에 총격전이 벌어지는 사건이 발생하였다. 또한, 남수단 문제, 시리아 및 이라크의 장기 내전, 아프가니스탄의 정정(政情) 불안 등 아프리카 및 중동 지역 국가들의 정치적 불안정은 일대일로 사업 관련 인적·물적 교류를 저해하는 주된 요인으로 작용하고 있다.

넷째, 경제적 차원에서 투자의 위험성을 들 수 있다. 일대일로는 기초시설 인프라 건설을 주된 사업으로 하고 있기 때문에 프로젝트 기간이 장기적이며 투자회수 기간도 오랜 기간에 걸쳐 이루어질 수밖에 없는 상황이다. 특히, 인프라 건설 예정인 국가 대부분이 개발도상국으로 소비능력에 한계가 있어 프로젝트 건설 후 회수율이 낮아지거나 심지어 회수할 수 없는 상황에 이를 가능성도 짙게 나타나고 있다. 그러므로 일대일로의 금융플랫폼인 AIIB 회원국들의 우려를 자아내어 투자에 소극적인 결과를 초래하게 될 경우, 상당한 어려움이 예상된다. 특히, 일대일로의 핵심사업이 인프라 건설이라는 점에서 투자의 위축은 일대일로 사업추진에 치명적인 악영향을 초래할 수 있다.

끝으로, 중국기업의 참여와 능력에 대한 우려를 들 수 있다. 일대일로 구상은 중국의 대외개방형 경제발전전략으로 볼 수 있기 때문에 큰 청사진은 정부가 제시하지만 추진 주체는 기업일 수밖에 없다. 현재 대부분의 중국기업들은 해외진출 경험이 일천(日淺)하며 선진국의 기업들에 비해 국제협력과 위험대처 능력, 기업운영 시스템 등 여러 방면에서 뒤처져 있는 것이 사실이다. 또한, 일대일로 연선 국가들이 기초인프라 건설사업에 참여하는 데에는 막대한 투자비용과 운영비용이 소요되며 수익환급 주기도 길어 기업 입장에서 부담해야 할 재정적 부담과 위험은 상당히 클 것으로 예상된다. 이러한 상황에서 중국기업들이 중국정부의 정책에 어느 정도 동조할는지 의문이 제기되지 않을 수 없다. 이로 인해 중국기업은 중국정부가 제시한 일대일로의 구상과 방향은 정해졌지만, 단계별 목표와 운영시스템에 대한 정확하고 구체적인 로드맵이 발표되기 이전까지는 국유(國有)기업을 제외한 비국유기업은 소극적인 태도를 가질 수밖에 없을 것으로 전망된다.

## 4. 일대일로정책의 향후 발전 전망과 시사점

'중화주의의 부활'이라는 일각의 깊은 우려에도 불구하고 중국의 서진과 일대일로 구상은 여러 가지 상황으로 볼 때 당분간 순조롭게 추진될 가능성이 매우 크다. 즉, 국가와 지역 간 협력 제고라는 명분, 개발과 투자에 따른 실질적인 이익 창출, 실크로드를 통한 역사·문화적 유대 강화가 일대일로 연선 국가들이 쉽게 받아들일 수 있는 측면이 있기 때문이다. 이와 같이 일대일로정책의 향후 발전 전망을 낙관하는 구체적인 이유 몇 가지를 제시하면 다음과 같다.

첫째, 중국의 경제력이 일대일로 사업을 추진하기에 충분하다는 점을 들 수 있다. 중국이 추진하고 있는 일대일로 건설사업은 막대한 규모의 자금이 소요되는 거대한 인프라 건설프로젝트이다. 따라서 중국이 이와 같은 거대한 규모의 건설자금을 조달하는 데에는 큰 어려움이 있을 것으로 예상된다. 하지만 오늘날 중국은 세계 제2위의 GDP 규모와 약 4조

달러에 육박하는 막대한 외환을 보유하고 있는 경제 대국임을 고려할 때 중국이 일대일로 사업을 추진하면서 연선 개도국들에 대하여 차관 및 기술과 인력 등을 지원할 충분한 여력이 있을 것으로 판단된다. 또한, 중국은 일대일로 사업추진에 필요한 자금조달을 효율적으로 도모하기 위하여 AIIB 설립과 실크로드기금 조성 등과 같은 자금확보 계획을 치밀하게 준비하여 실행해 오고 있다. 반면 일대일로 연선 국가들 대부분은 경제적으로 매우 낙후되어 있거나 인도와 그리스 등과 같이 경제적인 어려움에서 하루빨리 벗어나야만 하는 국가들도 있다. 따라서 중국의 막강한 경제력은 일대일로 연선 국가들이 필요로 하는 인프라 건설과 민생 개선 등과 같은 현실적인 문제를 해결해 줄 수 있을 것으로 기대되며, 이들 국가들과의 협력 가능성은 충분하다고 볼 수 있을 것이다.

둘째, 오늘날 세계질서는 미국이 주도하고 있는 것이 엄연한 사실이지만, 국제사회에서의 중국의 힘도 나날이 증대되고 있어 일대일로 사업을 비롯하여 중국이 대외전략을 추진하는 데 있어 외부환경이 중국에게 유리한 방향으로 조성되어 가고 있다는 점이다.

셋째, 중국은 해외에 수많은 화교(華僑)들이 진출하여 거대한 인적 네트워크를 구축하고 있으며, 중국이 대외경제 관계를 수행하는 데 있어 이러한 화교들의 도움을 적극적으로 받을 수 있다는 점이다. 일대일로 연선 국가 중 상당한 비중을 차지하고 있는 지역이 동남아시아 지역인데, 이 지역은 전통적으로 화교의 경제력이 상당하여 이들 국가들과 우호적인 교류협력 관계를 형성하는데 화교들이 큰 기여를 할 수 있을 것으로 보인다.

그러나 일각에서는 일대일로 사업추진의 발전 전망과 관련하여 부정적으로 보는 시각도 적지 않다. 그러나 일대일로정책은 중국이 2049년까지 완성한다는 장기적 국가발전전략으로 국가 차원에서 강력하게 추진하고 있다는 점과 현재 일대일로와 관련하여 추진되고 있는 다양한 정책들이 중국을 비롯하여 연선 국가들에게도 상당한 경제적 혜택을 가져다줄 것으로 보이기 때문에 전혀 실현 불가능한 사업으로 단정할 수만은 없을 것 같다. 어떤 의미에서 보면 중국의 일대일로 구상은 장기적인 기초인프라 건설프로젝트이기 때문에, 그 성공 여부를 차치(且置)하고서도 추진 과정만으로도 충분한 의미를 지니고 있다고 할 수 있다. 그러므로 중국과 밀접한 경제관계를 유지하고 있는 한국 입장에서는 이에 대한 발전 추이를 예의 주시할 필요성이 제기된다.

일대일로정책은 중국의 입장에서 보면 TPP, '아시아 회귀'[6] 등 미국의 일련의 공세에 대한 자구책으로, 서쪽으로 세력을 확대시키는 양상을 지니고 있는 중국이 주도하며 연선 국가들이 참여하는 지역발전전략으로 이해할 수 있다. 연선 국가들의 지리적 위치, 중국과 상이한 경제발전 단계 등을 고려할 때, 일대일로는 중국에게 수세적인 선택이지만 득이 많은 전략이 될 수 있는 여지가 있다.

일대일로정책이 중국의 생각대로 추진된다면 관련 국가들과의 교역 확대와 투자 활성화가 이루어질 것이며 이에 따른 경제적 실익을 함께 나누어가질 수 있음은 물론이거니와 중국 내 과잉설비의 해소와 산업구조의 업그레이드 및 지역 균형개발 등 산적(山積)한 과제 해결에도 적지 않은 기여를 할 것이다.

그러나 연선 국가들의 정치적·경제적 리스크, 주변 강대국들의 경제적 상황 등을 고려할 경우, 중국이 바라는 대로 실리를 혼자 챙기기는 실질적으로 어려운 구도 속에서 일대일로 사업이 추진될 수밖에 없을 것으로 보인다. 그러면서도 한편으로는 연선 국가들과의 동반성장이라는 명분과 이 구상을 주도하는 국가로서의 경제적, 지정학적 실리를 기대하면서 일대일로 구상의 실현에 적극적인 태도를 보일 것이라는 것이 확실시된다.

한편 중국의 일대일로 구상이 한국에게 새로운 기회가 될 것이라는 전망이 있다. 막대한 재원이 투자되는 시장이 개발되며, 항만, 물류 등 다양한 사업과 투자의 기회가 우후죽순 생길 것으로 기대되기 때문이다. 이는 한국기업들이 통신설비, IT서비스 등 다양한 산업에 진출할 기회를 제공하게 될 것으로 보이며, 이에 대비하여 물류활용 및 진출방안, 대상 지역의 투자환경 및 활용전략 등에 대한 관심과 연구의 필요성이 제기되고 있다.

그러나 또 다른 장기적인 시각에서 보면 중국의 일대일로 구상이 한국의 경제상황을 보다 어렵게 만들 것이라는 전망도 제기되고 있다. 즉, 중국은 서진과 일대일로 구상의 성공으로 국가경쟁력이 한층 제고될 것이고 이로 인해 국제무대에서 그 경제적 위치가 보다 굳건하게 될 것으로 예상되기 때문이다. 한국은 이러한 상황변화에 현명하게 대처하여 국가적 차원에서 효과적인 대응책을 마련하도록 해야 할 것이다. 즉, 중국의 일대일로 구상을 면밀히 파악하여 신북방정책 및 신남방정책을 재점검할 필요성이 제기되고 있다.

### 글상자 1.2  신북방정책

신북방정책은 문재인 대통령이 2017년 9월 러시아의 극동지역인 블라디보스토크에서 개최된 '2017년 동방경제포럼(EEF: Eastern Economic Forum)'에 참석하여 '동북아 플러스 책임공동체' 구상을 밝히면서 추진되고 있다. 문 대통령은 자신의 신북방정책과 푸틴 러시아 대통령의 신동방정책이 만나는 지점이 극동지역이라고 지적하고, 러시아 극동지역의 에너지와 한국의 자본과 기술이 결합하여 양국의 공동번영을 이루어야 한다고 주장하였다. 동시에 북한을 포함한 나진-하산 프로젝트 등 기존의 추진 사업을 재개하고 광역두만강개발계획(GTI: Greater Tumen Initiative)을 통한 사업을 추진하는 내용을 포함하고 있다.

> **글상자 1.3 신남방정책**
>
> 신남방정책은 문재인 대통령이 2017년 11월 인도네시아 국빈 방문과 APEC 정상회의, 아세안(ASEAN) 관련 정상회의에 참석하면서 구체화되었다. 이는 아세안과 인도, 호주 등을 한반도 주변 4개국과의 관계처럼 격상시키겠다는 것으로 한국의 제2위 교역, 투자, 건설 수주 대상으로 이 지역과의 협력을 한층 강화해 나가겠다는 것이다. 그래서 아세안과 협력하여 동아시아의 새로운 다자주의적 질서를 만들고 평화와 번영의 동아시아 공동체를 건설하겠다는 구호를 가지고 있다. 하지만 아직 구체적인 비전과 목표 및 실제적인 로드맵은 완성되지 못하고 있는 것으로 평가되고 있다.

## 주

1) 1979년 중국이 개혁개방정책에 착수한 뒤 동부 연안 지역과 서부 내륙 지역 간 경제격차가 날로 확대되자 중국정부가 이를 해소하기 위해 2000년부터 서부권 12개 지역을 대상으로 시작한 중장기(50년) 지역발전정책을 말한다.
2) 2005년부터 중국정부에서 실시하고 있는 중부지역 6개 성(省)(산시(山西)성, 허난(河南)성, 안후이(安徽)성, 후베이(湖北)성, 후난(湖南)성, 쟝시(江西)성)에 대한 지역발전 전략을 말한다.
3) 1960년대까지 중국의 대표적인 중공업 기지였던 동북 3성(省)(랴오닝(遼寧)성, 헤이룽쟝(黑龍江)성, 지린(吉林)성)이 1979년 중국의 개혁개방정책 착수 후에도 국유기업에 대한 투자와 업그레이드 부재로 산업 전반이 노후화하자 이를 해결하기 위해 2003년부터 동북 3성을 대상으로 시작한 지역발전정책이다.
4) 전국인민대표대회(줄여서 '全人大')가 국가차원의 조직이라면 전국대표대회(黨대회)는 공산당의 최고권력기관을 지칭한다. 그러나 평상시 최고의사결정기구는 중앙위원회라고 하는데, 임기가 5년이고 위원수는 3백명 내외로서 9천만 공산당원을 대표한다. 중앙위원회는 5년에 한번 당대회를 소집한다. 전인대가 3월에 열리는데 비해 9월에 열리며, 당대회 이후 매년 한 차례 중앙위원들만 모여 갖는 회의를 중앙위원회 전체회의, 즉, '중전회(中全會)'라고 부른다. '18기 3중전회'라고 하면 제18차 당대회 이후 세 번째로 열린 중앙위원회 전체회의라는 것을 의미한다.

5) 국가 간 외환거래의 한 방법으로 외환 시세의 안정을 도모하기 위하여 서로 다른 통화를 사용하는 국가들이 협정을 체결하고 상대방의 통화를 약정된 환율로 거래하는 것을 말한다. 이를 통하여 협정 당사국은 일시적으로 부족한 외환을 안정적으로 조달할 수 있고, 시세 변동에 따른 위험성을 줄일 수 있다.
6) 최근 중국의 부상과 미국의 패권적 영향력 감소는 미국에 전면적이고 통합적인 새로운 대응책 마련을 요구하게 하였으며 미국의 오바마 대통령은 2011년 11월 미국의 총체적 동아시아 외교안보전략인 '아시아 회귀(Pivot to Asia)' 정책을 발표하게 되었다. 본 정책의 주요 요지는 향후 아시아·태평양 지역을 미국의 외교정책의 중추로 삼겠다는 것으로, 실제로 이 정책은 아시아 지역에서 중국을 견제하고자 하는 미국의 강한 의도가 내포된 대중국 견제전략으로 이해할 수 있다.

## 참고문헌

김남희 외. 2019. 『일대일로와 한중도시』. 고양: 학고방.
김동수. 2018. "중국의 일대일로 구상 현황과 시사점." 『중국산업경제브리프(2018.10.31.)』. KIET 산업연구원.
김애경. 2016. "중국의 "일대일로(一帶一路)" 구상 분석." 『민주사회와 정책연구』. 통권 29호.
김옥준. 2015. "중국의 일대일로(一帶一路) 구상과 정치·경제적 함의: 실크로드 경제벨트 구축을 중심으로." 『국제정치연구』. 제18권 제1호.
남효정. 2015. "중국의 실리와 명분 담긴 큰 구상 21세기 실크로드." 『LGERI 리포트(2015.3.18.)』. LG경제연구원.
문희철. 2016. "한국의 유라시아 이니셔티브와 중국 일대일로 전략의 경쟁과 협력." 『전자무역연구』. 제14권 제1호.
백우열. 2017. "중국 일대일로 정책의 국내 정치경제적 추동 요인 분석." 『동서연구』. 제29권 제3호.
성균관중국연구소. 2016. 『일대일로 다이제스트』. 서울: 다산출판사.
원동욱. 2018. "일대일로와 신북방정책의 연계협력 방안." 『성균차이나브리프』. 제6권 제1호.
이강국. 2018. 『일대일로와 신북방 신남방 정책』. 서울: 북스타.
이선영·문희철. 2015. "중국의 일대일로정책, 한국의 유라시아 이니셔티브 및 러시아 신동방정책의 비교." 『유라시아지역연구』. 제1권.
이수행. 2015. "중국의 일대일로(一帶一路)와 시사점." 『이슈&진단』. 제193호. 경기연구원.
이승주. 2018. 『일대일로의 국제정치』. 서울: 명인문화사.
이승주 외. 2016. 『일대일로: 중국과 아시아』. 서울: 명인문화사.
이신규·허운교. 2018. "중국의 '일대일로' 추진현황과 발전방안." 『무역연구』. 제14권 제1호.

이정태. 2017. "중국 일대일로 전략의 정치적 의도와 실제 분석." 『대한정치학회보』, 제25권 제1호.
이주영. 2014. "새로운 개혁개방 모델, '일대일로(一帶一路)'." 『성균차이나브리프』, 제2권 제4호.
이주형. 2016. "중국의 다자주의 외교와 일대일로 전략." 『대한정치학회보』, 제24권 제1호.
이지용. 2014. "중국 '일대일로(一帶一路)' 전략의 정치경제적 함의와 시사점." 『주요국제문제분석(2014.11.25.)』. 국립외교원 외교안보연구소.
이창주. 2017. 『일대일로의 모든 것』. 파주: 서해문집.
임진희. 2015. "일대일로(一帶一路), 중국 신외교전략의 시발점." 『한중관계연구』, 제1권 제2호.
천용찬·한재진. 2017. "중국 일대일로의 기회와 시사점." 『현안과 과제(17-14호)』. 현대경제연구원.
추창민. 2016. 『중국의 '일대일로(一帶一路)' 대응 유라시아 지역 환경전략 연구』. 한국환경정책·평가연구원.
허흥호. 2019. "중국의 '일대일로'(一帶一路) 구상과 전략: 발전과 한계." 『한국콘텐츠학회논문지』, 제19권 제7호.
KIEP 북경사무소. 2015. "일대일로 경제회랑 건설추진 동향." 『KIEP 북경사무소 브리핑』, 제18권 제3호.

# 유럽의 통합과 갈등: 브렉시트

한미애(계명대 국제학연구소)

제1·2차 세계대전을 통해 유럽은 과학기술과 산업의 발전을 이용하여 다양한 전쟁 무기를 만들어냈지만, 이 무기들은 오히려 사람에게 크나큰 피해를 주었다. 더 이상의 피해를 만들지 않기 위해 '하나의 유럽'을 외치며 평화를 위한 연합을 이루었다. 1946년 영국 총리였던 윈스턴 처칠(Winston Churchill)은 "유럽 대륙이 평화·안전·자유 속에 살 수 있도록 우리는 유럽합중국을 건설해야 한다. 유럽이여, 깨어나라!"[1]는 연설을 하며 하나의 유럽을 주창하였다. 그동안 통합을 이루기 위해 많은 노력이 있었다. 단일통화 사용, 유럽 헌법 격인 리스본조약 체결, 자유로운 왕래를 위한 솅겐조약, '유럽 문화수도'와 '유럽 문화도로' 프로젝트, 학생교환 프로그램인 '에라스무스' 등을 통해 내·외적인 공동체를 이루고 있다.[2]

하지만 처칠 연설의 약 70년 뒤, '하나의 유럽'은 조각나기 시작하였다. 2016년 6월 영국은 국민투표를 통해 유럽연합 탈퇴를 결정하였다. 영국의 탈퇴를 시작으로 유럽연합이 붕괴를 시작할 것이라고 예상하는 학자들의 주장과 브렉시트(BREXIT)[3]를 계기로 더욱 단단한 연합이 될 것이라는 주장이 공존한다. 이러한 논란을 만든 브렉시트는 무엇이며, 그렇게 통합을 외치던 영국은 왜 유럽연합을 탈퇴하려는 것인가?

## 1. 국제사회에서 통용되는 '통합'의 의미

통합의 사전적 의미는 '둘 이상의 조직이나 기구 따위를 하나로 합침'이다.[4] 이는 흩어져 있는 개인 혹은 집단이 하나가 되는 과정 또는 공통의 목적과 조건이 충족되어 하나가 될 수 있는 상태로 해석할 수 있다. 통합이라는 단어와 개념은 다양한 분야에서 사용되고 있다. 세계화가 진행되면서 국가 간 경제적, 사회적, 문화적, 정치적 등의 여러 방면에서 통합 현상이 나타나고 있다. 현대적 의미의 통합은 1950년대부터 시작된 서유럽국가 간의 협력체가 등장하면서 연구되기 시작하였다. 통합은 분야에 따라 경제통합, 정치통합, 문화통합, 사회통합 등으로 분류할 수 있으며, 여러 분야가 복합적으로 상위 단위로서 통합을 이룰 수도 있다. 일반적으로 국가 간 통합은 단일시장과 관세동맹 등 경제통합의 형태로 시작되며, 최종 통합의 단계는 공동의 정부가 있는 정치통합을 의미한다.

국제사회에서 통용되는 통합은 '체제가 변화해 가는 하나의 과정으로서 기존의 국제질서와 현존하는 권위적 통치구조 양자를 급진적으로 재구성하는 것'으로 파악할 수 있다.[5] 하스(Ernst Haas)는 정치적 통합에 대해 '서로 다른 환경 속의 정치적 행위자들이 기존의 국가에 대한 관할권(Jurisdictions)을 소유하거나 요구하고, 충성심(loyalty), 기대, 그리고 정치적 활동을 크고 새로운 중심(A new centre)으로 이전(Shift)하도록 설득되는 과정'으로 정의했다.[6] 린드버그(Leon N. Lindberg) 또한 통합은 국가들이 국내외 정책을 독립적으로 수행하려는 기대와 능력을 포기하고, 공동으로 의사를 결정하거나 의사 결정 과정을 새로운 중앙 기관에 위임하면서 구체화된다고 주장하였다.[7] 도이치(Karl W. Deutsch)는 통합에 대해 조건이 이루어지는 상태로 정의하였다. 도이치는 '특정한 영역 내의 사람들이 영역 내의 문제들에 대하여 평화로 해결이 가능한 대단한 공동체 의식과 기구, 제도를 갖출 수 있는 상태의 조건'이라고 주장했다.

종합적으로, 통합은 다양한 영역에서 하나의 공동체로 발전하는 과정이라고 볼 수 있다.[8] 통합에 대한 논의는 국가 또는 집단 간의 문제 해결 방안을 마련하고, 주권 또는 관할권을 포기 또는 이전하여 다른 국가 또는 집단과 하나가 되려고 하는가를 설명할 수 있다. 통합에 대한 이론적인 논의는 기존의 통합 현상뿐 아니라 진행과정 혹은 새롭게 나타나는 통합 현상을 설명하는데 매우 중요한 작업이라고 할 수 있다.

통합이론은 통합의 개념에 대해 두 가지 측면으로 발전되어 왔다.[9]

첫째, 통합 추진체가 공동의 목표와 가치를 단일 시스템을 통해 결속력을 유지한다는 측면의 통합이론이다. 단일체제는 ① 절차적 합의(갈등해결을 위한 정치적·법적 절차를 통한 일반적인 합의), ② 본질적 합의(갈등해결을 위한 정치체제 간 합의)에 의해 형성된다. 체계적인 방법(절차적 합의와 본질적 합의)이 마련된다면 정치체제도 원활하게 통합될 수 있다.

둘째, 외부 세력과 위협에 의해 정치체제가 결속되는 측면이다. 위협에 대해 대처하고 감소시키기 위해서는 국제적 차원에서 힘을 독점해야 한다는 것이다. 이 주장은 니버(Reinhold Niebuhr, 1949, 289-292),

모겐소(Hans J. Morgenthau 1978, 4999-507)와 같은 현실주의자들의 주장으로 글로벌 차원에서 위협에 대한 통제, 공동의 목표, 질서의 영역에 관한 합의가 초국가기구를 창설하고 유지시킨다는 논리이다. 결국, 통합을 위해서는 통합을 위한 동기 발생, 절차와 체제에 대한 합의가 필요하다는 것이다. 통합이론은 개별 국가가 이익과 협력, 안정의 추구를 위해 어떠한 환경과 조건에서 어떠한 과정을 통하여 초국가기구 혹은 공동체 건설을 통해 통합을 추구하는지에 대한 이론적 연구 결과라고 할 수 있다.

## 2. '하나의 유럽'을 위한 유럽연합 탄생과 영국의 가입

인류 역사상 가장 큰 피해를 낳은 전쟁이었던 제2차 세계대전이 끝난 후, 유럽은 평화와 번영, 그리고 안전을 위해 위대한 유럽합중국을 꿈꿨다. 하지만 회복하기 힘든 수준으로 피폐해진 유럽은 미국과 함께 소련에 대항하는 방법을 택했다. 미국은 유럽의 재건을 위해 유럽부흥계획(ERP, European Recovery Program)을 통해 서유럽의 경제적 안정을 도왔다. 경제적으로 회복된 유럽은 그들 스스로의 안전을 위한 안전보장시스템을 구축하고자 하였다.

1950년 프랑스 외무부 장관이었던 로베르 슈망(Robert Schuman)의 선언을 통해 유럽공동체에 관한 논의가 시작되었다. 1951년 프랑스, 서독, 이탈리아, 베네룩스 3국의 대표가 모여 유럽석탄철강공동체(ECSC: European Coal and Steel Community)를 설립에 합의하였다. 1952년 7월 ECSC가 공식 창설되고, 정치와 경제 분야의 통합도 논의되기 시작하였다. 유럽정치공동체(EPC: European Political Community)에 관한 논의는 한국전쟁 휴전, 냉전 시기 등 안보에 대한 위협이 사실상 사라졌다는 판단하에 설립되지 못했다. 하지만 경제통합을 지향하는 공동의 노력은 지속되었는데, 1957년 ECSC 6개국은 '로마조약'에 서명하며 유럽경제공동체(EEC: European Economic Community)와 유럽원자력공동체(EURATOM: European Atomic Energy Community Treaty)를 창설하였다. EEC의 설립 이후 별다른 위협 없이 평화로웠던 유럽은 통합의 발전을 시작하였다. 1991년 마스트리히트조약의 체결 이전까지 유럽통합의 중심논리는 역내 무역장벽의 제거를 통한 단일시장 건설이었다. 그러나 마스트리히트조약에 의해서 유럽연합은 정치적 통합과 한층 심화된 경제통합을 지향하게 되었다.

앞서 서술한 바와 같이, 유럽연합은 제2차 세계대전 이후 평화를 위한 공동의 목적에 의해 탄생한 결과물이다. 하지만, '유럽'사상은 고대 로마 제국과 유사한 지리학적 유사성과 초국가적 통치 방식으로, 중세 기독교와 교황의 정치적 권력과 연결되어 유럽통합의 역사적 맥락으로 이해되기도 한다. 이러한 범유럽 사상은 나폴레옹 제국 이후 프랑스 혁명과 미국 혁명의 자유주의적인 사상과 함께 19세기 유럽에서 찾아볼 수 있다. 빈 회의 이후, 유럽협조체제가 정치적 현상으로서 공동체의 형태로 등장하였다. 1849년 파리에서 열린 국제평화회의에서 빅토르 위고는 '유럽인(Européenne)', '유럽연합(États-Unis d'Europe)'이라는 용어를 사용하였다. 유럽은 미국의 성장을 보며 유럽 국가 간 대립관계에도 불구하고 상호 의존적이었고, 미국에 대항할 수 있는 경제적 통합에 대한 필요성을 절감하게 된다. 또, 독일과 프랑스의 화합을 통한 안보적 위협을 근본적으로 해결하고, 독일의 정치·경제적 영향력 재부상에 대한 완충적 메커니즘의 요구가 증대되었다. 이는 유럽석탄철강공동체의 설립 배경에 잘 드러나 있다. 6개 회원국으로 출발한 유럽 공동체는 1957년 로마조약(Treaty of Rome)을 통해 유럽경제공동체를 창설하고, 관세연합도 설립하였다. 또한, 유럽원자력공동체도 설립하였다.

1960년대 프랑스의 드골은 EEC의 초국가적 권력을 제한하려는 시도를 하였지만, 1967년 합병조약(Merger Treaty)을 통해 ECSC, EEC, EURATOM을 EC(European Communities)로 통합하였다.

1985년 셍겐조약(Schengen Agreement)은 유럽통합 과정에서 의미가 있는데, 독일·프랑스·베네룩스 3국이 국경 시스템을 최소화하여 정보를 공유하고자 하는 셍겐 선언에서 유래한 조약이다. 이는 국경에서의 여권검사와 검문을 폐지하고, 별도의 비자나 여권 없이 자유로운 왕래가 가능하도록 하였는데, 이후 유럽 외 가입국가와 조약의 개정을 통해 진정한 통합의 방향으로 발전시키려는 시도라는 점에서 의미가 있다.

1986년 EC가 유럽 국기를 사용하기 시작하였고, 단일유럽의정서(Single European Act)를 체결하였다. 단일유럽의정서는 로마조약의 일부를 개정하여 EC의 정책과 기구조항을 변경하고 권한을 조정하였다. 단일유럽의정서는 공동체 내의 물리적·기술적 등의 세제 장벽에 관한 282개의 입법계획을 추진하였고, EC 위원회의 집행권한을 강화시켰으며, 유럽의회의 권한도 강화시켰다. 이사회의 의사결정 절차를 만장일치에서 가중다수결제로 대부분 수정하였다. 1993년 1월부터는 유럽단일시장의 출범을 규정하고 있으며, 유럽 정상회의의 정례화, 정치협력의 제도화 등을 명시하였다.

1989년 철의 장막을 따라 베를린 장벽이 무너지고, 독일의 통일, 동유럽 국가들의 독립으로 인해 유럽연합은 공동체의 확대를 시작하게 된다. 하지만 회원국의 확대로 인해 유로 도입을 통한 통화협정의 제도적 안정성과 정치안보적 통합을 통한 안정이 요구되었고, 이러한 논의는 기존 공동체 조약의 개정으로 이어졌다.

공식적으로 유럽연합조약(Treaty for EU)으로 알려진 마스트리히트 조약(Maastricht Treaty)은 "유럽 사람들 사이에서 더욱 긴밀한 연합을 만드는 과정에서 새로운 단계"의 시작을 알렸다. 이 조약은 단일통화,

유로존에 대한 기초를 마련하였으며, 새로운 분야에서 회원국 간의 협력을 확대할 수 있는 계기를 마련하였다. EC의 12개 회원국(벨기에, 덴마크, 독일, 그리스, 스페인, 프랑스, 아일랜드, 룩셈부르크, 이탈리아, 네덜란드, 포르투갈, 영국)은 유럽연합을 설립하기 위한 논의를 시작하였다. 1992년 2월 7일 네덜란드 마스트리히트에서 조약이 체결되어 유럽연합이 설립되었고, 1993년 11월 1일에 정식 발효되었다. 마스트리히트조약은 EC의 통합 수위를 높이는 것을 목표로 하는 조약으로 역내 시장통합 후의 정치연합, 경제·통화연합의 완성을 목표로 한다. 이후 오스트리아, 핀란드 및 스웨덴이 가입하여 회원국은 15개국이 되었다.

마스트리히트조약은 유럽의 단일통화로서 유로(Euro)의 도입을 확정하였다는 점에서 의미가 있다. 1960년대 후반 독일 마르크화와 프랑스 프랑화를 둘러싼 환율갈등 등으로 EC 회원국들은 통화협력에 대한 필요성에 공감하였고, EC는 룩셈부르크 총리였던 피에르 베르너(Pierre Werner)를 의장으로 하는 경제통화동맹 특별위원회를 구성하였다. 1970년의 '베르너 보고서'에서 유로존의 설립이 처음 제시되었다. 베르너 보고서는 단일통화와 유럽은행제도의 도입에 관한 주요 논의를 담고 있으나, 브레튼우즈체제의 붕괴로 인한 국제통화체계의 혼란, 회원국 간의 정치적 의지 부족 등으로 실현되지 못하였다. 이후 유럽의 경제 협력 증진에 관한 수십 년간의 논쟁이 절정에 달하였는데, 마스트리히트조약을 통해서 공동체의 오랜 목표가 실현된 것이다. 또한 유럽중앙은행(ECB, European Central Bank)과 유럽중앙은행 시스템을 설립하고 그 목적을 설명하며 물가 안정을 유지하는 것, 즉 유로 가치를 보호하는 제도적 장치도 마련하였다. 통화동맹에 관한 구체적 논의는 1989년 EC 집행위원장인 자크 들로르(Jacques Delors)가 주도한 '들로르 보고서'를 통해 제시되었다. EC는 유럽단일시장을 발족하였고, 1999년 유럽연합 국가 중 11개국이 유로를 도입하였으며, 2002년부터 유로 지폐와 동전이 12개국에서 통용되었다. 또한, 회원국 간의 통합을 촉진하기 위하여 유럽연합의 세 가지 중심축(경제, 사회, 외교, 안보, 사법과 회원국 국내 문제)을 제안했다. 공동의 외교정책과 안보에 대한 조항은 유럽정책연합(EPC: European Political Cooperation)을 기초로 하여 만들어졌으나 보다 확대된 내용의 조약으로 발전시켰다. 사법 부분과 회원국 국내 사안에 관한 조항은 형법 재판, 사법, 민사, 이민에 관한 협력을 다루는 내용도 조약에 포함시켰다.

또한, 유럽 공동체의 외교, 군사 및 치안에 관련된 사항에 대한 권한 확대를 통하여 정치적인 통합을 지향하고자 하였다. 회원국은 이런 분야들이 유럽 공동체의 차원에서 다뤄지는 점에 우려를 표하였는데, 유럽연합이 회원국보다 더 많은 권한을 가질 것이라는 판단 때문이었다. 실제로 비준·발효될 때까지 회원국 내에서 많은 논의가 이루어졌다. 이에 따라 삼주체제를 설정하여 경제에 관한 부분에 관하여는 공동체가 해결해야 하는 부분과 외교, 군사 및 형사 문제로부터 독립시키고자 하였다. 이러한 점에서 마스트리히트조약 발효의 의의를 두 가지로 말할 수 있다. 첫째, 유럽에서 초국적 통합이 냉전 종식 후 후퇴하지 않고 전진하고 있다는 것을 명확하게 증명하였다. 둘째, 마스트리히트조약은 통합의 수위를 높이고자 하였음에도 국가의 정체성은 남겨둘 것을 결정하였으며, 주권의 공유에 의한 정책협조를 목표로 하고 있는 것이다. 조약의 내용에서 주목되는 것은 구성국 국민에게 유럽시민권을 부여하도록 한 것에 있다고 할 수 있다.

마스트리히트조약 체결 이후, 유럽통합에 관한 시민들의 관심이 높아지게 되었다. 이러한 이유로 여론의 중요성이 증가하였고, 회원국 내의 정부, 정당들은 정치적 경쟁에 있어서 통합에 관한 논쟁을 시작하여 유럽통합이 국내정치적 이슈로 부상하게 되었다.

회원국 내에서 유럽통합 이슈가 어떠한 위치를 차지하고 있는가에 대해서는 상반된 주장이 존재한다. 유럽통합 이슈가 국내정치적으로 유의미하지 않다는 주장이 있다. 특히 친유럽적인 성향의 정부와 정당들의 경우 유럽 이슈에 있어서 차별성이 드러나지 않기 때문에 유럽통합 이슈를 가지고 경쟁할 이유가 없다는 것이다. 그렇기 때문에 유럽통합 이슈를 정치적으로 쟁점화하지 못하고 기존의 좌우이념을 통한 정치적 대립만 존재한다는 것이다. 유럽통합에 반대하는 극단정당들의 경우에도 유럽통합 이슈를 부각하지만, 이것은 유럽통합 사안이 중요하다기보다는 다른 정당과의 경쟁을 위해 국민들로부터 지지를 얻기 위한 수단으로 주로 활용하고 있다는 것이다. 예를 들어, 극우정당은 난민 문제를 부각하고 극좌정당은 신자유주의를 반대하기 위하여 각각 유럽통합 이슈를 활용한다는 것이다.

반면, 유럽통합 이슈를 정치적 논제로써 전략적으로 부각한다고 주장하는 연구도 있다. 영국의 경우 보수당은 반유럽적 성향의 유권자들에게 호소하기 위해 노동당과는 차별적인 유럽정책을 제시하며 유럽이슈를 활용하고 있다. 즉, 유럽통합 이슈가 국내선거에서 유권자들의 정당 선택에 중요한 역할을 하고 있다는 주장이다. 이들은 마스트리히트 조약으로 유럽통합이 정치 및 사회 영역으로 확대되고, 유럽시민들의 일상과 밀접한 연관을 맺게 되면서 유럽통합 이슈가 정당들이나 시민들에게 중요한 이슈로 자리 잡고 있다고 주장한다.[10]

1965년 6월, 브뤼셀에 본부를 둔 유럽경제공동체(EEC) 집행위원회는 EEC 예산에 대한 실질적 권한 확대는 물론 EEC의 독자 예산권과 공동농업 관련 지출에 대한 통제권을 갖겠다고 발표했다.

이에 프랑스가 반발하고 나섰다. 자국의 예산 통제권을 EEC에 양보할 생각이 없던 프랑스의 드골 대통령은 집행위원회의 결정을 받아들일 수 없다며 그에 대한 항의 표시로 EEC 각료이사회에서 자국의 대표단을 철수시켜 위기감을 조성했다. 이때 프랑스 대표단의 의자가 비어있었다고 해서 이를 '빈 의자 위기(Empty Chair Crisis)'라고 일컫는다.

제1·2차 세계대전 이후 회원국의 경제를 활성화시키기 위해 탄생한 이 기구는 초반에는 회원국들이 경제발전을 이루며 순항했다. 그러나 시간이 지나면서 회원국들 간에 의견대립이 심화되더니 결국 1965년 6월 문제가 터지고 만 것이었다. 1960년대 중반에는 EEC의 유럽의회가 입법권한을 갖지 못하고, 현재와 같이 집행위원회의 권한이 확고하지 못한 상태였다. 따라서 프랑스 대표의 각료이사회 불참은 결과적으로 유럽공동체 차원의 입법과 정책결정 과정을 완전히 정지시킨 것이나 다름없었다. 이로 인해 EEC가 해체될 수도 있다는 위기감이 팽배했다.

EEC는 유럽통합을 염두에 두고 창설된 공동체였지만, 초기부터 프랑스와 나머지 5개국의 의견 대립이 심각했다. 드골은 초국가적인 유럽통합이 아닌 국가 중심의 통합을 주장했다. 1960년 드골은 정치연합을 제안하고 독자적 초안을 제출했다. 다른 5개 회원국은 정치연합에는 동의했지만, 드골과 달리 여전히 초국가적 유럽통합을 지향하고 있었다. 이로 인해 프랑스와 나머지 5개국은 정면으로 대립했다. '빈 의자 위기(Empty Chair Crisis)'는 이 같은 상황에서 발생한 것이었다. 이에 5개국은 프랑스를 제외한 채 모든 것을 처리하거나 프랑스에 양보하거나, 둘 중 하나를 선택해야 했다. 프랑스 역시 선택의 기로에 섰다. EEC에서 탈퇴하거나 뜻을 굽히거나, 한가지의 선택만 있었다.

문제는 프랑스가 EEC에서 탈퇴할 경우 나머지 5개국이 영국을 가입시킬 것이고, 그렇게 될 경우 프랑스의 경제는 침체에 빠지고 영향력도 급속히 약화될 게 뻔했다. 영국은 이미 1961년 EEC 가입을 시도하다 "영국은 미국이 유럽에 심어놓으려고 하는 트로이 목마와 같은 존재"라고 주장한 드골의 반대로 가입이 무산됐다. 이어 영국은 1969년에도 드골의 거부로 EEC 가입이 무산됐다가 드골이 사망한 지 3년 뒤인 1973년 세 번째 도전 끝에 EEC 가입에 성공했다.

결국, 프랑스가 먼저 손을 내밀고 타협에 나설 수밖에 없었다. 프랑스는 7개월 만인 1966년 1월 룩셈부르크에서 5개국 대표들과 회담을 열고 이견 조정을 통해 문제를 봉합했다. 집행위원회의 초국가적 권한을 제한하고 회원국들의 비토권을 인정한 만장일치 표결을 상설화했다. 서로 조금씩 양보한 이 합의를 룩셈부르크 타협(Luxembourg Compromise)이라고 한다.

이를 통해 EEC는 정상화 됐지만, 프랑스의 '빈 의자' 전략은 초국가

### 표 2.1 유럽통합 역사

| 연도 | 내용 |
| --- | --- |
| 1948년 | 베네룩스 3국 관세동맹 체결(벨기에, 네덜란드, 룩셈부르크) 1949년 유럽통합을 도모하는 국제기구인 유럽평의회 창설 |
| 1951년 | 베네룩스 3국과 프랑스, 독일, 이탈리아 총 6개국 참여 유럽석탄철강공동체(ECSC: European Coal and Steel Community) 창설 |
| 1957년 | 로마조약(유럽 경제 공동체[EEC: European Economic Community] 설립을 위한 조약) 체결. EEC와 유럽원자력공동체(Euratom, Euratom Euratom) 창설 |
| 1958년 | 유럽 경제 공동체(EEC, 경제통합의 핵심기구) 창설 베네룩스 3개국과 서독, 프랑스, 이탈리아가 기본 회원국 EURATOM(유럽원자력공동체) 창설 |
| 1967년 | EEC를 EC(European Community, 유럽 공동체)로 개편 EEC와 EURATOM, ECSC를 하나로 통합 |
| 1968년 | 관세동맹 완성 |
| 1973년 | 영국, 덴마크, 아일랜드의 EC 가입. 회원국 총 9개국 (1972년, 노르웨이는 가입 협상을 마무리하고 의회에서도 승인했으나 어업 쿼터 제한 등으로 인한 경제적 타격을 우려해 최종 가입 비준이 국민투표로 부결) |
| 1975년 | 영국의 EEC 탈퇴 국민투표 시행, 67.2%로 잔류 |
| 1981년 | 그리스 EC 가입. 회원국 총 10개국 |
| 1985년 | 솅겐조약 체결, 그린란드 탈퇴 |

계속 ▶▶

| 연도 | 내용 |
|---|---|
| 1986년 | 스페인과 포르투갈 EC 가입 회원국 총 12개국. 단일시장과 경제통화동맹(EMU), 가중 다수결제에 대한 단일유럽의정서(Single European Act) 서명 |
| 1990년 | 독일 통일로 옛 동독이 EC 편입. 회원국 총 12개국 |
| 1992년 | 마스트리히트조약(1999년까지 유럽 통화 연합 완성, 유럽 시민권, 공동외교안보정책(CFSP: Common Foreign and Security Policy) 조인. 경제통화연합(EMU: Economic Monetary Union), 정치연합(Political Union)으로 EU전신 |
| 1993년 | 유럽 단일시장 출범, 마스트리히트조약. 유럽연합(EU)출범 가입 후보국의 적합성을 판단하는 코펜하겐 기준 마련 |
| 1994년 | 공식명칭 EU로 변경 |
| 1995년 | 오스트리아, 스웨덴, 핀란드 EU가입(회원국 총 15개국, 노르웨이 국민투표 부결로 EU가입 시도 실패), 셍겐조약 발효 |
| 1999년 | EU 단일통화 유로화 도입, 공동외교안보정책(CFSP) 실시 합의 암스테르담조약 발효 |
| 2002년 | 유료화 통용시작 |
| 2003년 | 니스조약 발효 |
| 2004년 | 에스토니아, 라트비아, 리투아니아, 폴란드, 체코, 슬로바키아, 헝가리, 슬로베니아, 몰타, 키프로스 등 EU 가입. 회원국 총 25개국 |
| 2006년 | 서비스지침(Services Directive) 채택. 국경 간 공급, 해외소비 등 모든 형태의 서비스 교역 원칙적으로 교역 원칙적으로 자유화 |
| 2007년 | 루마니아, 불가리아 EU 가입. 회원국 총 27개국. EU국가들 간의 국경선, 노동시장, 기타 시장들이 완전 개방 |
| 2009년 | 리스본조약 발효 |
| 2013년 | 크로아티아 EU가입(총 28개 회원국) |
| 2016년 | 영국 EU탈퇴 국민투표 가결 |
| 2017년 | 영국의 유럽연합 탈퇴를 위한 리스본조약 50조를 발동. 탈퇴 협상 시작 |
| 2020년 1월 29일 | 유럽의회, EU 탈퇴협정 비준, 브렉시트 시작 |

출처: Bloomberg, 이베스트투자증권 리서치센터 자료를 조합하여 재구성.

적인 공동체를 추진해오던 유럽통합주의자들에게 적지 않은 타격을 줘 유럽통합을 20년 이상 지체시켰다는 지적을 받는다.

## 3. 영국과 유럽연합의 충돌과 탈퇴

### 1) 논란의 출발점

1973년 유럽공동체(EC: European Community)는 1980년대부터 경제적 화합을 넘어서 정치적 화합으로 발전할 움직임을 보였고, 이로 인해 1988년부터 기존의 EC 찬성파였던 마거릿 대처(Margaret Thatcher)를 비롯한 보수당의 소수세력을 중심으로 유럽공동체에 대한 회의적인 시각을 가지게 되었다. 그러나 영국은 대처 내각 주도 아래에 단일유럽의정서(1986)를 체결했고, 존 메이저 내각 아래에 마스트리흐트조약이 체결됐다. 결국, 1993년에 조약이 발효되면서 완전경제통합 단계인 유럽연합이 탄생한다. 이로 인해 유럽의 정치적 통합을 반대해왔던 알란 스케드(Alan Sked)는 Vote Leave(EU 탈퇴파)의 중심 역할을 하게 되는 영국독립당(UKIP: United Kingdom Independence Party)을 창설한다. 이후 동유럽 이민 문제, 유로통화 문제, 영미법과 상반되는 대륙법에 기반한 광범위한 행정규제 등으로 유럽공동체에 대한 회의적인 시각을 가진 이들[11]이 많아지게 된다.

이후 유로존 위기[12]와 시리아 난민사태가 터지면서 사태가 악화되었다. 2013년 당시 선거를 치르던 데이비드 캐머런((David Cameron) 영국 총리는 유럽연합 탈퇴 여부를 묻는 국민투표를 몇 년 안에 실시할 것이라고 발표했다. 이후 시리아 난민사태를 겪으면서 보수당 일부와 영국독립당을 중심으로 유럽연합에서 탈퇴해야 한다는 목소리가 불거져 나왔다.[13] 캐머런 총리는 국민 여론을 일부 수용하여 영국 내 이민 억제에 나서면서 유럽연합이 난민 인구 유입을 적당히 조절해줄 것을 요구하게 된다. 즉 인구 이동의 자유 자체를 제한하거나, 영국에 한해 예외를 인정하라는 뜻이다. 캐머런 총리는 유럽연합 존속을 주장하였지만, 유럽연합은 단일시장(Single market)을 '상품과 사람의 이동이 자유로운 공동체'라고 정의한 이상 영국에 대한 예외를 허용하는 것은 곧 유럽연합 자체의 정체성을 위협하는 것이라고 판단하며 영국의 뜻을 수용하지 않았다.

2015년 영국 총선에서 보수당이 단독으로 과반을 형성함에 따라 캐머런 총리의 공약이던 유럽연합 탈퇴 국민투표가 2017년까지 이루어질 것으로 전망되었고, 2016년 6월 23일 전 영국 국민을 대상으로 한 브렉시트 국민투표를 실시하게 되었다.

### 글상자 2.1  시리아 난민사태

2011년 3월 시리아의 독재자 바샤르 알아사드(Bashar al-Assad) 대통령의 퇴출을 요구하는 반정부 시위에서 시작돼 이슬람교의 수니파-시아파 간 종파갈등, 주변 아랍국 및 서방 등 국제사회의 개입, 미국과 러시아의 국제 대리전 등으로 비화되며 수년째 계속되고 있는 내전이다. 난민 위기는 2011년에 시작되었다. 2011년 6월 초, 1만 5,000여 명의 시리아 난민들은 시리아와 터키의 국경 근처에 텐트촌을 만들어 피난처를 마련하기 시작했다. 레바논에 있는 시리아 난민의 수는 거의 1만여 명에 달하였다. 7월 중순쯤, 처음으로 요르단 보호소에 있는 난민들이 확인되었고, 12월 말에는 1,500명에 달하게 되었다. 2011년 9월 21일 유럽연합은 12만 명의 시리아 난민들을 받아들이는 계획을 승인하게 되었다.

## 2) 탈퇴 진행 과정

유럽연합이 확대되고 회원국의 발언권이 분산되면서, 영국의 유럽연합에 대한 영향력은 줄어들었다. 1973년 영국이 유럽 경제 공동체(EEC)에 가입했을 때에는 유럽의회에 20%의 유럽의회 투표권을 가지고 있었다. 하지만 2015년에는 그 절반 이하 수준으로 떨어졌다. 영국은 유럽연합에 많은 분담금을 지불하면서도 자신들의 의견이 많이 반영되지 않는 상황에 불만이 많았다. 2013년도 영국은 유럽연합 분담금으로 약 170억 유로 지불했지만, 유럽연합 예산에서는 영국에게 63억 유로밖에 지불되지 않았다. 2016년도에 약 122억 유로를 분담금으로 지출했고, 이는 유럽연합 연간 예산의 11%에 해당하는 금액이었다. 독일, 프랑스에 이어 유럽연합에 많은 분담금을 지불하면서도 유럽연합으로부터 혜택을 받지 못한다고 생각할 수 있는 상황이었다. 이렇게 쌓인 불만들은 유럽연합 내 다양한 이슈들과 함께 증폭되어 영국의 유럽연합 탈퇴를 재촉시켰다. 더욱이 영국 내 국내 정치의 영향도 크게 작용하였다. 2015년 영국 총선에서 보수당은 영국의 유럽연합 잔류를 지지함에도 불구하고 유럽회의주의 성향 보수표를 영국 독립당에 잃을까봐 유럽연합 회원국의 잔존 여부를 묻는 국민투표를 공약하고 선거에서 승리하면서 국민투표를 실시하게 되었다.

2016년 6월 23일 국민투표가 실시되었고, 결과는 잔류 48.1%, 탈퇴 51.9%로 탈퇴가 결정되었다.

투표 결과에 따라 영국은 유럽연합에 탈퇴 의사를 밝히게 되었고, 탈퇴 유예기간 2년 동안 탈퇴 준비를 해야 했다.[14] 하지만 이러한 결과로 인하여 영국 내 또 다른 문제가 발생하였다. 스코틀랜드 자치정부를 이끄는 니콜라 스터전(Nicola Sturgeon)은 스코틀랜드의 유럽연합 잔류 의사를 밝히며, 스코틀랜드의 영국 독립론이 다시 제기되었다. 데이

### 지도 2.1  영국의 유럽연합 탈퇴 투표결과

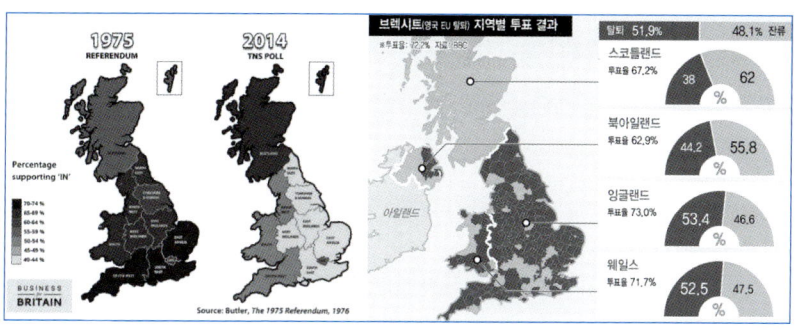

출처: 이베스트투자증권 리서치센터, 『BBC 뉴스』.

비드 캐머런 총리는 브렉시트의 책임을 지고 총리직 사퇴를 밝혔으며, 2016년 7월 13일 정식 사퇴했다. 이후 후임인 테레사 메이(Theresa May) 총리가 취임하였고, "BREXIT means BREXIT"를 외치며 국민투표 결과를 받아들여 영국의 유럽연합 탈퇴 절차 진행을 분명히 하였다.

### 도표 2.1  리스본조약 50조에 의한 탈퇴 과정

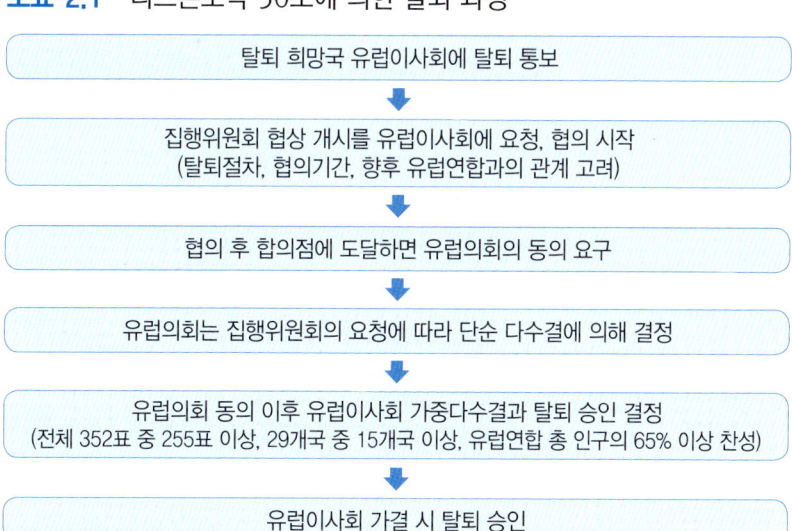

**도표 2.2** 추가 합의사항 발생 시 절차

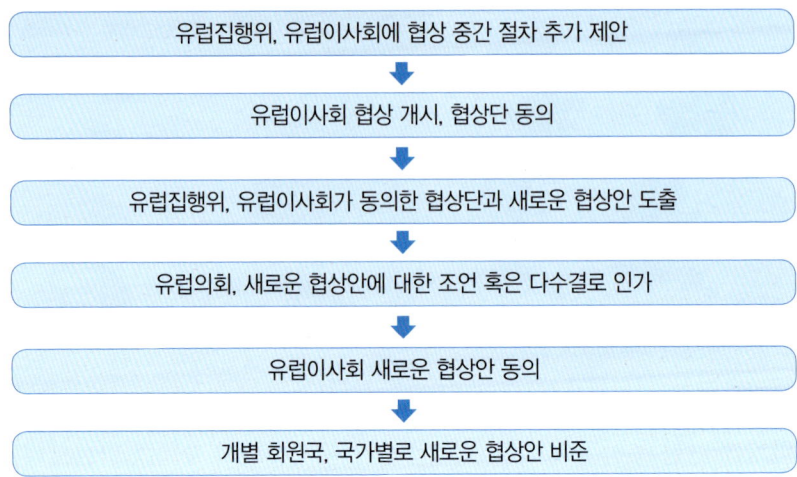

데이비드 캐머런 총리의 사퇴와 테레사 메이 총리가 브렉시트에 대해 강경하게 주장하는 데에는 투표 이후 영국 내 계속되는 논란 때문이었다. 국민투표 이전부터 유럽연합 탈퇴와 유럽연합 잔류에 대한 여론은 계속 부딪혀왔으며, 국민투표 이후 논란은 더욱 심화되었다.

잔류를 원하는 여론은 기존에 적용받던 유럽연합 내 관세면제 혜택을 더 이상 적용받지 못하므로 영국의 대 EU 수출 위축이 우려된다고 보았다. 반면, 탈퇴 여론은 중국, 인도, 미국 등 수출대상 다변화를 통해 충분히 극복 가능한 부분이라고 판단하였다. 유럽연합의 지원분담금에 대해서도 잔류 여론은 1가구 평균 연간 340파운드를 부담하는 상황이지만, 10배에 가까운 경제적 이득을 보고 있다고 주장하였고, 탈퇴 여론은 분담금을 내지 않는다면 교육과 연구개발, 신산업육성 등에 추가 지원이 가능하다고 보았다. 규제 부분에 관하여 잔류 여론은 유럽연합 내 국가별 상황이 달라 규제를 단일화하기 어렵다는 논리를 내세웠고, 탈퇴 여론은 노동법, 보건, 안전 등의 부분에서 영국적인 통제력 강화가 가능하다고 주장했다. 이민자 문제에 관한 여론 중 잔류를 지지하는 여론은 유럽연합 탈퇴가 이민자 유입 억제를 뜻하는 것은 아니라는 의견을 주장하였고, 탈퇴 여론은 이민자 유입이 제어 가능하다고 강조했다.

### 3) 유럽연합과 영국의 브렉시트 협상

국민투표 이후 브렉시트를 진행하는 구체적인 방안에 대한 논의가 진행되면서 현 수준에서 영국이 EU와의 관계를 크게 훼손하지 않고 유지하는 방안인 '소프트 브렉시트(Soft Brexit)'와 영국과 유럽연합(EU) 간 완전한 결별을 뜻하는 '하드 브렉시트(Hard Brexit)'라 불리는 탈퇴 협상방안이 경합을 벌이게 되었다.[15] 탈퇴 협상안에 대해 영국과 유럽연합 간 이견이 계속되면서 영국은 유럽연합과 아무런 협정을 맺지 못하

표 2.2 영국 내 브렉시트에 관한 의견

| 구분 | 반대(EU 잔류) | 찬성(EU 탈퇴) |
| --- | --- | --- |
| 정당 | 보수당 주류, 노동당, 녹색당, 자유민주당 | 보수당 비주류, 영국독립당 |
| 주요 인물 | 데이비드 캐머론 전 총리, 제러미 코빈 노동당 대표 | 나이즐 페라지 전 영국독립당 대표, 보리스 존슨 현 총리 |
| 계층 | 고소득층, 고학력층, 젊은층 | 저소득층, 저학력자, 중년층 |
| 무역 | EU회원국 관세면제 혜택이 사라져 대EU 수출 위축 가능 | 중국, 인도, 미국 등 수출대상 다변화 가능 |
| 이민자 | 브렉시트가 이민자 유입을 줄어들게 하는 요인이 아님 | EU를 벗어나면 이민자 유입을 시스템적으로 통제 가능 |
| EU예산 | 1인 가구 연평균 340파운드의 부담으로 10배 가까운 경제 이득을 얻고 있음 | 분담금을 내지 않으면, 교육·연구개발·신산업육성 등에 추가지원 가능 |
| 규제 | 국가별로 상황이 달라 단일 규제 불가능 | EU를 벗어나면 노동법·보건·안전 등의 통제력 강화 가능 |

출처: 장선화, 2016, 『브렉시트(Brexit) 한 번에 정리하기』 (서울: 미디어리터러시).

고 탈퇴하는 '노딜 브렉시트(No-deal Brexit)'에 대한 우려가 생겨났다. 2020년 1월 31일 공식적으로 유럽연합을 탈퇴한 영국은 12월 31일까지 현 관계를 그대로 유지하는 전환기를 유지하며, 유럽연합과 무역협정 등 향후 양자 간의 관계에 대해 협상을 지속하고 있다. 하지만 공정경쟁 보장, 유럽연합의 영국 해역 어업권 등을 놓고 의견이 엇갈리며 협상에 난항을 겪고 있다. 보리스 존슨 영국 총리는 유럽연합의 탈퇴 과정에서 '노딜 브렉시트'를 하게 될 경우 호주식 모델을 따르기로 했다. 호주식 모델은 세계무역기구(WTO) 규정을 기본으로 정하고, 특정 상품에 대해서는 양측 간 합의를 통해 관련 규정을 마련하는 것이다.

메이 전 총리는 2018년 11월 유럽연합과 탈퇴협정에 합의하였으나 영국하원에서 협정이 부결되었고, 브렉시트 시한을 수차례 연기하였음에도 문제가 해결되지 않자 메이 총리는 사퇴하게 된다. 메이 총리가 합의한 탈퇴협정 중 최대 쟁점은 아일랜드·북아일랜드 간 국경문제로서, 영국과 유럽연합은 물리적 국경 부활을 방지하기 위한 안전장치(Backstop)로 탈퇴 이행기 내 유럽연합과 영국 간 별도의 합의가 체결되지 않을 경우 북아일랜드를 포함한 영국 전체가 유럽연합과 관세동맹 수준의 통합을 맺고, 북아일랜드는 현행 유럽연합의 단일시장에 가까운 수준의 통합을 맺도록 합의하였다.[16] 이에 대해 영국하원 내 브렉시트 찬성파는 브렉시트를 통해 영국이 이루고자 했던 자유로운 통상정책을 안전장치가 가로막을 것이라는 판단하에 합의안에 반대하였고, 보수당 집권에 결정적인 역할을 하고 있던 민주 통일당(Democratic Unionist Party: 아일랜드 자치안에 반대하는 북아일랜드 정당)은 안전장치가 북아일랜드를 그레이트브리튼(Great Britain, 영국을 이루는 큰 섬)으로부터 분리시킬 것이라는 판단으로 합의안에 반대하였다. 결국, 국민투표 결과를 이행하지 못한 책임을 지고 메이 총리가 사임하였으며, 대표적인 브렉시트 강경파인 존슨 전 외무장관이 2019년 7월 총리에 취임하게 되었다. 존슨 총리는 노딜 브렉시트를 불사하며 유럽연합과 재협상을 시도한 끝에 아일랜드·북아일랜드 간 국경문제를 수정한 탈퇴협정을 도출해냈다. 수정안에 따르면 이행기 종료 시 북아일랜드를 포함한 영국 전체가 유럽연합의 관세동맹에서 탈퇴하고, 북아일랜드는 유럽연합 단일시장 규칙의 일부만 한시적으로 적용받는 것이 주요 골자이다. 결국, 브렉시트 이행법안(Withdrawal Agreement Bill)이 영국의회를 최종 통과하게 되었고, 이에 따라 영국시각 2020년 1월 31일 23시에 영국이 유럽연합에서 탈퇴하며 전환기(Transition period: ~2020. 12. 31)가 진행 중이다.

존슨 총리가 합의한 탈퇴협정의 주요 내용은 브렉시트일 기준 영국 거주 유럽연합 잔류국민 및 유럽연합 잔류국 거주 영국민에게 기존에 상응하는 권리를 부여하고, 영국이 2019~2020년 유럽연합 예산상의 의무 및 2020년 말 기준 잔여 의무(약 300억 파운드)를 부담하기로 결정하였다는 것이다.[17] 북아일랜드·아일랜드 간 국경문제에 있어서는 북아일랜드를 포함한 영국 전체가 유럽연합 관세동맹에서 탈퇴하되 아일랜드·북아일랜드 간 국경에서 통관은 실시하지 않고, 단일시장 관련 유럽연합 법령 일부는 이행기 이후에도 북아일랜드에 일정 기간 적용하는 것으로 합의하였다.

전환기 동안의 영국과 유럽연합 간의 관계는 합의가 되었으나, 미래 관계에 대한 협의는 계속 진행 중이다. 영국과 유럽연합은 공정경쟁 보장, 유럽연합의 영국 해역 어업권, 분쟁합의 장치 등의 부분에서 합의점을 찾지 못하고 있다. 만약 기한 내 협상 타결에 실패할 경우 영국과 유럽연합은 2021년부터 세계무역기구 체제로 복귀하게 되며, 단일시장과 관세동맹 혜택이 사라지고 무역장벽이 세워지게 되는 것이다. 영국은 캐나다 및 호주와 같은 느슨한 형태의 FTA모델을 선호하고 있으며, 아일랜드 국경의 문제에 있어서도 영국과 아일랜드는 브렉시트 이후에도 아일랜드섬 남북을 오가는 상품에 대해 별도의 검사나 통제를 하지 않기로 합의했다. 하지만 북아일랜드는 한 영국 본섬과의 교역 시에 통관절차를 밟아야 하는 가능성이 남아있다. 남은 전환기 기간 동안 영국과 유럽연합은 이러한 문제점에 대해 빠른 해결점을 찾고자 지속적으로 협의를 진행하고 있다.

**표 2.3 브렉시트 역사**

| 일시 | 내용 |
|---|---|
| 2016.06.24 | 브렉시트 국민투표 실시(탈퇴 52%, 잔류 48%로 브렉시트 진영 승리) |
| 2016.07.13 | 영국 테리사 메이 총리 취임 |
| 2017.03.30. | 영국, EU에 브렉시트 공식 통보(2년 협상 시한 돌입) |
| 2017.06.~11. | 영국-EU, 브렉시트 협상(6차례) |
| 2018.11.25. | 영국-EU, 영국의 EU 탈퇴협정·미래관계 정치선언 공식 서명 |
| 2019.01.15. | 영국 하원, 브렉시트 합의안 부결 |
| 2019.01.29. | 영국, 백스톱 대안 위해 EU와 재협상 결정 |
| 2019.03.12. | 영국 하원, 브렉시트 합의안 두 번째 부결 |
| 2019.04.11. | EU-영국, 브렉시트 6개월 후로 또다시 연기 합의(10월 31일 예정) |
| 2019.05.24. | 메이 총리, 브렉시트 혼란에 따른 사퇴 결정 |
| 2019.07.24. | 보리스 존슨, 영국 보수당 신임 당대표 선출 및 총리 취임 |
| 2019.10.19. | 영국, EU에 브렉시트 연기 공식 요청(2020년 1월 31일) |
| 2019.12.12. | 영국 조기 총선, 보수당 압승 |
| 2020.01.09. | 영국 하원, 'EU 탈퇴협정법안(WAB)' 가결 |
| 2020.01.29. | 유럽의회, EU 탈퇴협정 비준 |
| 2020.01.30. | 영국 제외한 EU 회원국 브렉시트 협정안 승인 |
| 2020.01.31. | 영국의 EU 탈퇴(브렉시트) 단행 |
| 2020.12.31. | 브렉시트 전환기 종료 |

## 4. 유럽통합 역사의 중요한 전환점이 된 브렉시트

영국의 유럽연합 탈퇴가 현실화 되자, 유럽연합 내 다른 회원국의 연쇄 탈퇴를 우려하는 시각이 많았다. 다행히 아직 유럽연합은 기존의 연합 형태를 잘 유지하고 있다. 실제로 영국의 유럽연합 탈퇴는 유럽 내부에서 지속적으로 제기되어왔던 상황이었으므로 이러한 상황이 그리 놀랍지 않다는 여론도 다수이다.

역사적으로 영국은 유럽연합의 잔류와 탈퇴를 지속적으로 고민해왔다. 유럽연합이 여러 분야에서 통합을 지속할 때, 영국은 언제나 독자노선을 걸어왔다. 1999년 화폐통합을 단행할 때에도 영국은 자국 화폐를 고수하였고, 솅겐조약에서도 예외가 되었다. 그동안 독일과 프랑스가 주도적인 역할을 하며 유럽통합을 이끌어올 때, 영국은 이익에 대해 저울질하며 선별적 통합을 선택해왔다.

유럽연합은 그동안 '하나의 유럽'을 지향하며 공동체로서 통합의 가치를 공유하였고, 이는 여러 어려움 속에서도 유럽연합이 지속되어 온 정신이다. 영국이 유럽연합 탈퇴를 선언하였을 때 보복적 태도를 보일 수도 있었으나, 영국의 선택을 존중했다. 비록 탈퇴한 예전 파트너일지라도 원활한 교류를 유지하길 바라며 관용적인 태도를 보이고 있다.

공동체 정신은 상대를 존중해야 한다는 원칙을 통해 서로 다른 뜻을 가진다고 하더라도 양보를 통해 타협할 수 있다는 믿음을 공유하게 된다.[18] 이러한 정신은 오랜 역사적 습관과 전통이 경험에 의해 지속적으로 만들어지고 공유되고 있다고 볼 수 있다. 브렉시트가 유럽통합에 있어서 중요한 전환점이 될 것임은 분명하다. 하지만, 과거의 여러 위협을 겪어온 유럽연합은 이 상황 또한 해결점을 마련할 것으로 보인다.

유럽연합은 세계에서 가장 높은 수준의 통합을 달성한 지역공동체이다. 유럽연합의 작동 기제와 제도 등은 현재 세계적인 추세인 세계화 속

지역화로의 회귀, 즉 다양한 지역연합 결성에 선행 사례로서 통합에 대비한 잠재 갈등의 해결방안을 모색하는 데 매우 유의미하다.

특히, 유럽연합은 한반도 평화정착에 대응하는 평화통일체제 구축을 위한 유사 해외사례로 유럽통합 과정과 현재 여러 유럽의 상황은 남북한 평화체제 전환에 시사점을 제공할 것으로 판단된다.

## 주

1) 1946년 스위스 취리히 연설.
2) 앤서니 기든스 저, 이종인 역, 2016, 『유럽의 미래를 말하다』 (서울: 책과 함께), pp. 38-50.
3) 영국(Britain)과 나간다는 의미의 Exit가 합쳐진 단어로 영국의 유럽연합(EU) 탈퇴를 뜻하는 용어다.
4) 국립국어원.
5) Nye, Joseph, 1968, *International regionalism: readings* (Washington DC: Little, Brown), pp. 855-880; Ben Rosamon, 2000, *Theories of European Integration* (New York: St. Martin's Press).
6) Ernest Bernard Haas, 1968, *The Uniting of Europe: Political, Social and Economic Forces 1950-1957*, 2nd edn (Stanford: Stanford University Press), p. 16; 김미경, 2018, "브렉시트(Brexit)와 유럽통합 이론: 통합 과정의 가역성(reversibility)을 중심으로," 『현대정치연구』 11-3; 한미애, 2019, "반유럽연합 정서 확산 원인 분석: 폴란드와 헝가리 사례를 중심으로," 『세계지역연구논총』 37-3.
7) Leon N. Lindberg, 1963, *The political Dynamics of European Economic Integration* (Stanford: Stanford University Press), p. 6.
8) 한미애, 2019.
9) 김계동, 2003, 『유럽 질서의 이해 – 구조적 변화와 지속』 (서울: 오름); 필립스 쉬블리 지음, 김계동 외 옮김, 2008, 『정치학개론: 권력과 선택』 (서울: 명인문화사).
10) 홍지영·고상두, 2015, "유럽연합 회원국 정당의 유럽이슈 강조에 관한 분석," 『21세기정치학회보』 25-2.
11) 유로스켑틱(Eurosceptic, 유럽회의주의자).
12) 제7장에서 다룬 유럽 금융위기 사태.
13) 유럽연합은 공동체 차원에서 시리아 난민을 분산 수용할 것을 요구하고 있지만, 영국은 이에 반대했다(윤성원, 2016). 영국은 셍겐조약 미가입과 리스본조약의

선택적 불참을 근거로 유럽연합의 난민정책과 의견을 달리하였다. 난민 문제에 관한 인도주의적인 차원의 여론이 확산되면서 일부 가시적인 조치를 취하는 듯 보였으나, 난민 수용 문제에 관해서는 기본적으로 부정적인 입장을 유지하고 있다. 영국은 난민문제에 대해 본국에서 안정적으로 생활할 수 있는 여건 마련이 진정한 도움이라고 여기고 있다.

14) 리스본조약 50조에 따르면, 탈퇴를 원하는 국가는 탈퇴 의사를 밝힌 지 2년 내에 나머지 회원국들과 탈퇴 조건 협상을 종료해야 한다.
15) 박상현, 2017, "브렉시트와 유럽통합의 미래," 『경제와 사회』, 제115권, p. 171.
16) 영국하원, The backstop explained. https://commonslibrary.parliament.uk/parliament-and-elections/parliament/the-backstop-explained (검색일: 2020.01.30).
17) 조동희, 2018, "브렉시트 협상 현황 및 전망," 『KIEP 오늘의 세계경제』.
18) 조홍식, 2019, "브렉시트의 드라마와 유럽의 '공동체 정신'," 『EAI논평』.

# 참고문헌

## 1. 한글문헌

김계동. 2003. 『유럽 질서의 이해 - 구조적 변화와 지속』. 서울: 오름.
김미경. 2018. "브렉시트(Brexit)와 유럽통합 이론: 통합 과정의 가역성(reversibility)을 중심으로." 『현대정치연구』 제11집 3호.
김용민. 2020. "브렉시트 이후 영국의 입장: 정치, 외교적 측면을 중심으로." 『국제지역연구』 제24권 2호.
리서치센터. 2017. 『영국 브렉시트 이슈』.
박상현. 2017. "브렉시트와 유럽통합의 미래." 『경제와 사회』 제115권.
신상협. 2019. "브렉시트 협상에 대한 전망과 그 함의: 한국에 주는 함의를 중심으로." 『아태연구』, 제26권 3호.
앤서니 기든스 저. 이종인 역. 2016. 『유럽의 미래를 말하다.』 서울: 책과 함께.
윤성원. 2016. "시리아 난민과 영국: 시리아 난민사태에 대한 영국정부의 입장과 난민지원제도를 중심으로." 『유럽연구』 제34권 2호.
이옥연. 2019. "영국의 탈유럽연합 투표: 유럽 지역통합과 국가 체제통합 간 양자택일?." 『국제지역연구』, 제23권 1호.
장선화. 2016. 『브렉시트(Brexit) 한 번에 정리하기』. 서울: 미디어리터러시.
조동희. 2018. "브렉시트 협상 현황 및 전망." 『KIEP 오늘의 세계경제』.
조은정. 2020. "포스트 브렉시트 협상의 주요 쟁점과 전망." 『이슈브리프』 통권 171호.
조홍식. 2019. "브렉시트의 드라마와 유럽의 '공동체 정신'." 『EAI논평』.
필립스 쉬블리 지음. 김계동 외 옮김. 2008. 『정치학개론: 권력과 선택』. 서울: 명인문화사.

한미애. 2019. "반유럽연합 정서 확산 원인 분석: 폴란드와 헝가리 사례를 중심으로." 『세계지역연구논총』 제37집 2호.
\_\_\_\_\_. 2020. "코로나 19 바이러스 팬데믹으로 인한 유럽연합과 유럽시민의 결속 강화 및 통합." 『민족연구』 76호.
홍지영, 고상두. "2015, 유럽연합 회원국 정당의 유럽이슈 강조에 관한 분석." 『21세기정치학회보』 제25집 2호.

## 2. 영어문헌

Arnorsson, Agust and Zoega, Gylfi. 2018. "On the Causes of Brexit." *European Journal of Political Economy* 55.

Becker, Sascha O., Fetzer, Thiemo and Novy, Dennis. 2017. "Who Voted for Brexit? A Comprehensive District-Level Analysis." Economic Policy 32-92.

Ben Rosamon. 2000. *Theories of European Integration*. New York: St. Martin's Press.

COLANTONE, ITALO and STANIG, PIERO. 2018. "Global Competition and Brexit." *American Political Science Review* 112-2.

European Commission. 2020. *Internal EU27 preparatory discussions on the future relationship: "Transport"*.

Haas, Ernest Bernard. 1968. *The Uniting of Europe: Political, Social and Economic Forces 1950-1957*, 2nd edn. Stanford: Stanford University Press.

Lindberg, Leon N. 1963. *The political Dynamics of European Economic Integration*. Stanford: Stanford University Press.

Morgenthau, Hans J. 1978. *Politics Among nation*. Alfred A. Knopf.

Niebuhr, Karl Paul Reinhold. 1949. "The Illusion of World Government." *Bulletin of the Atomic Scientists* 5-10.

Nye, Joseph. 1968. *International regionalism: readings*. Washington DC: Little, Brown.

Politico. 2019. *Theresa May steps down in emotional Downing Street speech*.

_____. 1975. *The obsolescence of regional integration theory*. Stanford: Stanford University Press.

## 3. 인터넷 자료

https://hansard.parliament.uk
https://www.bruegel.org
https://ec.europa.eu
https://www.researchbriefings.parliament.uk

https://www.europal.europa.eu
https://www.lisbon-treaty.org
https://www.bloomberg.com
https://www.bbc.co.uk

# 이슬람 테러리즘과 중동분쟁

성일광(서강대 유로메나연구소)

테러는 이제 중동과 일부 지역만의 문제가 아니라 지구촌 모두의 문제다. 이미 우리는 알카에다와 이슬람 국가(IS)라는 국제테러단체가 장소와 시간에 구애받지 않고 테러 행위를 일으키는 것을 목도해 왔다. 게다가 알카에디즘 이란 새로운 현상은 직접 접촉 없이 온라인 매체를 통해 알카에다와 소통하는 전 세계에 퍼져 있는 동조자들이 알카에다 이름으로 테러를 하고 있다. 세계 각지의 테러단체들이 알카에다와 IS에 지지를 보내면서 국제테러단체의 연대가 강화되는 현상도 일어났다. 따라서 테러 문제 해결은 선택이 아니라 모두가 머리를 싸매야 할 인류의 문제다. 최근 가장 눈에 띄는 테러 양상은 중동지역에 뿌리를 둔 이슬람 관련 테러이다. 알카에다와 IS가 외치는 이슬람 극단주의 이데올로기가 본래의 이슬람 가르침이 아닐지라도 이슬람을 모르고서는 그들을 이해하기 어렵다. 본 장에서는 테러 기본 개념과 이론을 간략히 살펴본 다음 이슬람 관련 테러 현상과 현대 중동의 주요 분쟁을 다룰 것이다.

## 1. 테러리즘의 개념과 역사

### 1) 테러의 정의와 촉진요인

테러는 어떤 정치적 목적을 달성하기 위해 폭력을 사용하거나 조직·집단으로 위협을 가함으로써 공포상태를 조성하는 것이다. 역사적으로 오래 전부터 존재해왔지만, 정치지도자와 같은 요인암살에서 최근에는 공중납치와 폭탄테러 등 일반 시민을 표적으로 한 무차별 테러가 증가하고 있으며, 또한 국가기관이 관여하거나 지원한 국가 테러도 발생하고 있다.

테러는 재산을 파괴하거나 생명을 취할 뿐만 아니라 다른 사람들에게 공포를 불러일으키기 위해 폭력을 사용한다. 따라서 테러리스트는 주로 무고한 시민을 목표로 삼는다. 테러 행위의 가해자는 누구도 안전하지 않다는 두려움을 조장해 일상을 파괴하고 시민을 보호해야 할 정부의 신뢰를 훼손하여 불안과 공포 분위기를 조성한다. 테러는 대개 적에게 도전할 충분한 힘이 없다고 생각하는 사람들이 사용하는 전술이다. 게릴라 전사와 달리 테러리스트는 영토를 정복하려고 시도하지 않는다. 일반적으로 테러리스트는 본격적인 군사 캠페인을 수행하기에 충분한 자원(인력 및 무기)이 부족하다고 여기고 추후 광범위한 형태의 정치적 폭력을 행사하기 위한 임시방편에 만족하는 것이다.

집권세력의 정통성에 대한 불만과 정부의 통치 실패는 테러리즘을 조장하는 요인으로 지적된다. 사회나 권력자들에 의해 무시 혹은 간과되거나 묵살된 정치적·종교적·사회적·경제적·인종적 문제들이 테러리즘의 원인으로 지목되기도 한다. 예컨대 나이지리아의 보코하람과 시나이반도의 베드윈[1]의 이슬람 급진화는 국가통치 실패와 경제·사회적 차별이 원인이며 팔레스타인해방기구(PLO)[2]는 민족주의가 직접적인 원인이라고 할 수 있다.

정부가 행사하는 폭력 역시 테러리즘의 원인이 된다. 각국 정부는 정치와 사회적 소수와 약자의 폭력 사용을 금지하는 한편, 다수의 합법적 폭력을 독점적으로 용인해 왔다. 공적 폭력은 오히려 상황 변화를 원하는 개인이나 집단이 다른 대안을 찾기보다 폭력에 호소하도록 만드는데 결정적인 영향을 주었다.

모욕이나 모멸감은 테러리즘을 유도한다. 미국의 이라크 침공 이후 많은 이라크 주민들은 미국인들의 무단 수색, 점령, 학대에 대해 굴욕이라고 여겼다. 뉴욕 타임스의 저널리스트인 토머스 프리드먼은 "국제문제를 다루면서 내가 배운 한 가지가 있다면 그것은 바로 국제관계에서 가장 저평가되고 있는 것이 모욕이라는 사실이다"고 말했다.[3]

편향된 외교정책은 테러리즘에 기여한다. 로마제국의 유대민족 탄압은 강력한 저항을 유발했으며, 유대인이 세운 '열심당'[4]은 로마 압제에 저항하기 위해 테러리즘을 선택했다. 유럽의 팽창과 식민주의는 피식민지 민족이 독립국가 추구를 위해 테러리즘을 사용하도록 자극했다. 많은 중동전문가와 테러리즘 연구자들은 미국의 대중동정책, 특히 팔레스타인-이스라엘 갈등, 사우디아라비아, 이집트에 관한 정책들이 역내 테러리즘을 촉발한 여러 요인 중의 하나라고 보고 있다.

실패한 국가는 테러리즘을 양산하는 좋은 환경을 조성한다. 실패 국가는 인권침해와 비민주적 행태, 인종적·정치적·종교적 다양성을 인정하지 않으며 무엇보다도 경제문제를 해결하지 못하면서 청년층이 테러리즘에 빠지게 만든다. 결국, 국가권위와 시민사회는 근본적으로 크게 약화되며, 많은 지역이 무법상태에 놓인다. 테러리즘이 실패한 국가를 장악한 사례로는 아프가니스탄의 탈레반과 알카에다가 있다. 소련 침공과 장기간 전쟁으로 유린되고 가난에 찌든 아프가니스탄에서 이슬람 극단주의자 탈레반이 출현했다. 아프간은 또 성전(지하드)을 위한 이슬람 전사들의 기지 역할을 하고 오사마 빈 라덴이 테러단체를 조직화할 수 있는 이상적인 환경을 제공했다. 마찬가지로 이라크와 시리아의 국가통치가 무너지면서 ISIS(Islamic State of Iraq and Syria: 이라크와 시리아 이슬람 국가)와 같은 국제테러단체가 출현한 것이다.

### 2) 테러의 종류, 전술과 역사

국내 테러리즘은 특정 국가의 국경 내에서 발생하며 극단주의 집단과 관련이 있다. 민족주의 테러리즘은 정치적 자치와 독립 쟁취에 밀접한 관련이 있다. 예컨대 스페인 북부에서 프랑스 남서부 지역에 이르는 바스크 지역에 거주하는 바스크 민족의 독립을 목표로 1959년 7월 31일 결성된 ETA[5]가 있다. 당시 바스크당의 중도 노선에 반발한 민족주의 학생들의 주도로 결성돼, 1968년 요인암살을 시작으로 테러와 납치 등 무장 투쟁을 전개했고 2018년 해체됐다. 팔레스타인 이슬람주의 단체 하마스도 민족주의 테러단체이다.

종교 테러리즘은 신이 오로지 자신들의 편이고 그들의 폭력이 신의 계시와 승인에 의한 것이라고 믿는 극단적인 근본주의 종교단체의 전술이다. 전형적인 이슬람 테러리즘 단체로는 알카에다와 ISIS가, 유대교 원리주의 테러단체로는 카흐(Kach)[6]와 카하네 하이(Kahane Chai)[7]가 있다. 알카에다와 ISIS는 전 세계에 자신들이 추구하는 테러리즘을 확신시킨 글로벌 테러단체이다.

국가 테러리즘은 냉혹하고 계산적이며, 효과적일 뿐만 아니라 극도로 파괴적인 테러리즘의 한 형태인데, 이는 정부가 사용할 수 있는 압도적인 군사력 때문이다. 대표적인 국가는 이란, 북한, 시리아, 수단, 아프가니스탄이다.

외로운 늑대 테러리즘은 테러집단의 도움 없이 단독으로 이루어진다. 테러리스트와 테러집단 사이의 연계를 어떻게 볼 것이냐에 따라 종종 이 구분은 모호하다. 때로는 특정 테러단체가 외로운 늑대 테러리스트를 훈련시켰고 공격을 명령한 만큼 자신들이 배후에 있다고 주장하는 경우도 있다. 외로운 늑대나 개인 테러리즘의 예는 1995년 오클라호마 연방정부 건물을 트럭 폭탄테러로 공격한 티머시 맥베이(Timothy McVeigh)가 있다. 유나바머(Unabomber)로 알려진 시어도어 존 카진스키(Theodore John Kaczynski)는 미국의 수학자이자 교수였으나 기술의 진보에 반대해 사업가나 과학자를 편지폭탄으로 공격한 테러리스트이다.

### 글상자 3.1    티모시 맥베이

1995년 4월 19일 168명의 목숨을 앗아간 오클라호마 연방건물 폭파의 주범이다. 걸프전에 참가 무공훈장까지 받고 1991년 12월 군에서 제대한 맥베이는 뉴욕 버팔로에서 경비원으로 일하다가 반정부 민병대에 가담하기 위해 캔저스, 애리조나등을 전전했다. 1992년 불법 무기소지 혐의를 받던 민간인 랜디 위버가 연방수사관 들에게 반항하다 사살된 사건이 발생한데 이어 1993년 텍사스 웨이코에서 사교집단 다윗파 교도 80명이 연방수사관들과 무장대치 끝에 의문의 화재로 몰살되는 사건이 터지면서부터 반정부 성향을 보였다. 1995년 4월 19일 오클라호마 시티 연방건물 폭발물 테러사건 현장 부근에서 경찰에 체포됐다. 그는 체포 후에도 '연방정부는 개인의 자유를 억압하는 거대한 권력'이라는 주장을 되풀이했다. 1997년 연방 배심원들로부터 1급살인 및 음모에 관한 11개 항목 전체에 걸쳐 사형선고를 받았다.

출처: "티모시 맥베이," 『네이버 지식백과』(시사상식사전, pmg 지식엔진연구소).

> **글상자 3.2 유나바머**
>
> 유나바머로 알려진 시어도르 카진스키는 미국하버드대 출신의 수학 천재로 버클리대 교수를 지낸 인물. 현대 문명이 인류를 파괴한다는 문명혐오주의자로 20여년간 숲속 오지에서 은둔생활을 하며 78년부터 95년까지 16회에 걸쳐 컴퓨터 종사자 등 주로 과학기술과 관련 있는 사람들에게 우편물 폭탄테러를 감행했다. 초기에 주로 대학과 항공사를 공격해 대학(University), 항공사(Airline)와 폭파범(Bomber)의 Un+A+Bomber 로 조합, 유나바머로 불렸다. 3명의 사망자를 낸 테러 사건으로 미국연방수사국(FBI)의 추적을 받았다. 동생인 데이비드의 제보에 따라 지난 96년 4월 체포되어 98년 유죄 인정 감형으로 종신형을 선고받고 현재 복역중이다. 체포 당시 그는 몬태나주의 산골 오두막집에서 전기와 수도도 없이 현대 문명과 등진 생활을 하고 있었다.
>
> 출처: "유나바머," 『네이버 지식백과』 (시사상식사전, pmg 지식엔진연구소).

테러리즘의 주요 전술은 납치, 암살, 폭탄테러(자살폭탄테러 포함), 트럭 폭탄, 생물학·화학 무기, 전술핵무기 등이 있다. 정치지도자 암살은 가장 오래된 테러 전술 중 하나이다. 정적들이 로마 황제 율리우스 카이사르를 살해한 것은 로마제국 시대로 거슬러 올라간다. 현대에는 주로 정치인이나 조직과 단체의 수장이 암살 테러 전술의 목표가 된다. 암살은 테러리스트의 대의명분을 알리고 관심을 끌기 위한 주요 수단이다. 예를 들어 많은 테러공격이 정치인이나 조직의 대표 등 인물을 특정하는 반면, 일부 테러단체는 관광객과 같은 민간인을 목표로 정한다. 일반적으로 민간인 대상 무작위 공격은 종교적 또는 민족주의 성향의 테러리스트가 사용하는 전술이다.

폭탄은 1800년대 중반 이후 테러리스트들이 가장 좋아하는 전술이다. 폭탄은 기술적으로 더욱 정교해졌지만, 호소력은 예나 지금이나 별 차이가 없다. 폭탄은 한 번에 많은 사상자를 유발하고, 도시 운반이 비교적 쉬우며, 도시 인근 지역 시민을 대상으로 하는 경우가 많다. 테러리스트는 일반적으로 비행기나 로켓이 필요한 대형폭탄을 사용할 수 없는 만큼 손이나 자동차 또는 트럭으로 운반할 수 있는 작은 폭탄을 사용한다. 그러나 공포심을 퍼뜨리는 것이 물리적 손상을 일으키는 것만큼이나 효과적인 만큼 폭탄의 크기는 그다지 중요하지 않다.

미국과 소련(현재 러시아와 그 인근 국가들)은 오랫동안 생물학 무기인 치명적인 세균을 실험해 왔다. 테러리스트에게 세균은 매우 효율적인 무기이다. 세균은 운반이 비교적 쉬워 테러리스트가 지하철이나 자동차를 이용해 도시로 잠입하여 시민을 대상으로 생물학 공격을 가할 수 있기 때문이다. 생물학 무기는 소량으로 수천 명의 인명을 살상할 수 있는 만큼 치명적이다. 또한, 수백만의 치명적인 박테리아를 함유한 무취의 보이지 않는 스프레이는 공포심을 불러일으키기에 충분하다. 테러리스트가 사용할 수 있는 세균전 무기에는 탄저균, 천연두, 보툴리눔 독소, 전염병 및 에볼라 바이러스가 있다.

화학무기는 유독성 화학 작용제 또는 그것을 충전한 무기이다. 화학약품을 사용하여 인원을 살상하거나 초목을 말려 죽이고, 또는 소이효과(燒夷效果)나 발연효과(發煙效果)를 내는 모든 무기를 가리킨다. 일본의 옴 진리교 단체는 이미 사린가스를 사용한 바 있고 시리아 내전 당시 정부군은 사린가스와 염소를 사용했다.

전술핵무기란 주로 국지전에 사용되는, 폭발력이 작은 핵무기나 지대공 미사일·공대공 미사일·핵 지뢰 따위에 장착되며, 탄두의 위력은 킬로톤(Kt)급이다.

전략핵은 적국 내부의 핵심기반 시설을 공격하는 무기다. 전략핵은 대륙간탄도미사일이나 전략폭격기 등에 의해 운용되며 파괴력이 크지만, 전술핵의 사거리는 중거리 미사일 이하이며 파괴력도 비교적 작다. 냉전 시기엔 지금보다 훨씬 많은 전술핵이 있었다. 미국은 유럽과 일본·한국 등에 중·단거리 탄도미사일과 핵대포·항공기 투하용 핵폭탄 등을 배치했고, 해군의 수상함과 잠수함에는 핵으로 무장한 순항미사일과 폭뢰·어뢰 등을 배치했었다.

고대와 중세의 유대교와 이슬람 테러의 기원을 살펴보자. 서기 1세기 유대교 원리주의 조직 열심당(Zealots)은 로마 통치에 저항하고 유대교 신정국가를 세우려고 했다. 로마인과 결탁한 유대인들을 살해하고 로마인들을 몰아내기 위해 단검을 무기로 품고 다닌다고 해서 시카리(Sicarii, 단검을 지니는 자들)라고 불리었다. 시카리 이야기는 요세푸스의 유대 전쟁사에 등장한다.

중세 시아파의 분파인 이스마일파(Ismaili)로 조직된 '하샤신'이라는 단체는 정치적 암살을 일삼으면서 영어단어 어쌔신(Assassin)의 어원이 됐다. 하샤신이라는 명칭은 어린 소년들을 조직으로 가입시키기 위해 하쉬쉬(Hashish, 대마초)를 피우게 한데서 유래한다. 하샤신은 이란의 곰(Qom) 출신 하산 사바(Hassan Sabbah)가 창설했는데 그는 1080년 이집트에서 이슬람 교육을 받고 선교여행을 떠났다. 셀주크 왕조[8] 술탄의 군대와 무력충돌 했으며 치고 빠지는 게릴라 전술을 이용했다. 그는 1090년 이란의 알라무트(Alamut)성에 본부를 세우고 니자리(Nizari) 이스마일파 국가를 세워 저항했다. 막강한 술탄의 군대와 정면으로 싸우는 것은 승산이 없다고 판단, 요인 암살전술로 전략을 바꾸고 젊은 이들을 개종시켜 암살자로 보냈다. 하샤신파 한 청년이 거지로 변장해 1092년 터키 관리이며 역사가인 '니잠 알물크(Nizam al-Mulk)'에게 접근해 살해하고 1192년에는 수도사로 변장한 청년이 십자군으로 참전해 예루살렘의 왕으로 있던 코라도 델몬페라토(Corrado del Monferrato)를 암살했다. 이런 활동은 1272년 몽골이 하샤신을 제거하기 전까지 무

> **글상자 3.3  니잠 알물크**
>
> 이란 북동부 호라산의 투르 출생이다. 본명은 아부 알리 하산 이븐 알리이며 니잠 알물크는 재상으로서의 경칭이다. 셀주크왕조 제2대 술탄 알프 아르슬란(Alp Arslān)과 제3대 말리크 샤(Malik Shāh)의 양대에 걸쳐 약 30년간 명재상으로서 빛나는 업적을 남겼다. 학문과 문화의 옹호자로서 바그다드와 그 밖의 여러 곳에 자기의 이름을 따서 붙인 니자미야 학원을 설립하여 인재를 양성하였다. 만년에 말리크 샤의 요구에 응하여 페르시아어로 집필한 『정치의 서(書, *Siyāsat-nāmeh*)』는 정치의 요체(要諦)를 일화(逸話)와 사실(史實)을 섞어서 서술한 명저로 문학사상으로도 뛰어난 산문 작품이다. 1092년 정치·종교상의 반대파인 이스마일파(派)의 자객에게 암살되었다.
>
> 출처: "니잠 알물크," 『네이버 지식백과』 (두산백과).

려 200년 이상 계속되었다.

'테러리즘'이란 용어는 프랑스 혁명(1789~99)에서 사용되기 시작했다. 프랑스 혁명은 왕이 평민을 거의 무시하던 시대에 평등한 사회를 꿈꾸는 이상에서 영감을 얻었지만 1793~1794년 자코뱅[9]이라는 정치단체가 프랑스 파리의 혁명정부를 장악하면서 반전이 시작된다. 자코뱅 장악 시절 정치 범죄로 약 17만 명이 사형을 선고받았다. 많은 사람이 감옥에서 옥사하거나 재판 없이 죽었다. 사망한 시민들은 대부분 혁명을 전복시키고 프랑스 왕정복고를 위해 음모를 꾸몄다는 혐의로 기소되었으며 이들 중 다수는 비밀 재판에서 유죄 판결을 받았으며 단두대에서 공개적으로 처형되었다. 1793년~1794년을 '테러의 통치' 기간이라고 부른다. 테러의 통치는 1년이었지만 정치적 변화를 달성하기 위해 폭력을 사용한다는 사고는 훨씬 오래 살아남았다. 막스밀리앙 로베스피에르(1758~1794)에게는 '흡혈귀', '냉혈동물', '야심가', '독재자' 등의 지독한 악명과 함께 '민주주의자', '자유와 인민의 벗', '불행한 사람과 빈곤한 사람의 옹호자' 등의 찬사와 경멸이 붙어 다닌다. 프랑스 혁명기 중에서 가장 급진적이고 과격했던 국민 공회를 주도한 독재적인 인물 로베스피에르는 괴물인가, 순교자인가? 로베스피에르가 이른바 공포 정치의 상징적인 인물로 알려졌지만 평가가 엇갈린 이유는 역설적이게도 '자유의 적들'에 대항하기 위해 극단적인 공포 정치를 주장했기 때문이다.

로베스피에르가 수장이 된 공안위원회는 국가비상사태 기간 프랑스 통치를 위해 테러리즘을 사용했다. 이 기간 루이 16세[10]와 부인 앙투아네트는 단두대의 이슬로 사라졌다. 영국의 보수주의 철학자 에드먼드 버크는 테러의 광기와 과도한 폭력, 공개처형, 시민 안전의 부재로 점철된 프랑스 혁명을 '지옥의 악마'로 부르고 강력히 반대했다.

## 2. 테러리즘 이론과 실체

### 1) 테러리즘 이론

테러리스트의 구체적 합리적 의사결정 과정을 밝히는 이론 중에 합리적 선택 이론에 기반한 스크립트 이론이 있다. 사람은 생소하거나 중대한 상황에 직면하면 신중하고 사려 깊은 의사결정을 내리기 마련이다. 하지만 비슷한 조건에서 같은 행위를 반복한다면 보다 덜 신중하게 계산을 하거나 주의 깊은 고려 없이 습관적으로 행동할 것이다. 이러한 습관적인 행위를 일상화 또는 습관화라고 부른다. 사태 도식(event schemata)으로도 알려진 스크립트 혹은 각본은 인간 행동을 이해하고 설명하는 데 필요한 절차상의 기억 구조이다. 스크립트는 실제로 현장에서 부딪힌 경험의 가장 명백한 조합으로 개인이 경험한 결과의 산물이다. 예컨대, 범인은 여러 차례의 시도와 실수를 통해 배움으로써 어떤 불법 행위를 실행에 옮길 때 필요한 행동과 행위 등의 일련된 순서를 학습할 수 있다. 이렇게 해서 학습된 행동의 일련 순서는 불법 행위를 실천하기 위한 한 스크립트로서 기억 속에 저장될 수 있다. 또한, 미디어나 SNS를 통해 다른 범죄자들과 범죄행위에 관한 대화를 하거나 범죄를 다룬 영화를 보거나 이야기를 읽거나 온라인 게임을 하는 행위는 특정한 범죄 행동을 위한 어떤 스크립트 구축에 단초를 제공한다.[11] 이런 스크립트 단초에 기초해 범죄적 기회구조 즉 테러의 목표, 무기, 도구, 촉진조건에 변화를 줌으로써 테러리스트의 테러 의지를 약화시키거나 테러 발생 가능성을 낮추는 것이다.

상황적 범죄 예방이론(SCP: Situational Crime Prevention)은 범죄행위를 실패하게 만들기 위한 예방, 억제, 또는 방해 등과 관련된 기법들을 개발하는 것을 다룬다. SCP는 범죄 예방을 위해 범행과 관련된 위험, 노력, 그리고 보상 등을 바꾸고 다양한 기회구조를 조작한다. SCP 개입의 두 가지 조건은 특정범죄에 한정하는 것이며 특정범죄와 관련된 범죄 실행의 과정상 일련의 세부사항을 자세히 알아야 한다.[12]

**도표 3.1** 테러공격의 스크립트 의사결정

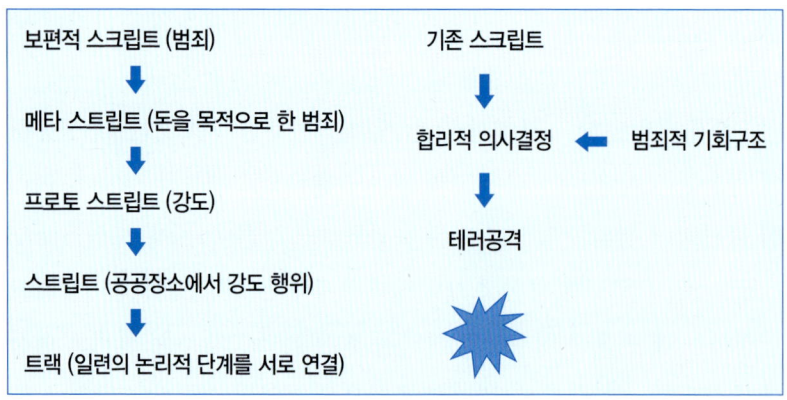

출처: 윤민우, 2011, 『테러리즘의 이해와 국가안보』 (서울: 진영사), pp. 105-106.

도표 3.2에서 보듯이 개입방법은 두 가지로 볼 수 있는데 먼저 기존 스크립트 정책 개입은 테러훈련을 받았거나 테러훈련 센터가 있는 예컨대, 파키스탄 또는 아프가니스탄과 같은 의심지역을 여행하거나 이슬람 극단주의를 설파한 사람을 감시 또는 검거하는 것이다. 두 번째는 범죄적 기회구조 정책 개입으로 목표물, 이용 가능한 도구와 무기는 물론 각종 촉진조건들을 종합적으로 분석 판단해 테러의 조건을 줄이거나 없애는 것이다.

### 2) 현대 이슬람주의 운동과 테러리즘

이슬람주의 운동(Islamist movement), 정치 이슬람주의(Political Islam), 이슬람 원리주의(Islamic fundamentalism)는 모두 이슬람 사회 운동을 설명하는 용어이다. 이슬람 상징과 가치를 통해 대중을 동원하고 정치적 영향력을 행사해 권력을 얻은 후 이슬람법 샤리아가 적용되는 국가를 세우려는 사회 운동을 뜻한다. 극단화 정도에 따라 온건한 무슬림

**도표 3.2** 대테러 대응전략 개입 포인트

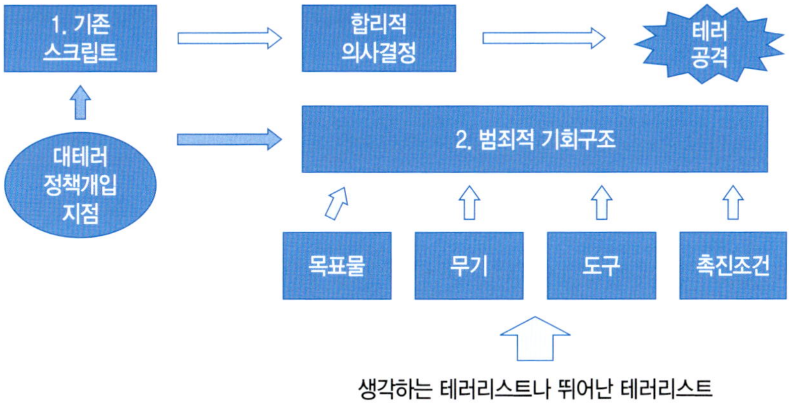

출처: 윤민우, 2011, 『테러리즘의 이해와 국가안보』 (서울: 진영사), p. 121.

형제단(Muslim Brotherhood)과 국제테러단체 알카에다(Al-Qaeda)와 이슬람 국가(아랍어로 다에쉬, IS)로 나눌 수 있다.

이슬람주의 운동은 이슬람을 삶의 규범으로 정해야 한다는 구호로 우호적인 여론을 조성하고 변화하는 사회·정치 현실에 새로운 의미를 부여하는 해석의 행위자(Agents) 역할을 한다. 이슬람주의자들은 반 혹은 대항 사회(counter society)를 형성해 주류 사회가 잘못된 길을 가고 있는 만큼 신의 길을 따르기 위한 대안을 제시한다. 이슬람 조직의 공통된 목표는 사회개혁을 위한 권력획득을 통해 샤리아를 사회 전반에 적용시키는 것이다. 이를 위해 샤리아를 유일한 법제정 원천으로 만들고 사회를 아래로부터 이슬람화하려고 한다. 시간과 환경에 따라 조직의 목적과 의미를 재정의하는 카멜레온 같은 전술을 사용하고 있다.

1970년대 이후 이슬람주의가 아랍 사회에서 큰 호응을 얻은 이유는 1967년 3차 중동전쟁에서 아랍국가가 이스라엘에 패하면서 1950~70년대 아랍세계를 지배했던 혁명 이데올로기인 아랍 민족주의와 아랍 사회주의가 퇴색되고 이슬람주의가 대안 이데올로기로 부상했기 때문이다. 당시 이슬람주의 운동은 민족주의가 무슬림을 통합할 수 있는 기폭제가 될 것으로 보고 반대하지 않고 판단을 유보했다. 1979년 소련의 아프간 침공 이후 무자헤딘과 알카에다의 창설과 이란의 이슬람 혁명은 이슬람주의 운동의 부활을 알린 것이다. 1980년대 중동문화의 상징도 이슬람주의자들이 주도했는데 1981년 이집트군에 침투한 극단 이슬람주의자는 이스라엘과 평화협정을 맺은 안와르 사다트 이집트 대통령을 암살했다.

도표 3.3에서 보듯이 무슬림 형제단이 추구하는 이슬람 국가는 알라→움마→통치자 순으로 통치되는 국가로 알라는 무슬림이 사는 공동체를 뜻하는 움마를 통해 통치자에게 메시지를 전달해 이슬람 가치에 기반한 통치가 가능하다. 반면 무슬림 형제단은 신→왕→백성 순으로 통치되

**도표 3.3** 무슬림 형제단 시각에서 보는 국가 시스템 왼쪽부터 이슬람 국가 체제, 중세유럽 왕체제와 현대 민주주의체제

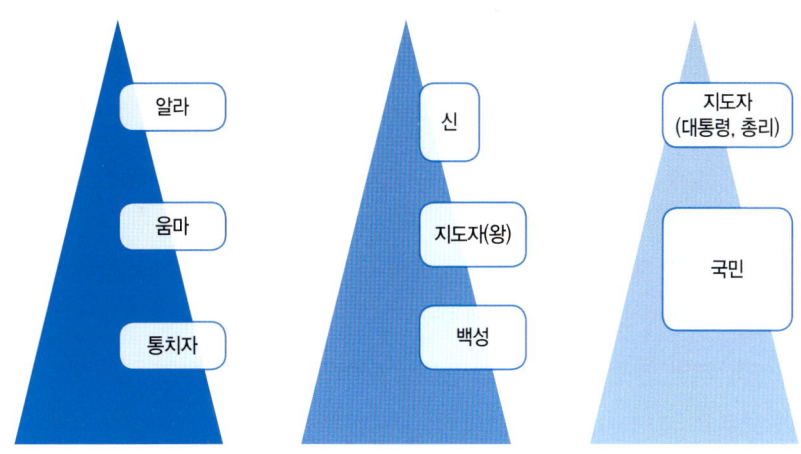

는 중세 유럽 왕 체제는 신에게 권력을 위임받은 왕이 백성의 눈치를 볼 필요가 없어 독재로 귀결된다고 보았다. 또 지도자가 국민을 통치하는 민주주의 체제는 선거를 통해 국민의 표를 얻어야 하는 지도자는 국민이 원하는 정책을 추진할 수밖에 없어 타락할 수밖에 없다고 주장한다.

이슬람주의 운동의 기원은 무슬림 역사에서 찾을 수 있다. 그 뿌리는 수 세기 동안 다양한 시대에 만연한 이슬람 지식인의 유산과 정치활동일 뿐만 아니라 심리와 사회환경에서 기인한 것이다. 현대 이슬람 운동의 핵심은 자유, 평등과 사회 정의에 대한 샤리아의 권위를 인정하고 샤리아를 인간사회의 모든 영역에 적용할 수 있게 하고 기존의 시스템과 관계없이 그 적용을 지켜내는 것이다.

현대 이슬람주의 운동이 이전의 것과 가장 큰 차이를 보이는 점은 종교와 정치에 대한 인식이다. 이슬람주의 운동은 수준과 이데올로기의 차이와 관계없이 중동지역의 사회적 혼란과 환멸에 빠진 대중의 정치적 발현으로 볼 수 있다. 이슬람주의 운동은 주류 정치권과 온건 정치 운동과 함께 선거에 참여해 권력을 얻기 어려웠고 국가의 단호한 태도와 억

압정책 때문에 폭력을 통해 권력을 추구하면서 급진화되는 성향을 보여왔다.

이슬람주의 운동의 주요활동은 두 개로 나눌 수 있다. 다와(Da'wa)는 선교 활동을 뜻하며 비무슬림들과의 관계를 정하는 것으로 교육, 구제, 의료, 선교 활동이다. 주목적은 민심을 얻고 새로운 구성원을 충원하고 선거 참여시 표를 얻는 것이다. 다와에 집중해야 할 때는 국가나 적의 힘이 강해 도전하기 어려운 상황 즉, 무슬림 형제단 지도부가 체포되거나 망명한 현재 이집트 상황이다. 지하드는 조직의 힘이 충분하다고 판단되면 실행에 옮기는 무력투쟁이라고 할 수 있다. 2011년 아랍권의 민주화 시위 이후 이집트의 무슬림 형제단을 비롯한 이슬람주의 운동이 아랍 사회에서 큰 호응을 얻은 것은 오랜 기간 아랍 사회에서 민심을 달래준 다와가 표심으로 직결된 것으로 볼 수 있다.

이슬람주의 사상은 다양한 이슬람 개혁주의와 원리주의 사상가들의 영향을 받았다. 예컨대 한발리즘의 출발점이 된 중세 이슬람 학자 이븐 한발(Ibn Hanbal, 781~855),[13] 원리주의 사상가 이븐 타이미야(Ibn Taymiya, 1263~1328)[14]와 18세기 사우디 국가의 이데올로기의 근간을 만든 무함마드 이븐 압둘 와합브(Muhammad Ibn Abd al-Wahhab, 1704~1787), 무슬림 형제단의 사이드 꾸트브(Sayyid Qutb)가 대표적인 사상가들이다.

현대 이슬람주의 운동을 관통하는 사상인 살라피즘[15]은 이런 다양한 사상가들의 영향을 받았다. 무함마드 시대의 무슬림 선조들(아랍어로 살라프)의 신실한 삶을 따라 순니 이슬람을 개혁해야 한다는 주장이다. 1970년대 이후 세 가지 성향의 살라피즘이 형성되는데 먼저 선교 또는 신조 살라피즘은 전통주의 형식으로 무슬림 형제단은 자신들을 살라피스트로 부른다. 두 번째는 지하드 살라피즘인데 알카에다와 IS가 이 부류에 해당된다. 마지막으로 활동주의 살라피즘은 정당 조직을 세워 활동하는 근대화주의자들인데 이집트의 살라피 정당 '안누르'당이 좋은 예이다.

다시 원리주의 사상가로 돌아가서 이븐 타이미야는 당대 몽골과 십자군의 침입을 제대로 방어하지 못하고 유화적인 태도를 보인 아랍 통치자에게 복종하지 않아도 된다고 설파했다. 요컨대 신이 허락한 통치자라도 이슬람 가치에 어긋나면 반란을 일으킬 수 있다는 혁명적인 사고를 남긴 것이다. 옆 꾸트브는 주로 통치권 개념을 다루었고 샤리아를 최고의 정부와 법적 권위(Hakimiya)로 인정하고, 하키미야에 의한 통치 외엔 다른 통치는 이슬람 도래 이전의 무지상태를 뜻하는 자힐리야(Jahiliya) 통치라는 믿음을 규정했다. 꾸트브는 무슬림은 현재 신의 통치를 벗어난 새로운 자힐리야 상태에 살고 있다. 새 자힐리야는 인간이 만든 정치 시스템으로 신이 규정한 것을 무시하는 체계임으로 무슬림은 이를 거부하고 민법, 형법, 개인법 모두 이슬람법 샤리아에 기초해야 한다고 역설했다. 무슬림뿐만 아니라 기독교인과 유대인들도 개종하거나 인두세 '지즈야'를 지불해야 한다. 꾸트브는 비무슬림을 개종시키기 위한 공격적인 지하드를 모든 무슬림의 의무로 규정하고 파키르(Fakir, 배교자) 공격을 정당화하고 비무슬림 국가 지도자 살해를 옹호했다. 또한 샤하다(Shahada, 신앙고백)를 입으로만 외지 말고 행동으로 실천해야 한다고 주장하며 '샤하다 아말리야(Active shahada)' 행동의 샤하다 개념을 주창했다.

이슬람주의 사상은 또한 다른 이슬람 사상의 영향을 받아서 발전해 왔다. 7세기 3대 칼리프[16] 우스만(Uthman)을 정실주의와 바른 통치에 실패했다는 이유로 암살해 반란을 일으킨 카와리지파(Khawarij)파는 합법적인 정부와 지도자를 제거할 수 있다는 전통을 남겼다. 카와리지파의 전통을 이어받은 이슬람 테러조직은 알카에다의 지도자인 아이만 앗자와히리(Ayman Zawahiri)로 그는 알카에다와 연대하기 전 이집트의 알지하드에 합류했다. 알지하드의 세포조직이 이집트군에 침투했고 군복무 중이던 칼리드 이슬람불리가 이스라엘과 평화협정에 서명했다는 이유로 1981년 안와르 사다트 이집트 대통령을 암살했다.

7세기 카와리지파에서 갈라져 나온 이바디즘(Ibadism)은 자신들을 따르지 않는 자들을 불신자로 규정하는 타크피르(Takfir, 다른 사람을 불신자로 규정) 개념에 충실했다. 여기에 영향을 받은 앗자와히리는 알카에다를 따르지 않는 자들을 쿠파르(Kuffar) 즉, 불신자로 규정해 살해할 수 있도록 했다.

10세기 이븐 한발을 따르던 알바르바하리(Al-Barbahari)는 극단적인 태도로 악명이 높았는데 자신들을 따르지 않는 자들을 거부자란 뜻의 라피디(Rafidi)란 용어를 이용해 공격했다. 라피디는 원래 카와리지에서 파생된 또 다른 분파이다. 알카에다와 IS는 자신들을 따르지 않는 시아파와 순니파 무슬림이나 비무슬림 모두를 라피디로 부른다. 사우디 이슬람 원리주의 와하비즘의 창설자 압둘 와합브의 파트와(Fatwa: 법률판단)[17]에 따르면 무슬림은 불신자인 쿠파르와 가짜 무슬림인 무나피쿤(Munafiqun)을 대상으로 지하드를 행해야 한다고 선언했다.

지하드는 성전(聖戰)으로 이슬람을 지키기 위한 노력 혹은 투쟁하는 활동을 뜻한다. 정신적 또는 물리적 지하드는 마음, 혀, 펜(손)과 칼로 행할 수 있다. 가장 흔히 알려진 지하드의 의미는 필요할 때 전쟁도 불사하고 이슬람 통치권을 세워 이슬람 믿음을 거부하는 불신자에게 이슬람을 전파하는 행위이다. IS 같은 조직에게 지하드는 신실하지 못한 무슬림을 초기 이슬람의 가치로 되돌리기 위한 거룩한 투쟁이다.

지하드는 둘로 나눌 수 있다. 첫째는 방어적 지하드로 외부의 적으로부터 다르 알이슬람(Dar al-Islam, 이슬람의 땅)을 지키기 위한 개인적인 의무로서 파르드 아인(Fard 'Ayn) 즉, 공동체 내 모든 무슬림이 참여해야 한다. 반면 무슬림 공동체의 집합적 의무로서의 공격적 지하드는 다르 알하르브(Dar al-Harb, 불신자의 땅)의 주민들을 이슬람의 땅으로 데려오기 위한 군사작전이 추가되며 파르드 키파야(Fard Kifaya)로 파르드 아인과 달리 공동체 일부만 참여하면 된다.

순니 샤피의례파는 다르 알이슬람과 다르 알하르브의 중간 지점 다르 앗술흐(Dar al-Sulh, 휴전의 땅)는 무슬림과 휴전한 비무슬림 땅으로 지하드를 잠시 중단하는 것이지 종결을 의미하지는 않는다.

주지하듯 지하드가 반드시 폭력을 의미하는 것은 아니지만 알카에다와 같은 이슬람 원리주의 테러단체는 지하드의 개념을 전쟁과 대결로 국한했다. 알카에다의 이런 새로운 지하드를 네오지하드(Neo Jihad)로 정의할 수 있다. 네오지하드는 세 가지 개념에 기반하고 있다. 첫째, 이슬람은 보편적인 종교로 전 인류에게 계시가 됐으며 둘째, 이슬람법 샤리아가 주권을 통치해야 하며 그 외의 다른 법과 규범으로 통치될 수 없으며 셋째, 신이 인간을 창조한 만큼 인간은 신을 섬겨야 한다는 것이다.[18]

알카에다는 세계를 무슬림과 비무슬림 사회 둘로 나누는데 비무슬림은 샤리아가 적용되지 않는 영토와 국가에 거주하는 개인이나 단체이다. 네오지하디스트에게는 샤리아에서 벗어난 아랍과 무슬림 역시 더는 이슬람에 속하지 않는 만큼 미국과 결탁한 사우디와 이집트는 진정한 이슬람 국가로 간주하지 않는다. 와하비스트의 강경한 태도와 마찬가지로 네오지하디스트는 자신들만이 진정한 무슬림이며 자신들을 따르지 않으면 거부자를 뜻하는 라피디(Rafidi)로 부르고 불신자를 뜻하는 쿠파르(Kuffar)가 된다. 정리하면 알카에다와 같은 네오지하디스트에게는 자신들과 유사한 조직을 제외하고는 모두 불신자이다.

네오지하디스트의 네 가지 활동은 다음과 같다. 첫째 다와(Dawa)로 이슬람으로의 부름 즉 선교를 뜻하며 자신들과 자신들의 신념을 따르지 않는 정적인 무슬림과 비무슬림과의 관계를 구분하는 기준이다. 두 번째는 살거나 죽거나 관계없이 정적으로부터 분리돼 있어야 한다. 그래야만 정적과의 친밀감을 사전에 차단하고 정적에 대한 적대감과 증오를 유지할 수 있기 때문이다. 세 번째는 고립과 이주이다. 정적이 거주하는 사회로부터 마음, 입술, 행동의 고립이 포함된다. 이는 거주하는 사회와 시스템으로부터의 고립으로 민주주의를 포함한 다른 모든 시스템에 대한 적의를 의미한다. 유럽에서 조용히 공격 명령을 기다리는 알카에다나 IS의 세포조직을 예로 들 수 있다. 완전한 고립은 특정 영토나 국가에서 자신들의 움마로 이주하는 것도 포함된다. 네 번째는 신의 방식으로 행하는 지하드 활동으로 정적이나 자신들을 따르지 않고 네오지하디즘을 수용하지 않는 거부자들을 향한 것이다.[19]

알카에다의 이데올로그인 압둘라 아잠(Abdullah Azzam)은 지하드는 네 단계로 구성된다고 밝혔다. 이주, 준비, 대기와 공격이다. 아잠은 이주는 지하드의 지역으로 이동하는 것으로 직장, 학교, 가족, 친구, 이웃과 국가를 떠나 지하드에 동참하는 것을 의미한다고 역설한다. 또한, 이주는 순교자가 되는 것이며 천국으로 가는 길인 셈이다. 준비단계는 새로 이주한 지하드의 영역에서 지하드를 위한 사상적·군사적 훈련을 시작하는 것이며 의무 사항이다. 대기 단계는 무슬림 영토의 국경을 확보해 이슬람 국가의 국경에 거주하는 것을 의미한다.[20]

네오지하디스트는 지하드의 개념도 자신들의 필요에 따라 새롭게 바꿔 놓았다. 원래 공격적 지하드는 선교를 목적으로 적의 영토에 대한 공격을 의미하고 자발적 참여에 의존하며 무슬림 공동체 전체의 의무 사항이 아니지만 네오지하디스트는 이를 '요구의 지하드'로 부르고 여러 상황에서 의무로 규정하고 있다.[21] 공격적 지하드를 행할 수 있는 사람은 자유로운 무슬림 남성으로 성인이며 건강하고 정신적 육체적 결점이 없어야 한다.

방어적 지하드는 무슬림 영토가 공격을 받거나 통치자나 이맘이 선언하면 전 무슬림의 의무 사항이 되는 것이다. 무슬림 영토가 침략을 당한 상황에서 통치자가 지하드를 선언하지 않으면 그는 죄인이며 자리에서 강제로 아니면 스스로 물러나야 한다고 주장한다.

알카에다는 이집트와 사우디아라비아를 비무슬림 국가로 간주한다. 네오지하디스트는 두 국가의 정권은 샤리아 적용을 거부하는 자들이며 자신들을 보호하기 위해 군대와 경찰에 의존하고 있다고 비난한다. 요

표 3.1  대표적 이슬람주의 단체와 테러단체

| 명칭 | 종파 | 목표 | 개요 |
|---|---|---|---|
| 무슬림 형제단 | 순니 | 이집트 및 자국 내 점진적 이슬람 국가 건설 | 1928년 하산 알반나 창설. 중동 지역 가장 큰 정치 이슬람 단체 |
| 안나흐다당 (黨) | 순니 | 튀니지에 점진적 이슬람 국가 건설 | 1981년 무슬림 형제단과 이란 이슬람 혁명 영향으로 창설 |
| 하마스 | 순니 | 순니 이슬람에 기초한 팔레스타인 독립 국가 건설 | 무슬림 형제단의 가자 지구로 출발 1987년 인티파다[22] 이후 창설. 테러단체. |
| 팔레스타인 이슬람 지하드 (PIJ) | 순니 | 순니 이슬람에 기초한 팔레스타인 독립 국가 건설. 하마스와 달리 팔레스타인 제도권 정치에 참여하지 않음 | 1982년 이란의 이슬람 혁명 영향으로 창설. 테러단체. 하마스가 선교를 뜻하는 '다와'와 무력투쟁을 뜻하는 '지하드'를 병행하는 반면, 주로 지하드에 집중. |
| 헤즈볼라 | 시아 | 시아 이슬람에 기초한 레바논 국가 건설과 대이스라엘 항전 | 1982년 이란의 이슬람 혁명 영향으로 창설. 테러단체. |
| 알카에다 | 순니 | 점진적 이슬람 국가 건설과 친미 아랍정권 및 대서방 항전 | 1988년 오사마 빈라덴 창설. 가장 오래된 살라피 지하디스트 국제 테러단체 |
| IS | 순니 | 급진적 이슬람 국가 건설과 친미 아랍정권 및 대서방 항전 | 2013년 알바그다디 이슬람 국가 건설 선언. 영토 점령을 통한 급진적 이슬람 국가를 세웠던 살라피 지하디스트 국제테러단체 |

컨대 두 국가 정권은 전쟁과 궤멸의 대상이다. 따라서 네오지하디스트는 아랍과 이슬람권에서 자신들을 인정하고 따르지 않는 정권과 사람들은 모두 비무슬림으로 간주한다.

## 3. 현대 이슬람주의 운동 동향

### 1) 온건 이슬람주의 운동: 무슬림 형제단

무슬림 형제단은 국가를 초월한 순니 이슬람 운동으로 칼리프제도 하에 이슬람법 즉, 샤리아를 적용하는 것을 주목표로 한다. 1928년 이집트에서 창설된 가장 오래된 이슬람 운동조직으로 아랍권에 여러 지부를 두고 있다. 그러나 이 지부는 다양한 이름으로 다양한 사회・정치적 때로는, 폭력적인 방법을 동원했지만, 샤리아 통치 국가를 세우는 공통의 목표를 공유하고 있다. 가장 많이 알려진 형제단 지부는 가자 지구의 하마스 조직이다. 일부 학자들은 무슬림 형제단이 알카에다와 ISIS 테러조직의 사상적 전신의 역할을 했다고 주장한다. 바레인, 이집트, 러시아, 사우디, UAE, 미국은 무슬림 형제단을 테러조직으로 지정했다.

형제단 창시자는 1928년 교사였던 하산 알반나(Hasan al-Banna)로 범이슬람 종교 사회 운동조직으로 출발해 선교 또는 사회 복지 활동을 뜻하는 다와(Dawa)와 정치활동을 병행하며 대중의 지지를 얻었다. 정치와 사회활동과 더불어 형제단은 비밀무장 조직을 통해 영국의 식민통치와 팔레스타인의 유대인을 퇴치하기 위해 노력했다.

이집트 무슬림 형제단의 성장은 주변 시리아와 요르단에 유사한 조직의 결성을 가져왔다. 1950년과 1960년대 형제단의 사상적 지도자였던 사이드 꾸트브의 저작물이 퍼지면서 시리아와 요르단 그리고 아라비아반도, 팔레스타인과 아프리카에 형제단의 지부가 생겨났다. 꾸트브의 저서가 하마스와 알카에다와 같은 순니 이슬람 단체의 지적·신학적 토대가 됐다는 주장도 있다.

형제단은 수차례의 이집트정부의 탄압에도 살아남았다. 탄압은 주로 조직의 불법화, 투옥과 꾸트브를 포함한 많은 수의 단원을 사형에 처했다. 꾸트브는 1966년 가말 압둘 나세르 대통령 암살 시도 혐의로 사형에 처해졌다. 형제단은 정부의 관용정책의 득을 보기도 했는데 사회, 종교, 경제, 정치, 활동을 지속하고 이집트 내 다른 어떤 조직도 넘볼 수 없는 힘을 키웠다. 게다가 형제단의 비공식적인 이집트 종교지도자 유수프 알까라다위는 카타르에서 설교와 공격적인 파트와[23](법률판단)를 하는데 어려움이 없었다.

이집트 무슬림 형제단은 자유정의당이란 이름으로 2012년 대선에 참가하고 무함마드 무르시 후보가 결선에서 51%를 얻어 대통령에 당선됐다. 하지만 그는 2013년 국방장관 압둘 파타흐 앗시시의 쿠데타로 하야돼 투옥 생활을 하던 중 2019년 옥사했다.

### 2) 팔레스타인 이슬람 테러단체: 하마스

하마스는 이집트 무슬림 형제단의 파생조직으로 활동해 오다 1987년 말 팔레스타인 인티파다(무장봉기) 시기에 정식명칭을 하마스로 정하고 창설됐다. 하마스의 이데올로기는 이슬람과 팔레스타인 민족주의를 혼합시켰고 장기 목표는 이스라엘의 궤멸과 지중해와 요르단강 사이의 팔레스타인 이슬람 국가의 건설을 추구한다. 하마스는 이란으로부터 재정적, 군사적 지원을 받아 왔으며 카타르도 상당한 자금을 제공했다.

이집트 무슬림 형제단과 동일한 방식으로 하마스는 빈민층을 위한 의료, 구제, 교육 사업 (다와)을 통해 팔레스타인 민중의 지지를 얻었고

2006년 팔레스타인 의회 선거에서 승리했다. 그러나 정치와 사회활동과 별도로 테러 활동을 중단하지 않고 있다. 하마스가 선호하는 전술은 자살 폭탄 테러, 로켓과 박격포 공격, 총격 및 납치 등이 있다. 하마스와 산하 무장조직(이즈 앗딘 알카삼 여단)은 미국, 이스라엘, 영국, 유럽연합, 뉴질랜드, 호주 및 일본에 의해 테러단체로 지정되었다.

하마스는 2006년 초 경쟁 관계에 있는 온건파 팔레스타인 민족주의 단체 파타흐(Fatah)와 팔레스타인 연합정부를 구성했지만, 2007년 가자 지구에서 파타흐와 무력 충돌했고 결국 파타흐를 추방했다. 가자 경제는 카타르와 이란의 원조와 함께 가자-이집트 국경 아래 건설된 터널을 통한 밀수 경제에 의존해 왔다. 2013년 이집트 군부는 터널 대부분을 봉쇄하여 하마스와 가자지구를 금융위기에 빠뜨렸다.

무슬림 형제단의 팔레스타인 지부로 출발한 하마스는 세속적 민족주의 PLO와는 달리 모 조직인 무슬림 형제단을 따라 지중해와 요르단강 사이에 샤리아(이슬람법)의 원칙에 따라 팔레스타인 국가를 건설해 이스라엘을 대체하려고 한다. 하마스는 영국이 위임통치했던 팔레스타인 땅 전체를 박탈당한 이슬람의 태생적 유산이라고 본다. 이 땅을 얻기 위해 이스라엘의 생존권을 인정하지 않으며 멸망을 추구하는 데 투신했다. 1988년 하마스 헌장 제8조에 나온 강령은 테러집단의 신념 체계를 엿볼 수 있다. "알라는 우리의 목표이며, 예언자는 (우리의) 모델이며, 코란은 우리의 헌법이며 지하드는 (우리의) 알라를 위한 길과 죽음은 (우리의) 가장 큰 소원입니다."

2017년 5월 1일, 하마스는 1988년 헌장을 보완하기 위한 새로운 정치 프로그램을 발표했다. 소위 일반 원칙 및 정책 문서로 불리는 이 프로그램은 무슬림 형제단과 하마스의 관계를 언급하고 있다. 주목할 점은 하마스가 원칙적으로 팔레스타인 국민투표로 승인된다면 1967년 이전의 경계를 따라 팔레스타인 국가건설 계획안을 받아들였다. 그러나 동시에 하마스는 이스라엘의 생존권 인정을 거부하고 '강에서 바다까지 (이스라엘 영토 전역)' 팔레스타인 국가를 건설해야 한다는 기존의 요구를 반복해 애매한 태도를 보였다. 이 문서는 또한 "팔레스타인 국민의 원칙과 권리를 보호하기 위한 전략적 선택"으로 "무장 저항"에 대한 하마스의 헌신을 재확인했다.

### 3) 시아 이슬람 테러단체: 헤즈볼라

헤즈볼라(Hezbollah)는 1979년 이슬람 혁명으로 세워진 이란의 신정정치에 영향을 받아 세워진 단체이다. 이란과 이란 혁명수비대(IRGC: Islamic Revolutionary Guard Corps)는 아랍권으로 영향력을 확장하기 위해 헤즈볼라에 자금과 군사 훈련을 제공하고 명칭을 '신의 당'을 뜻하는 헤즈볼라로 정했다. 레바논에서 활동하는 헤즈볼라는 시아 무슬림 정치 정당임과 동시에 민병대, 안보 기관, 사회 서비스 네트워크를 가지고 있어 '국가 안의 국가'라는 별명을 가지고 있다. 이스라엘과 미국을 포함한 일부 유럽 국가는 테러단체로 지정하고 있다.

1982년 창설된 헤즈볼라는 1975년 발발된 15년간의 내전 상황에서 이스라엘과 역내 서방의 영향력에 대한 저항으로 시작됐다. 2011년 시리아 내전 이후 헤즈볼라는 내전에 참여하면서 매우 효율적인 군대조직으로 거듭났다. 레바논 내전은 1970년 팔레스타인 무장단체가 이주해오면서 갈등이 폭발했다. 레바논 여러 종파 공동체는 팔레스타인 문제에 대해 각기 다른 태도를 유지하면서 내전이 가속화됐다.

1943년 정치적 합의에 따르면 레바논 정치 시스템은 레바논의 다수 종파인 순니 무슬림이 총리직을, 마론 기독교인이 대통령을, 시아 무슬림이 국회의장직을 맡도록 권력을 분산했다. 다른 종파 간의 긴장은 결국 내전으로 이어졌다. 순니 무슬림 인구는 팔레스타인 난민들이 이주하면서 증가했고 시아 무슬림은 소수 기독교 통치에 소외감을 느꼈다. 이스라엘은 1978년과 1982년 팔레스타인 게릴라 전투원이 이스라엘 북부지역을 공격한다는 이유로 레바논 남부를 침공해 이들을 추방했다.

1974년 무사 사드르(Musa al-Sadr)가 불우한 자들의 운동(Harakat al-Mahrumin)을 창설하고 1975년 산하에 무장 민병대 아말(Amal: Lebanese Resistance Regiments)을 조직했는데 이 조직이 헤즈볼라의 전신이다.

1980년대 PLO가 레바논 남부에서 이스라엘에 무장 저항운동을 시작하자 이스라엘은 1982년 레바논을 침공했고 1983년 헤즈볼라는 베이루트에 있는 미국 대사관과 해병대 막사에 폭탄 테러공격을 감행해 미국인 258명과 프랑스인 58명이 사망했다.

헤즈볼라는 이란의 중요한 자산으로 시아 아랍 무슬림과 시아 이란 무슬림을 연결하는 교두보 역할을 하도록 중동지역에 세운 여러 대리조직 중의 하나이다. 헤즈볼라는 '시아 저항운동'으로 자신을 규정하고 이 이데올로기를 1985년 선언문에 명시했다. 레바논에서 이스라엘 국가의 궤멸과 서방 열강의 추방을 천명하고 이란의 최고 지도자에 충성을 맹세했다. 이 조직은 이란의 이슬람 정권을 지지하지만, 레바논 국민에게 헤즈볼라의 미래를 결정할 자결권을 반드시 줘야 한다고 강조한다.

### 4) 살라피 지하디스트 국제테러단체: 알카에다

알카에다는 1980년대 아프가니스탄에서 반소비에트 지하드에서 출발했다. 소비에트 연방이 철수할 무렵 오사마 빈 라덴과 그의 측근들은 소비에트 연방을 이긴 자신감을 바탕으로 기존의 네트워크를 이용해 글로벌 지하드를 꿈꿨다. 빈 라덴의 비전은 글로벌 지하드 계획을 이끌어갈 엘리트 전사의 전위부대를 창조하는 것이었다. 다시 말해 그는 자국 정권에 대항해 저항하고 있던 수백 개의 군소 지하드 조직을 하나의 지도력 아래 연합하는 것이었다. 1990년대 중반 빈 라덴은 지하드 운동의 정향을 바꾸길 원했는데 역내 부패한 정권을 외부에서 좌지우지하는 더 멀고 더 큰 정적(미국)에 초점을 맞추는 것이었다.

알카에다는 1988년 창설된 이후 2001년 9·11 테러를 비롯한 수많은 테러를 일으켰다. 9·11 테러는 미국 본토에서 발생한 최악의 테러로 3,000여 명이 사망하고 미국은 이를 빌미로 아프가니스탄의 탈레반에 전쟁을 선포한다. 당시 알카에다는 5개 주요 충성 지부를 가지고 있었다. 아라비아반도, 북아프리카, 동아시아, 시리아와 인도아(亞) 대륙이다.

알카에다는 1988년 케냐와 탄자니아 미국 대사관 테러, 2002년 발리 테러와 2003년 사우디 테러, 2004년 마드리드 테러와 2005년 런던 테러의 배후다. 2013년 이후 ISIS가 득세하자 알카에다에 충성을 맹세한 일부 이슬람 테러단체가 ISIS에 충성을 맹세하기도 했다. ISIS의 득세에도 불구하고 미국 국방부, 대테러 센터와 다른 정보부는 알카에다가 여전히 위험한 단체 중의 하나로 판단하고 있다. 이유는 2015년 알카에다 아라비아반도(AQAP)가 무함마드를 만평에 이용한 프랑스 잡지 샤를리 에브도 관련자들을 테러 공격한 것으로 드러났기 때문이다. 이 테러로 12명이 사망했다.

알카에다는 지하디스트 네트워크이며 샤리아에 기초한 칼리프제를 세우려 한다. 1996년 빈 라덴은 미국과 그 동맹에 대해 지하드를 선포했고 알카에다의 근간이 되는 세가지 독트린은 이슬람 법, 샤리아 통치하에 세계 모든 무슬림을 통합하고, 시온주의자들의 연합 하에 있는 이슬람의 '성지(예루살렘)'를 해방하고 경제와 사회 불평등을 해소하는 것이다.

궁극적으로 알카에다는 미국과 그 동맹에 대항하는 "방어적 지하드" 전쟁을 수행하고 있으며 미국이 주도하는 새로운 십자군으로부터 이슬람 영토를 방어해야 한다고 믿고 있다. 1996년 빈 라덴은 미국에 대한 성전을 선언하고 13세기 이슬람 철학자 이븐 타이미야의 말을 인용해 폭력 사용을 정당화했다. "종교와 믿음을 지키기 위한 싸움은 모두의 의무이다. 삶과 종교를 타락시키는 적과 싸우는 것이 믿음 다음의 중요한 의무이다. 이 의무에 조건은 없으며 적과 싸움은 최선을 다해야 한다."

요르단 출신 언론인 푸아드 후세인(Fouad Hussein)은 알카에다 고위간부와 수차례 인터뷰를 가진 결과 2005년 알카에다는 살라피 지하디스트 이데올로기를 실행에 옮길 20년 전략을 세웠다고 주장했다. 그는 칼리프제를 세우는 궁극적인 목표를 위한 단계를 다음과 같이 묘사한다. 첫째 단계는 9·11 테러부터 2003년까지 "자각 단계"로 미국의 바그다드 점령 초기다. 이 기간은 두 번째 단계인 '눈을 뜨는 시기'로 이어지는데 2003년부터 2006년까지 지속된다. 후세인에 따르면 이 기간은 알카에다가 중동에서 활동하는 기간이며 이라크에서 세력을 규합하고 다른 아랍 국가에 근거지를 세우는 것이다.

셋째 단계는 2007년부터 2010년까지이며 "일어나 저항하는" 시기로 시리아에서 이스라엘과 터키를 공격하는 것이다. 이후의 3년, 2010~2013년은 아랍 왕정을 폐위시키고 미국 경제에 대한 사이버 공격을 가하는 시기다. 칼리프제 선언은 2013과 2016년 사이에 가능할 것이라고 보았지만 실행하지 못했다.

전략과 이데올로기의 차이에도 불구하고 아이만 자와하리는 ISIS와의 공조가 필요하다고 역설했다. 첫째는 미국을 무너뜨리기 위한 것이며 둘째는 ISIS가 해체되면 그 전사들을 흡수하기 위한 것이었다. 2017년 이라크 부통령이던 이야드 알라위(Iyad Alawi)는 알카에다가 모술을 차지하고 있는 ISIS와 연대하려고 한다고 밝힌 바 있다.

전 세계에 퍼져 있는 무슬림 무장단체들이 하나의 글로벌 지도자를 따르게 된다는 개념은 그다지 설득력 있게 받아들여지지 않았던 게 사실이다. 그러나 글로벌 지하드주의자는 느슨하지만 하나의 지도력 아래 뭉친 사례는 이전에도 있었다. 1980~1990년 셀 수 없이 많은 독립된 조직들이 오사마 빈 라덴의 절대적인 카리스마와 그가 제공한 광의의 이데올로기, 자금과 재원 등으로 뭉칠 수 있었다. 당시 알카에다는 이런 조직에 영향력을 행사했지만 빈 라덴은 자신의 지도력을 공개적으로 밝히지도 않았고 일부 예외적인 경우를 제외하고 이들 알카에다 연계조직은 독립적인 활동을 유지했다. 알카에다는 서류상 탈레반 지도자 물라 무함마드 오마르(Mullah M. Omar)[24]의 명령을 받아 왔으며 아이만 앗자와히리(Ayman al-Zawahiri)는 이를 재차 확인했다.[25] 그러나 실제로는 9·11사건 이후 지하드 운동은 두 그룹으로 나눌 수 있는데 알카에다와 빈 라덴을 따르는 그 추종 조직과 나머지 하나는 그 외의 나머지 조직들이다. 두 번째 그룹은 세계 각지에 퍼져 있는 테러조직과 무장조직으로 알카에다와 연계하고 공동으로 자원과 대원을 공유했지만, 독립적인 위치를 유지했다.

알카에다는 ISIS의 득세를 만회하거나 아니면 이미 통제력을 상실한 지역을 포기하고 한 곳에 집중하기 위해 알카에다 인도 아대륙 지부(Al-Qaeda Indian Subcontinent)와 시나이반도의 알무라비툰(Al-Murabitun)을 편입시켰다. 예멘을 본거지로 하는 아라비아반도의 알카에다(AQAP), 북아프리카 지역의 이슬람 마그레브의 알카에다(AQIM),[26] 앗샤바브(Al-Shabab, 소말리아의 극단주의 테러조직)와 안누스라 전선(An-Nusra Front: 2016년 이후 '자브핫 파타흐 앗샴'으로 개명) 등도 알카에다의 연계조직이다. 알카에다와 ISIS는 2014년부터 분리돼 서로 경쟁하게 된다. 2014년 봄 앗자와히리는 IS의 전신인 이라크와 샴의 이슬람국가(ISIS)가 명령을 불복종한다며 거부했다.[27] 2014년 8월 영토를 확장하기 시작한 ISIS는 시리아 정부군과 안누스라 반군과의 전투에서 승리하면서 시리아 영토 일부를 점령했다. ISIS는 이라크와 시리아 영토를 차지한 후 이름을 IS로 개명한 후 칼리프 국가임을 천명했다. 전 세계 무슬림에 대한 통치권을 주장함과 동시에 다른 지하드 그룹이 자칭 칼리프인 아부 바크르 알바그다디(Abu Bakr al-Baghdadi)에게 충성할 것을 요구했다. IS는 한때 글로벌 지하드 단체의 존경과 지지, 충성을 독점했던 알카에다의 지위를 넘어섰다고 볼 수 있다.

알카에다 연계 지하드 조직들이 하나둘씩 IS에 충성맹세(Bayah)를 하면서 알카에다의 위상은 급격한 하락세를 보이기 시작했다. 2015년 초 알카에다 마그레브와 아프가니스탄과 파키스탄 지역의 알카에다와 연계된 군소 조직이 IS에 충성맹세를 했다. 알카에다 아라비아반도(AQAP) 내 저명한 이슬람 학자인 마문 하템(Ma'mun Hatem)은 공개적으로 IS 지지를 표명했을 뿐 아니라 칼리프 제도 부활을 지지했다. 이외에도 AQAP의 여러 인물들이 소셜 미디어를 통해 IS 지지를 표명했고 AQAP 전사들도 이 방향을 따랐다.[28] 노장 알카에다 지지자들과 이슬람 학자들 소수도 IS를 지지했다. 인도네시아 이슬람 학자이며 자마 이슬라미야 단체의 정신적 지도자였던 아부 바카르 바쉬르(Abu Bakar Bashir)도 IS에 충성을 맹세했다.[29] 알카에다와 연계했던 필리핀의 아부 사야프(Abu Sayyaf) 조직도 IS에 충성을 맹세했다. 2014년에는 아프간 무장조직 헤즈베 이슬라미(Hezbe Islami)도 IS에 협력할 수 있다고 밝혔다.[30] 2014년 말 이집트의 시나이반도 소재 안사르 바이트 알마크디스(ABM)도 IS에 충성을 맹세하고 조직의 명칭을 '윌라야트 시나이' 즉, 시나이주(州)로 변경했다.

알카에다가 '근거리 적(무슬림 세계의 억압적인 정권)' 보다 '원거리 적(미국)'에 대한 투쟁을 강조한 것은 기존의 전통적인 지하디스트 의제를 벗어나는 것이지만 역내 지하드주의자들은 빈 라덴에 충성을 맹세하면서 자금, 무기, 병참 지원, 전문 기술과 훈련 등의 풍족한 자산을 얻게 됐다. 알카에다의 훈련 캠프는 지하드 교육의 아이비리그라고 할 수 있다. 자국 정권의 탄압으로 궤멸에 처한 역내 지하드 주의자들에게 남은 선택은 알카에다에 가입하고 반서방 의제에 동참하는 것이었다. 그러나 9·11 테러 이후 미국은 알카에다를 끊임없이 괴롭혀 왔고 2011년 결국 빈 라덴을 제거함으로써 알카에다의 영향력은 내림세를 걸었으나 여전히 가장 위험한 테러단체 중의 하나이다.

## 5) 살라피 지하디스트 국제테러단체: 이슬람국가(IS)

IS의 기원은 요르단인 아부 무사브 앗자르카위(Abu Musab al-Zarqawi)로 거슬러 올라간다. 2003년 미국의 이라크 침공 이후 지하드 그룹이 급속히 퍼졌으며 많은 조직이 아부 무사브 앗자르카위에게 몰려들었다. 2004년 8개월간의 협상 끝에 앗자르카위는 알카에다와 오사마 빈 라덴에게 충성을 맹세했다.[31] 이후 앗자르카위가 창설한 단체 자미앗 타우히드와 지하드(JTWJ)는 이라크 알카에다로 개명한다(AQI). 빈 라덴은 앗자르카위가 먼 적인 미국 공격에 집중해 주길 바랐으나 그는 미국보다는 시아파 무슬림과 미국에 협력하고 배교자로 인식된 순니파 무슬림 공격에 더 집중했다. 두 조직 사이에 긴장이 고조되고 결국 관계가 악화되는 가장 큰 이유는 AQI의 잔인함과 민간인 시아파 무슬림에 대한 공격 때문이다. 두 조직의 관계 악화는 앗자르카위와 빈 라덴의 근본적인 차이를 명확히 보여주는 단초이다. 앗자르카위는 부패한 사회를 개혁하려면 폭력을 동반한 공포를 이용하는 것이 필요하다고 생각한 반면, 알카에다는 이슬람 정권이 아닌 배교정권 타도가 먼저고 같은 무슬림을 해치는 행위는 지하드에 해가 된다며 자제하길 바랐다. 이러한 내용은 알카에다 지도자 아이만 앗자와히리와 자말 이브라힘 이쉬타위 알미스라티(Jamal Ibrahim Ishtaywi al-Misrati, 다른 이름은 압둘 라흐만 앗리비)가 자르카위에게 보낸 서신에서 드러난다.[32] 한편 AQI는 극단적이고 용인하기 힘든 잔인함으로 성과를 도출하는 것이 우선이라고 보았지만 알카에다는 인내심 전략을 채택했다. 결국 알카에다 대변인 아담 가단(Adam Yahiye Gadahn)은 알카에다가 공개적으로 AQI와의 관계를 단절하라고 빈 라덴에게 조언한다.

2006년 앗자르카위가 사망 한 후, AQI는 이라크 이슬람 국가(ISI)라는 산하 조직을 설립했다. ISI는 미군의 공격과 순니파 아랍인들이 잔인성을 거부한 순니 아랍 부족 중심의 사흐와 운동의 창설로 약화되었다. 미군에 검거된 경력이 있는 알바그다디(Baghdadi)는 2010년 지도자가 되어 ISI의 역량을 재건하기 시작했다.

2011년 시리아에서 내전이 발발했을 당시 앗자와히리는 이라크 지하드주의자들이 적극 동참해 줄 것을 촉구했으나 ISI의 알바그다디는 소수의 병력만 파견했다. 대신 이라크 출신 지하드주의자들은 자금 확보와 새로운 대원 확보에 집중했다. 알바그다디는 자신들의 조직을 키워 시리아와 이라크로 확장하는 것이었다. 운이 좋게도 2011년 미국의 이라크 철수로 더 큰 힘을 얻게 됐다. 또한, 이라크의 누리 알말리키(Nouri al-Maliki) 총리가 이라크 순니 정치인들을 권력에서 밀어내면서 바그다디의 조직은 말리키 총리에 불만을 품은 주로 순니파 대중의 지지와 정통성을 얻게 됐다.

2013년 4월 바그다디는 이라크와 시리아에 병력을 합병하고 "이라크와 샴의 이슬람 국가(ISIS)"를 창설했다고 발표했다. 시리아분쟁은 결국 이라크 이슬람국가(ISI)가 알카에다와 결별하게 된 결정적인 원인이 된다. 앗자와히리는 ISI가 시리아 내전 참여를 촉구하고 자신의 독자적인 조직을 세우길 원했다. 2013년 결국 안누스라 전선이 창설된다. 앗자와히리는 아주 흡족했지만, 알바그다디는 이 조직이 시리아에 너무 집중할 뿐만 아니라 이라크와 원래 지도부를 무시하고 독립적인 행동을 한다며 불만을 표시했다. 안누스라 지도자는 앗자와히리에게 충성맹세를 하고 독립적인 지위를 유지하려 했다. 앗자와히리는 안누스라 조직을 시리아 알카에다로, 알바그다디는 이라크 알카에다로 각각 선언했다. 앗자와히리는 2013년 말 알바그다디에게 자신의 명령을 따르라고 요구한다. 바그다디는 이를 거절하고 안누스라 전선이 자신의 지휘하에 있다고 선언하면서 두 조직 간에 교전이 벌어져 수천 명이 사망한 것으로 추정된다. 결국, 2014년 앗자와히리는 알바그다디 조직을 더는 알카에다 하부 조직이 아니라고 선언한다.

2013년 12월 말, ISIS는 전선(戰線)을 이라크로 옮기고 시아파 주도 정부와 소수 민족 순니파 아랍 공동체 사이의 정치적 대립을 교묘히 이용했다. ISIS는 부족들과 사담 후세인 충성파들의 도움을 받아 중앙 도시 팔루자(Falluja)를 장악했다.

2014년 6월, 알바그다디를 칼리프로 선언한 다음 북부도시 모술을 가로질러 남부도시 바그다드로 진격하여 학살을 자행하고 종교적 소수민족을 근절하겠다고 위협했다. ISIS는 수십 개의 도시를 점령, 자신의 영토로 통합한 후 칼리프제도의 설립을 선언하고 이름을 '이슬람 국가(IS)'로 변경했다. 알바그다디는 2019년 미군의 공격에 스스로 자폭했고 아부 이브라힘 알하쉬미 알꾸라이쉬가 2대 칼리프로 임명됐으며 여전히 세력을 유지하고 있다.

## 4. 현대 중동분쟁 현황

유대인과 팔레스타인 두 민족의 민족주의가 충돌하며 촉발된 이스라엘-팔레스타인 분쟁은 1948년 주변 아랍국가들이 제1차 중동전쟁으로 개입하면서 중동분쟁으로 확장됐다. 1956년, 1967년과 1973년 아랍국가와 이스라엘은 세 차례 전면전을 치렀으나 팔레스타인 문제는 해결되지 않고 여전히 이스라엘과 아랍국가 간의 평화정착 노력에 장애 요소

### 표 3.2  알카에다와 IS 비교

| | 알카에다 | IS | 공통점 |
|---|---|---|---|
| 지도자 특성 | 뛰어난 연설 능력과 지닌 카리스마를 가진 오사마 빈 라덴, 아이만 자와히리 | 바그다디 카리스마 적어 | • 세계관: 이슬람의 땅(Dar al Islam) 대 전쟁의 땅 (Dar al Harb)<br>• 지하드 의무 (알카에다의 방어적 지하드 대 IS의 공격적 지하드)<br>• 궁극적 목적은 이슬람 국가 건설<br>• 와하비 지하디스트 이데올로기 |
| 통치 스타일 | 최고 지도자 밑에 아이만 자와히리/소수 정예 선발 | 칼리프 제도 부활과 집단 지도 체제, 슈라(다만 실제 주요 결정은 상층부 주도)/대중 군대 | |
| 공격 우선순위 | 원거리적 미국과 그 동맹국 | 근거리적: 아랍 배교 정권, IS를 따르지 않는 모두 (순니, 시아 무슬림 포함) | |
| 조직원 모집 스타일 | 구식 미디어, 동영상 | 신미디어(트위터, 페이스북, Kik, Surespot 등) | |
| 영토 | 군사 훈련 캠프를 위한 영토 외엔 영토 확보에 높은 관심 없어 | 이슬람 국가건설 위해 영토 확보 필수 | |
| 이슬람 국가 건설 | 장기적 목표로 설정, 단기적으로 비무슬림 아랍 정권 지원 세력인 미국에 대한 저항을 통해 아랍 정권을 붕괴 | 이슬람 국가건설 최우선 목표로 설정. 미국에 대한 저항을 동시에 수행 | |
| 자금 조달 방식 | 주로 걸프 아랍 국가 살라피스트들의 기부금 | 초기 걸프 아랍 국가 살라피주의자들의 기부금에서 자급자족으로 전환 (원유, 마약 밀매, 인질 몸값, 세금 징수) | |
| 하부 조직 통치 방식 | 다른 지역에 프랜차이즈 방식 (독립적 지위에 가까움) | 국가의 한 지방을 의미하는 왈리야트 (Waliyat) 방식(지방 통치권 행사) | |
| 지지 세력 | 엘리트 세력과 장년층 | 엘리트보다는 다양한 계층과 청년층에 집중 | |
| 다와와 지하드 우선순위 | 다와 | 지하드 | |

로 남아있다. 이스라엘과 아랍국가 간의 전면전은 1973년 제4차 중동전쟁을 끝으로 사실상 종결되고 역내 분쟁은 헤즈볼라나 하마스와의 비국가 단체와의 무력충돌 양상으로 바뀐다.

이스라엘-아랍분쟁의 소강상태를 반영하듯 최근 10년간 걸프지역 순니파 아랍 국가는 이스라엘과 비공식적인 수준에서 활발한 교류가 이뤄질 정도로 관계가 회복됐다. 2020년 8월 이스라엘과 아랍에미리트(UAE)가 관계 정상화를 위한 협상에 합의하기도 했다. 이후 바레인, 수단, 모로코도 이스라엘과 관계 정상화에 합의했다. 물론 이스라엘과 일부 아랍국가와의 긴장 완화는 이란이라는 공동의 적이 존재하기 때문이기도 하다.

소강 국면에 빠진 이스라엘-아랍분쟁과 달리 이스라엘-팔레스타인분쟁은 팔레스타인 국가건설을 기초로 한 두 국가 해결안 도출을 위해 협상에 임해 왔지만, 아직 최종 해결의 기미는 보이지 않고 있다.

1993년 팔레스타인 국가건설을 합의한 오슬로 협정 이후 무려 27년이 지났지만, 핵심 사안인 팔레스타인 난민 문제, 이스라엘-팔레스타인 국경확정문제, 동예루살렘 지위 문제와 요르단강 서안 유대인 정착촌 문제 등이 해결되지 않으면서 여전히 교착상태에 빠져 있다. 2020년 초 트럼프 대통령이 새로운 이스라엘-팔레스타인 평화안 '세기의 합의'를 제시했지만, 이스라엘 측 요구 사안을 전폭 수용해 팔레스타인 측의 반발을 샀다. 요르단강 서안의 유대인 정착촌 지역 약 30%를 이스라엘에 합병한다는 내용이 포함되면서 팔레스타인 측이 격렬히 반대하고 이스라엘-팔레스타인분쟁 해결은 여전히 난항에 빠져 있다.

최근 15년 내 중동지역의 무력충돌은 이스라엘과 하마스와 헤즈볼라와 같은 비국가 테러단체 간의 비대칭전이었다. 2006년을 기점으로 이스라엘은 하마스와 헤즈볼라와 주기적으로 전쟁을 벌여왔다. 2006년 6월 하마스와 4개월간의 지루한 소모전을, 7월에는 1달간 헤즈볼라와 제2차 레바논 전쟁을 했다. 2006년 레바논 전쟁 기간 이스라엘은 '다흐야(Dahya, 베이루트 남부 헤즈볼라 거점 지역) 독트린' 즉 로켓과 미사일 발사대가 위치한 원점 타격에 따른 과도한 무력사용으로 민간인 피해가 급증해 1,000명 이상이 사망했다. 2008~2009년에는 가자지구를 통치하는 하마스와 22일 동안 무력 충돌했는데 역시 과도한 무력사용으로 팔레스타인 사망자는 1,000명에 달했다. 2012년 이스라엘은 다시 하마스와 8일간의 전쟁을 했고 2년 후 2014년에는 무려 50일간의 최장기간 전쟁을 벌여 팔레스타인 사망자는 최고치인 2000여 명에 달했다. 2021년 5월 이스라엘과 하마스는 또 다시 11일 간의 무력 충돌을 빚어 300여명의 팔레스타인 사망자와 12명의 이스라엘인 사망자가 발생했다. 이스라엘과 하마스와 팔레스타인 이슬람 지하드(PIJ) 그리고 헤즈볼라와의 분쟁이 해결되지 않는다면 전쟁의 악순환은 계속될 것으로 전망된다.

현재 중동은 사우디와 아랍에미리트(UAE)를 중심으로 한 순니파 아랍 국가와 이란을 중심으로 시리아와 레바논 같은 시아파 국가, 무슬림 형제단과 같은 이슬람 단체를 지지하는 카타르와 터키 간의 세력 다툼이 일어나고 있다. 순니파는 전 세계 무슬림의 85%를 차지하고 있는 다수파이며 이슬람의 가장 중요한 예언자 무함마드 사망 이후 이슬람 세계를 이끌 지도자로 독실한 믿음의 소유자면 누구나 칼리프가 될 수 있다고 주장한다. 반면 시아파는 15% 정도의 소수파이며 무함마드의 혈통을 가진 후손만이 이슬람 세계를 이끌 지도자인 이맘이 될 수 있다고 주장한다. 이런 신학적인 차이뿐만 아니라 중동지역에서 패권국의 지위를 얻어 안정적인 원유 수출을 통해 지속적인 경제성장을 원하는 공통의 목적을 달성하는 과정에서 분쟁이 끊이지 않고 있다. 이란은 1979년 국왕을 폐위하고 이슬람 혁명에 성공하면서 주변 순니 아랍국가에 혁명을 전파하려는 야망을 드러내면서 왕권 국가인 사우디와 아랍에미리트 같은 국가와 갈등이 시작됐다. 최근 사우디와 아랍에미리트는 미국의 보호를 받고 있으며 이란은 러시아와 중국과 연대하면서 갈등이 확장되고 있다. 2018년 트럼프 대통령은 전임 오바마 대통령이 체결한 이란 핵협정(JCPOA)을 일방적으로 탈퇴하고 이란에 대한 경제제재를 재개하면서 이란은 심각한 외교적 고립은 물론 원유 수출이 봉쇄되면서 심각한 경제적 위기를 맞았다. 이에 반발한 이란은 2019년 사우디 국영 석유업체 아람코를 공격하면서 갈등이 절정에 달했다. 이란은 또 이라크에서 미군 철수를 목적으로 미군부대를 공격하거나 대사관을 점거하는 방식으로 미국을 압박하자 미국은 2020년 1월 3일 이란 혁명수비대 정예부대 알꼬도스(Niru-ye Qods) 사령관 꺼셈 솔레이마니(Qassem Soleimani)를 전격 암살하면서 중동지역은 전쟁 가능성이 최고조로 높아졌다.

순니파와 시아파 간의 갈등 국면에서 이스라엘은 순니파 아랍국가와 비공식적으로 연대해왔다. 이스라엘이 2020년 8월 아랍에미리트와 이후 바레인, 수단, 모로코와 공식적인 정상화에 합의하면서 순니 국가와 공동으로 이란에 대항하고 핵무기 개발을 막으려는 새로운 현상도 일어나고 있다. 이처럼 중요한 에너지원인 원유와 천연가스가 풍부한 중동지역에서 다양한 종교, 종파, 국가 간의 영향력 다툼이 일어날 뿐만 아니라 이 에너지를 둘러싼 중동지역 국가와 열강들의 충돌도 벌어지고 있다. 원유의 80%를 중동에서 수입하는 한국이 복잡다단한 중동 정세를 면밀히 관찰해야 하는 이유가 바로 여기에 있다.

## 5. 대테러 대응전략과 중동분쟁 정세전망

알카에다나 IS 같은 테러단체가 사라지기 어렵겠지만 설사 이슬람주의 테러리즘 현상이 사라진다 해도 그 이데올로기를 완전히 없앨 방안은 없다. 머릿속에 자리 잡은 사상이나 사고를 막을 도리가 없기 때문이다. 아랍 사회에서 이슬람 원리주의 사상을 대체할 만한 온건한 사상을 발전시키는 것이 어쩌면 대안이 될 수 있다. 최근 아랍 자유주의 사상을 표방하는 지식인들은 교조적 이슬람(이슬람 원리주의)과 권위주의 정권 사이에 끼여 신음하는 아랍 민중을 구할 수 있는 길은 아랍 사회의 세속화와 온건화를 골자로 하는 자유주의 사상이라고 주장한다. 자유주의자들은 이슬람법 샤리아를 국가법의 원천으로 정할 것이 아니라 여느 다른 국가처럼 세속법을 국가의 법으로 정하고 이슬람 종교와 정치의 완전한 분리를 주장한다.

강경한 이슬람주의 사상과 극단적 이슬람주의를 대체할 수 있는 온건한 이슬람 사상이 적극 장려되고 대중화되려면 국가의 지원도 필요해 보인다. 예컨대 튀니지의 안나흐다 정당은 무슬림 민주주의 정당을 표방하고 있다. 아랍 사회의 극단적인 이슬람주의 사상의 전파를 막을 또 다른 방안은 경제개발과 일자리 창출이다. 이슬람 극단주의에 몰두하는 젊은 층은 더는 잃을 게 없는 빈곤층이 대다수인 만큼 아랍 사회의 경제문제를 풀어 빈부격차를 줄일 수 있다면 극단주의 해소에 도움이 될 것으로 기대된다.

최근 국제테러단체는 국가를 초월해 국제화되는 경향을 보이는 만큼 테러의 예방과 차단을 위해서는 국제사회의 공조가 절실히 필요하다. 우리나라는 다행히도 대형테러 사건을 경험하지 않았지만, 북한이나 이슬람 관련 테러공격에 항상 대비해야 한다. 국내 대테러정책의 개선점은 다음과 같다. 첫째, 테러공격의 심각성을 인식하지 못한 안보 불감증을 해소해야 한다. 북한의 도발 행위를 범죄행위 수준으로 인식하고 그에 강력한 경고와 재발 방지 요구만 했을 뿐 응징과 도발에 상응한 조처를 하지 않고 있다. 물론 전쟁 위험을 감수한 상응 조치가 간단한 문제는 아니다.

둘째, 테러를 전쟁 수준으로 인식하지 못한 작전개념이 문제다. 테러 공격이 이뤄지기 전에 "테러모의 및 준비 활동을 탐지하여 테러조직을 격멸하는 것이 중요하다"는 점은 인식하고 있으나 실제 작전에 옮기기는 쉽지 않다. 테러작전개념이 일단 테러가 일어나면 대응한다는 사후처리개념으로 발전되어 있고, 그에 필요한 준비태세를 유지하고 있는 것이 안타까운 현실이다.

셋째, 대테러작전 준비 측면이다. 테러를 전담해온 국가정보원, 국방부 테러특공대, 경찰 특공대 등 몇몇 기관들만 관심을 가지고 준비하고 있는 실태이다. 테러를 전쟁 수준의 도발로 인식하여 범정부적인 대응 준비가 필요하다.

넷째, 드론과 사이버 테러 같은 새로운 행태의 테러공격에 대한 대응 능력을 강화할 필요가 있다. 최근 국제사회는 총성 없는 사이버 전쟁이 치열하게 일어나고 있다. 이란의 핵개발을 막기 위해 이스라엘과 미국이 공동으로 이란의 핵발전소를 사이버 공격한 것으로 알려진 바 있다. 우리도 취약한 사이버 전술 능력을 향상하기 위해 투자와 개발에 박차를 가할 필요가 있다.

이란의 핵무기 개발과 관련한 미국과 이란 간의 분쟁 해결이 역내 시아와 순니 간의 세력 대결을 누그러뜨리는 데 도움이 된다. 미국과 이란의 핵협상이 순조롭게 타결될 경우 역내 안정화에 어느 정도 도움이 될 것으로 기대할 수 있다. 다만 이란의 역내 영향력 확장 노력은 지속할 것으로 전망돼 이스라엘과의 갈등 해결은 쉽지 않아 보인다.

이스라엘-팔레스타인분쟁 해결을 위해 미국에 두 가지 정책판단이 요구된다. 미국은 평화협상에 적극적으로 개입해야 하고 이스라엘을 외교적으로 강하게 압박해야 한다. 미국이 이스라엘을 달랠 필요도 있지만, 미국이 제공하는 경제·군사 지원을 이용해 압박하지 않는다면 사실상 협상에 진전을 이루기 어렵다는 것은 이미 역사적으로 증명된 바 있다. 따라서 이스라엘 편에 서지 않고 중립적인 입장에서 협상을 중재하는 협상의 기본으로 돌아가야 한다.

## 주

1) 베드윈은 아랍 지역의 사막에서 낙타 양 등을 기르며 유목 생활을 하는 사람들을 말한다.
2) 팔레스타인을 대표하는 정치 조직으로 전 세계에 흩어진 팔레스타인 민족을 대표하기 위하여 1964년에 결성되었다.
3) Thomas L. Friedman, "Because We could," *The New York Times*, 2003.06.04.
4) 열심당이란 이름은 이들이 로마인들과 격렬하게 투쟁하여 예루살렘을 방어한 과격한 단체라서 붙여진 것이다. AD 6년에 아켈라오가 물러난 후 로마가 유다를 직접 통치하게 되었을 때, 로마정부는 효과적인 세금 징수를 위해 이스라엘 백성들을 등록하게 하였다. 그러자 바리새인들 가운데서 일부가 떨어져 나가 로마정부에 항거하였다. 주후 54년에 겉옷 속에 단도를 감추고 다녔던 시카리(Sicarii) 또는 암살단(Assassins)이라고 불리는 집단이 최초로 언급되었다.
5) '바스크 조국과 자유'라는 뜻이며 바스크 분리주의운동 단체이다.
6) 1971년 창단된 정통파 유대교 성향의 극우 민족주의 정당이며 미국과 캐나다 등의 국가는 테러단체로 규정한다.
7) 1990년 카하네 하이는 카흐에서 분리돼 자신들의 조직을 만들었다.
8) 오구즈 또는 구즈 투르크멘이라고 불리는 유목 종족의 대집단에서 파생한 셀주크족이 11세기경 세운 왕조.
9) 1789년 프랑스 대혁명을 급진적으로 이끌었던 정치 분파. 프랑스 혁명기 중산적 부르주아와 소생산자층에 기반을 두고 중앙집권적 공화정을 주장한 급진파이다.
10) 프랑스 국왕으로, 재위 기간은 1774년부터 1792년까지이다. 재위 초기 구제도의 모순 해결과 재정 위기를 타개하도록 하였으나 궁정 및 특권 신분의 저항으로 실패하였다.
11) 윤민우, 2011, 『테러리즘의 이해와 국가안보』(서울: 진영사), pp. 104-105.
12) Ronald V. Clarke and Graeme R. Newman, 2006, *Outsmarting The Terrorists*, Westport, Ct: Prager Security International, pp. 108-116; 윤민우, 2011, 『테러리즘의 이해와 국가안보』(서울: 진영사), pp. 108-122.
13) 바그다드에서 태어난 아라비아의 이슬람 법학자. 15세에 하디스 학(學)에 뜻을 두어 이라크·시리아·아라비아의 각지에서 유학했다. 순니파 이슬람법학 제4의 신학파를 창시해서 모든 개인적·논리적 견해를 배척하고 코란과 하디스에 돌아갈 것을 주장했다.
14) 이슬람 신학 한발파의 법학자, 신학자. 하란에서 태어나고 다마스쿠스에서 사

망. 그의 생애는 엄격한 사상으로 인해서 울라마나 수피들과의 논쟁이나 권력자에 의한 투옥 등의 박해와 투쟁의 연속이었다. 그는 신과 인간의 절대적 부동성을 강조하고, 신비적 신과의 합일을 부정했다.

15) 순니 이슬람의 한 사상적 흐름으로 무함마드 이후 3대 무슬림들의 신앙을 본 받아야 한다고 주장한다.
16) 칼리프는 예언자 무함마드의 뒤를 이어 이슬람 교리의 순수성과 간결성을 유지하고, 종교를 수호하며, 동시에 이슬람 공동체를 통치하는 모든 일을 관장하는 이슬람 제국의 최고 통치자를 가리킨다.
17) 개인이나 법원의 질의에 대한 무푸티(법률학자)의 권위적 법률판단.
18) Sayed Khatab, 2011, *Understanding Islamic Fundamentalism* (Cairo: Cairo Univ. Press), p.146.
19) Khatab, 2011, pp. 148−150.
20) Khatab, 2011, pp. 150−151.
21) Khatab, 2011, pp. 151−152.
22) 이스라엘에 저항한 팔레스타인 무장봉기를 뜻하며 제1차 인티파다는 1987년, 2차 인티파다는 2000년에 재개됐다.
23) 개인이나 법원의 질의에 대한 무푸티(법률학자)의 권위적 법률판단.
24) 2015년 아프간정부는 물라 무함마드 오마르가 2013년 사망했다고 밝혔다. July 18, 2014, "Taliban confirm Mullah Omar's death, name new leader," http://edition.cnn.com/2015/07/30/asia/afghanistan-mullah-omar/.
25) Jessica Stern and J. M. Berger, 2015, *ISIS: The State of Terror* (New York: HarperCollins Publishers), p. 179.
26) AQIM은 IS에 충성맹세를 한 것으로 알려졌다. Walid Ramzi, "IS Caliphate Splits AQIM," *Magharebia*, http://moroccoonthemove.com/2014/07/21/isis-caliphate-splits-aqim-magharebia/#sthash.ZTGEO7w5.dpbs.
27) Aaron Zelin, "The War between ISIS and al Qaeda for Supremacy of the Global Jihadist Movement," *Research Notes*, Washington Institute, no. 20, June 2014, http://www.washingtoninstitute.org/uploads/Documents/pubs/ResearchNote_20_Zelin.pdf.
28) "Senior Al-Qaeda leader Calls for Followers to Support ISIS" *National News Yemen*, 5 July 2014, (http://nationalyemen.com/2014/07/05/senior-al-qaeda-leader-calls-forfollowers-to-support-isis/)
29) "Jailed Indonesian terrorist Abu Bakar Bashir has been funding ISIS: Anti-terrorism chief," *Straits Times*, 18 Nov 2014.
30) "Afghan Militant Fighters May Join Islamic State," 2 September 2014. (http://www.bbc.com/news/world-asia-29009125/)
31) Ahmed S. Hashim, "The Islamic State: From al-Qaeda Affiliate to Caliphate" *Middle East Policy Council* Winter 2014 Volume XXI, Number 4.
32) "Zawahiri to Zarqawi," 9 July 2005, Global Security.org, http://www.globalsecurity.org/security/library/report/2005/zawahiri-zarqawi-letter_9jul2005.htm; Atiyah's Letter to Zarqawi 10 December 2005, Combating Terrorism Center at West Point, https://www.ctc.usma.edu/harmony-program/atiyahs-letter-to-zarqawi-original-language-2/.

# 참고문헌

## 1. 한글문헌

윤민우. 2011. 『테러리즘의 이해와 국가안보』. 서울: 진영사.

## 2. 영어문헌

"Afghan Militant Fighters May Join Islamic State." 2 September 2014. http://www.bbc.com/news/world-asia-29009125.

"'Atiyah's Letter to Zarqawi." 10 December 2005. Combating Terrorism Center at West Point. https://www.ctc.usma.edu/harmony-program/atiyahs-letter-to-zarqawi-original-language-2/.

Clarke, Ronald V., and Graeme R. Newman. 2006. *Outsmarting The Terrorists*. Westport, Ct: Prager Security International.

Friedman, Thomas L. "Becasue We could." *The New York Times*. 2003.06.04.

Hashim, Ahmed S. 2014. "The Islamic State: From al-Qaeda Affiliate to Caliphate." *Middle East Policy Council* Winter Volume XXI, Number 4.

"Jailed Indonesian terrorist Abu Bakar Bashir has been funding ISIS: Anti-terrorism chief." *Straits Times*, 18 November 2014.

Khatab, Sayed. 2011. *Understanding Islamic Fundamentalism*. Cairo: Cairo Univ. Press.

Ramzi, Walid. "IS Caliphate Splits AQIM." *Magharebia*, 18 July 2014.

"Senior Al-Qaeda leader Calls for Followers to Support ISIS." *National News Yemen*. 5 July 2014.

Stern, Jessica, and J. M. Berger. 2015. *ISIS: The State of Terror*. New York: HarperCollins Publishers.

"Taliban confirm Mullah Omar's death, name new leader." 1 August 2015. http://edition.cnn.com/2015/07/30/asia/afghanistan-mullah-omar/

"Zawahiri to Zarqawi." Global Security.org. 9 July 2005. http://www.globalsecurity.org/security/library/report/2005/zawahiri-zarqawi-letter_9jul2005.htm

Zelin, Aaron. 2014. "The War between ISIS and al Qaeda for Supremacy of the Global Jihadist Movement." *Research Notes*, Washington Institute, no. 20 (June).

# 홍콩의 민주화 시위

윤성환(계명대 국제지역학부 중국학전공)

2019년 홍콩의 민주화 시위는 1997년 홍콩의 중국 반환 이후 가장 큰 규모로 전개되어 중국정부에 1989년 톈안먼(天安門) 사태 이후 최대의 정치적 위기와 도전을 가져다주게 되었다. 이번 홍콩 민주화 시위를 촉발시킨 직접적인 계기는 송환법을 둘러싼 내부적인 갈등으로 여겨지지만, 홍콩이 중국으로부터의 자율성과 민주주의에 대한 강한 요구를 하고 있다는 점을 감안하면 2014년 '우산혁명'의 연속 선상에 있으며, 이는 근본적으로 홍콩의 중국 반환 이후 시행되어 온 '일국양제(一國兩制)'가 지닌 모순과 맞닿아 있다. 홍콩 시민들의 민주화에 대한 시도는 중국의 국내적 통합성, 대만과의 통일, 중국이 지향하는 새로운 국제질서의 문제와 결부되어 있으며, 근본적으로 중국 자체의 민주화 문제와 직결되어 있다. 따라서 홍콩 민주화 시위는 중국과 홍콩의 문제를 넘어

동아시아와 국제체제의 측면에서도 중요한 의미를 지니고 있다. 이에 본 장에서는 2019년 홍콩에서 발생한 민주화 시위와 관련한 제반 내용들에 대하여 체계적으로 설명함으로써 홍콩 민주화 시위에 대한 독자들의 이해를 제고하고자 한다.

## 1. 홍콩의 역사와 홍콩 민주화 시위의 발생 원인

### 1) 홍콩의 역사적 배경 및 지리적 상황

1997년 7월 1일 중국에 반환된 홍콩의 정식 명칭은 중화인민공화국 홍콩특별행정구(中華人民共和國香港特別行政區, The Government of the Hong Kong Special Administrative Region of the People's Republic of China)이다. 주강(珠江) 동쪽 선쩐(深圳)시 남쪽에 위치한 홍콩은 서울의 약 1.8배이며 아시아·태평양 지역의 무역, 해상운송, 국제금융의 중심도시의 역할을 하고 있으며 홍콩섬과 구룡(九龍)반도, 신계(新界) 및 그 밖의 부속도서로 구성되어 있다. 홍콩의 인구는 2018년 말 현재 약 745만여 명에 이르고 있으며 이 중에서 중국계인 한족(漢族)이 95% 이상을 차지하고 있다.

역사적으로 볼 때 홍콩섬과 구룡반도는 1840년도에 발발한 1차 아편전쟁의 결과로 영국과 청(淸)나라와 체결된 난징(南京)조약에 의거하여 홍콩섬을 영국에게 할양하게 되었고, 1856년도에 발생한 애로(Arrow)호 사건을 계기로 촉발된 2차 아편전쟁의 결과로 톈진(天津)조약을 체결하는 과정에서 구룡반도를 영국에게 할양하게 됨으로써 이들 두 지역은 실질적으로 영국이 지배하게 되었다. 하지만 신계지역은 이들 두 지역과는 상이한 역사적 배경을 지니고 있다. 신계지역은 1895년

청일전쟁에서 중국이 일본에 패배하게 되자 영국은 홍콩섬과 구룡반도를 영구히 다스리기 위하여 신계지역이 절실히 필요하였다. 이에 영국은 청일전쟁으로 국력이 극도로 쇠약해진 중국을 억압하여 홍콩섬과 구룡반도보다 훨씬 넓은 신계지역을 1898년 7월 1일부터 1997년 6월 30일까지 99년 동안 조차(租借)한다는 계약을 중국과 체결하게 되었다. 당시 영국 입장에서는 홍콩섬과 구룡반도와 같이 신계지역도 영구 할양 또는 조차를 희망하였으나 그 뜻을 펴지 못했던 것이다. 99년의 조차가 완료되는 1997년 7월 1일 영국은 신계지역을 중국에게 반환해야만 하는 입장에 놓이게 되었으며 영국으로서는 내심 중국이 홍콩에 대한 권한을 영국에게 그대로 존속해 줄 것을 기대하고 있었으나, 중국 입장에서는 개혁개방 정책을 전개하는 시점에서 홍콩이라는 지역은 결코 져버릴 수 없는 매력과 아울러 과거의 역사를 청산함으로써 중국의 정체성을 회복한다는 두 가지 의미에서 영국의 의사와는 무관하게 강력하게 주권회복을 강조하게 되었다.

영국은 신계지역만을 99년간 조차하여 왔으므로 신계지역만을 반환

### 글상자 4.1  애로호 사건

1856년 10월, 광저우(廣州) 앞 주강(珠江)에 정박하고 있던 중국인 소유의 영국 해적선 애로호에 청나라 관리가 올라가, 청나라 관원에 의하여 승무원 전원이 체포되고 영국 국기가 바다에 던져지는 사건이 발생하였다. 애로호 사건은 바다의 안전을 위협하는 해적선을 단속한 사건이었음에도 불구하고 영국은 자국의 국기를 모욕한 혐의로 청나라에 대하여 배상금과 사과문을 내라고 요구하였으며, 이에 대해 청나라는 사건 당시 배에 영국 국기가 걸려 있지도 않았고 중국인 소유의 배이므로 영국에 사과와 배상을 할 아무런 이유가 없다고 주장하였다.

한다고 통보한 반면, 중국은 홍콩 모든 지역의 반환을 요구하여 왔으며 이로 인해 1980년부터 양국 간의 갈등이 시작되게 되었다. 당시 중국의 최고 지도자인 덩샤오핑(鄧小平)은 중국이 개혁개방을 시작하는 단계에서 또다시 과거의 역사를 되풀이하여 영국에게 굴복한다는 것은 절대로 받아들일 수 없는 입장이었다고 볼 수 있다. 이에 중국은 홍콩 맥리호스 총독에게 중국의 홍콩 인수에 대한 강한 의사를 전달하게 되었다.

중국은 영국이 홍콩섬과 구룡반도를 영구적으로 할양받은 배경에는 영국이 무력을 통한 불평등조약으로 이들 지역을 점령했다는 역사적 상황이 엄연히 존재한다는 사실을 지적하면서 영국이 두 지역을 중국에 반환하지 않는다면 중국도 똑같은 방식으로 홍콩섬과 구룡반도를 중국에 복속시키겠다는 의사를 분명히 전달하였으며 더불어 신계지역은 국제조약에 근거하여 99년간의 조차 만료로 수용한다는 의사를 표명하였다. 이는 중국은 홍콩의 주권 반환과 영토 수복을 위해 영국과 전쟁도 불사하겠다는 선전포고와도 같은 조치였다고 볼 수 있다. 당시 영국의

### 지도 4.1 홍콩 전도(全圖)

입장에서는 중국과 전쟁을 치르기에는 중국의 국력이 과거와는 다르게 강대해 졌으며 지리적으로도 굉장히 멀리 떨어져 있어 중국과의 전쟁을 치를 수 있는 상황이 못 되었다. 하지만 중국이 주장하는 바를 액면 그대로 받아들이자니 홍콩에 거주하고 있는 홍콩주민들의 장래를 걱정하지 않을 수 없는 상황이었다. 즉, 이들의 삶이 자본주의 체제에서 사회주의 체제로 전환되는 것을 그대로 방치한다는 것은 강대국의 체면과 직결되어 있기에 결코 방치할 수 없는 딜레마에 직면하게 되었다.

그러므로 이러한 영국의 고민을 해결함과 동시에 중국의 국익에도 부합할 수 있는 묘수로 등장한 것이 덩샤오핑이 제시한 '일국양제(One Country Two Systems)'라 할 수 있다. 일국양제란 하나의 국가(중국)에 사회주의(중국 본토)와 자본주의(홍콩·마카오)의 두 가지 제도가 공존한다는 것을 주요 골자(骨子)로 하는 통합이론으로 한 국가에 두 가지 제도를 함께 존속시킴으로써 홍콩주민들의 신분을 보장한다는 것으로 영국이 홍콩을 중국에 반환할 수 있는 명분을 제공하였다고 볼 수 있다. 즉, 중국의 덩샤오핑은 홍콩지역의 제도와 생활양식을 그대로 인정하는 조건으로 주권만 중국에게 반환하는 제안으로 일국양제를 제시하였던 것이다.

홍콩의 중국으로의 반환을 앞두고 1984년 9월 26일 중국과 영국 양국은 공동선언의 초안을 발표하게 되었다. 그 핵심 내용으로는 "홍콩인이 홍콩을 통치한다(港人治港)"는 것과 아울러 1997년 홍콩이 중국에 반환되더라도 50년 동안 홍콩의 현 제도를 유지한다는 '50년 불변(五十年不變)'과 '일국양제(一國兩制)'에 관한 원칙이 바로 그것이었다.

그리고 1984년 12월 19일 영국과 중국 대표가 베이징(北京)에서 만나 '홍콩반환협정'이라고 불리는 '홍콩에 관한 중영(中英)공동선언'에 서명하기에 이르렀다. 이 공동선언의 주요 내용을 살펴보면, 영국은 1997년 6월 30일 자정을 기점으로 홍콩 전 지역을 중국에 반환하고, 홍콩에 대한 주권을 인수한 후 중국은 홍콩을 중앙정부 직속의 '특별행정구'로 지정하며, 50년간 홍콩의 자본주의 제도와 현 생활양식을 그대로 보장한다는 것이었다.

'홍콩반환협정'에 의거하여 중국은 반환 이후의 홍콩에서 헌법의 역할을 담당하게 될 홍콩특별행정구 '기본법'을 채택하게 되었다. 1990년 제정되어 중국의 전국인민대표회의를 통과한 본 기본법에 의거하여 반환 이후의 홍콩은 외교와 국방을 제외한 행정권, 입법권, 사법권에 대한 보유를 보장받게 되었다.

또한, 본 기본법에서는 홍콩이 재정 및 조세제도의 독립과 독자적인 관세영역을 가지며 독자적인 화폐 발행(홍콩 달러)과 자유무역항을 유지할 수 있도록 하였으며, 선거권과 피선거권, 언론·보도·출판·집회·시위의 자유, 노조결성 및 파업의 자유, 거주이전 및 직업선택의 자유를 가질 수 있도록 보장하였다.

이로써 홍콩은 1997년 7월부터 향후 50년간 현행 제도와 생활양식을 유지하는 자치권을 갖는 '동시에' 하나의 지방정부로서 중국에 편입되게 되었다. 홍콩반환을 전후 한 시기에 '일국양제'에 관한 기본법의 '정신'은 "홍콩인이 홍콩을 통치한다(港人治港)"는 '고도의 자치권'(기본법 제2조) 보장에 있는 것으로 이해되었다. 하지만 본 기본법에 대한 해석과 개정의 권한은 '홍콩인'이 아닌 중국 의회격인 '전국인민대표대회'에 있다는 점이 논란의 대상이 되고 있다.

한편 홍콩특별행정구 정부의 최고책임자인 행정장관은 현재 1,200명으로 구성된 추천 선거인단의 간접선거로 선출되고 중국정부에서 임명하고 있다. 임기는 5년이며, 단 한 차례에 걸쳐 연임할 수 있도록 되어있다. 홍콩이 1997년 7월 1일 중국에 반환됨과 동시에 홍콩특별행정구가 성립되었으며, 초대 행정장관으로 동지엔화(董建華)가 취임하였으며 2017년 7월 1일 5대 행정장관인 캐리 람(林鄭月娥, Carrie Lam)

이 선출되어 오늘날까지 행정장관직을 수행하고 있다.

홍콩이 중국에 반환된 이후 중앙정부와 특별행정구 간에 행정장관 선출을 둘러싼 갈등이 끊이지 않고 있다. '홍콩기본법'에 의거하여 특별행정구 내에서는 50년간 고도의 자치권을 부여하였는데도 불구하고 추천 선거인단의 간접선거로 행정장관을 선출해 홍콩지역 주민들의 의견과 모순을 보이고 있다. 행정장관으로 친중국(親中國) 인사가 계속 선출되자 일각에서는 특별행정구 주민들의 직접 선거에 의해 행정장관을 선출해야 한다는 주장이 제기되고 있다. 이에 중국 중앙정부는 2004년 4월 개최된 전국인민대표대회에서 '홍콩기본법'을 재해석하여 행정장관의 직선제 개헌안은 전국인민대표대회의 승인을 받아야 한다고 결정한 바 있다.

### 2) 홍콩 민주화 시위의 발생 원인

2019년에 촉발된 홍콩 민주화 시위의 직접적인 도화선이 된 것은 홍콩정부가 '범죄인 인도법 법안(일명 송환법)'의 입법을 추진하면서부터였다. 이 법은 홍콩정부가 2019년 4월 3일 천동지아(陳東佳) 사건[1]을 계기로 하여 마련한 것으로 홍콩이 범죄인 조약을 체결하지 않은 국가나 지역에도 범죄인을 인도할 수 있도록 하는 내용을 담고 있다. '송환법'에는 대만뿐만 아니라 중국 본토와 마카오 등도 포함되어 있어 홍콩인들은 이 법안이 악용될 것을 염려하여 강력하게 반대하였다.[2] 즉, 홍콩인들은 본 법안이 제정된다면 중국정부가 부당한 정치적 판단에 의해 홍콩의 반중 인사나 인권운동가를 중국 본토로 송환할 수 있다고 판단했다. 결국 '송환법'은 시진핑(習近平) 국가주석의 권력 강화와 맥을 같이하며 홍콩을 중국 공산당 일당 독재 중국 본토와 비슷한 체제로 전환시키려는 중국 당국의 시도라는 인식이 홍콩은 물론 전(全) 세계로 전파되며 전례 없는 대규모 홍콩 민주화 시위가 전개되었다.

한편 홍콩 민주화 시위의 발생 원인을 정치적, 경제적 및 사회·문화적 측면에서도 찾아볼 수 있다. 우선 정치적 요인으로는 홍콩인들이 행정장관 선출 방식에 대하여 불만을 가지고 있었다는 점이다. 즉, 시위대가 가장 강력하게 요구하고 있는 사안 중 하나가 바로 행정장관 직선제라고 할 수 있다. 행정장관 직선제는 2014년 대규모 시위로 번진 홍콩 '우산[3]혁명(Umbrella Revolution)'의 도화선이었는데, 2019년 민주화 시위에서도 또다시 발생 원동력으로 작용하게 되었다. 현행 선거제도 하에서 홍콩의 행정장관은 중국정부가 친중국 인사 2~3명을 후보로 선택하면, 그중에서 1,200명의 홍콩 선거인단이 간접선거로 선출하고 있다. 홍콩이 영국에서 중국에 반환되기 전에도 행정장관은 영국이 직접 임명했다. 하지만 1997년 홍콩이 반환될 때 중국은 홍콩 시민들에게 직선제를 통해 자신들의 지도자를 선출할 수 있도록 하겠다고 약속한 바 있다. 그러나 중국은 아직 그 약속을 지키지 않고 있으며 오히려 홍콩에 대한 통제를 더욱 강화하기 위한 움직임을 보이고 있다. 가령, 시진핑 집권 시기인 2014년 6월 중국 국무원(國務院)은 홍콩 백서(白書)[4]를 공포하면서, 홍콩에 대한 일국양제를 사실상 거부하게 되었다. 본 백서의 핵심 내용을 살펴보면, "두 체제에 앞서 한 나라가 우선한다." "홍콩특구의 고도 자치는 중앙정부가 부여한 만큼만 누릴 수 있다." "중앙정부는 홍콩에 대한 전면적인 관할권을 가진다." 등으로 모두 일국양제와 모순되는 내용임을 알 수 있다. 또한, 동년(同年) 8월 전국인민대표대회 상무위원회(常務委員會)에서는 특별행정구 행정장관에 대한 직선제를 원천적으로 봉쇄하면서 그때까지의 간선제 유지를 천명하기에 이르렀다. 바로 이에 대한 저항으로 2014년 9월부터 3개월 동안 연인원 120만 명이 참가한 이른바 '우산혁명'이 발발하게 되었다.

홍콩 시위대는 중국이 내세우고 있는 일국양제가 한낱 구호에 불과

하며, 홍콩은 사실상 중국의 지배를 받고 있다고 주장하고 있다. 홍콩 시위대는 거리에 '독재 정권을 종식시키자, 국민에게 권력을 돌려 달라'고 적힌 현수막을 내걸고 강력하게 민주화를 요구하고 있다.

상술한 바와 같이 홍콩 민주화 시위의 직접적인 원인은 정치적인 측면이 농후하다는 것은 주지(周知)의 사실이다. 그러나 홍콩반환 이후 중국 중앙정부의 통치하에 홍콩지역의 경제적인 발전과 홍콩주민들의 개인적인 삶의 질이 개선되었다면 약간의 정치적인 불만을 감수할 수 있었을 것으로 보고 있다. 그러나 반환 이후와 현재의 경제적인 상황을 비교해 보면 명목상의 경제지표는 상승한 것으로 나타나고 있으나, 실질적인 체감 경제지표는 중국 중앙정부가 하나의 타도의 대상이 될 정도로 악화되었다는 점이 홍콩 민주화 시위의 내면적인 발발 이유로 볼 수 있을 것이다.

표 4.1에서 보는 바와 같이 1997년 반환 직후와 2018년을 비교해 보면 명목상으로는 홍콩의 경제지표가 미미한 진전이 있는 것처럼 보인다. 하지만 그동안 중국경제가 이룬 성과와 비교해 보면 이는 보잘것없는 수준이라고 평가할 수밖에 없으며, 글로벌 금융위기와 세계물가 수준을 고려할 때 홍콩지역의 경제 수치 상승에 대하여 홍콩주민들이 불만을 지닐 수밖에 없는 상황이라고 볼 수 있다. 특히, 부동산 가격의 급등과 빈부격차의 확대 및 중국경제에 대한 의존도 확대 등을 대표적으

표 4.1 1997년과 2018년의 홍콩의 주요 경제지표 비교

| 항목<br>연도 | GDP<br>(억 달러) | 1인당 GDP<br>(달러) | 총 인구<br>(만 명) | 본토 GDP에서<br>차지하는 비중 (%) |
|---|---|---|---|---|
| 1997년 | 1,597 | 27,330 | 648 | 15.6 |
| 2018년 | 3,630 | 48,722 | 745 | 2.6 |

출처: 中華人民共和國國家統計局, 2019, 『2019中國統計摘要』(中國統計出版社).

로 들 수 있다. 2016년 홍콩의 지니계수(Gini Coefficient)[5]는 0.539로 46년 만에 최고치를 기록하였는데 동(同)년 싱가포르의 지니계수가 0.458, 미국의 지니계수가 0.411인 것을 감안하면 홍콩은 심각한 수준이라는 것을 알 수 있다. 또한, 홍콩의 부동산 가격은 2003년 이후 연평균 300%씩 증가하여 2019년 4월 기준으로 런던의 3배, 뉴욕의 4배에 이르러 세계에서 가장 높은 수준을 보이고 있다. 홍콩 시민들은 홍콩의 빈부격차 및 부동산 가격, 물가 등에 대하여 강한 불만을 나타내고 있으며, 그 원인의 하나로 중국 본토에서 유입된 중국 고위층 및 부유층의 자금을 지적하고 있다. 또한, 2003년 중국 본토와 홍콩 간에 포괄적 경제동반자 협정(CEPA: Closer Economic Partnership Agreement)[6]가 체결된 이후, 중국 본토에 대한 홍콩의 상품 및 서비스 수출입 의존도가 높게 상승하면서 중국경제로의 편입에 대한 홍콩인들의 경계심이 나날이 높아지고 있다. 이와 같이 최근 홍콩경제에 나타나고 있는 여러 문제점들은 홍콩 서민들에게 적지 않은 경제적 고통을 가져다주고 있다는 점에서 그동안 내재되어 있는 불만들이 정치적 시위와 함께 폭발한 것으로 볼 수 있다.

홍콩 민주화 시위 발생 원인을 사회·문화적 차원에서 살펴보면 1997년 홍콩이 중국에 반환된 이후 홍콩으로 이주하는 중국 본토인들이 급격히 증가하였으며 이들과 홍콩인들이 사회·문화적으로 곳곳에서 많은 갈등을 빚어 왔다는 것이다. 특히, 홍콩 국적 획득을 위한 본토 중국인들의 무분별한 원정 출산이 사회문제로 대두되고 있으며, 공공장소에서의 매너와 홍콩 초·중학교 교과서에 공산당을 찬양하는 내용 수록과 관련한 갈등이 발생하기도 하였다. 또한, 중국 본토인들의 대량 이주로 인한 홍콩의 정체성 상실과 베이징어(北京語)의 광둥어(廣東語) 대체에 대하여 홍콩인들이 느끼는 지위 하락에 심각한 불안과 불만을 느끼고 있다.

그러나 이번 시위의 보다 근본적인 발생 배경으로는 1997년 영국이 홍콩을 중국에 반환한 이후 중국이 법적 관할권 및 실질적인 영향력을 확대하려고 할 때마다 발생했던 홍콩인들의 저항의 연속 선상에 있다고 볼 수 있다. 2003년 국가반역, 분열, 반란 선동 등에 관한 홍콩기본법 제23조를 중국정부가 후속 입법으로 현실화하고자 할 때도 그러했으며 2014년 중국의 홍콩 관할권을 담은 '홍콩백서'가 출간되고, 중국의 행정장관이 홍콩 시민들에게 약속했던 직접 선거 실시가 수포로 돌아가고 오히려 후보 자격을 제한하여 우산혁명이 촉발되었을 때도 그러했다. 2016년과 2017년, 독립파(獨立派)와 민주파(民主派) 의원들의 자격을 박탈한 사건도 법조인들을 중심으로 한 시위를 촉발시켰다. 과거에서부터 2019년 홍콩시위에 이르기까지 시민적, 정치적 자유와 법치, 그리고 제한적이나마 민주주의, 그리고 이 모든 것을 가능하게 하는 자치를 수호하고자 하는 홍콩 시민들의 강한 의지가 나타난 것이다.

## 2. 홍콩 민주화 시위의 전개 과정과 주요 특징

### 1) 홍콩 민주화 시위의 전개 과정

홍콩이 중국에 반환된 이후 지금까지 홍콩 내에서는 총 3차례의 대규모 반정부 시위가 발생했다. 첫 번째는 2003년 발생한 홍콩 국가보안법 반대시위[7]였고, 두 번째는 2014년의 행정장관 직선제 요구 시위였으며 세 번째는 2019년의 범죄인 인도법 반대시위였다. 홍콩 시민들은 2014년 행정장관 직선제 요구는 관철하는 데 실패하였지만 2003년 홍콩 국가보안법 반대와 2019년 범죄인 인도법 반대는 집단행동을 통하여 자신들의 요구를 수용시키는 데 성공을 거두었다. 특히, 2019년 홍콩 민주화 시위는 규모와 빈도 면에서 홍콩 역사상 기록될 최대의 시위로 평가되고 있다.

2018년 2월 17일, 스무 살 홍콩 청년 천동지아(陳東佳)가 여자 친구를 대만에서 살해한 사건이 2019년 홍콩 민주화 시위의 단초(端初)가 될지는 어느 누구도 생각하지 못하였다. 홍콩정부는 홍콩과 대만 사이에 '범죄인 인도 법안'이 체결되어 있지 않았기 때문에 대만에서 살인사건을 저지르고도 귀국한 범죄인을 처벌할 수 없다는 이유를 들어 추진한 것이 이른바 '송환법'이었다. 이 법안에는 범죄인의 인도 대상 지역에 중국을 포함한 것은 물론이거니와 이전에 비해 송환 절차를 매우 간소화시키고 있었다.

이러한 홍콩정부의 송환법 개정 추진에 대하여 대다수의 홍콩 시민들은 중국 중앙정부에 비판적인 이들이 언제든 그리고 누구든 중국으로 송환될 수 있는 길을 열어 주었다는 이유로 '송환법' 개정의 반대를 적극 제기하게 되었는데 이는 홍콩 시민들이 바로 '코즈웨이베이(銅鑼灣) 서점 사건'의 경험을 가지고 있었기 때문이다. 본 사건은 2015년 발생하였는데 홍콩 코즈웨이베이 서점의 점장과 주주 5명이 중국정부가 금지한 서적을 판매하였다는 이유로 중국 본토로 끌려가 조사를 받은 사건으로 알려져 있다. 당시에는 납치로 큰 비난을 받았지만, 본 법안이 통과된다면 합법적으로 중국에 인도될 수 있다는 우려를 대부분의 홍콩인들이 하게 되었다.

2019년 3월 31일 송환법에 반대하는 첫 번째 시위가 대규모로 발생하였다. 6월 9일에는 홍콩 빅토리아 공원에서 100만 명이 넘는 이들이 송환법 반대시위에 참가했다. 구호는 중국으로 송환을 반대한다는 의미에서 "반송중(返送中)!"을 외쳤다. 그리고 6월 12일에는 송환법안의 2차 심의를 저지하기 위한 투쟁이 발발하였다. 이날 시위현장에서 경찰은 최루탄을 사용하였으며 시위대 일부가 체포되기에 이르렀다. 캐리

람 행정장관은 이날 시위대를 조직적 '폭도'로 규정하면서 이를 강력히 제압하여 나갔다.

홍콩 시민들의 거센 분노에 당황한 캐리 람 행정장관은 6월 15일 기자회견을 통하여 송환법 추진을 무기 연기한다는 성명을 발표하였다. 기자회견에서 영어로는 법안 폐지를 발표하고 나서, 다시 광둥어로는 송환법을 연기한다고 하는 바람에 홍콩 시민들의 더 큰 분노를 초래하게 되었으며 이는 결국 홍콩 시민들의 대규모 집회로 이어지게 되었다.

기자회견 다음 날 홍콩 시민 200만 명이 집결하여 집회를 열어 송환법 철회, 행정장관 직선제 실시, 경찰 강경 진압에 대한 독립적 조사, 체포된 시위대 석방, 시위대 폭도 규정 철회 등 5가지 요구사항을 홍콩정부에 제시하였다. 송환법 추진 반대로부터 시작된 홍콩 민주화 시위는 홍콩 시민들이 직접 행정장관을 선출하는 직선제 요구로까지 이어지게 된 것이다. 이러한 시위대의 요구에 홍콩정부는 매우 단호하게 대처하였으며 6월 25일 홍콩 경찰은 시위대에 처음으로 물대포와 실탄을 사용하기에 이르렀으며 시위대의 저항은 더욱 격렬하게 진행되었다.

'홍콩반환 22주년'이 되는 2019년 7월 1일 홍콩 시위대는 급기야 우리의 국회 격인 입법회 건물을 점령하였으며, 그들의 '5대 요구사항' 중 절대 하나도 빠져서는 안 된다는 입장을 강력하게 홍콩정부에 전달하게 되었다. 그리고 7월 9일 람 행정장관은 "송환법은 죽었다"며 사실상 송환법 폐기를 선언하였다. 그럼에도 불구하고 완전한 철회를 요구하는 홍콩 시민들에게 속 시원한 답변을 제시하지 않으며 시간을 질질 끌어왔으며 이로 인해 시위는 계속하여 이어져 왔다. 시위가 지속되는 와중에 홍콩 시민들의 정부와 경찰에 대한 불신을 불러일으키고, 시위대를 격화시킨 결정적인 사건이 7월 21일 '원랑(元朗)' 지하철 역사에서 발생하였다. 집회가 있었던 그날 밤 원랑 역에서 흰색 티셔츠를 입은 무장 괴한들이 나타나 지하철 승객과 행인들을 무자비하게 구타하는 '백색테러' 사건이 일어났다. 시민들은 경찰에 도움을 요청하였지만, 경찰은 끝내 나타나지 않았다. 이 사건으로 인하여 홍콩 시민들은 공권력에 대한 강한 불신과 분노를 지니게 되었으며 일부 과격 시위대는 중국의 국가 휘장(徽章)을 훼손하는 사건이 발생하기도 하였다.

7월 22일 홍콩반환 이래 22년 만에 처음으로 중국정부가 홍콩의 현 상황에 대해 국무원 홍콩·마카오 사무판공실을 통해 공식 입장을 밝혔다. 즉, 중국정부는 홍콩시위가 이미 도를 넘어섰으며, 폭력 시위를 진압하고 법치를 유지할 것이라며 단호한 입장을 취했던 것이다. 이에 시위대는 중국정부를 '중국 나치(Chinazi)'로 부르는 강한 적대감을 드러냈고 "홍콩을 되찾을 혁명의 시기가 도래했다"라며 시위를 계속 이어나갔다. 8월 18일에는 비가 내리는 와중에도 170만 명의 시위대들이 집결하여 그들의 5대 요구사항을 주장하고 나섰다. 결국, 8월 27일 시위 학생들과의 만남에서 람 행정장관은 "송환법의 완전 철폐는 매우 어렵다"고 실토하였는데 이는 아마도 중국 중앙정부의 지침 때문이었을 것으로 추측되고 있다.

석 달째 격렬하게 진행된 시위에 캐리 람 행정장관은 결국 굴복하지 않을 수 없었으며 2019년 9월 4일 송환법 공식 철회를 선언하기에 이르렀다. 하지만 시위대의 단호한 태도에는 여전히 변함이 없었으며 '5대 요구사항'이 모두 관철되기 이전에는 절대 시위를 멈출 수 없다는 의지를 강력하게 표명하였다. 이는 송환법 철회 선언이 나오기까지 88일이나 걸렸으며, 그 과정에서 체포된 1,183명과 폭동 혐의로 기소까지 된 67명이 있었기 때문이다. 홍콩 시민들은 "끝날 때까지는 끝난 게 아니다", "너무 늦었고, 이제는 이걸로는 안 된다(too late too little)"는 반응이었다. 이처럼 홍콩정부와 행정장관은 이미 오래전에 홍콩 시위대에 대하여 신뢰를 잃고 있었던 것이다.

중국 국경절인 10월 1일 홍콩 도심 시위에서 최초로 실탄 총격사건이 발생했다. 그날 시위에 참가했던 10대 남성이 경찰이 쏜 실탄에 가슴을 맞은 것이다. 이어 10월 5일 0시부터 홍콩정부는 사실상의 계엄령인 '긴급법(긴급정황규례조례[緊急情況規例條例])'[8]을 발동시켜 시위대가 합법적인 시위를 할 때도 마스크를 착용할 수 없도록 하는 '복면금지법'을 시행한 데 이어 시위 주역인 조슈아 웡(Joshua Wong, 黃之鋒)의 구(區)의원 선거 출마 자격이 박탈함에 따라 홍콩정부와 시위대 간의 갈등은 한층 더 고조되어 갔으며 홍콩 시민들은 'Newport City Center'라는 한 쇼핑몰에 집결하여 '홍콩 임시정부 수립' 선언을 하기에 이르렀다.

11월 8일에는 시위현장에서 추락한 홍콩 과기대생이 사망하였고, 18일에는 진압 경찰들이 장갑차를 앞세워 홍콩 이공대에 진입하는 사건이 발생하기도 했다. 홍콩정부는 11월 22일 강경파인 크리스 탕(Chris Tang)을 경찰 총수인 경무처장으로 임명하며 더욱 강경한 시위 진압에 나서게 되었다. 11월 시위 과정에서 경찰의 실탄 사격 동영상이 인터넷

### 글상자 4.2  복면금지법

복면금지법은 공공 집회나 시위에 참가한 시위자가 마스크나 가면 등으로 자신의 얼굴을 가리는 것을 착용하지 못하도록 하는 법으로 현재 미국이나 캐나다, 독일, 프랑스 등 15개국에서 시행하고 있다. 홍콩정부도 2019년 홍콩 민주화 시위가 나날이 격화되자 이에 효과적으로 대처하기 위하여 이 법을 제정하여 같은 해 10월 5일부터 시행하고 있는데 복면금지법의 주요 내용을 살펴보면 다음과 같다. 첫째, 시위활동에서 복면이나 마스크를 쓰면 1년 이하의 징역 또는 2만 5,000 홍콩 달러(약 380만 원)의 벌금을 부여한다. 둘째, 평시 활동에서 복면이나 마스크를 쓰면 경찰이 신분 확인을 위해 복면이나 마스크를 벗어야 하고, 만약 이를 거부하면 6개월 이하의 징역 또는 1만 홍콩 달러(약 159만 원)의 벌금을 부여한다.

을 통해 유포되면서 시위현장은 전쟁터를 방불케 하는 양상을 보였고 급기야 홍콩 내 전(全) 대학에 휴교령이 내려지게 되었다. 이 와중에서 11월 24일 시위 사태 후 첫 선거인 구의회 선거가 실시된 결과 '반중(反中)' 범민주 진영이 무려 85.2%의 의석을 차지함으로써 압도적인 승리를 거두게 되었으며 친중 여당은 참패의 수모에서 벗어날 수 없었다.

12월 16일에는 시진핑 국가주석이 캐리 람 행정장관을 베이징에서 면담한 데 이어 홍콩 시위대를 '급진적 폭력 범죄분자'라며 비난했고, 최우선 당면 과제는 질서회복임을 강조하였다. 이를 계기로 중국 인민해방군의 투입 가능성이 새롭게 부상하게 되었다. 한편 '홍콩인권법(홍콩인권·민주주의 법안, Hong Kong Human Rights and Democracy Act of 2019)'[9]이 11월 19일과 20일 미국의 상원과 하원을 각각 통과하게 되면서 홍콩 문제를 둘러싼 미·중간의 갈등도 높아져 갔다.

2020년 홍콩의 새해는 신년맞이 시위로 시작되었다. 2019년 6월 9일 처음 시작된 홍콩 시위는 새해를 맞이하게 되면서 어느새 열 달째 지속되고 있다. 2019년 12월 31일 저녁 7시부터 시작된 홍콩 인간띠 잇기 시위는 밤 11시를 넘으면서 시위대와 홍콩 경찰 간의 무력충돌로 이어졌으며 자정을 넘겨 신년이 되어도 시위대와 경찰 간의 충돌은 계속되었다. 압도적 찬성으로 구의회 선거에서 이겼으나 '여전히 달라진 게 없다'는 홍콩 시민들의 불만이 새해 첫날부터 홍콩 시민들을 시위현장으로 나오게 한 것이다. 홍콩 시민들은 여전히 5가지 요구사항 중 하나도 빼놓을 수 없다고 주장하고 있다. 이중 핵심은 홍콩 행정 수반인 '행정장관의 직선제'와 '경찰 폭력에 대한 진상규명'이다.

한편 2019년 12월 초 중국 우한(武漢)에서 발발한 코로나 19 사태는 그 이듬해 중국 전역으로 급속히 퍼져 나갔으며 급기야 전 세계적 유행이라는 팬데믹(pandemic) 상황에 이르게 되었다. 이러한 코로나 19의 팬데믹은 홍콩시위에 치명적인 영향을 미치게 되었으며 자칫 잘못하면 홍콩 내 집단전파를 일으킬 수 있다는 강한 우려가 생기면서 시위는 갈수록 그 규모가 줄어들기 시작했다. 게다가 홍콩 경찰은 코로나 19를 빌미로 삼아 모든 시위들을 불법화하거나 엄격히 처벌하였으며, 2020년 4월 18일에는 이를 틈 타 지미 라이(黎智英), 마틴 리(李柱銘) 등 홍콩 민주계의 원로들을 체포하여 국제적인 비난을 받기도 했다. 5월 21일에는 홍콩 법원이 21살의 청년에게 6월 집회에 참가했다는 이유로 무려 4년에 달하는 징역형을 내리며 처음으로 집회 참가자에게 실형을 선고하기도 했다.

같은 날 중국정부는 '홍콩 국가보안법' 제정을 발표하였으며 이는 코로나 19 발생 이후 잠시 잠잠했던 시위를 다시 촉발시키는 계기가 되었다. 2020년 5월 24일 코즈웨이베이에서 열린 집회는 팬데믹 이후 가장 규모가 컸으며, 집회에 참가하지 않은 시민들도 온라인으로 국가보안법에 반대하는 의사를 표명하였다. 홍콩 경찰은 어김없이 최루탄을 발사하며 시위대들을 강제 진압하였다. 5월 27일에는 최소 396명에 달하는 시민들이 체포되기에 이르렀는데 이들 중 대다수는 시위에 참가하기도 전에 경찰에 사전 체포되었다. 6월 30일 중국 최고권력기관인 전국인민대표대회는 홍콩 주권 반환 23주년을 맞는 7월 1일을 하루 앞두고 마침내 홍콩 국가보안법을 전격 통과시켰다. 홍콩 국가보안법은 국가 분열과 전복 행위, 테러리즘, 외국 세력과의 결탁에 대한 금지 및 처벌을 핵심 내용으로 담고 있다. 또한, 홍콩 내에 중국 중앙정부 산하 '홍콩 국가안보처'를 설치하여 홍콩 안보정세를 파악하고, 위법 행위에 대한 처벌을 집행할 수 있는 법적인 근거를 부여하였다. 이 법은 곧바로 홍콩 헌법인 기본법 부칙 3조에 삽입되어 7월 1일부터 시행에 들어갔다. 홍콩 국가보안법은 홍콩에 엄청난 파장을 불러일으켰는데 홍콩 내 데모시스토(Demosist)당을 포함한 대다수의 민주운동 단체들은 이 법의 탄압 대상이 될 것을 우려하며 홍콩에서의 모든 활동을 중지한다고 밝혔고,

7월 1일에는 수천 명의 홍콩 시민들이 모여 홍콩 국가보안법을 규탄하기에 이르렀지만, 시위 분위기는 작년 송환법 반대시위와는 비교도 안 될 정도로 침체되어 있었다.

2019년 홍콩 민주화 시위는 홍콩의 민주화 운동 역사뿐만 아니라 세계 민주화 운동 역사상에도 길이 남을 역사적인 사건으로 기록될 것이 분명하다. 그러나 코로나 19 팬데믹의 영향과 중국정부의 홍콩 국가보안법 제정이라는 큰 암초에 부딪혀 그 구심점을 잃어가고 있다.

## 2) 홍콩 민주화 시위의 주요 특징

2019년 발발하였던 홍콩 민주화 시위의 주요 특징은 다음과 같이 여섯 가지로 나누어 살펴볼 수 있을 것이다.

첫째, 강권통치를 위한 홍콩 행정부의 무리한 '송환법' 제정이 이번 시위의 출발점이 되었고, 시위대의 강력한 반발에 부딪히게 되자 추진하던 '송환법' 제정을 철회하였다는 점이다.

둘째, 강권통치를 위한 '송환법' 제정 시도는 실패를 보았지만, 홍콩 행정부는 다시 새로운 법령인 '복면금지법' 제정 시도로 강권통치를 추진하였으며, 이는 송환법 철회 이후 잠시 진정되었던 시위대의 시위에 휘발유를 끼얹는 역효과를 유발하였다는 점이다.

셋째, 홍콩 민주화 시위에 적극 참여하고, 시위를 주도해 온 연령층은 주로 10대 중반에서 20대로, 남녀 중고등학생과 대학생 및 청년층이 시위를 주도해 나갔으며 점차 전(全) 연령층으로 시위 참여자가 확대되었다는 점이다. 2003년과 2014년의 시위 때와는 달리 2019년 홍콩 민주화 시위는 특히 10대 초반의 어린 학생들도 시위에 참여하여 진압경찰에 체포되었다. 폭력진압으로 어린 학생들이 부상당하는 장면을 목격하게 된 70, 80대 노년층이 어린 학생들을 보호하기 위하여 오히려 시위대 선두에 나서는 새로운 현상이 나타나게 되었다.

넷째, 시위를 주도하는 청년들이 제도권에 진입하여 정치 세력화를 추진하고 있다는 점이다. 시위 주동자들인 10대와 20대는 학교를 졸업하고 사회에 진출한 이후 정당 설립, 홍콩 입법회 선거와 구의회 선거 참여 등을 통하여 거리 시위에서 제도권 진입을 통한 영역 확장을 시도하고 있다는 것이다.

다섯째, 화이트칼라와 전문가 계층이 점차적으로 시위에 참여하기 시작하였다는 점이다. 의사, 변호사, 교사 등의 화이트칼라 전문가 계층과 중산층의 시위 참여로 10대와 20대 중심의 시위 주도 그룹은 홍콩 시민사회에서 보다 더 적극적인 지지와 지원을 받을 수 있게 된 것이다.

끝으로, 홍콩 민주화 시위는 2014년 우산시위 때와는 다르게 '단일한' 지도부도 존재하지 않았으며, 무조건적으로 비폭력을 고수해야 한다는 강한 '합의'도 없는 시위로 평가되고 있다. 하지만 온라인 커뮤니티와 소셜네트워크서비스(Social Network Service)를 토대로 지도부 없는 '지도부'가 가능해진 것이다. 홍콩 시민들은 온라인상에서 폭력 행사의 필요성과 폭력의 대상이 되어야 하는 이유를 심도 있게 토론했으며 이를 토대로 오프라인 시위에서 일부가 나서 '조직된' 폭력을 행사한 것으로 알려져 있다.

## 3. 홍콩 민주화 시위에 대한 중국정부의 대응과 국내외 파급 영향

### 1) 홍콩 민주화 시위에 대한 중국정부의 인식과 대응

홍콩이 중국으로 반환될 당시 약속한 기존 홍콩 시스템의 유지는 홍콩인에 의한 지배를 의미하는 '항인치항(港人治港, Ruel by Hong Kong People)'과 한 국가에 두 제도가 함께 공존한다는 '일국양제'가 실천됨으로써 가능하다. 특히 중요한 것은 홍콩의 자치 권력이 홍콩인에 귀속되어야 마땅하다는 '항인치인'의 원칙인데, 이것이 없이는 양제가 유지되기 어렵기 때문이다. 하지만 중국정부는 홍콩 행정장관에 대한 홍콩 시민들의 직선제 도입을 끝내 허락하지 않았다. 이에 대한 홍콩인들의 저항이 2014년 홍콩의 우산혁명이었던 사실을 주목하면 자치 권력이 얼마나 중요한가를 알 수 있다. 자치가 허락되지 않아 문제점이 잠복한 상태에서 정치성이 농후한 '송환법' 입법이 추진되자 또다시 대규모의 시위가 발생하였다. 이와 같이 정부의 '송환법' 추진으로 촉발된 2019년 홍콩 민주화 시위에 대한 중국정부의 인식은 단호하기 그지없다. 즉, 중국정부는 이번 홍콩시위를 중국정부에 대한 강한 도전이자 '반국가·반민족' 행위로 받아들이고 있다. 사실 중국의 입장에서 본다면 영국 식민지 시대에는 투표권조차 갖지 못했던 홍콩에게 '일국양제'라는 구도 속에서 투표권 부여와 같은 나름대로의 자치권을 부여하였음에도 불구하고 오히려 홍콩인들의 거센 저항을 받는 것은 도저히 납득하기 어려운 일이었을 지도 모른다. 그러나 중국과 홍콩 사이에 '애국'이나 '민주' 등의 개념에 대한 커다란 인식 차이가 존재하는 것은 엄연한 사실이다. 즉, 중국정부의 시각에서는 서구의 편에 서서 중국을 비방하고 중국의 인권과 민주를 위해 다른 나라 정부에 호소하는 것은 '애국하지 못하는 행위'로 비춰지겠지만, 많은 홍콩인들은 중국의 민주와 인권을 위해 투쟁하는 것이 오히려 중국을 위한 '애국적인 행위'라고 인식할 수 있기 때문이다.

이번 홍콩 민주화 시위는 그동안 홍콩에서 발생한 다른 민주화 시위들과 비교해 볼 때 그 규모나 기간 및 정도 면에서 역사상 그 유례를 찾아볼 수 없을 정도의 획기적인 사건으로 평가되고 있으며, 성과 면에서도 홍콩정부의 '송환법' 철회와 같은 소기의 목적을 달성하였다고 볼 수 있다. 그러나 중국정부에서는 이번 시위를 평가함에 있어 일부 과격 시위대가 중국의 일국양제 원칙의 마지노선을 넘어섰다고 생각하고 있으며 이는 절대 용납할 수 없는 행위로 이는 곧 중국의 국가 주권과 안보에 대한 침해행위이며 중앙정부 권력과 홍콩특별행정구 기본법에 대한 심각한 도전행위이며 홍콩을 이용한 중국 본토에 대한 침투 및 파괴행위로 인식하고 있다. 또한, 반중 시위대의 비판이 '일국양제'에 대한 전면 부정 및 중국 공산당에 대한 비판, 더 나아가 시진핑 국가주석에 대한 비난으로 이어지자 중국정부는 이를 국가의 '핵심이익(core interests)'[10]을 저해하는 중대한 사태로 규정하고 있다. 또한, 중국정부는 홍콩 문제로 중국 내정에 간섭하려는 서방 국가의 행위는 절대 용납할 수 없으며 홍콩을 중국의 골칫거리로 만들어 중국의 발전을 저해하려는 속셈이라고 주장하고 있다. 따라서 홍콩 문제는 중국 본토의 정체성과 직결되어 있음을 알 수 있으며 이러한 이유로 홍콩 사태와 이에 대한 중국 당국의 대응을 특정의 움직임과 정치적 제압 행위 차원을 넘는 큰 범위의 어젠다로 이해하는 것이 타당할 것이다.

홍콩 민주화 시위에 대한 해결의 열쇠는 중국정부가 지니고 있다는 것은 주지의 사실이다. 그러나 중국정부도 이에 대한 해결에 딜레마를 가지고 있는데 이는 다음과 같은 이유에서 비롯된다.

첫째, 홍콩 민주화 시위를 주도하는 시위대의 요구가 점차 '국제 정치화' 되고 있다는 점이다. 이는 중국과 홍콩 행정부 입장에서는 비단 중국 국내의 정치, 경제, 사회, 문화의 전반적인 통치뿐만 아니라 대외 관계에 있어서도 큰 부담으로 작용하고 있다. 홍콩 시위대는 2019년 송환법 철회 시위를 시작하며 '5대 요구사항 모두 수용'을 강력하게 주장하여 왔다. 그러나 송환법 철회가 발표된 이후에는 초기 요구를 넘어 ① 홍콩의 '양대 선거 직선제'(행정장관과 입법 의원 직선제) 실시, ② (영국과 약속했던 1997년부터 2047년까지) 50년간 홍콩의 자치권 보장,

③ 홍콩의 독립(또는 대만과의 통합) 등을 추가로 요구하고 있다. 문제는 중국정부가 시위대의 이러한 요구 사안을 수용할 가능성이 희박하다는 점이며 이는 향후 중국정부와 시위대의 타협 가능성도 거의 없다는 바를 의미하기 때문에 사태는 더욱 심각한 상황에 이를 수밖에 없다.

둘째, '홍콩 인권법'을 포함한 세 가지 법안[11]이 모두 미국의 상·하원을 통과하게 되었다. 공화당과 민주당의 초당적 지지 하에 통과된 이들 법안은 실질적인 효력은 약해 보이지만, 중국정부가 홍콩 시위대를 무력으로 진압하지 못하게 하는 일종의 경고이자 방어막 역할을 할 것으로 보인다. 아울러 만약 '홍콩 인권법'이 발효되는 상황이 발생하게 된다면, 홍콩의 경제적 가치 상실로 중국경제에 막대한 타격을 입히게 될 것이며 이는 중국의 홍콩 통치뿐만 아니라, 중국 본토 통치 전반에도 심각한 영향을 초래하게 될 것이다. 즉, 만약 중국정부가 홍콩시위를 무력으로 강경 진압하게 된다면 중국은 30년 전의 톈안먼 사태[12]의 악몽이 홍콩에 다시 재현되는 후유증을 겪게 될 것이 분명하다.

셋째, 중국정부가 홍콩 시민들에게 제시한 '일국양제'의 약속은 날이 갈수록 그 신뢰를 상실해 가고 있다는 것이다. 일국양제에서의 일국과 양제 모두 중요한 역할과 위상을 가지고 있는 것으로 믿어야만 성공할 수 있으나 중국의 홍콩 정책은 양제보다는 일국에만 치중하는 통치를 하고 있어 홍콩 시민들의 불만과 불안을 가중시키고 있다. 또한, 일국양제에 의한 홍콩의 사례는 마카오, 대만 및 중국의 소수민족에 파급될 영향이 매우 크다는 사실이다. 환언 하자면, 홍콩의 결과가 중국의 통일정책이라고 할 수 있는 일국양제의 성패를 좌우할 수 있는 시험대로 작용할 수 있다는 점에서 중국정부는 판단을 유보하고 있다.

넷째, 최근 중국정부는 인공지능(Artificial Intelligence) 안면인식 실시간 감시 시스템[13] 구축을 추진하고 있으며 이의 실현을 목전에 두고 있다. 그러나 이러한 통제 시스템의 구축이 완벽하고 철저하게 중국인들의 외부정보 차단으로 직결될지는 아직은 아무도 모르는 일이다. 이번 홍콩시위는 중국정부의 예상과는 달리 그동안 억눌려 왔던 중국인들의 민주화 열망을 자극할 수 있는 계기로 작용할 수 있기 때문에 통제만이 능사가 아님을 깊이 인식하게 될 것이다.

2019년 홍콩 민주화 시위 사태의 심각성은 이전에 발생한 시위와는 확연히 다르다는 사실에 주목해야 할 필요가 있다. 국가보안법, 행정장관 간선제, 송환법, 복면금지법, 긴급법 재발동으로 이어지는 일련의 홍콩 행정부의 강경 통치시도에 더 이상 물러설 자리가 없는 홍콩 시위대는 홍콩의 독립과 임시정부 수립이라는 초강수로 대항하고 있다. 이러한 시위대의 강경한 저항에 중국정부와 홍콩 행정부는 시간이 경과함에 따라 시위가 진정되기를 관망하는 태도를 보이고 있다. 홍콩 행정부가 시위대의 모든 요구사항을 수용할 가능성은 극히 적은 것으로 보인다. 홍콩의 의사를 수용한다는 것은 중국이 일국양제의 원칙을 스스로 훼손한다는 것을 보여주는 계기가 될 수 있으며, 이는 대만문제를 해결할 수 없다는 것을 스스로 인정하는 셈이 되기 때문이다. 한편 중국이 국제적인 비난을 받게 되는 상황은 시위대가 바라는 바이기 때문에 시위 진압을 위해 중국 인민해방군의 투입 가능성도 매우 희박해 보인다. 홍콩에 대한 무력 개입은 논리적으로 중국정부가 일국양제를 실패했다는 것을 스스로 인정하는 셈이 되므로, 일국양제에 기초 확립된 모든 외교노선이 타격을 받을 수 있는 것이다. 무력 개입의 파장은 서방 강대국들의 대중국 개입 명분을 강화시킬 것이고, 경제제재가 현실화되는 경우, 가뜩이나 어려운 중국경제에 악영향을 초래할 가능성이 존재하게 되는 것이다. 결과적으로 무력 개입은 현실이 아니라는 점이 드러난바, 바로 이것이 과거 톈안먼 사태와는 달리 중국이 홍콩 문제에 대한 해법을 쉽게 얻기 어려워진 핵심적인 이유가 된 것이다.

중국 본토 내의 시위는 보도 통제를 통하여 충분히 해결할 수 있지만,

홍콩 민주화 시위는 이미 국제적인 문제로 불거져 있어 무력을 사용할 경우, 중국의 국가이미지에 막대한 타격을 입힐 수 있기 때문이다. 실제로 중국정부도 홍콩 시위대를 자극하면서까지 사태를 더욱 악화시키기를 바라지 않고 있는 것으로 보인다. 중국이 홍콩 민주화 시위를 어떻게 대처해 나갈 것인가는 결과적으로 중국이 내세우고 있는 일국양제가 성공적인 모델이 될 수 있는지의 여부를 판가름 짓는 중요한 변수가 될 수 있다는 점에서 오늘날 홍콩 문제는 국제사회의 큰 관심대상이 되고 있다.

## 2) 홍콩 민주화 시위의 국내외 파급 영향

중국정부는 홍콩시위 사태가 주권, 내정 문제라면서 외부의 개입 여지를 근본적으로 차단하고자 하는 태도를 견지해 왔다. 그러나 홍콩 사태는 그 자체로 국제화의 성격이 있으며, 미중관계에도 상당한 영향을 미칠 수 있을 것으로 전망되고 있다. 2019년 홍콩에서 발생한 민주화 시위의 국내외 파급 영향을 구체적으로 살펴보면 다음과 같다.

우선 홍콩 민주화 시위는 그동안 정치에 무관심하다고 여겨졌던 홍콩의 젊은 세대들이 정치 개혁의 요구를 주도하는 적극적인 개혁세력으로 부상하는 계기를 마련하는데 일 몫을 하게 되었다. 이들은 홍콩의 정치개혁과 더불어 빈부격차, 청년실업 문제 등 홍콩 사회의 모순에 함께 분노하며 반중 정서를 표출하며 자신들의 정체성[14]을 더욱 공고히 만들어 가게 함은 물론이거니와 정치적 권리에 대한 적극적 요구자로 변모시키는데도 큰 기여를 하게 되었다.

둘째, 홍콩 민주화 시위에 따른 홍콩 국내의 경제적 타격이 심각하다는 점을 들 수 있다. 홍콩시위가 한창 진행되고 있는 가운데 시위가 과격한 양상을 띠면서 홍콩 관광산업이 큰 타격을 받기도 했다. 즉, 홍콩 시위가 한창이었던 2019년 8, 9월 두 달간 홍콩을 찾는 관광객과 출장

자 수가 작년 동기 대비 40%나 급감해 2003년 사스(SARS, 중증급성호흡기증후군) 대유행 후 최악을 기록하였다. 특히, 홍콩 방문 관광객 중 80% 이상을 차지하는 중국인 관광객이 대폭 줄어들어 홍콩지역의 소상공인들이 힘들어하고 있는 것으로 나타났다. 아울러 이번 시위 사태 발생으로 인하여 그동안 홍콩이 보유한 제도적 경쟁력인 자율성 및 독립성이 심각하게 훼손될 것으로 보인다. 또한, 홍콩의 신용 위험과 자금조달 비용이 상승함에 따라 글로벌 기업들은 대체지 모색 및 중국시장에 직접 진출하는 등 홍콩의 경제적 입지 약화 현상이 가속화될 것으로 전망되고 있다.

셋째, 이번 홍콩 민주화 시위는 중국경제에도 적지 않은 영향을 불러올 것으로 전망된다. 즉, 중국의 자금조달 창구 역할을 수행하여 온 홍콩의 대외신뢰 하락으로 향후 중국이 자금조달에 큰 어려움을 겪을 것으로 예상되고 있으며 향후 위안화 국제화 등 중국의 국제금융 패권정책을 진행하는 데에도 적지 않은 어려움에 직면할 것으로 보인다. 또한, 그동안 홍콩은 중국 본토에 대한 무역 의존도가 높아 왔으며 중국 대륙의 중계무역항의 역할을 담당하여 왔다. 따라서 홍콩시위 사태로 인한 홍콩의 기능 마비로 홍콩과 중국 모두 상품교역에 있어 심각한 타격이 예상되는 실정이다.

넷째, 홍콩 민주화 시위는 대만 사회에 큰 영향을 미쳐 2020년 1월 11일 실시된 임기 4년의 차기 대만 총통(總統)을 뽑는 선거에서 현 총통인 집권 민주진보당의 차이잉원(蔡英文) 총통이 재선하는 결과를 낳게 되었다. 차이잉원 현 총통은 양안(兩岸)관계에서 대만의 독립을 주장하는 대표적인 인물로 알려져 있다. 중국은 이른바 '하나의 중국' 원칙하에 대만과의 통일을 강조하여 왔다. 홍콩의 상황을 지켜보고 있는 대만 시민들 사이에 오늘의 홍콩이 내일의 대만이 될 수도 있다는 우려가 확산되면서 대만 독립을 지향하는 차이잉원을 당선하게 한 것이다.

다섯째, 홍콩 문제에 대한 시진핑 국가주석의 정책 실패는 시 주석의 강력한 리더십에 큰 타격을 입혀 잠재되어 있는 중국공산당 지도부 내에서의 권력투쟁에 빌미를 제공할 수도 있게 되었다. 그리고 홍콩 문제가 지속될 경우, 중장기적으로 홍콩 시민들의 '시대혁명'의 슬로건이 중국 내로 전파될 가능성도 배제할 수 없을 것이다. 즉, 신장웨이우얼(新疆維吾爾)와 시짱(西藏) 자치구 등 중국의 소수민족 독립운동에 적지 않은 영향을 미칠 것으로 전망되고 있으며 심지어 중국 본토의 민주화 운동으로 이어질 가능성도 배제할 수 없을 것이다.

여섯째, 홍콩 민주화 시위는 해외 다른 지역에서의 민주화 시위 발생에 적지 않은 영향을 미치게 되었다. 즉, 2019년 10월과 11월에 발생한 스페인 카탈루냐와 칠레 산티아고에서도 이와 비슷한 시위가 발발하였다. 카탈루냐 시위[15]에서 참가 시위대들은 '홍콩을 배우자', '제2의 홍콩으로 만들자'라는 구호를 외쳤으며, 또한 산티아고 시위[16]에서는 시위대들이 마스크와 모자를 이용해 얼굴을 가리는 등 홍콩 시위대를 모방한 것으로 알려져 있다.

끝으로, 홍콩시위 사태로 인하여 최근 홍콩 내 해외 이민자의 수가 증가하는 것으로 나타났으며, 시진핑정부에 의한 일대일로(一帶一路) 정책 역시 어느 정도 차질을 빚게 될 것으로 보인다.

## 4. 홍콩 민주화 시위의 의의와 향후 전망 및 평가

2019년 홍콩 민주화 시위는 홍콩의 사법제도 독립을 수호하는데 표면적인 목적이 있으나, 실질적으로는 그동안 홍콩 내 누증(累增)된 반(反)중국 정서가 경제 위축과 맞물린 결과로 촉발된 것이다. 이번 홍콩 민주화 시위가 지니고 있는 정치적 의의와 관련하여 다음과 같은 네 가지 사실에 대하여 주목할 필요성이 있다.

첫째, 홍콩의 민주화 시위에는 홍콩인들의 정체성의 문제가 내포되어 있다는 사실이다. 홍콩의 정체성에 관한 문제는 1984년 중영(中英) 간에 홍콩반환 협의가 시작된 이래로 오늘날까지 지속되어 왔다. 오랫동안 영국의 식민 역사를 거치면서 의식은 서구화되었으나 다시금 중국인으로서의 정체성을 부여받은 홍콩인들의 독특한 위치가 문제가 되어 왔다. 즉, 홍콩은 자신의 운명이나 장래에 관한 모든 논의에서 권력의 논리에 의해 배제된 채 주변부의 위치에 머물러야만 했다. 홍콩의 운명과 장래는 홍콩 내부의 주체에 의한 선택일 수 없었으며 외부의 주체나 중심부에 의해 자신의 운명과 미래가 줄곧 결정되어 왔다. 이와 같이 홍콩의 정체성은 외부 세계의 정치적, 역사적 맥락과 타자(他者)에 의해 구성되도록 강요받아 왔으며, 이로 인한 갈등과 대립은 오늘날에도 계속되고 있다.

홍콩인들의 민주화 시위라는 정체성의 정치 행위는 국민 정체성을 부여하고 그들의 지배체제 하에 통합되기를 바라는 중국정부의 정치적 시도에 저항하며 표출되었다. 홍콩인들의 정체성 지각과 결집은 정치 행위를 구성하게 하는 하나의 구심점으로 나타나게 되었으며 홍콩인들의 정체성이 중국이라는 중심부에 대항하는 작동메커니즘으로 작용하게 된 것이다. 홍콩인들은 국가 권력에 대항하여 자신들의 응분의 지위를 요구하고 있으며 자신들의 정체성을 표출하며 홍콩을 수호하기 위한 정치적 투쟁은 궁극적으로 정치적 자치권을 쟁취해야겠다는 생각으로 귀결되어 민주화 시위에 적극 참여하게 된 것이다.

둘째, 홍콩 민주화 시위는 표면적으로는 범죄인 인도법 제정에 대한 반발에서 시작되었지만, 내면적으로는 '일국양제'와 중국정부의 홍콩에 대한 중국화(中國化) 정책이 흔들리고 있다는 사실을 암시하고 있다. 중국은 당초 일국양제를 제시함으로써 홍콩의 자치권을 보장하며 국제사회에 대하여 중국 정치제도의 우월성을 과시하면서 대만에 대해서도 일국양제의 틀 안으로 들어올 것을 설득하고자 하는 속셈이었다. 그러나 홍콩이 중국에 반환된 이후 홍콩에서 발발한 이번 민주화 시위는 일국양제를 통한 홍콩과 중국의 통합이 갈수록 힘들다는 점을 여실히 드러내고 있다.

셋째, 홍콩 민주화 시위는 중화민족의 위대한 부흥이라는 '중국몽(中國夢)'을 내세운 시진핑 국가주석의 국제전략과 향후 국제정치 속에서 중국의 위상과 역할에 영향을 미칠 것으로 보인다. 성공적인 경제성장을 달성한 중국은 '베이징 컨센서스(Beijing Consensus)'[17]라는 중국식 국가발전 모델과 '중국의 평화적 부상(和平崛起)'과 같은 개념과 비전을 국제사회에 이미 제시한 바 있다. 이는 비서구 국가이면서 권위주의 체제인 중국이 국제사회의 지배적 강대국으로 부상하였을 때 기존의 세계질서를 위협할 수 있다는 서구 주요 강대국들의 우려를 불식시키기 위한 목적을 지니고 있다. 또한, 중국은 주변의 저개발 국가들을 자신의 영향력 안으로 끌어들이기 위한 목적에서 일대일로 사업을 추진하고 있다. 이는 대규모 기초 인프라 건설 사업으로 중국과 주변 국가들을 연결하려는 전략으로 중국은 기초 인프라 시설이 미비한 저개발 국가들을 지원할 책임과 의무가 있음을 내세워 국제적인 이미지 전환을 모색하고 있다. 그러나 중국은 이번 홍콩 민주화 시위로 인하여 이러한 중국의 위상과 역할에 큰 타격을 받을 가능성이 높아 보인다.

넷째, 홍콩 민주화 시위 사태의 전개 과정은 그동안 인터넷이라는 열린 사이버공간이 중국 국민들에게 '자유'와 '민주'의 이념을 파급시킬 것이라던 우리의 신념이 하나의 '고정관념'에 불과하였다는 것을 깊이 인식시켜 주었다. 중국정부는 그동안 독자적인 방화벽과 소셜네트워크 서비스(SNS)를 구축하면서 놀라울 정도로 효과적으로 인터넷을 통제하여 왔다. 이번에도 중국정부는 홍콩 민주화 시위에 관한 모든 정보와

> **글상자 4.3　중국몽**
>
> 중국몽이란 중화민족의 부흥을 실현한다는 것으로, 시진핑 중국 국가주석이 2012년 12월 중국 공산당 제18차 당(黨)대회에서 총서기에 오르면서 제시하였다. 중국몽은 중국이 유일한 초강대국이 되는 것으로 '팍스시니카(Pax Sinica)'(중국 주도의 세계질서) 실현을 추구하는 것이라 할 수 있다. 여기에는 두 가지 구체적인 목표가 담겨져 있다. 하나는 중국 공산당 창립 100주년이 되는 2021년까지 전면적인 샤오캉 사회(小康社會: 의식주 문제가 해결된 다소 풍요로운 사회)를 건설한다는 것이며, 다른 하나는 중화인민공화국 건국 100주년이 되는 2049년까지 사회주의 현대화 국가를 건설하겠다는 것으로 '두 개의 백 년' 목표를 향해 달려가겠다는 것이다.

여론의 동향을 주시하며 이를 전면적으로 통제하고 중국 국민들의 반응을 감시하면서 오히려 국민들에게 '애국주의'를 주입할 수 있었다. 이번 홍콩 민주화 시위가 수개월에 걸쳐 아주 격렬하게 전개되었음에도 불구하고 중국인들의 반응이 무관심하거나 냉담한 것도 이와 무관하지 않다고 보아야 할 것이다.

　홍콩 민주화 시위는 중국정부가 현재의 홍콩시위를 단순한 '송환법' 반대의 차원이 아닌 국가의 핵심이익과 관련한 '일국양제' 차원으로 규정함에 따라 시위대와 비타협적인 자세를 이어 나갈 가능성이 매우 높다. 또한, 홍콩 행정부가 비타협적인 자세를 견지하면서 협상이 정체되고, 사태의 장기화로 인한 시위대의 피로 누적과 동력 상실에 따른 시위의 자연적 안정화가 예상되고 있다. 홍콩 민주화 시위 사태가 이와 같이 전개될 경우, 홍콩의 경제적 기능은 유지될 수 있으나 반정부 리스크의 불씨는 여전히 남아 있게 될 것이다.

　홍콩 민주화 시위는 홍콩 시민들이 민주주의 및 일국양제 체제를 사수하는 것과 함께 그동안 누적된 반중국 정서도 표출된 데 따른 것으로 향후 중국정부와의 갈등 지속은 불가피할 것으로 전망된다. 더욱이 시위대가 송환법의 완전 철폐에서 나아가 행정장관 직선제 실시 등 정치개혁까지 요구하고 있기 때문에 중국정부와의 단기간 내 타결은 현실적으로 어려울 것으로 보인다. 이와 같이 홍콩 시민들의 요구사항을 중국이 수용하지 않을 경우, 홍콩 민주화 시위는 홍콩인들의 일상생활에 대한 제약 때문에 강도의 차이는 있겠지만 지속 반복될 가능성이 높으며, 홍콩의 불안정한 상황이 지속된다면 중국의 정치, 경제 및 사회적 부담이 가중될 가능성이 존재하게 될 것이다. 결과적으로 홍콩 사태는 중국의 정치·경제적 모순이 중국 본토를 넘어 홍콩에까지 전이된 형세를 보이고 있으므로 이러한 중국의 모순이 정리되지 않는다면 해결의 실마리를 찾기는 쉽지 않을 것으로 보인다.

한편, 홍콩 민주화 시위와 이에 대한 중국정부의 대응은 중국과 대만 간의 양안관계뿐만 아니라 대만의 국내정치에도 적지 않은 영향을 미치게 될 것이며, 일국양제의 위기는 중국과 대만의 통일문제에도 큰 영향을 미칠 것으로 예상된다. 일국양제에 근거하여 대만과의 통일을 시도하는 중국이 홍콩에 대한 정책을 취함에 있어 그것이 양안관계에 미칠 영향 역시 염두에 두어야 하기 때문에 홍콩 문제는 비단 홍콩과 중국뿐만 아니라 양안관계에 영향을 미치게 될 것이며 또한 양안관계로부터도 영향을 받는 상호작용 관계가 형성될 것이 분명하다.

또한, 홍콩 민주화 시위는 시진핑의 정치적 수완과 중국이 과연 국제무대에서 지도적인 역할을 담당할 수 있는가에 대한 하나의 시험대가 되고 있다. 중국정부 입장에서는 국내뿐만 아니라 국제적 차원에서 자신의 권위주의적 성향에 대해 두려워하거나 이를 거부하는 사람과 국가들을 자신의 편으로 끌어들이기 위해 어떠한 수단과 방식을 선택하고 활용할 것인가를 국제사회는 홍콩 사태를 통해 주시하고 있는 것이다.

그리고 홍콩 문제가 지속되면 중장기적으로 홍콩 시민들의 '시대혁명'의 슬로건이 중국 국내로도 확산될 가능성을 배제할 수 없게 될 것이다.

이번 홍콩 민주화 시위는 중국정부에 대하여 앞으로 풀어나가야 하는 적지 않은 과제를 안겨다 주었을 뿐만 아니라, 향후 중국의 체제와 통치 방식을 전망할 수 있는 중요한 바로미터(barometer)가 될 것으로 전망된다. 즉, 현 상황에서 중국이 과연 홍콩 시민들도 받아들일 수 있는 '새로운 일국양제' 모델을 제시할 수 있는가? 하는 문제는 향후 중국이 대외적으로 인정받는 '강대국'으로 나아가면서도 내부적으로 '전면적 개혁'을 추진할 수 있는지의 여부를 판가름 짓는 중요한 지표가 될 것이다.

## 주

1) 이 사건은 2018년 2월 대만에서 발생한 홍콩인 살인사건으로, 홍콩인 남성인 천동지아가 여자 친구와 대만으로 여행을 갔다가 치정(癡情)문제로 여자 친구를 살해하고 그 시신을 대만에 유기하고 홍콩으로 돌아왔지만, 당시 홍콩 경찰은 홍콩이 대만과 범죄인 인도조약을 체결하지 않고 있었을 뿐만 아니라 홍콩은 국외에서 일어난 내국인들의 범죄에 대해 처벌을 할 수 없다는 속지주의(屬地主義) 형법을 따르고 있었기 때문에 살인자 천동지아를 체포하고도 처벌할 수 없는 상황에 놓여 있게 되었다.
2) 새로운 송환법 제정이 문제가 된 것은 기존의 홍콩법이 홍콩 내 범죄 혐의자가 중국 대륙으로 송환되는 것을 금지했던 반면, 새로운 송환법은 대만뿐만 아니라 중국 본토 및 마카오 등도 송환 지역으로 포함시키고 있다는 점이다.
3) 홍콩 민주화 시위의 주체들은 국가 권력의 정체성 담론에 대항하는 상징체계를 다양한 이미지로 창출해 내었는데, '우산'은 공권력의 물대포와 최루탄에 맞서 홍콩인들이 시위현장에 우산을 들고 나간 것에서 홍콩 민주화 시위의 상징이 되었다. 즉, 우산이 보호와 저항으로 표상된 것이다.
4) 중국정부가 2014년 6월 홍콩의 주권 반환 이후 최초로 발표한 것으로 이를 통해 홍콩에 대한 중국 중앙정부의 감독 및 관할권을 재확인하게 되었다. 즉, 중국정부는 '일국양제 홍콩특별행정구의 실천'이란 제목의 백서에서, 주권 반환 이후 홍콩이 거둔 경제적 성취를 높이 평가하는 동시에, 일국양제에 의한 중앙정부의 권한·홍콩 자치권의 한계, 외부세력의 내정불간섭 등을 언급하게 되었다. 또한, 일국양제에서 중요한 것은 '일국'이라며, 중국과 홍콩의 서로 다른 시스템의 대

전제가 '하나의 국가'라는 점을 명확히 강조하게 되었다. 하지만 이러한 중국정부의 '홍콩백서' 발간은 홍콩주민들의 반중(反中)정서를 고조시키는 결과를 초래하게 되었다.

5) 소득이 어느 정도 균등하게 분배되는가를 나타내는 소득분배의 불균형 수치로서, 0과 1 사이의 값을 가지며 그 값이 클수록 소득분배가 불균등함을 나타낸다.
6) 체결국 간에 상품교역, 서비스교역, 투자, 경제협력 등 경제관계 전반을 포괄하는 내용의 협정을 말한다. 본질적인 측면에서는 자유무역협정(FTA)과 동일한 성격을 가지고 있지만, 주로 상품과 서비스의 자유로운 교역을 핵심으로 하는 자유무역협정(FTA)에 비해서 포괄적 경제동반자 협정(CEPA)은 보다 광의적인 개념이라 할 수 있다.
7) 중국 중앙정부에 대한 반역과 분리, 선동, 반란, 국가비밀 누설금지 등을 포함하는 시행령을 제정하려다가 홍콩 시민 50만 명이 들고 일어났으며 그 기세에 놀란 홍콩 행정당국이 이 법안을 결국 철회하게 되었다.
8) '긴급법'은 홍콩 행정장관이 임의대로 새로운 법과 규정을 제정할 수 있도록 한 것이다. 또한, '긴급법'에 의해 제정된 새로운 법과 규정은 이전의 모든 법과 규정보다 우선순위를 가지는 범위의 법이라고 할 수 있다. 시위대는 '긴급법' 발동으로 "베이징에는 '시황제', 홍콩에는 캐리 람 '소황제'가 등극했다"며 캐리 람의 강경 조치에 반발하였다.
9) 홍콩이 중국에 반환되기 전, 미국 의회는 1992년 홍콩정책법(Hong Kong Policy Act)을 통과시켰다. 이 법의 주요 내용으로는 중국은 홍콩을 중국 본토와 분리된 독립체로 간주한다는 점, 그리고 이에 기초하여 홍콩을 특별대우 한다는 것이다. 2019년 11월에 통과한 홍콩인권법은 홍콩정책법과 관련이 있는데 미국 행정부는 홍콩에 부여된 미국의 특별대우가 합당한지를 매년 평가해야 하는데, 이때 미(美) 국무장관의 홍콩 자치권에 대한 확인 여부가 판단의 기준이 되며, 이 기준에 못 미치게 되면 미국은 홍콩에 부여한 대중 특권을 박탈한다는 것이 본 법안의 핵심 내용이다.
10) 중국은 국가이익을 대체로 '핵심이익', '중요이익', '일반이익'의 세 단계로 분류하는데, 여기서 '핵심이익'이란 합의와 양보가 불가능한 최상위급 국가이익을 뜻한다. 2011년 9월 중국정부가 발표한 〈중국의 평화발전〉 백서에서 중국은 '국가주권', '국가안보', '영토완정(完整)', '국가통일', '중국 헌법이 확립한 국가 정치제도와 사회의 전반적 안정', 그리고 '경제사회의 지속적 발전을 위한 기본보장'이라는 6가지의 핵심이익을 언급하고 있다.
11) 첫 번째 법안은 '홍콩인권법'이며, 두 번째 법안은 중국의 홍콩 자치권 침해를 규탄하고 홍콩 시민들의 시위권을 지지하는 내용이다. 세 번째 법안은 홍콩 인권문제에 대한 독립적인 조사가 완료될 때까지 고무탄과 최루탄 등 시위 진압 장비의 홍콩 수출을 중단한다는 내용이다.
12) 톈안먼 사태는 1989년 6월 4일 중국 베이징 자금성(紫禁城) 톈안먼 앞 광장에서 민주화를 요구하는 학생과 시민들의 시위를 덩샤오핑(鄧小平)정부가 무력으로 진압함으로써 빚어진 유혈 사태이다.
13) 이는 약 4억 5천만 대에서 최대 6억 대의 CCTV 설치, 사회신용등급제 도입 등을 통하여 중국 대륙의 14억 인구를 단 1초 만에 식별하고 통합 관리하는 시스템을 말한다.

14) 홍콩인들이 반대해 온 것은 홍콩특별행정구에 대해 점차 줄어드는 '자치'에 관한 것이며, 그동안 대륙의 거대한 권력이 자신들의 자치를 침범하는 것에 대하여 대항하여 왔던 것이다. 이러한 투쟁 과정에서 '중국인'이 아닌 '홍콩인'으로서의 정체성이 형성되어 왔다.
15) 스페인 카탈루냐(Catalonia)주의 중심도시인 바르셀로나에서 열린 반(反)정부 시위로 시위대들은 스페인정부의 정치적, 경제적 차별에 분기하여 카탈루냐주의 분리 독립을 강력하게 요구하며 시위에 참가하였다.
16) 칠레정부가 수도 산티아고(Santiago)의 지하철 요금을 약 50원(30칠레 페소) 인상하기로 하면서 촉발된 칠레 역사상 최대 규모의 시위로 약 100만 명이 넘는 사람들이 임금 인상과 연금, 의료보험, 교육 개혁 등을 요구하며 격렬하게 반정부 시위에 참가하였다.
17) 신자유주의 세계화 전략으로 알려졌던 워싱턴 컨센서스(Washington Consensus)에 대응하는 개념으로 2004년 중국 칭화대(淸華大) 라모(J. C. Ramo) 교수가 처음 개념화하였는데, 정치적 자유화를 강요하지 않으면서 시장경제적 요소를 최대한 도입하는 중국식 국가발전 모델을 의미한다.

## 참고문헌

### 1. 한글 문헌

강민수. 2019. "홍콩 시위와 시진핑의 딜레마." 『관훈저널』(2019년 가을호). 관훈클럽.
강인화. 2019. "2019년 홍콩시위와 민주주의, 그리고 '탈식민'." 『내일을 여는 역사』, 제77호.
구라다 도루·장위민 저. 이용빈 역. 2019. 『홍콩의 정치와 민주주의』. 서울: 한울.
김기수. 2019. "홍콩사태의 본질: 중국 경제·정치 가치관의 충돌." 『세종정책브리프』. 세종연구소.
김동하. 2015. "홍콩의 센트럴 점령 시위를 통해서 본 일국양제 고찰." 『한중사회과학연구』, 제13권 제4호.
김동하 외. 2019. 『사진과 함께 읽는 차이나 키워드 100』. 서울: 시사중국어사.
김상순. 2019. "홍콩우산혁명과 중국공산당의 딜레마." 『CSF 중국전문가포럼 (2019.10.)』. 대외경제정책연구원.
김진용. 2016. "우산혁명은 왜 지속되지 못했는가?: 홍콩 시위의 발발과 파급력, 그리고 한계." 『동아연구』, 제35권 제2호.
박광득. 2014. "홍콩 민주화 시위와 일국양제의 전망에 대한 연구." 『대한정치학회보』, 제2권 제4호.
박병관. 2019. "홍콩 민주화 시위의 향배와 함의." 『이슈브리프(2019.11.26.)』, 통권 158호. 국가안보전략연구원.
박서현. 2015. "홍콩 민주화 시위에 나타난 정체성의 정치 분석." 『글로벌교육연구』, 제7집 제4호.
유영수. 2019. "홍콩의 인권과 민주화를 위한 시위와 중국의 대응: 배경과 전망." 『EAI 논평(2019.8.)』. 동아시아연구원.
이승신 외. 2019. "홍콩 시위 사태의 영향 및 시사점." 『KIEP 기초자료(2019. 8.28.)』. 대외경제정책연구원.
이종화. 2018. "홍콩의 집단 기억과 시위 그리고 정체성 정치." 『중소연구』, 제42권 제3호.
이지용. 2019. "홍콩 '시대혁명'과 일국양제의 미래." 『CSF 중국전문가포럼 (2019. 11.)』. 대외경제정책연구원.
이치훈. 2019. "홍콩사태 진단 및 시사점." 『중국전문가포럼(2019.12.10.)』. 대외경제정책연구원.
장윤미. 2014. "흔들리는 '일국양제': 홍콩 시위로 보는 중국의 미래." 『인차이나 브리프(2014.12.8.)』, 제280호, 인천발전연구원.
장정아. 2019. "모든 것이 정치다: 2019년 홍콩 시위의 기억과 유산." 『황해문화』, 통권 105호.
최경준. 2019. "홍콩 시위와 민주화: "일국양제" 실험의 위기를 통한 민주주의 전환." 『JPI정책포럼(No. 2019-05)』. 제주평화연구원.
황종률(2019). "홍콩시위 사태 장기화가 우리나라 수출에 미치는 영향." 『NABO 경제동향 & 이슈』, 통권 제85호, 국회예산정책처.

## 2. 중국어 문헌

中華人民共和國國家統計局. 2019. 『2019中國統計摘要』. 中國統計出版社.

## 3. 언론사 자료

"거세지는 홍콩시위." 『매일경제』. 2019년 10월 10일.
"격화 일로의 홍콩 사태, 시진핑 정부의 대응은?." 『중앙일보』. 2019년 9월 4일.
"'퍼펙트스톰' 덮친 홍콩경제…하반기 두자릿수 역성장 우려." 『매일경제』. 2020년 7월 29일.
"홍콩 시위 사태의 배경과 전망", 『중앙일보』. 2019년 7월 24일.

# 지속가능한개발목표(SDGs) 체제에서 중남미 국제개발협력의 이해*

정상희(계명대 국제지역학부 스페인어중남미학전공)

이 장에서 OECD 개발원조위원회(DAC: Development Assistance Committee)¹)을 중심으로 국제규범의 틀 내에서 정의되었던 국제개발협력의 개념, 국제개발협력의 전통적인 행위 주체와 새로운 주체, 국제개발협력의 이슈 등 기본적인 개념을 다루고자 한다. 또한, 2000년 수립되었던 새천년개발목표(MDGs: Millennium Development Goals)에서 2016년 지속가능한개발목표(SDGs: Sustainable Development Goals)로의 변화과정에서 나타나고 있는 국제개발협력체제의 특성에 대해 언급하고자 한다. 이외에도 국제개발협력의 관점에서 중남미 국가의 역할과 위상을 살펴보고 중남미 국가에서 추진되고 있는 주요한 개발협력 프로그램 사례를 소개하고자 한다.

2000년대 이래 미국, 일본, 스페인 등 중남미의 주요한 전통적인 공여국들의 지원은 줄어들고 있다. 이는 중남미 국가들이 경제성장을 달성하면서 대부분 상위중소득국의 범주에 속하고 있기 때문이다. 따라서 전통적인 공여국들은 중남미 국가들에 대해 지원 규모를 늘리기보다 오히려 지원을 줄이면서 원조효과성을 개선하기 위한 방안을 모색하고 있다. 또한, 이들과의 관계를 '국제개발협력'으로 국한하기보다 무역과 외교라는 다양한 영역으로 발전시키면서 국제개발협력 관계에서의 전환을 고려하고 있다. 이외에도 중남미 지역에서 비교적 활발하게 이루어져 왔던 중남미 국가들 간 협력인 남남협력(South-South Cooperation), 멕시코, 브라질, 칠레와 같이 지역 내에서 중심이 되는 주축국과의 협력을 통한 삼각협력(Triangular Cooperation)과 같이 새로운 지원 형태를 활성화하고 있다.

이러한 국제개발협력체제의 변화과정에서 한국은 신흥공여국(Emerging Donors)으로서 역할을 강화하고 있는 중남미 국가들에 대해 국제개발협력뿐만 아니라 외교와 무역과 같은 확대된 영역에서 관계를 강화하고 있으며 전통적인 공여국들의 지원정책과 동일하게 '광범위한 협력관계'로의 변화를 고려하고 있다.

## 1. 국제개발협력의 개념

국제개발협력(International Development Cooperation) 또는 개발협력(Development Cooperation)은 광범위한 국제사회의 협력을 의미한다. 선진국과 개발도상국('이하 개도국'), 개도국과 개도국 내에서 발생하는 개발격차를 줄이고 개도국의 빈곤퇴치와 경제, 사회개발, 즉 개발(Development)을 지원하는 공공과 민간부문의 구체적인 노력과 행위를 지칭한다.[2] 이처럼 개발협력은 '개발(Development)'을 위한 국제사회의 협력으로 특히, 공여와 수원을 받는 행위 주체 간 교류와 상호작용이라는 측면에서 국제관계보다 제한된 협력관계로 이해할 수 있다.

개도국의 개발을 위해 활용되는 재원은 '개발재원(Development Financing)'으로 불리고 있다. 개발재원의 범주에는 공적개발원조(ODA: Official Development Assistance)가 있다. ODA는 개도국의 경제, 사회개발을 목적으로 공여국의 공공부문이 개도국 또는 국제개발기구에 제공하는 양허성 자금을 지칭한다.[3] 이처럼 ODA를 지원주체, 목적, 재원의 성격에 따라 다음과 같이 정의할 수 있다. 중앙 및 지방정부 등 그 집행기관이 공적인 성격의 기관이며 개도국의 경제와 복지증진을 주요한 목적으로 한다. 또한, OECD 개발원조위원회(DAC)에서 3년마다 발표하는 수원국 리스트(Recipients list)에 속하는 국가와 다자개발기구를 지원 대상으로 하고 있다. 재원의 성격은 무상과 양허적 성격의 차관(Concessional loan)[4]이며 자금의 조건은 10%의 할인율을 적용한 증여율이 25% 이상이다.

과거 개발협력은 '국제원조', '해외원조'와 같은 용어로 불려왔다. 그러나 현재 선진국과 개도국 간의 관계는 협력적이고 수평적인 구도여야 하며 원조효과성을 개선하기 위해 수원국의 능동적인 역할이 중시되고 있다. 이처럼 '원조관계'의 구도는 전통적으로 '북(선진국)-남(개도국)'이라는 수직적인 성격의 체제에서 이루어져 왔으나 행위 주체 간 수평적인 구도가 강조되면서 '원조(Aid)' 대신 '협력(Cooperation)'이라는 용어의 사용이 일반화되고 있다.[5]

표 5.1에서 보는 것처럼, 개발재원의 형태에는 ODA에 포함되지 않는 기타공적자금(OOF: Other Official Flow), 민간자금흐름(PF: Private Flows at market terms), 민간증여(Net Grants by NGOs)가 있다.

DAC는 국제개발협력체제의 변화와 시대적인 상황을 반영하기 위해 2018년부터 양허성 차관의 계상 방법을 새롭게 변화하였다. 즉, 개도국

표 5.1 개발재원의 형태

| 구분 | 지원방법 | 지원형태 | 내용 |
|---|---|---|---|
| 공적개발원조 | 양자원조 | 무상 | 증여, 기술협력, 프로젝트, 식량원조, 긴급재난구호, NGO지원 |
| | | 유상 | 양허성 공공차관 |
| | 다자원조 | | 국제기구 분담금 및 출자금 |
| 기타공적자금 | 양자원조 | 유상 | 공적수출신용, 투자금융 등 |
| | 다자원조 | 유상 | 국제기관 융자 |
| 민간자금흐름 | | 유상 | 해외직접투자, 1년 이상의 수출신용, 국제기관 융자, 증권투자 |
| 민간증여 | | 무상 | NGO에 의한 증여 |

출처: 조한덕, 2016, "국제개발협력과 ODA," KOICA ODA 교육원 편, 『국제개발협력 입문편』 (서울: 아이스크림미디어).

의 발전상황에 따라 할인율[6]과 증여율을 다르게 적용하고 있는데 일괄적으로 할인율 10%, 증여율 25%에서 개도국의 소득 그룹에 따라 ODA로 인정되는 부분을 다른 방식으로 적용하고 있다. 최빈국(LDCs: Least Developed Countries)과 저소득국(LICs: Low Income Countries)에 대해서 할인율 9%, 증여율 45% 이상, 하위중소득국(LMICs: Lower Middle Income Countries)에 대해서 할인율 7%, 증여율 15% 이상, 상위중소득국(UMICs: Upper Middle Income Countries)에 대해서 할인율 6%, 증여율 10% 이상을 ODA로 계상하고 있다.[7] 이는 공여국이 저소득국에 대한 양허성 차관의 지원을 ODA로 인정하는 비율을 높임으로써 이들의 지원이 확대될 수 있도록 하며, 상환 능력이 좋지 못한 수원국의 입장에서 양허성 차관에 대한 부담을 줄이기 위한 목적이 반영되었다.

개발협력의 기원은 제2차 세계대전 이후 유럽 열강에 의해 식민체제가 종식되고 새로운 독립국들이 등장하면서 선진국과 개도국 간 발생했던 격차로부터 비롯되고 있다. 이후 미국과 소련에 의해 형성된 냉전체제에서 미국은 소련의 영향력을 막기 위한 봉쇄정책의 일환으로 개발협력을 통해 신생 독립국들을 지원하였다. 또한, 유럽 열강들은 과거 식민지 국가들과의 관계를 유지하고 이들에 대한 영향력을 지속하기 위해 개발협력을 지원하였다. 이러한 사례로서 스페인의 중남미 국가에 대한 지원과 프랑스의 아프리카 국가들에 대한 지원을 언급할 수 있으며 이러한 국가들이 지원한 개발협력은 정치, 외교적인 동기와 관련성을 보이고 있다.

이처럼 개발협력은 선진국의 관점에서 '격차'를 해결하기 위한 수단으로 볼 수 있으나 개도국의 입장에서 선진국이 개도국에 대해 정치, 경제적인 영향력을 확대하기 위한 수단으로 고려되기도 한다. 이러한 역사적인 배경으로부터 개발협력의 지원형태와 방식에는 선진국의 시각과 관점이 주로 반영되어 왔으며 선진국 중심의 지원이 이루어져 왔다는 비판이 있어 왔다. 이에 원조효과성을 개선하기 위해 수원국의 능동적인 역할을 강조하는 주인의식(Ownership)과 수원국의 현지주민이 개발의 과정에 참여하는 참여적 개발(Participatory Cooperation)과 같은 새로운 시각들이 강조되고 있다.

냉전 이후 개발협력에서 정치, 외교적인 동기는 약화되어 왔으며 개도국의 경제, 사회개발을 강조하는 개발적인 목적과 인도주의적 성격의 지원이 강조되었다. 특히, 세계화가 심화되면서 개발협력은 글로벌 과제를 해결하기 위한 수단으로 대두되었다. 또한, 개발협력은 '국제협력'이라는 확대된 개념의 용어로 사용되고 있는데, 이러한 용어에는 다양한 영역에서 행위 주체 간 포괄적인 상호작용이라는 개념이 반영되어 있다.

## 2. 국제개발협력의 전통적인 행위 주체와 새로운 행위 주체

국제개발협력체제에서 중심적인 역할을 하고 있는 기관은 OECD 산하 위원회 중 하나인 개발원조위원회(DAC)이다. DAC는 국제개발협력에 관한 주요한 규범과 정책 가이드라인을 수립하고 회원국들의 개발협력 정책과 이행상황에 대해 모니터링과 평가를 진행하고 있다.

2020년 DAC 회원국은 호주, 오스트리아, 벨기에, 캐나다, 체코, 덴마크, 핀란드, 프랑스, 독일, 그리스, 헝가리, 아이슬란드, 아일랜드, 이탈리아, 일본, 한국, 룩셈부르크, 네덜란드, 뉴질랜드, 노르웨이, 폴란드, 포루투갈, 슬로바키아, 슬로베니아, 스페인, 스웨덴, 스위스, 영국, 미국 등 29개국과 유럽연합(EU)을 포함한 30개에 이르고 있다.[8] DAC 회원국의 ODA지원은 2018년 약 1,650억 달러에 이르고 있으며 총 지원 금액은 증가 추세를 보여 왔다. 이는 DAC회원국의 수가 증가해 왔기 때문이다.

1961년 DAC의 창립연도에 EU를 포함한 벨기에, 캐나다, 프랑스, 독일, 이탈리아, 일본, 네덜란드, 포루투갈, 영국, 미국 등 10개국이 가입했는데 이처럼 창립연도에 가입했던 국가들의 면모를 통해 DAC이 선진공여국으로 구성되었으며 전통적인 개발협력체제는 이러한 선진공여국에 의해 주도되었음을 알 수 있다. 한국은 2009년 DAC에 가입했으며 이후 DAC회원국으로서 국제적인 규범과 개발적 목적에 부합하는 지원을 강화하기 위해 노력하고 있다.

이러한 전통적인 공여국 이외에 최근 중요성이 확대되고 있는 신흥공여국(Emerging Donors)은 OECD 회원국이나 DAC의 비회원국과 OECD 비회원국이 있다. DAC의 홈페이지[9]에서 불가리아, 중화 타이베이(대만), 리히텐슈타인, 몰타, 러시아, 태국 등 DAC 회원국이 아닌 6

개 공여국의 통계를 볼 수 있다. 또한, OECD에 통계를 보고하고 있지 않은 브라질, 중국, 콜롬비아, 코스타리카, 인도, 인도네시아, 카타르, 남아프리카 공화국이 지원하는 개발협력 재원의 추정액과 이러한 국가들의 개발원조 정책, 주요한 지원특성과 관련된 정보가 공개되어 있다.

표 5.2에서 보는 것처럼, 2018년 DAC공여국의 지원은 전체의 84.8%를 차지하고 있다. 앞에서 언급한 것처럼 DAC 외의 공여국들 중 OECD에 통계를 보고하는 국가와 그렇지 않은 국가가 있으며, 이러한 30개 국가들이 지원하는 비율은 전체의 15.2%를 차지하고 있다. 특히, DAC에 보고하지 않는 국가들의 지원에 대한 통계의 산정방식은 DAC의 규범과 기준에 정확히 부합되지 않을 수 있다. 그러나 통계에서 보는 것처럼, 이러한 국가들로부터 지원되는 개발재원의 흐름은 전반적으로 증가하는

**표 5.2 개발재원의 흐름, 2013~2018년** (순지출, 단위: 억 달러)

| 구분 | 2013 | 2014 | 2015 | 2016 | 2017 | 2018 | 2018(%) |
|---|---|---|---|---|---|---|---|
| 29개 DAC공여국의 ODA | 1,518 | 1,511 | 1,431 | 1,576 | 1,614 | 1,648 | 84.8% |
| DAC 외 20개 보고한 국가의 ODA | 168 | 252 | 125 | 172 | 186 | 222 | 11.4% |
| DAC 외 보고하지 않은 10개국의 재원 흐름(추정) | 68 | 56 | 52 | 65 | 88 | 72 | 3.7% |
| non-DAC 공여국 (소계) | 232 | 307 | 177 | 237 | 275 | 295 | 15.2% |
| 추정총계 | 1,579 | 1,819 | 1,608 | 1,812 | 1,882 | 1,943 | 100.0% |

출처: OECD DAC, 2020. http://www.oecd.org/dac/financing-sustainable-development/development-finance-topics/non-dac-reporting.htm (검색일: 2020. 5. 16).
비고: 브라질과 인도네시아의 2017년 통계는 포함하지 않음.

추세임을 파악할 수 있다. 이는 과거 전통적인 선진공여국들이 중심이 되었던 DAC체제의 변화를 가속화 하는 요인이 되고 있다.

다자개발기구(Multilateral Development Institutions)는 국제개발협력의 주요한 행위자이며 유엔세계식량계획(WFP: World Food Programme), 유엔개발계획(UNDP: United Nations Development Programme), 유엔산업개발기구(UNIDO: United Nations Industrial Development Organization) 등 UN 내 개발전담 기구 및 산하기관을 언급할 수 있다. 또한 세계은행(World Bank), 국제통화기금(IMF: International Monetary Fund), 미주개발은행(IDB: Inter-American Development Bank) 등 국제개발금융기관이 이에 속하고 있다.

이외에도 새로운 행위 주체로서 옥스팜(Oxfam)과 같은 개발 NGOs, 시민사회, 빌 & 멀린다 게이츠 재단(Bill & Melinda Gates Foundation)과 같은 민간 재단뿐만 아니라 최근 다국적 기업의 역할이 강조되고 있다. 즉, 개도국에 진출해 있는 다국적 기업을 중심으로 기업의 경제적인 의무를 넘어선 사회적 책임이 강조되고 있다. 따라서 기업과 사회 사이의 조화를 통한 공생관계를 의미하는 '기업의 사회적 책임(CSR: Corporate Social Responsibility)'과 같은 활동이 강조되고 있으며 이는 장기적으로 기업의 지속가능한 경영전략으로 발전되고 있다.

중남미 지역에는 중소득국(MICs: Middle Income Countries)이 집중되어 있으며 수원국이나 최근 공여국으로서 역할을 확대하고 있는 국가들이 증가하고 있다. 이러한 상황에서 중남미 지역에서 개도국 간 협력인 남남협력(South-South Cooperation)이 활성화되어 왔다. 이처럼 중남미에서 남남협력의 발전 배경은 종속이론(Dependency Theory)의 관점에서 이해될 수 있으며 특히, 2000년대 등장한 좌파 정부에 의해 확대되었다. 베네수엘라와 쿠바 간의 남남협력은 대표적인 사례이며 중남미의 남남협력은 물자지원, 장학금 지급, 공동연수, 단기 전문가 파

> ### 글상자 5.1 종속이론
>
> 종속이론(Dependency Theory)은 국제경제 체제의 구조적인 특성에 초점을 두고 중남미와 같은 개도국이 발전하지 못한 원인을 설명하고 있는데 아르헨티나의 대표적인 경제학자 라울 프레비쉬(Raul Prebish)에 의해 주창되었다. 종속이론에 의하면, 국제경제 체제는 중심부(Core)와 주변부(Periphery)로 구분되어 있으며 주변부 국가들은 중심부의 국가들에게 천연자원과 노동력을 제공한다. 또한, 주변부 국가들은 중심부 국가들의 주요한 소비시장으로 역할하고 있는데 이처럼 개도국의 시각에서 선진국과의 무역은 결국 개도국들이 선진국에게 의존할 수밖에 없는 구조를 고착화한다. 따라서 종속이론에 의하면, 개도국의 입장에서 선진국과 무역을 하기보다 자체적인 산업화와 남남협력을 발전의 대안으로 제시하였다.

견 등 기술협력[10]의 형태로 이루어져 왔다.

이와 같이 새로운 국제개발협력체제에서 전통적인 공여국 외 다양한 행위 주체가 증가하고 있으며 이러한 다각화된 행위 주체로 인해 개발

표 5.3 국제개발협력의 다양한 행위 주체

| 구분 | 공공부문 | 민영부문 |
|---|---|---|
| 공여주체 | - 정부(부처, 행정조직), 지방정부<br>- 다자간 금융기관(세계은행 등)<br>- 다자간 비금융기관(UN 등)<br>- 지역기구(EU 등) | 재단, NGO, 노동조합, 대학, 기업, 개인 |
| 수원주체 | - 정부(부처, 행정조직), 지방정부<br>- 국제기구 | NGO, 협회, 사회단체, 지역사회, 개인 |

출처: Bruno Ayllón, 2006, "América Latina en el sistema internacional de cooperación para el desarrollo," in José Ángel Sotillo & Bruno Ayllón(eds.), *América Latina en construcción, sociedad, política, economía y relaciones internacionales* (Madrid: Instituto Universitario de Desarrollo y Cooperación).

재원의 형태는 다양화되고 있다. 이러한 상황에서 개발협력의 지원은 대체로 증가했다고 볼 수 있다. 그러나 다각화된 행위 주체로 인해 일관성 있는 원조 정책의 수립과 집행에서 어려움이 발생하고 있으며 이와 관련하여 원조효과성의 개선을 위한 논의가 지속적으로 이루어지고 있다. 따라서 국제사회에서 다양한 행위 주체 간 협력과 상호보완을 강조하는 '포괄적인 파트너십'의 중요성이 강화되어 왔다.

## 3. 국제개발협력체제의 특성

개발협력은 '개발(Development)'을 위한 국제사회의 협력으로 선진국과 개도국이라는 행위 주체가 참여하고 있으며 이러한 맥락에서 국제관계보다 좁은 의미의 상호작용으로 이해될 수 있다.

'상호연계성'과 '상호의존성'이 심화 되고 있는 오늘날 세계화 체제에서 모든 행위 주체들 간 협력과 연대를 통해 해결해야 하는 환경보호, 기후변화, 전염성 질병, 마약, 난민 등 글로벌 과제가 중시되고 있다. 특히, 과거에는 한정된 지역에서 발생하고 그 지역을 중심으로 영향을 끼쳤던 지역 차원의 이슈들은 세계적 차원에서 영향을 끼칠 수 있는 '글로벌 과제'로 변화하고 있다. 이러한 국제체제의 변화는 이미 지속가능한개발목표(SDGs)의 세부목표에 반영되고 있다. 즉, 새천년개발목표(MDGs)는 수원국의 공통된 개발과제로 구성되어 있었다면, 지속가능한개발목표(SDGs)는 공여국과 수원국 등 다양한 공공, 민간의 행위 주체가 함께 해결해야 하는 공통의 이슈들이 중심적으로 다루어지고 있다. 이러한 의미에서 개발협력은 세계화의 체제에서 나타나고 있는 변화가 반영되고 있으며, 이를 해결하기 위한 수단으로 그 의미가 확대되고 있다.

주지하는 것처럼, 2019년 발생한 코로나19로 인해 개도국뿐 아니라 선진국들도 총체적인 위기상황에 처해 있다. 특히, 지난 시대에 다양한 영역에서 발생했던 위기상황들은 경제력이 좋지 못한 국가들에게 더 많은 영향을 끼쳐왔다. 그러나 코로나19로 인한 위기상황에서 미국, 러시아, 영국, 스페인, 이탈리아, 독일과 같은 열강들은 초기 적절하게 대처하지 못하는 모습을 보임으로써 국제정치체제에서 핵심국으로서 충분한 역할을 하지 못했다. 한편, 코로나19의 상황에서 국가의 기능은 강화되고 있으며 국경 보호를 위해 국가 간 이동과 무역 등 전반적인 교류가 제한되고 있다. 동시에 미국을 중심으로 민족주의와 고립주의 정책이 강화되는 움직임이 나타났으며 냉전 이후 가속화되었던 세계화 체제는 오히려 후퇴하는 모습을 보이고 있다.[11] 그러나 다른 한편으로 이러한 세계적인 대전염병 위기에 대처하기 위해서 국가 간 상호연계성을 강화하고 이를 공동으로 대처하기 위한 협력과 공감대 형성의 중요성도 다시금 강조되고 있다.

코로나19로 인해 개도국들은 보건과 경제부문에서 전례 없는 위기상황에 처해 있으며 지속가능한개발목표(SDGs)의 달성은 더욱더 어려워질 것으로 전망되고 있다. 특히, 개도국 내 빈곤층과 취약계층을 중심으로 이러한 영향이 확산되고 있다. 따라서 코로나19 이후 수원국의 경제, 사회개발을 위한 개발적인 목적의 지원과 인도주의적 성격의 개발협력이 확대될 수 있으며 글로벌 과제를 해결하기 위한 수단으로서 개발협력의 중요성은 더욱 강조될 수 있다.

앞에서 언급했던 것처럼, 새로운 국제개발협력체제에서 DAC회원국, 국제기구, 개발 NGOs와 같은 전통적인 행위 주체 외에도 DAC비회원국, OECD비회원국, 민간재단, 다국적기업 등 다양한 행위 주체가 역할하고 있다. 이러한 행위 주체의 '다양성'으로 인해 개발협력체제에서 '분권화(Decentralization)'의 추세가 발생하고 있다. 즉, 기존에 국제개발협력에 관한 주요한 규범과 정책을 수립하고 회원국 간 정책을 조정하는 과정에서 중심적으로 역할 했던 DAC의 중앙집권적인 역할과 기능이 약화되고 있다.

전통적으로 개발협력은 북(선진국)-남(개도국)의 수직적인 구도 틀 내에서 이루어져 왔다. 중남미 국가들은 과거 유럽 국가들의 식민지였다는 역사적인 배경을 공유하고 있으며 언어, 문화, 제도 등에서 나타나고 있는 공통성뿐 아니라 종속이론을 기반으로 개도국 간 협력인 남남협력이 활성화되어 왔다. 물론 남남협력의 지원규모는 크지 않고 DAC의 통계산정 방식과도 차이가 있어 통계상으로 정확한 규모를 파악하기 어렵다. 그러나 이러한 지원형태는 기술적인 격차가 있는 선진국의 기술을 외부로부터 '투입'하는 방식으로 이루어졌던 전통적인 형태의 지원방식보다 유사한 체제의 국가 간 경험과 지식을 공유하고 이를 통해 수원국의 역량개발이 가능하다는 측면에서 자생적이며 개도국의 상황에 부합하는 '적정기술'로 발전될 수 있다. 이러한 맥락에서 남남협력은 공여국과 수원국 간의 수평적인 구도가 반영되며 새로운 개발협력체제에서 변화의 가능성을 추구할 수 있는 지원유형으로 볼 수 있다.

개발협력은 초기 냉전체제에서 미국의 대외정책과 연관되며 발전했으며 이러한 초기 개발협력의 기원은 정치, 외교적인 목적과 밀접한 관계가 있음을 언급하였다. 또한, 과거 개발협력에는 '북남협력'이라는 수직적인 구도의 틀 내에서 선진국 중심의 일방적인 관점이 반영되어 왔다. 이러한 이유로 원조효과성의 개선을 위해 선진국 중심의 개발협력 지원방식에 대한 비판이 지속적으로 제기되었으며 국제사회에서 이를 개선하기 위한 원칙과 논의가 활발히 이루어져 왔다. 물론 이러한 논의는 이상적인 측면이 있다. 그러나 한국의 경우에도 중점협력국과의 정책협의회 개최를 통해 국가협력전략(CPS: Country Partnership Strategy)[12]을 수립하고 있으며 이러한 수원국과의 협의과정에서 중점

분야를 정하고 구체적인 협력 사업을 논의하고 있다. 또한, 수원국 내 공여국들로 구성된 원조공여국 협의체에 참여를 확대하고 있다. 이러한 과정을 통해 수원국의 수요와 관점을 반영하고 다른 공여국들과의 정보 공유를 활성화하며 원조효과성의 개선을 위한 국제사회의 원칙을 준수하기 위한 노력을 전개하고 있다.

이처럼 오늘날 개발협력의 지원과정에서 공여국의 시각이 반영된 일방적인 원조보다 수원국의 수요와 관점을 우선적으로 반영하고 수원국의 역량개발을 통해 수원국의 이해관계자들이 프로그램의 기획, 이행, 모니터링, 평가의 과정에 직접적으로 참여하는 것에 대한 중요성이 강조되고 있다. 또한, 공여국들은 경험과 노하우를 일방적으로 이전하는 형태보다 수원국의 경제, 사회적인 수준에 부합하며 이들이 이미 가지고 있는 역량을 강화하기 위한 지원방식을 강조하고 있다. 이러한 과정에서 공여국과 수원국 간 동등한 협력, 파트너로서의 역할이 중시되고 있으며 전통적인 형태의 지원으로부터 지식의 공유, 다자간 협력을 위한 수단, 정책과 역량강화, 기술이전과 같은 새로운 지원형태에 대한 논의가 이루어지고 있다.

이와 같이 새로운 국제개발협력체제에서 개발은 성장이라는 경제적, 양적인 측면으로부터 삶의 질과 관련된 다차원적인 시각에서 고려되고 있으며 이를 측정하는 지표들에는 삶의 질을 측정하기 위한 다차원적인 시각이 반영되고 있다. 특히 개발협력은 국가별 개발과제뿐 아니라 글로벌 공공재, 글로벌 과제와 같은 다자간 의제에 기여할 수 있는 새로운 수단으로 역할하고 있다.

이러한 다자차원의 협력이 강조되면서 지역 간 협력, 남남협력, 삼각협력과 같은 전통적인 공여국과 새로운 공여국 간 다양한 수준과 영역에서의 협력 형태가 요구되고 있다. 한편, 지원형태와 관련하여 전통적인 체제에서 재정적인 지원, 프로젝트, 기술협력을 통한 지원이 이루

표 5.4 국제개발협력의 새로운 패러다임

| 영역 | 전통적인 패러다임 | 새로운 패러다임 |
| --- | --- | --- |
| 측정도구 | 국내총생산 등 성장의 양적인 측면과 관련된 측정 도구 | 개발과 삶의 질을 측정하기 위한 다차원적인 도구 |
| 협력전략 | 단일유형의 섹터 접근법 적용 | 국가별 개발과제와 기회에 부합하고 지역, 글로벌 공공재에 기여 |
| 다자간 의제 | 빈곤퇴치, 양자 간 무역 | 2030 지속 가능한 개발을 위한 의제, 글로벌 공공재 및 글로벌 과제 |
| 거버넌스 | ODA를 제공하는 공여 기관 및 정부 | 다자주의의 재정립: 다자간, 전통적인 공여국과 새로운 공여국 간 다양한 수준의 협력(지역 간 협력, 남남협력, 남북협력, 삼각협력) |
| 지원형태 | 재정적인 지원, 프로젝트 및 기술협력을 통한 지원 | 국제협력과 개발협력을 위한 광범위한 도구(지속가능한 개발, 기후기금, 국가자금 동원, 개발을 위한 금융지원, 환경보호 조치에 대한 부채지원, 지식공유, 정책, 역량개발, 기술이전에 대한 다자간 대화 등 혁신적인 협력 형태) |

출처: CEPAL, 2018, *Nuevos desafíos y paradigmas, Perspectivas sobre la cooperación internacional para el desarrollo en transición* (Santiago: Naciones Unidas).

어졌으나 새로운 체제에서 국제협력과 개발협력을 위한 광범위한 도구로서 지식공유, 정책개발, 역량개발, 기술이전과 같은 다양한 혁신적인 지원 형태가 강조되고 있다.

## 4. 새로운 국제개발협력체제에서 중남미 국가의 역할과 위상

1961년 미국 케네디(John F. Kennedy) 행정부가 추진했던 "진보를 위한 동맹(Alliance for Progress)" 정책의 틀 내에서 중남미 국가들은 미국으로부터 경제적인 원조와 투자를 지원받았다. 그러나 1960년대 중남미 국가들은 종속이론을 기반으로 원조가 선진국의 착취 수단이며 선진국과의 교역보다 수입대체산업화(ISI: Import Substitution Industrialization)[13] 전략을 토대로 자체적인 산업화와 개도국 간 협력인 남남협력을 주창하였다.

이처럼 남남협력[14]은 제2차 세계대전 이후 반식민화 운동에서 기원하고 있으며 냉전 동안 개도국들의 입장에서 선진국에 대해 정치력을 강화하기 위한 수단으로 고려되었다. 따라서 개도국들은 남남협력을 통해 선진국과의 불평등한 관계를 개선하고 정치, 경제적인 자립을 추구하였다. 그러나 1970년대 오일쇼크로 시작된 세계적인 경제위기 상황에서 개도국들은 이전 시기에 추진되었던 산업화 정책으로 인해 누적된 부채 위기와 국제통화기금(IMF: International Monetary Fund), 세계은행(World Bank)이 주도하는 대규모 구조조정의 결과로 인해 정치력이 약화되고 개도국 간 연대는 쇠퇴하였다.

냉전종식과 세계화로 인해 국제정치에서 정치, 안보의 의제는 약화되었으나 경제, 사회적인 이슈는 부각되었고 남남협력은 과거의 정치적인 성격이 아닌 개발협력의 영역에서 새로운 지원 형태로 부각되었다.

일반적으로 개도국은 경제, 사회발전의 정도가 선진국에 비해 뒤처져 있으며 발전이 진행 중인 국가들을 의미한다. 그러나 '발전'의 개념은 경제적인 성장뿐 아니라 인간의 삶의 질과 관련된 사회개발을 포괄하는 개념으로 변화하고 있다. 따라서 국민총소득(GNI: Gross National Income), 국내총생산(GDP: Gross Domestic Product)과 같은 양적인 성격의 성장을 측정하는 지표뿐 아니라 인간 삶의 질과 관련된 다차원적인 성격의 '인간개발지수(HDI: Human Development Index)'[15]와 같은 지표의 중요성이 대두되었다. 이처럼 개도국들을 정의하는 기준에는 HDI와 같은 지표가 고려되고 있으며 이러한 삶의 질과 관련된 다면적인 성격의 지표 활용에 대한 중요성은 확대되고 있다. 이외에도 개도국에서는 정치, 경제, 사회 등 다양한 영역에서 제도와 운영체계가 제대로 역할하지 못해 자국민의 인권을 충분히 보장할 수 있는 환경이 조성되어 있지 않다.16) 또한, 대부분 국가가 지도상 남반구에 위치해 있어 '남(South)'이라는 용어로 통칭 되어 왔으며 소득, 교육, 보건위생 등 기초서비스에 대한 접근성이 낮고 경제, 사회적인 개발지표가 낮아 선진국과 '격차'가 나타나고 있는데 이러한 선진국과 개도국 간 차이를 개발격차(Development Gap)로 부르고 있다.17)

OECD DAC는 ODA를 지원받을 수 있는 수원국 리스트를 발표하고 있다. 분류기준은 세계은행(World Bank)의 1인당 국민총소득(GNI)이다. DAC는 3년마다 수원국 리스트를 발표하고 있는데 표 5.5는 OECD DAC의 2020년까지 중남미 수원국리스트이다. 표에서 보는 것처럼, 저소득국으로 분류된 아이티를 제외하고 중남미 국가들은 중소득국에 속

**표 5.5   OECD DAC의 중남미 수원국 리스트, 2018~2020년**

| 저소득국 | 중하위소득국가<br>(1인당 GNI 1,006~3,955USD, 2016) | 중상위소득국가<br>(1인당 GNI 3,956~12,235USD, 2016) |
|---|---|---|
| 아이티 | 과테말라<br>니카라과<br>볼리비아<br>엘살바도르<br>온두라스 | 가이아나, 그레나다, 도미니카<br>도미니카공화국, 멕시코,<br>벨리즈, 브라질, 세인트루시아<br>세인트빈센트그레나딘<br>베네수엘라, 파라과이, 수리남<br>아르헨티나, 앤티가바부다*<br>에콰도르, 자메이카,<br>코스타리카, 콜롬비아<br>쿠바, 파나마, 페루 |

출처: OECD DAC, http://www.oecd.org/dac/financing-sustainable-development/development-finance-standards/DAC-List-of-ODA-Recipients-for-reporting-2020-flows.pdf
* 앤티가바부다는 2020년 졸업국이 될 전망임.

하고 있다. 또한, 중하위소득국인 과테말라, 니카라과, 볼리비아, 엘살바도르, 온두라스를 제외한 대부분 국가들은 중상위소득국에 속하고 있다. 마지막으로 이 리스트에서 졸업한 국가는 2017년 칠레와 우루과이였다.

2000년대 국제사회의 지원이 저소득국으로 집중되는 경향을 보이면서 1990년대 이래 소득수준이 향상된 중남미 국가에 대한 국제사회의 지원은 대체로 감소하였다. 1970년대 이래 중남미 지역을 지원했던 주요 공여국은 미국, 독일, 스페인, 네덜란드, 일본이었다.[18] 그러나 이러한 주요 공여국들은 중남미 지역에 대해 정책 방향을 전환하거나 자국의 중점협력국에서 제외하고 있으며 출구전략(Exit Strategy)의 대상국으로 분류하면서 기존에 운영하고 있었던 사무소를 폐쇄하고 있다. 또한, 지원형태에서 변화를 추구하고 있는데 실례로 중남미 국가 간 기존에 이루어지고 있는 남남협력을 지원하는 형태로서 삼각협력[19]과 같은 새로운 지원방식을 확대하고 있다.

**도표 5.1** ODA의 대륙별 지원추이(%)

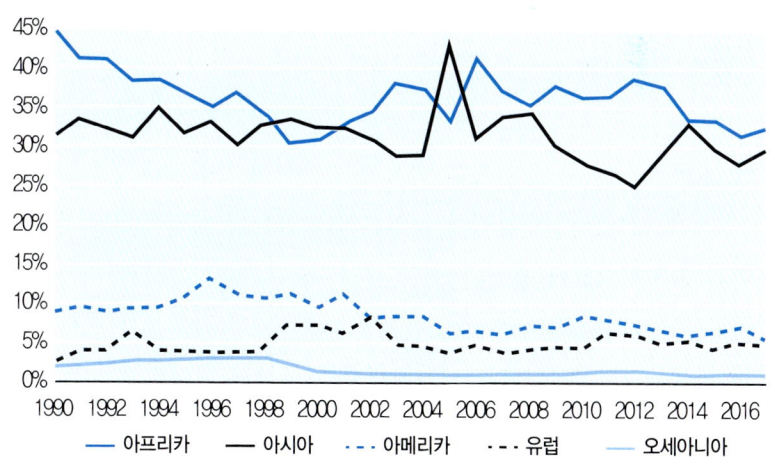

출처: OECD, 2019, "Development aid at a glance, statistics by region, America"

중남미 국가의 입장에서 1990년대 이래 개발협력은 국내적 차원에서 상대적으로 중요성이 감소했으며 외국인 직접 투자와 같은 민간 금융 재원의 중요성이 확대되었다. 그럼에도 불구하고 중남미 국가들은 DAC의 수원국 분류기준인 1인당 국민총소득(GNI)에 대해 비판적인 입장을 보이고 있는데 이는 GNI가 경제적 측면만을 반영하는 단일지표로서 각 국가가 처해 있는 빈곤과 불평등, 사회적인 취약계층의 상황 등 종합적인 빈곤현황을 파악하기 어렵다는 것이다. 따라서 개도국의 보건과 교육의 수준, 생산성, 경제, 사회의 구조적인 변화와 같이 빈곤과 사회적 특성을 파악할 수 있는 다면적인 지표를 새로운 분류기준으로 고려할 필요가 있다고 언급하고 있다. 즉, 개도국을 분류하는 기준으로서 빈곤, 불평등, 투자, 생산성, 혁신, 인프라, 교육, 환경 등 다양한 영역에서 각 국가의 현실과 개발수요를 반영할 수 있는 지표의 개발이 필요하다.

유엔중남미카리브경제위원회(CEPAL: Comisión Económica para América Latina y el Caribe)에 의하면, 최근 DAC 수원국 리스트 졸업국인 칠레와 우루과이에 대한 개발협력의 지원은 전반적으로 감소했을 뿐 아니라 이들이 DAC공여국과의 협력을 통해 제3국을 지원하는 삼각협력과 같은 새로운 형태의 지원을 위한 역량이 감소하고 있다.[20]

CEPAL(2018b)에서 실례로 2017년 졸업국으로 예정되었던 칠레에 대한 공적개발원조는 전년도와 비교할 때, 2015년 63% 감소했으며 이러한 상황은 이미 추진 중에 있거나 향후 추진될 사업들에 영향을 미치고 있다. 또한, 같은 해 환경과 농업분야의 장학금 지원은 58% 감소한 것으로 나타나고 있다. 한편, 2014년과 2015년 사이 우루과이의 공적개발원조는 43% 감소했으며 2014년 공적개발원조는 국가총생산의 1.9%를 차지했으나 2015년 0.9%로 감소하였다. 이러한 재원은 빈곤의 종식, 불평등의 완화, 교육, 포용적인 성장, 질 좋은 직업의 창출, 산업화, 지속가능한 혁신과 같은 SDGs를 이행하기 위한 지원과 관련성을 보이고

있다.[21]

앞에서 언급했던 것처럼, 우루과이와 칠레는 삼각협력 사업을 추진하기 위한 역량이 줄어들었다고 볼 수 있는데 실제로 칠레의 경우 2014년과 2015년 동안 삼각협력 사업의 45%가 감소하였다.[22] 이처럼 중남미 국가에 대한 개발협력 재원 흐름의 감소는 개발협력의 지원 틀 내에서 중남미 국가들이 다른 공여국 및 중남미 국가들 간 구축되어 있는 정보공유와 정책대화를 위한 기존의 협력체계를 적극적으로 활용할 수 없다는 것을 의미하고 있다.

중남미 국가들은 다른 개도국들과 비교할 때, 빈곤하지 않으나 불평등 상황은 지속하고 있다. 대부분 전환기의 과정에 있는 국가들로서 1990년대 이래 전반적으로 소득수준이 높아지면서 중산층이 증가하고 있으며[23] 상위중소득국에 속하는 국가들이 늘어나고 있다. 그러나 취약

사진 5.1 과테말라 여성을 위한 직업훈련원(굿네이버스)

출처: 저자.

지역이 존재하며 아동, 청소년, 여성, 농민, 원주민, 아프리카계 등 취약계층을 중심으로 기아에 시달리는 경우도 있으며 이들은 교육, 보건과 같은 기초서비스에 대한 접근성이 부족하고 차별과 경제, 사회적 소외상황에 처해 있다. 따라서 중남미 국가들은 이들에 대한 사회정책을 강화하고 취약계층을 포괄하는 포용적인 성장을 추구하고 있다.

유엔중남미카리브경제위원회(CEPAL)에 의하면[24] 2018년 중남미 인구 중 29.6%에 해당되는 1억 8,200만 명은 빈곤층에 속해 있었으며 이중 10.2%에 해당되는 6,300만 명은 극빈곤 상황에 처해 있었다. 특히 이들의 취약상황은 질 낮은 고용과 관련성이 높은데 이는 절반 이상의 노동자들이 사회보호제도의 혜택을 받지 못하는 비공식부문의 일자리에 고용되어 있기 때문이다.[25] 따라서 중남미 국가들은 취약계층을 중심으로 지속되고 있는 불평등 상황을 개선하기 위해 비공식부문에 종사하는 노동자들의 수를 줄이고 이들을 위한 사회보호정책을 강화하기 위해 노력하고 있다.

지속가능한개발목표(SDGs)의 달성상황을 중심으로 중남미 국가들의 개발상황을 다음과 같이 언급할 수 있다.[26]

경제부문에서 원자재와 1차 산품을 수출하는 국가가 집중되어 있으며 다각화된 경제 구조와 기술적인 기반의 부족으로 낮은 생산성을 보이고 있다. 따라서 성장과 사회적인 안정성의 향상, 지속가능한 개발을 위한 운송, 관개, 에너지, 기술, 정보 및 커뮤니케이션 등 인프라 분야에 대한 정부와 민간부문의 지속적인 투자가 필요하다.

보건의 영역에서 기대수명, 유아사망률과 모성사망률이 개선되었으나 말라리아, 결핵, 소아마비, 에이즈 등의 질병 퇴치를 위한 노력이 요구되고 있다. 교육의 영역에서 여아와 남아의 초등교육 접근성은 개선되고 성평등과 관련된 목표에서 대체로 진전이 있었으나 모든 수준의 교육에서 성평등 달성의 목표는 도달하지 못했다. 또한, 현실적인 상황에서 청소년 임신율은 여전히 높고 비공식부문에 종사하는 취약한 여성 노동자의 비율이 높으며 여성 살해와 같은 차별과 폭력에 시달리고 있다.

정부는 제도적인 측면에서 투명성을 개선하기 위해 정보통신기술을 적극적으로 활용하고 이를 통한 반부패 정책을 추진하고 있다. 이외에도 역량과 전문성을 갖춘 공무원을 채용하기 위한 제도적인 개선이 필요하다. 최근 중산층의 확대로 인해 공공재와 서비스에 대한 수요가 증가했으나 정부는 이러한 수요를 충족하지 못함으로써 중산층은 민간부문의 서비스를 활용하기 위해 비용을 지불하고 있다. 한편, 이들의 탈세는 정부가 국민들에게 공공재와 서비스를 제공하기 위한 역량에 부정적인 영향을 미치고 있다. 이외에도 정부의 법제도와 집행의 과정에서 발생하는 부패와 제도적인 취약성으로 인해 범죄와 폭력이 지속적으로 발생하고 있으며 이는 경제 분야와 빈곤계층에 영향을 미치고 있다.

환경의 영역에서 토양, 물, 바다, 숲이 파괴되고 생물의 다양성이 쇠퇴하고 있으며 특히, 기후변화로 인해 가뭄, 홍수와 같은 자연재해가 발생하면서 이에 대응하기 어려운 농민들은 새로운 삶의 기회를 찾아 이민을 선택하는 경우도 발생하고 있다.

이와 같이 중남미 국가들은 다양한 영역에서 발생하고 있는 개발상황에 대처하기 위해 국가 차원의 정책과 전략의 기획 및 이행의 과정에서 지속가능한 개발의 목표를 반영하고 있다. 따라서 생산과 지식의 통합, 포용적인 사회보장 정책의 강화, 저탄소성장을 기반으로 하는 경제발전, 개발재원의 조달을 위한 혁신적 메커니즘의 개발, 정부의 투명성 개선 등 점진적이며 구조적 차원의 변화를 추구하고 있다.

최근 인구사회학적인 측면에서 변화가 나타나고 있는데 특히 인구의 고령화 추세를 언급할 수 있다. 북미지역과 비교할 때 아직 낮은 비율이나 2015년 기준 15~64세 인구 대비 65세 이상의 인구 비율은 중남미가 11%, 카리브 지역은 14%에 이르고 있다.[27]

향후 중남미 지역에서 신흥공여국으로서 역할 할 수 있는 국가들이 증가할 것으로 전망되고 있다. 특히, 1990년대 후반과 2000년대 중남미 정치지형에서 좌파성향의 정부들이 수립되면서 쿠바, 베네수엘라 등을 중심으로 개도국 간의 협력인 남남협력이 활성화되었으며 브라질, 멕시코, 칠레, 코스타리카, 콜롬비아는 지역 내에서 중심국으로서 역할을 강화하고 있다. 중남미 국가들의 시각에서 강조하는 개발협력의 지원방식은 선진국을 중심으로 추진되어 왔던 전통적인 지원형태보다 수원국의 주권을 존중하고 이들의 개발수요를 적극적으로 반영할 수 있는 지식의 공유와 역량구축을 위한 기술협력 형태이다.

전 세계 국가와 지역 차원에서 상호연결성이 강화되고 있으며 세계적인 차원에서 연대와 협력을 통해 해결해야 하는 글로벌 이슈의 중요성이 강화되고 있다. 이러한 상황에서 중남미 국가들은 이러한 전 세계적인 차원의 공통과제에 대응하고 지속가능한개발목표(SDGs)를 달성하기 위해 국가, 지역 간 새로운 협력체계를 구축하며 전통적으로 정의되어 왔던 공여국과 수원국이라는 이분법적인 개념과 구도를 극복하기 위해 노력하고 있다.

## 5. 중남미 개발협력 프로그램 사례

전통적인 개발협력의 구도는 북(공여국)과 남(수원국)측 간의 수직적인 성격의 협력구도로 볼 수 있었으나 삼각협력은 이러한 전통적인 협력구도에 중소득국이 참여하는 형태로서 공여국, 수원국, 중소득국이라는 세 가지 행위 주체의 역할이 포함된 지원방식이다. 따라서 행위 주체의 세 가지 역할을 의미하는 '삼각협력' 혹은 '삼자간 협력'이라는 용어로 불리고 있다.

일반적으로 삼각협력에서 수원국은 자국의 개발문제를 해결하기 위해 중소득국 혹은 선진공여국에 지원을 요청하며, 이러한 요청을 토대로 중소득국은 자국의 경험과 지식을 수원국에게 제공하는 역할을 한다. 전통적인 공여국은 모든 참여 주체 간 협업을 위한 네트워크 체계를 구축하며 이러한 체계를 활용하여 재정 및 기술적인 지원을 제공한다.

삼각협력은 중남미 대륙과 같이 오랫동안 유럽의 식민지 역사를 공유함으로써 언어, 정치, 경제, 사회체제 등에서 공통성을 지니고 있는 국가들 간 협력을 위한 지원 수단으로 활용될 수 있다. 또한, 중남미 지역에는 개도국의 범주에 있으나 상위중소득국과 하위중소득국 등 경제 수준에서 차이가 발생하고 있는 다양한 개도국들이 존재하고 있다. 이 외에도 지역 차원에서 경제 수준이 비슷한 국가들을 간 남남협력이 활성화되어 왔다는 특성이 있다. 멕시코, 칠레, 브라질, 콜롬비아, 페루와 같은 상위중소득국들은 남남협력뿐 아니라 선진공여국과의 협력 형태인 삼각협력에 참여하고 있다. 이러한 측면에서 삼각협력은 중남미 지역의 국가들을 대상으로 추진할 수 있는 새로운 유형의 지원 형태로 볼 수 있다. 실제로 일본, 독일, 스페인 등 주요 공여국들은 중남미 지역에서 나타나고 있는 특성을 고려함으로써 삼각협력의 지원 형태를 강화하고 있다. 이외에도 삼각협력의 주요한 행위 주체는 정부와 국제기구였으나 최근 비정부기구, 민간부문, 시민사회, 학계 등 다양한 행위 주체가 참여하고 있으며 따라서 SDGs체제에서 삼각협력은 이러한 다양한 행위 주체를 포괄할 수 있는 지원형태로 고려되고 있다.

삼각협력은 이론적인 측면과 실제 사업의 수행에서 평가가 다르다고 볼 수 있다. 이론적인 측면에서 공여국과 수원국 간 기술적인 격차를 줄일 수 있으며 중소득국의 참여를 통해 원조효과성을 개선할 수 있다. 또한, 다른 행위 주체가 참여하면서 더 많은 재정적인 자금을 확보할 수 있으며 이를 기반으로 개발협력 프로젝트의 규모와 영역이 확대될 수 있다. 이외에도 전통적인 남북협력의 지원형태를 보완할 수 있으며 행위 주체 간 역할을 조정함으로써 수원국의 개발과제에 효과적으로 대응할 수 있다. 그러나 현실적인 측면에서 다른 행위 주체가 참여하면서 사업수행의 절차가 오히려 복잡해지며 사업의 수행과정에서 더 많은 시간이 소요될 수 있다는 부정적인 평가를 받기도 한다. 또한, 삼각협력 지원의 형태에서 공여국은 재정적으로 지원하는 역할에 국한될 수 있다.

그러나 삼각협력은 협력국에 대한 재정적인 지원뿐 아니라 경험과 지식을 교환할 수 있는 수단이며 개도국의 수요를 적극적으로 반영하며 행위 주체 간 네트워트 체계를 구축함으로써 장기적으로 지역통합의 기회를 제공할 수 있다.

중남미 지역의 삼각협력 현황은 이베로아메리카 사무국(SEGIB: Ibero-American General Secretariat)에서 2007년부터 발표하는 남남협력에 대한 보고서를 통해 파악할 수 있다. 또한, OECD는 2012년부터 삼각협력 프로젝트에 대한 통계를 수집하고 있는데 66%는 정부에 의해, 20%는 국제기구에 의해 수행되고 있으며 14%는 한 개 이상의 정부와 국제기구가 참여하는 사례이다.[28] 이처럼 OECD의 통계에 의하면 독일, 칠레, 멕시코, 과테말라, 스페인, 일본, 브라질, 미국, 콜롬비아와 코스타리카가 64개에서 135개의 활동에 참여하였다. 국제기구의 경우 유엔개발계획(UNDP), 국제개발을 위한 OPEC기금(OFID: OPEC Fund for International Development), 유럽연합(EU: European Union), 이슬람개발은행(IsDB: Islamic Development Bank), 범미보건기구(PAHO: Pan-American Health Organisation)가 19개에서 41개의 활동에 참여하였다.

2016년 중남미에서 남남협력과 삼각협력 프로젝트, 프로그램, 활동(Actions)은 1,355건 실행되었고 양자 차원의 남남협력은 1,105건, 지역 간 남남협력은 101건, 삼각협력은 149건이 추진되었다.[29] 중남미 지

표 5.6 **삼각협력 프로젝트에 참여하고 있는 전통적인 공여국과 중남미 국가**

| 프로젝트(수) | 중남미 국가 및 전통적인 공여국 |
|---|---|
| 100개 이상 | 독일, 칠레, 멕시코 |
| 50~100개 | 일본, 과테말라, 스페인, 브라질, 콜롬비아, 미국, 엘살바도르, 코스타리카, 도미니카공화국, 페루, 볼리비아, 온두라스 |
| 40~49개 | 아르헨티나, 파라과이 |
| 30~39개 | 니카라과, 에콰도르, 우루과이 |
| 20~29개 | 파나마, 아이티, 쿠바 |

출처: Global Partnership Initiative(GPI) on Effective Triangular Co-operation을 토대로 재작성.

역에서 삼각협력의 주요 행위자로서 브라질과 칠레를 언급할 수 있으며 삼각협력 프로젝트의 분야는 SDG2(식량안보, 지속가능한 농업 및 생산성), SDG16(제도적인 역량강화, 법치), SDG8(좋은 일자리 확대, 경제성장) 및 SDG3(건강과 웰빙)과 관련되어 수행되었다.[30] 다만, 모든 국가가 삼각협력과 관련된 정보를 공유하지 않으며 국가별 통계산정의 방식이 다르게 적용되고 있어 현실적으로 정확한 현황을 파악하기 어렵다.

그러나 삼각협력은 수원국 국가개발전략의 우선순위를 중심으로 사업을 기획하고 있으며 기존 양자 차원의 협력을 기반으로 사업을 발전시키고 있다. 따라서 행위 주체 간 신뢰와 소통을 바탕으로 각 주체의 강점과 비교우위를 활용할 수 있다. 최근 국가와 국제기구뿐 아니라 시민사회, 학계 등 다양한 행위 주체의 참여가 확대되면서 이들 간 협력관계를 토대로 글로벌 과제를 해결하기 위한 수단으로 고려되고 있다.

삼각협력의 사례로서[31] 모로코와 코스타리카는 2013~2016년 동안 산림, 산림보호지역, 유역의 지속가능한 활용과 관리의 개선을 목적으로 독일의 지원을 통해 시범 프로젝트를 추진하였다. 코스타리카는 산불의 예방과 대처와 관련한 분야에서 경험이 있는 모로코의 역량을 바

**도표 5.2** SDGs와 삼각협력, 2016년

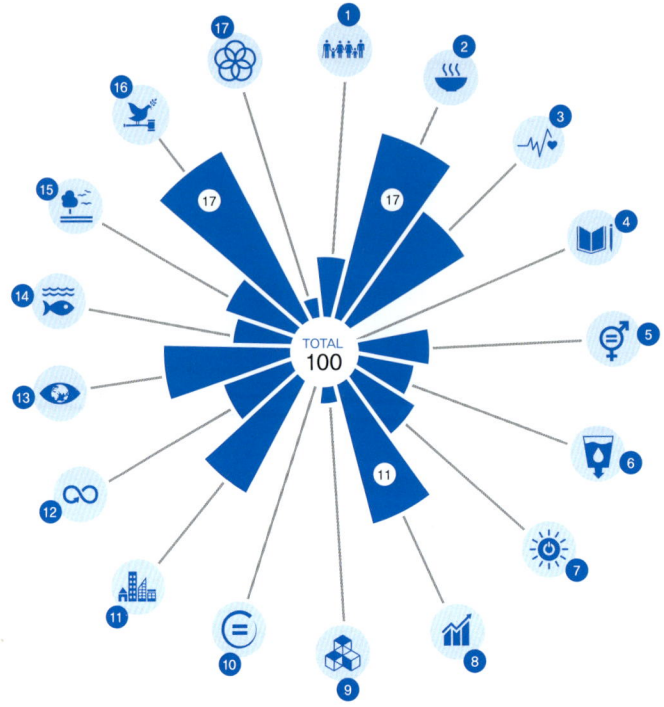

출처: SEGIB, 2018, Report on South-South Cooperation in Ibero-America 2018, Madrid: SEGIB.

탕으로 산불을 예방하고 생물의 다양성을 보호하기 위한 유역관리 개선 프로젝트를 추진하였다. 한편, 중남미에서 코스타리카는 환경보호정책, 산림생태계의 보전을 지원하기 위한 재정지원 메커니즘의 개발 분야에 대한 비교우위가 있으며 모로코는 코스타리카의 이러한 시스템을 도입하여 산림문제를 해결하기 위한 협회를 창설하였다. 이러한 양측의 협력관계에서 독일은 관련된 기술적인 측면의 지원을 제공했으며 이 프로젝트에서 모든 행위 주체들은 재정적인 측면에서 동등하게 기여하였다.

앞에서 언급했던 것처럼 최근 새로운 주체가 참여를 확대하고 있다. 이러한 사례로서 세계적으로 가장 큰 규모로 알려져 있는 국제노동조합

(ITUC: The International Trade Union)은 브라질과 여러 공여국의 노동조합을 수원국인 아이티 이해관계자와 연결하는 과정에서 촉진자로서 역할하였다. 코스타리카에 있는 국제노동조합 사무소 역시 본 프로젝트에 참여했으며 이는 시민사회 행위자 간 이루어진 삼각협력 프로젝트이며 시민사회는 정부와 동일한 역할을 수행하였다. 이처럼 최근 삼각협력 프로젝트에는 시민사회, 민간부문, 학계 등 다양한 행위 주체의 참여가 활성화되고 있다.

 삼각협력 사업의 효과적인 추진을 위해 다음과 같은 측면이 강조되고 있다.[32] 첫째, 수원국의 국가개발계획의 우선순위 등 수원국 수요를 중점적으로 반영하는 사업을 발굴하며 이는 SDGs목표와 연계될 필요가 있다. 둘째, 삼각협력 프로젝트의 기획, 이행, 모니터링, 평가와 관련하여 모든 행위 주체가 함께 참여하고 책임을 공유하는 것이 필요하다. 셋째, 모든 행위 주체의 합의된 결과를 달성하기 위한 성과 지향적 접근방식과 이를 체계화하는 것이 필요하다. 넷째, 모든 이해관계자의 요구와 목표에 대응하고 행위 주체들은 지식의 공유를 확산하며 지속가능한 해결방안을 모색하기 위해 여러 행위 주체의 참여를 활성화한다. 다섯째, 모든 행위 주체는 상호책임성과 투명성의 원칙에 따라 모니터링과 평가가 가능하도록 기준에 따라 삼각협력의 활동과 관련된 정보를 공유한다. 여섯째, 기존 파트너십과 새로운 파트너십, 증거기반 정책과 프로그래밍, 기술 및 로컬기반의 혁신적인 솔루션에 대해 유연한 접근방식을 통해 개발 결과를 개선하는 것을 목표로 한다. 일곱째, 지속가능한 개발을 위해 공동학습과 지식공유, 수평적인 협력, 개발솔루션의 공동생산을 통해 모든 행위 주체는 지식과 강점을 공유한다. 여덟째, 삼각협력은 젠더평등과 여성의 권한강화 등 다양한 차원에서 젠더평등에 기여해야 한다. 마지막으로 '누구도 소외되지 않은(Leaving no one behind)'의 원칙에 따라 가장 취약한 사람들을 지원할 수 있는 파트너를 포함하여 여러 이해관계자 간 협력관계를 기반으로 삼각협력 사업을 추진해야 한다.

국제개발협력체제는 변화하고 있다. 특히, 새로운 행위 주체가 등장하고 이들의 역할이 확대되면서 원조효과성을 위한 다양한 지원방식에 대한 논의가 이루어져 왔다. 특히, 코로나19이후 국제개발협력체제의 변화 상황은 다자 차원의 협력을 중심으로 가속화될 전망이다. 최근 학계에서 코로나19이후 새로운 국제개발협력의 방안을 모색하는 주제와 관련하여 다양한 논의가 전개되고 있다. 특히 국제개발협력체제에서 중심국이었던 미국과 유럽지역의 국가들은 코로나19로 인해 영향을 받고 있으며 이러한 상황에서 향후 이들의 지원이 어떻게 이루어질 것인가에 대해 주목할 수 있다. 한편, 중남미 국가들은 새로운 행위 주체로서 역할을 확대해 왔으나 코로나19에 의해 영향을 받은 대표적인 지역으로서 이들의 역할은 축소될 수 있으며 기존 전통적인 공여국들의 중남미에 대한 지원은 어떻게 지속되며 변화될 수 있는가에 대해 주시할 필요가 있다.

## 주

\* 본 장은 저자의 『중남미 국제개발협력입문』을 토대로 최근의 이슈를 반영하여 내용을 발전시켰다.
1) OECD 내 위원회 중 하나이며 개발도상국에 대한 공적개발원조와 관련된 활동을 논의하는 기구이다.
2) 조한덕, 2016, "국제개발협력과 ODA," KOICA ODA 교육원 편, 『국제개발협력 입문편』 (서울: 아이스크림미디어), pp. 15-77.
3) 조한덕, 2016, p. 41.

4) 양허성 차관은 이자율, 상환기간, 거치기간을 고려한다면, 일반적인 차관보다 차입국에 유리한 조건의 자금을 의미한다.
5) 최근 '원조'보다 '협력'이라는 용어를 사용하고 있으나 '협력'이라는 용어는 개발협력의 영역 뿐 아니라 일반적으로 흔히 사용되고 있다. 따라서 본 저서에서 문맥에 따라 명확한 내용을 전달하기 위해 '원조'라는 용어를 함께 사용하였다.
6) 할인율은 미래시점의 금액과 동일한 가치를 갖는 현재 시점의 금액을 계산하기 위해 적용하는 비율이다. 네이버 지식백과, https://terms.naver.com/entry.naver?docId=3472958&cid=40942&categoryId=31913
7) 조한덕, 2016, p. 45.
8) OECD DAC, http://www.oecd.org/dac/development-assistance-committee/ (검색일: 2020.5.16).
9) OECD DAC, http://www.oecd.org/dac/financing-sustainable-development/development-finance-topics/non-dac-reporting.htm (검색일: 2020.5.16).
10) 기술협력은 지식과 노하우를 전수하는 지원형태이다.
11) 정상희, 2021, "코로나19 이후 중남미 지역의 긴급대응 정책에 대한 고찰: 브라질과 멕시코 사례를 중심으로," 『중남미연구』, 제40권 1호.
12) 한국은 ODA 선진화 정책의 일환으로 ODA의 '선택과 집중'의 원칙을 강화하고 있다. 특히, ODA중점협력국에 대해 국가협력전략(Country Partnership Strategy)을 수립하고 있다. 또한, 협력대상국의 재외공관을 중심으로 ODA시행기관과 현지 협의체를 주기적으로 개최함으로써 현장 중심의 ODA를 강조하고 있다.
13) 수입대체산업화 전략은 외국으로부터 수입했던 상품을 국내에서 대체하여 생산하며 자국의 내수시장을 기반으로 자체적인 산업화를 이루겠다는 내부지향적 발전전략이다.
14) 중남미에서 남남협력의 역사적인 발전과정과 관련하여 참고할 수 있다. 정상희, 2015, "새로운 글로벌 파트너십과 개발협력 역할에 대한 재고," 『국제개발협력』, No. 3, pp. 57-63.
15) 인간개발지수(HDI)는 유엔개발계획(UNDP)이 발표하는 인간의 삶의 질과 관련된 지표 중 하나로서 국내총생산, 문맹률, 기대수명, 학교등록률 등 인간의 삶과 관련되어 있으며 경제 분야뿐 아니라 교육과 보건 영역의 지표로 구성되어 있다.
16) 조한덕, 2016, p. 39.
17) 조한덕, 2016, pp. 39-40.
18) OECD, 2019, "Development aid at a glance, statistics by region, America," http://www.oecd.org/dac/financing-sustainable-development/
19) 삼각협력의 개념은 '중남미지역의 프로그램 사례'에서 구체적으로 다루었다.
20) CEPAL, 2018b, *Nuevos desafíos y paradigmas. Perspectivas sobre la cooperación internacional para el desarrollo en transición*, Santiago: Naciones Unidas, p. 28.
21) CEPAL, 2018b, p. 28.
22) CEPAL, 2018b, p. 29.
23) 중산층의 비율은 2000년 21%에서 2015년 35%로 증가하였다. 그러나 취약계층은 34%에서 39%로 증가하였다. CEPAL, 2018b, p. 21.

24) CEPAL, 2019, *Panorama Social de América Latina 2018* (Santiago: UN).
25) CEPAL, 2018b, p. 22.
26) 중남미의 개발상황과 관련하여 참고하였다. CEPAL, 2018a, *La Agenda 2030 y los Objetivos de Desarrollo Sostenible, Una oportunidad para América Latina y el Caribe*, Santiago: Naciones Unidas.
27) CEPAL, 2018b, p. 23.
28) Global Partnership Initiative(GPI) on Effective Triangular Co-operation, *Triangular Co-operation in the Era of the 2030 Agenda*, https://www.unsouthsouth.org/wp-content/uploads/2020/01/GPI-Report-Triangular-Co-op-in-the-Era-of-the-2030-Agenda.pdf, p. 16.
29) SEGIB, 2018, Report on South-South Cooperation in Ibero-America 2018, Madrid: SEGIB, p.17.
30) Global Partnership Initiative(GPI) on Effective Triangular Co-operation, p. 18.
31) Global Partnership Initiative(GPI) on Effective Triangular Co-operation, p. 13.
32) Global Partnership Initiative(GPI) on Effective Triangular Co-operation, p. 15.

## 참고문헌

### 1. 한글문헌

정상희. 2013. "라틴아메리카의 남남협력과 삼각협력 현황 및 우리의 활용방안." 『이베로아메리카』, 제15권 1호.
_____. 2014. "México y Corea del Sur en el marco de la cooperación Sur-Sury Triangular" 『스페인어문학』, 제70호.
_____. 2015. "새로운 행위 주체와 지원방식에 대한 재고, 중남미 국가의 사례를 중심으로." 『국제정치연구』, 제18집 1호.
_____. 2015. "새로운 글로벌 파트너십과 개발협력 역할에 대한 재고." 『국제개발협력』, No. 3.
_____. 2018. 『중남미 국제개발협력입문』. 대구: 계명대학교 출판사
_____. 2021. "코로나19 이후 중남미 지역의 긴급대응 정책에 대한 고찰: 브라질과 멕시코 사례를 중심으로." 『중남미연구』, 제40권 1호.
조한덕. 2016. "국제개발협력과 ODA." KOICA ODA 교육원(편). 『국제개발협력 입문편』. 서울; 아이스크림미디어.

### 2. 스페인어 자료

Ayllón, Bruno. 2006. "América Latina en el sistema internacional de cooperación para el desarrollo." in José Ángel Sotillo & Bruno Ayllón(eds.). *América Latina en construcción, sociedad, política, economía y relaciones internacionales*.

Madrid: Instituto Universitario de Desarrollo y Cooperación.
CEPAL. 2018a. *La Agenda 2030 y los Objetivos de Desarrollo Sostenible. Una oportunidad para América Latina y el Caribe*. Santiago: Naciones Unidas.
_____. 2018b. *Nuevos desafíos y paradigmas. Perspectivas sobre la cooperación internacional para el desarrollo en transición*. Santiago: Naciones Unidas.
_____. 2019. *Panorama Social de América Latina 2018*. Santiago: UN.
Xalma, Cristina & López Cabana, Silvia. 2018. SEGIB. 2018. Report on South-South Cooperation in Ibero-America 2018. *Madrid: SEGIB*. Madrid: Ibero-American General Secretariat (SEGIB).

## 3. 인터넷 자료

네이버 지식백과. https://terms.naver.com/entry.naver?docId=3472958&cid=40942&categoryId=31913

Global Partnership Initiative(GPI) on Effective Triangular Co-operation. 2019. *Triangular Co-operation in the Era of the 2030 Agenda*. https://www.unsouthsouth.org/wp-content/uploads/2020/01/GPI-Report-Triangular-Co-op-in-the-Era-of-the-2030-Agenda.pdf

OECD. 2019. "Development aid at a glance, statistics by region, America." http://www.oecd.org/dac/financing-sustainable-development/.

OECD. 2019. "Other official providers not reporting to the OECD." in Development Co-operation Profiles. Paris: OECD Publishing, https://doi.org/10.1787/18b00a44-en.

OECD DAC. http://www.oecd.org/dac/financing-sustainable-development/development-finance-topics/non-dac-reporting.htm

# 2부

# 경제

6장   일본의 대한(對韓) 수출규제 강화조치와
      한일관계의 변화 • 188

7장   유럽 경제의 위기와 극복: 그리스 금융위기
      사태 • 221

8장   말레이시아와 인도네시아의 이슬람 경제 • 250

# 일본의 대한(對韓) 수출규제 강화조치와 한일관계의 변화

김명수(계명대 국제지역학부 일본학전공)

이번 장에서는 2019년 7월 1일자로 일본정부가 실시한 한국에 대한 수출규제 강화 조치의 배경과 경과 그리고 이후에 해당 조치가 한일관계에 미친 영향을 살펴보기로 한다.

이 사건은 단순히 한일 간 무역분쟁으로만 볼 수 없다. 1952년 샌프란시스코강화조약 이후 일본의 우익들은 끊임없이 소위 '평화헌법', 그 중에서도 특히 헌법 9조의 개정을 추진해 왔고, 아베정권으로 대표되는 일본회의는 그 핵심세력을 망라한다. 이들은 꾸준히 지역에 기반을 둔 풀뿌리 우익들을 육성시켜 왔고, 정계 진출을 통해 자신들의 목소리를 정책에 반영시켜왔다. 2019년 6월의 G20회의 개최나 2020년 도쿄올림픽 유치 등이 모두 이와 관련이 있었던 것으로 보인다. 헌법 발의에 필요한 참의원 및 중의원 의석수 3분의 2 이상 확보를 지상과제로 삼았던 아베정권은 외부와의 갈등을 통해 일본 국민들의 지지를 이끌어내고자 했다. 늘 그렇듯이 외부의 적을 만들어서 내부결속을 다지는 정책이었다.

지정학적 위치 때문에 역사적 기시감이 들겠지만 한말의 국제정세와 상황이 다르지 않다. 하지만 결정적으로 한국의 상황이 그때와 다르다. 이미 한국은 선진국 대열에 진입했고, 국제무대에서 조금씩 발언권을 강화시켜가고 있다. 국제정세 또한 그들의 의도를 일방적으로 관철시킬 수 있는 상황이 아니다. 남북의 대치상황을 잘 활용해왔던 일본이지만, 이제는 정권 차원의 '적대적 공생' 이외에도 한반도에서 추진되는 남북화해와 평화정착을 위한 노력이 또 하나의 항상적인 선택지로 정착하였다. 결과적으로 한일관계가 달라지고 있는 것으로 판단되며 일본 입장에서는 문자 그대로 괄목상대한 한국을 실감하고 있는 것이다. 코로나19(COVID-19) 사태에 대한 대처를 보면 위에서 언급한 많은 내용들이 검증되고 있음을 알 수 있다. 이번 장을 통해 달라진 국제사회에 있어서 한국의 위상과 변화되고 있는 한일관계를 알 수 있게 될 것이다.

## 1. 수출규제 강화 조치와 그 내용

### 1) 수출규제 강화 조치의 내용

2019년 7월 1일 일본정부(경제산업성)는 반도체나 디스플레이에 사용되는 핵심 소재 세 가지 품목에 대한 수출규제 강화 조치를 실시하겠다고 발표했다. 이는 반도체 수출에 대한 의존도가 높은 한국경제에 큰 타격을 줄 것으로 여겨졌다. 일본의 수출규제 강화 조치를 어떻게 볼 것인가. 이를 검토하기 위해 강화 조치의 구체적인 내용을 살펴보기로 한다.

당시 문제가 되었던 반도체 소재 품목 세 가지는 다음과 같다.

① 불화 폴리이미드이다. 반도체의 기판이 되는 물질로 스마트폰 디스플레이에도 사용된다. 당시 한국의 불화 폴리이미드 수입에서 일본이 차지하는 비중은 93.7%로 거의 절대적이었지만, 일본의 불화 폴리이미드 수출에서 한국이 차지하는 비중은 22.5%에 불과했다.
② 레지스트는 실리콘 웨이퍼에 회로패턴을 전사할 때 감광제로 사용되는 물질이다. 한국이 수입하는 레지스트 중에서 일본의 것이 91.9%를 차지하였다. 반면 일본의 레지스트 수출 중에서 한국의 비중은 11.6%에 불과했다.
③ 에칭가스, 즉 고순도불화수소는 실리콘 기판의 세정에 사용하는 물질이다. 한국이 수입하는 레지스트 중에서 일본이 43.9%를 차지하였다. 반면 일본의 에칭가스 수출에서 한국이 차지하는 비중은 85.9%였다.

그간 일본정부는 상기 세 가지 품목을 수출하는 기업에 대해 3년간 유효한 허가를 주어 개별신청을 생략하는 우대조치를 실시해 왔는데, 2020년 7월 4일부터는 수출 거래 별로 심사하여 수출 가부를 판단하기로 했다. 원칙적으로 심사 기간은 최장 90일이 걸리기 때문에 품목별로 심사하여 수출허가가 이루어지더라도 한국 반도체 산업에는 커다란 지장을 초래할 것으로 여겨졌다. 또한, 반도체 수출액이 한국 수출에서 차지하는 비중이 30.9%에 달했다. 따라서 한국 반도체 산업의 위기는 한국경제 전체에 큰 영향을 줄 것으로 받아들여졌다. 일본정부가 이를 알고 가장 핵심적인 부품을 골라 수출규제를 강화한 것이라고 하여 징용공 배상 판결이나 위안부합의 파기 등에 대해 경제보복으로 대응하는 것이라는 인식이 강했다.

일본에 의한 반도체 3품목에 대한 수출규제 강화 조치가 발표된 직후인 2019년 7월 10일, 한국경제연구원은 그에 따른 영향을 검토해 다음과 같이 발표했다. 일본 수출규제로 반도체 소재가 30% 부족한 상황이 된다면 한국의 GDP는 2.2% 감소하는 반면 일본의 GDP는 0.04%로 피해 규모의 차이가 크다. 한국이 수출규제로 대응한다면 한국과 일본은 각각 GDP 3.1%, 1.8% 감소로 손실이 확대된다고 전망했다. 기업이 물량 확보에 실패하여 부족분이 45%로 확대될 경우 한국의 GDP는 4.2%~5.4%로 손실이 더 크게 나타날 것이라고 예상했다.[1)]

일본정부는 또한 2019년 8월 2일 각의를 열고 한국을 화이트리스트에서 제외하는 수출무역관리령 개정안을 처리했다. 이 개정안은 8월 7일에 공포되었고 8월 28일부터 시행되었다. 사진 6.1의 『관보』에는 동 개정안의 내용이 게재되어 있다.[2)] 경제산업대신 세코 히로시게(世耕弘成)와 내각총리대신 아베 신조(安倍晋三)의 이름으로 공포된 「정령(政令)」 제71호는 '수출무역관리령의 일부를 개정하는 정령'이다. 해당 정

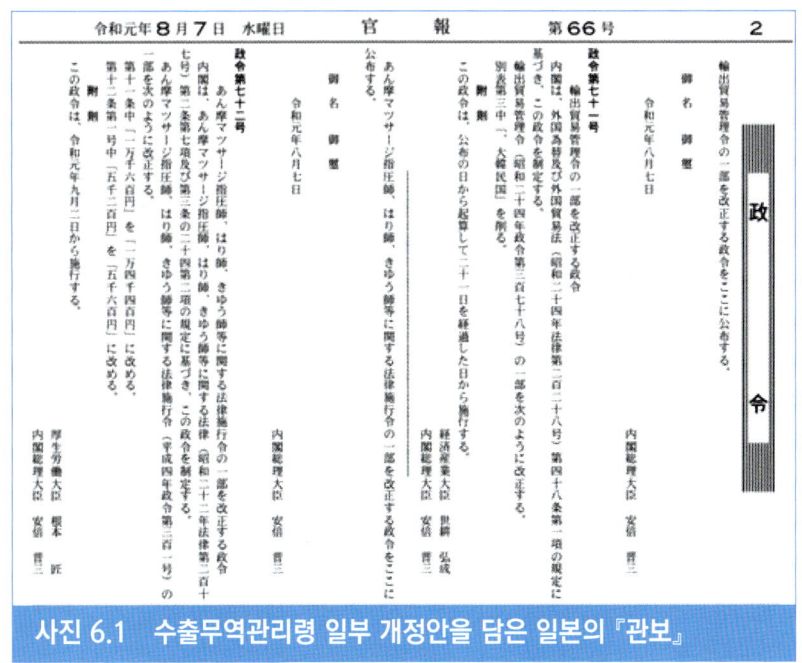

사진 6.1  수출무역관리령 일부 개정안을 담은 일본의 『관보』

령에 의하면, 내각은 외국환및외국무역법(1949년 법률 제228호) 제48조 제1항의 규정에 근거하여 이 정령을 제정한다고 되어 있다. 구체적으로 '수출무역관리령(1949년 정령 제378호)의 일부를 개정하여 별표 제3에서 '대한민국'을 삭제하기로 했다. 〈부칙〉에서는 정령의 시행일을 명시했는데, 정령 공포일로부터 기산(起算)하여 21일이 경과한 28일부터 시행하기로 했다.

구체적으로 기존에 화이트리스트 국가(=백색 국가)와 비화이트리스트국가(=비백색 국가)로 나눴던 분류 체계를 A~D 네 개 그룹으로 바꿨다. A그룹은 기존 백색 국가, B그룹은 '수출 통제 체제에 가입해 일정 요건을 맞춘 국가', C그룹은 'A·B·D그룹이 아닌 국가', D그룹은 '국제연합(UN) 무기 금수국 및 수출령 별표 제4 지역'이다. 일본은 한국을 B그룹으로 재분류했다. 하지만 당시 우려했던 수출규제 품목의 추가 지정은 없었다.[3]

수출무역관리령의 일부 개정을 통해 "별표 제3 중 대한민국을 삭제한다"는 것이 곧 소위 '화이트리스트'에서 대한민국을 제외시킨다는 의미이다. 화이트리스트란, 전략물자를 수출할 때 관련 절차의 간소화 혜택을 받는 국가 목록을 가리킨다. 일본은 2019년 8월 당시 미국과 독일 등 27개국을 화이트리스트 국가로 지정, 수출 절차에 있어서 우대하고 있었다.[4] 한국은 2004년 화이트리스트 국가로 지정되었다. 한국 역시 화이트리스트 제도를 운영하고 있었으며 일본도 이에 포함되어 있다. 한편 화이트리스트의 대상이 되는 전략물자란, 국제평화 및 안전유지와 국가안보상의 이유로 수출 제한이 필요한 물품 혹은 기술이다. 주로 대량살상무기와 그 운반수단의 제조·개발·사용·보관에 이용 가능하거나 첨단 기술에 사용되는 물품과 기술을 지칭한다. 하지만 일반 산업현장에서 쓰이는 것들도 전략물자로 분류될 수 있다.

## 2) 일본정부의 발표

2019년 7월 1일, 일본의 경제산업성은 "대한민국을 대상으로 한 수출관리의 운용에 대한 재검토에 대해"라는 발표문을 발표했다. 한일관계를 "신뢰관계가 현저하게 훼손되었다고 말하지 않을 수 없는 상황"으로 진단하고, "대한민국에 관련된 수출 관리를 둘러싸고 부적절한 사안이 발생했다"고 하여 제도운용을 재검토한다고 표명한 것이다.

구체적으로 ① 한국을 화이트국가(White list: 자국의 안전 보장에 위협이 될 수 있는 첨단 기술과 전자 부품 등을 타 국가에 수출할 때, 허가 신청이나 절차 등에서 우대를 해 주는 국가)의 리스트에서 삭제하는 정령 개정의 절차를 개시, ② 7월 4일부터 불화폴리이미드, 레지스트, 불화수소의 한국 수출을 포괄수출허가제도의 대상에서 제외하고, 개별적으로 수출허가신청을 받아 심사를 행한다는 두 가지 내용이 골자였다.

반도체의 기판이 되는 불화폴리이미드(Flurinated Polyimides, 플루오린 폴리이미드), 실리콘 웨이퍼에 회로패턴을 전사할 때 감광제로 사용되는 레지스트, 실리콘 기판의 세정에 사용하는 불화수소(에칭가스)는 모두 한국에 있어 불가결한 재료였다. 동시에 일본기업이 국제적으로 높은 비중을 점하는 분야였다. 한국이 수입하고 있는 불화폴리이미드와 레지스트는 90% 이상이 일본산이었다.

이상의 품목들은 모두 군사전용이 가능하기 때문에 안전보장의 관점에서 수출에는 개별 허가가 필요한 '리스트규제품'에 포함되어 있었다. 하지만 당시까지 한국은 포괄수출허가제도라는 우대조치로 한 번에 최대 3년분의 허가를 취할 수 있었기 때문에 이 규정이 문제 된 적은 없었다. 하지만 안건별로 허가를 신청할 필요가 있었고, 심사는 최대 90일 걸릴 수도 있었다.

또한, 리스트규제의 대상품 이외에도 용도나 수요자(구입하는 기업

등)에 의해 허가가 필요한 「캣치올규제(Catch-All Controls)」가 있는데, 발표에 나오는 '화이트국가'는, 수출 관리를 엄격하게 실시하고 있는 국가라고 상대국(일본)이 인정하여 캣치올규제의 대상에서 제외시킨 국가를 가리킨다. 그때까지 한국도 미국, 캐나다, 유럽연합 등 27개국을 대상으로 한 화이트국가에 포함되어 있었다.

7월 1일 당일, 경제산업성은 한국을 화이트국가로부터 삭제하는 정령 개정안의 퍼블릭 코멘트(Public Comment, 의견모집)를 개시했다. 7월 1일부터 24일까지 전자메일을 통해 의견을 모집한 결과, 총 4만 666건 중 대체로 찬성이 약 95%를 넘었고, 대체로 반대가 약 1%에 불과했다고 한다.

## 2. 수출규제 강화 조치의 근본적 배경

### 1) 아베 내각의 주장

『도쿄신문』 2019년 7월 4일자는, "정부 조치는 일본기업에 전 징용공에 대한 배상 명령을 내린 한국 대법원 판결, 위안부문제, 자위대항공기에 대한 화기관제(火器管制) 레이더 조사문제(照射問題) 등으로 '신뢰관계가 현저하게 훼손되었다'(스가 요시히데(菅義偉) 관방장관)는 인식이 배경에 있다"고 지적했다.[5] 이에 대해 좀 더 구체적으로 검토하면 다음과 같다.

#### (1) 징용공에 대한 배상 명령

2005년 2월, 강제징용 피해자 4인이 강제징용 전범기업 신일철주금(현 일본제철)을 상대로 손해배상을 제기했다.[6] 기나긴 재판 끝에 2018년

10월 30일, 한국 대법원은 신일본제철에게 강제징용 배상자 4인에게 1억 원씩 배상하라고 판결했다.[7] 피해자들이 고령이었고 재판이 오래 지속되었기 때문에, 4인 중 3인은 재판 과정에서 이미 사망했다. 하지만 배상 판결에 대해 일본기업이 아무런 조치를 취하지 않았다. 2019년 1월 8일, 대구지법 포항지원은 신일철주금의 국내자산에 대한 압류신청을 승인했다. 신일철주금이 포스코와 합작해 세운 철강 부산물 처리회사 PNR의 주식 중 8만 1,000여 주가 대상이다. 이러한 승인으로 인해 해당 주식은 매각과 양도가 금지된다. 그러나 일본 외무성은 압류 결정문을 인정할 수 없다고 반송했다.[8] 이런 과정에서 배상 판결과 재산 압류 결정에 반발하여 수출규제 강화조치의 실시와 화이트리스트에서 한국을 삭제한 것으로 판단된다.

한편, 2020년 6월, 대법원이 신일철주금에 압류 실행에 대한 공시송달을 결정했다. 공시송달이란, 송달서류를 송달받을 자에게 교부할 수 없는 경우에는 절차를 진행할 수 없으므로 교부하는 대신에 교부의 기회를 부여하는 것만으로써 송달한 것으로 간주하는 제도이다. 따라서 다른 송달방법을 취할 수 없는 경우에 최후의 수단으로서 인정된다.[9] 이에 따를 경우, 8월 4일부터 공시송달의 효력이 발생하여 일본기업의 한국 내 자산을 매각하고 그 대금으로 배상할 수 있게 된다.[10] 8월 11일 0시까지 신일철주금이 즉시 항고하지 않으면 주식압류명령은 확정된다.[11]

이에 대해 신일철주금은 8월 7일 한국 법원의 주식 압류명령에 불복하는 항고장을 즉각적으로 제출했다.[12] 한국 내 자산 매각을 방해하기 위한 조치로 생각된다. 이에 대해 일본 언론들은 한국이 신일본제철(현 일본제철)의 자산을 매각해 현금화한다면, 일본정부도 보복 조치를 취해야 한다고 주장했다. 강제징용에 대한 배상 판결에 대한 일본의 입장은 1965년 한일기본조약에서 최종적으로 해결되었다고 본다.

## (2) 12·28 위안부합의의 재협상 '파기'

12·28 위안부합의는 2015년 12월 28일 박근혜정부가 일본군 위안부 문제를 일본정부와 협상해 최종적으로 종결할 것을 타결, 약속한 합의이다. 당시 핵심쟁점이었던 일본정부의 법적 책임에 대해서는 명확히 하지 못했고, 일본군 위안부 피해자 지원을 위한 재단을 한국정부가 설립하고, 재단에 일본 측에서 10억 엔(2015년 당시 환율로 한화 약 97억 원)을 출연하기로 했다. 박근혜정부는 피해자들의 반대에도 불구하고 위안부 재단 설립을 강행하여 2016년 7월 28일 여성가족부 소관 재단법인으로 '화해·치유재단'을 발족시켰다.

2017년 5월 등장한 문재인정부가 위안부합의를 재협상하겠다고 공약했고, 이는 결론적으로 위안부합의의 사실상 파기를 의미했다. 이러한 정부의 입장은 2018년 1월 9일에 이루어진 강경화 외교부장관의 발표에서 찾아볼 수 있다.

### 글상자 6.1  2019년 1월 9일 위안부합의에 대한 정부 입장 발표

강 장관의 발표문 전문.

안녕하십니까. 존경하는 국민 여러분.
 작년 12·27 위안부 TF 결과 보고서 발표에 앞서 저는 피해자 여러분 등의 의견을 겸허히 수렴하고, 한일관계에 미칠 영향도 감안하면서 2015년 위안부 합의에 대한 정부 입장을 신중히 수립해 나가겠다고 말씀드린 바 있습니다.
 이후 비록 짧은 기간이었지만 주무주처인 외교부, 여성가족부를 중심으로 피해자 분들과 관련 단체의 목소리에 귀 기울이는 한편 이웃 국가인 일본과의 관계도 정상적으로 발전시켜 나갈 방안을 모색

계속 ▶▶

하기 위해 진지하게 검토해 왔습니다.

이러한 과정에서 무엇보다도 피해자 분들의 존엄과 명예가 회복돼야 함을 명심했습니다. 또한 한일 양자차원을 넘어 전시 여성 성폭력에 관한 보편적 인권문제인 위안부 문제가 인류역사의 교훈이자 여성 인권 증진 운동의 국제적 이정표 자리매김 돼야 한다는 점을 중시했습니다.

아울러 동북아의 평화·번영을 위해 한일 간 정상적인 외교관계를 회복해야 한단 점도 염두에 두고 정부 입장을 신중히 검토해 왔습니다.

이상 말씀드린 점과 작년 말 발표된 위안부 합의 검토 TF의 검토 결과를 토대로 마련한 이 합의에 대한 정부의 기본적인 처리 방향을 말씀드리고자 합니다.

첫째. 우리 정부는 위안부 피해자 분들의 명예·존엄 회복 및 마음의 상처 치유를 위해 우리 정부가 해야할 일을 해나가는 데 모든 노력을 다해나가겠습니다.

둘째. 이 과정에서 피해자, 관련 단체, 국민들의 의견을 광범위하게 수렴하면서 피해자 중심의 조치들을 모색해 나가겠습니다. 한편 일본 정부가 출연한 화해·치유재단 기금 10억 엔은 전액 우리 정부 예산으로 충당하고, 이 기금의 향후 처리방안에 대해서는 일본 정부와 협의하도록 하겠습니다.

화해·치유재단의 향후 운영과 관련해서는 해당 부처에서 피해자, 관련 단체, 국민 의견을 광범위하게 수렴해 후속조치를 마련할 것입니다.

셋째. 피해 당사자인 할머니들의 의사를 제대로 반영하지 않은 2015년 합의는 일본군 위안부 피해자 문제의 진정한 문제해결이 될 수 없습니다.

넷째. 2015년 합의가 양국간 공식합의였다는 사실 부인할 수 없습니다. 이를 감안해 우리 정부는 동 합의와 관련해 일본 정부에 대해

계속 ▶

> **글상자 6.1 계속**
>
> 재협상을 요구하지 않을 것입니다.
>
> 　다만 일본이 스스로 국제보편기준 따라 진실을 있는 그대로 인정하고 피해자들의 명예·존엄 회복과 마음의 상처 치유를 위한 노력을 계속해줄 것을 기대합니다. 할머니께서 한결같이 바라는건 자발적이고 진정한 사과입니다.
>
> 　다섯째. 정부는 진실과 원칙에 입각해 역사문제를 다뤄나가겠습니다. 정부는 과거사 문제를 지혜롭게 풀려는 노력과 동시에 한일 양국간 미래지향적 협력을 위해 계속 노력해나갈 것입니다.
>
> 　마지막으로 오늘 말씀드린 내용이 피해자 여러분들께서 바라시는 바를 모두 충족시킨다고는 생각지 않습니다. 이 점에 대해 깊이 죄송하다는 말씀드립니다.
>
> 　앞으로도 정부는 성심과 최선을 다해 피해자 여러분들의 의견을 경청하면서 추가적인 후속조치 마련해 나가겠습니다. 감사합니다.
>
> 　이상
>
> 출처: 뉴스톱(http://www.newstof.com)

　다만 피해자들의 의사에 반하여 박근혜정부가 설립한 화해·치유재단과 관련해서는 일본이 출연한 10억 엔을 한국정부 예산으로 충당하기로 하는 등 후속조치를 취하기로 약속하고 실제로 감행했다. 2018년 9월 25일 문 대통령은 미국 뉴욕에서 아베 신조 일본 총리를 만나 재단 해산을 통보했고, 11월 21일 정부는 재단 출범 2년 4개월 만에 재단을 해산하기로 결정했다.[13]

### (3) 자위대항공기에 대한 화기관제 레이더 조사문제

일본 방위성에 따르면, 2018년 12월 20일 오후 3시경, 서해(서일본해)의 노토반도(能登半島) 주변 해역을 경계감시하기 위해 비행 중이던 해상자위대의 P1초계기에, 한국군 구축함이 사격관제용 레이더를 조준했다고 한다. 이에 대해, 이와야 다케시(岩屋毅) 방위상은 21일 저녁 7시경 방위성에서 기자들에게 "예측할 수 없는 사태를 초래할 수 있는 매우 위험한 행위"라며, 21일 한국 측에 항의하는 동시에 재발방지를 촉구했다고 밝혔다.[14]

일본은, 우리 해군이 북한 어선을 구조하려다 레이더를 가동한 것이라고 해명했지만, 그럼에도 불구하고 그 다음날에도 거듭 항의했다. 일본 NHK는 22일 일본정부가 해상자위대의 항공기가 한국군 함정으로부터 사격관제용 레이더의 조사를 받은 문제와 관련해 자위대기를 겨냥한 것이 아니라는 한국 측의 설명을 반박하는 성명을 발표하고, "재차 매우 위험한 행위라며 재발 방지를 요구했다"고 보도했다.[15]

한편, 군사평론가인 다모가미 도시오(田母神俊雄) 전 항공자위대 막료장(공군참모총장)은 지난 21일 방위성이 일본 해상자위대 초계기 P-1에 대한 우리 광개토대왕함의 사격통제 레이더 조사문제를 공개하자 트위터에 "한국 함정이 해상자위대 초계기에 화기관제 레이더를 조사했다고 해서 일본정부가 한국정부에 항의했다고 하는데 전혀 위험하지 않다"며 "화기관제 레이더는 최근 위상배열레이더 방식으로 상시(常時) 전방위에 전파를 계속 내보내고 있어서 그 주변의 항공기 등에 전파가 조사된다"고 설명했다. 특히 "한국 함정이 해상자위대 대잠(對潛) 초계기를 노리고 전파를 조사한 것은 아니라고 본다"면서 "(구축함) 주변에 다른 항공기가 있으며 이들도 전파를 조사받게 되고 미사일이 발사되려면 함정 내의 여러 부서에서 동시에 안전장치를 제거해야 한다. 평상시에는 갑자기 미사일이 날아올 리가 없으니 큰 난리(大騷)를 피우지 않아도 된다"고 지적했다.[16]

강제징용 배상 판결, 위안부합의 파기, 자위대 항공기에 대한 화기레이더 조사 사건 등으로 악화될 대로 악화된 한일관계를 배경으로 일본이 수출규제 강화 조치와 화이트리스트에서 한국을 제외시키는 결정을 한 것으로 여겨진다. 하지만 이 역시 표면적인 이유이다. 일본정부의 결정을 주도한 아베 내각의 구성과 그간 보여주었던 한국에 대한 인식을 고려한다면 좀 더 근본적인 이유가 있어 보인다.

## 2) 근본적 이유

소위 일본회의로 불리는 일본 우익의 총집결체를 중심으로 일본제국주의의 식민지 지배와 해방 이후 최근까지 한참 아래로 내려다보던 한국의 급성장에 대한 우려 섞인 목소리가 대두되었다. 한일 양국의 인적 교류나 문화적 교류가 활발해지면서 민간 레벨에서 협력이 강화되었지만, 이는 일본 우익 입장에서는 한국이 대등한 존재로서 성장했음을 인정하는 것이 된다. 한일관계가 근본적으로 변화되는 과도기적 순간을 맞이한 것이다. 이를 뒷받침할 수 있는 보다 근본적인 이유를 추정해본다.

### (1) 아베 정권의 정상국가에 대한 욕망

『일본회의의 정체』를 집필한 아오키 오사무는 일본회의를 비롯한 일본 우익의 궁극적 목표를 전후체제의 상징인 현해 평화헌법을 개정하는 것이라고 보았다. 이러한 목표를 달성하기 위한 로드맵이 만들어지고, 그에 따라 다양한 전략이 마련되었다.

> "아베 정권과 일본회의(1997.5.30.)가 지금 총력을 기울이는 최대목표는 무엇인가. 이 또한 새삼 언급할 필요가 없을 것이다. 그것은 바로 증오하는 전후체제의 상징이요 핵심이며 원흉인 것의 타파, 즉 현행 헌법의 개정이다"[17]

먼저 국회를 장악할 필요가 있었다. 개정 헌법의 발의를 위한 절차상

국회의원 3분의 2 이상의 동의가 필요했고, 국회의원들을 움직일 강력한 국민들의 지지가 필요했기 때문이다. 내부적인 결속을 위해 외부와의 갈등이 필요했던 것이다.

먼저 일본이 수출규제 강화조치를 선언한 2019년 7월 1일은 그 시기부터 상당히 미묘하다. 이 조치가 시행되는 7월 4일은 참의원선거 공시일과 겹친다. 당시로서는 7월 18일 추가 수출규제 가능성도 예상되었다. 이 시기 또한 미묘하다. 7월 21일이 참의원선거였기 때문이다.

2015년 9월 15일 시점 일본회의 국회의원간담회 소속 중 제3차 아베 신조 개조내각의 각료 20명 중 12명이나 되었고, 표 6.1에서 볼 수 있듯이, 2019년 9월 11일에 발족한 제4차 개조내각에서는 총 19명 중 16명이나 되었다. 이들의 한국에 대한 기본적인 시각은 8월 1일 아베 수상의 최측근이자 브레인인 에토 세이이치(衛藤晟一) 보좌관이 한 "한국은 과거 매춘 관광국이었다"[18]에 잘 드러나 있다. 한국을 바라보는 시각이 1960~1970년대에 머물러 있는 것이다.

### (2) 한반도를 둘러싼 동북아 정세에서의 소외감

2019년 6월 28일과 29일 이틀에 걸쳐 오사카에게 개최된 G20 이후의 상황 역시 일본의 자존심을 상하게 만들었다. 오사카 G20 회의는 일본이 의장국으로서 개최하는 최초의 회의였다. 아베 내각 입장에서는 시나리오가 있었을 것으로 판단된다. 먼저 오사카 G20 회의를 성공적으로 개최한다. 여세를 몰아 7월 21일 참의원 선거에서 3분의 2를 차지한다. 이후 중의원을 해산하고 총선거를 실시해 역시 3분의 2의 의석수를 획득한다. 국민투표를 통해 헌법 9조를 중심으로 한 개헌을 이루어낸다. 아울러 아베 내각 지지층(일본회의)에 의한 유약 외교 불식에 대한 요구도 있었다. 이 모든 로드맵의 출발점이 오사카 G20 회의였다.

한국정부는 G20 정상회의에 참석한 각국 정상들에게 세계적 이슈에

### 표 6.1 제4차 아베 재개조내각 '야스쿠니'파 개헌·우익단체 우원연맹 가맹 상황

| 이름 | 한자명 | 일본회의[1] | 신정련[2] |
|---|---|---|---|
| 아베·신조 수상 | 安倍晋三 | ●특별고문 | ● |
| 아소·타로 부총리겸재무상 | 麻生太郎 | ●특별고문 | ● |
| 다카이치·사나에 총무상 | 高市早苗 | ●부회장 | ● |
| 가와이·가쓰유키 법상 | 河井克行 | | ● |
| 모테기·도시미쓰 외상 | 茂木敏充 | ● | ● |
| 하기우다·고이치 문부과학상 | 萩生田光一 | ●政審부회장 | ● |
| 가토·가쓰노부 후생노동상 | 加藤勝信 | ●부간사장 | ● |
| 에토·다쿠 농림수산상 | 江藤拓 | ●부간사장 | ● |
| 스가와라·잇슈 경제산업상 | 菅原一秀 | ● | ● |
| 아카바 가즈요시 국토교통상 | 赤羽一嘉[3] | | |
| 고이즈미·신지로 환경상 | 小泉進次郎[4] | | |
| 고노·다로 방위상 | 河野太郎 | ● | ● |
| 스가·요시히데 관방장관 | 菅義偉 | ●부회장 | ● |
| 다나카·가즈노리 부흥상 | 田中和德 | | ● |
| 다케다·료타 국가공안위원장 | 武田良太 | ● | |
| 에토·세이치 1억총활약담당상 | 衛藤晟一 | ●간사장 | ● |
| 다케모토·나오카즈 IT담당상 | 竹本直一 | ● | ● |
| 니시무라·야스토시 경제재생담당상 | 西村康稔 | ●부간사장 | ● |
| 기타무라·세이고 지방창생담당상 | 北村誠吾 | ● | ● |
| 하시모토·세이코 올림픽담당상 | 橋本聖子 | ●부회장 | |

[1] 「일본회의국회의원간담회」의 약칭. ●뒤의 직위는 동 간담회 내의 직위임.
[2] 「신도정치연맹국회의원간담회」의 약칭
[3] 고메이토(公明黨) 소속 의원임.
[4] 2009년의 중의원 의원 당선 후, 매년 8월 15일에 야스쿠니신사(靖國神社)를 참배

출처: 『しんぶん赤旗』, 2019.9.14.에서 재인용.

대한 한국의 입장과 '혁신적 포용국가 구현'이라는 정부의 정책기조에 대해 설명할 예정이었다. 아울러 한반도의 완전한 비핵화와 항구적 평화정착을 향한 한국정부의 노력과, 평화가 경제발전으로 이어지고 경제발전이 다시 평화를 공고히 하는 평화경제의 시대를 열어나가고자 하는 정부의 한반도 정책방향도 설명하고자 했다.[19] 다들 오사카 G20 정상회의를 통한 외교성과는 그 정도로 보고 있었지만, 일부에서 오사카 G20 회의를 무대로 하여 북미대화와 이를 통한 한반도 평화정착 프로세스를 진행시키기 위한 외교적 노력이 있을 것으로 전망하기도 했다. 트럼프 대통령이 6월 29일 자신의 트위터를 통해 김정은 위원장과 비무장지대(DMZ)에서 만나 인사하고 싶다고 제안하면서 이런 가능성을 높였다. 북미 정상 회동의 가능성이 부상한 것이다.[20]

결국 의외의 사태가 전개되었다. 6월 30일 판문점에서 이루어진 남북미 세 정상의 만남이 세계의 이목을 집중시켜 버리고 오사카 G20 정상회의를 덮어버린 것이다. 7월 1일자 뉴스에서 이틀 전 폐막한 오사카 G20 관련 보도는 찾아보기 힘든 수준이었다. 트럼프 대통령과 김정은 위원장이 함께 군사분계선을 넘는 모습은 요미우리, 아사히, 마이니치, 도쿄, 산케이, 니혼게이자이신문 등 일본의 주요 일간지조차 1면 톱으로 판문점 회동을 다루었다.[21] 그만큼 세계사에 길이 남을 '빅 이벤트'였다.[22] 일본 입장에서는 오사카 G20 회의 때문에 일본에 온 트럼프 대통령이 결과적으로 한반도 평화 프로세스에 동참하는 모습으로 비춰졌고, 오사카 G20 회의는 남북미 정상 회동 소식에 묻히고 말았다.

그간 남북미 사이의 정상회담이 연이어 개최되면서 국제외교에서 일본은 크게 주목받지 못하는 존재가 되었다. 2018년 6월 12일 싱가포르 북미정상회담으로 역사상 처음 북미 정상이 전 세계의 주목을 받았고, 비핵화를 주제로 한 극적인 타결이 예상되었던 2019년 9월 27일, 28일에 베트남 하노이 북미정상회담까지 일본은 이렇다 할 역할을 하지 못하고 소외되었다.[23] 이러한 상황이 절정에 달한 것이 바로 6월 30일 남북미 정상의 판문점 회담이었다. 이러한 소외감과 한국에 대한 견제심리 발동이 수출규제 강화 조치의 근본적인 원인 중 하나가 되었을 것으로 보인다. 조심스럽지만, 아베 수상 개인적으로도 문재인 대통령에 대한 경쟁심리가 작동했을 것이다.

### (3) 한국경제의 성장과 견제심리

그간 한국경제의 성장이 지속되면서 일본과의 격차가 좁혀졌고, 이는 일본정부와 일본 우익들에게 한국에 대한 견제심리를 발동시켰다. 한국은행의 2019년 1월 9일 발표에 의하면, 한국의 2018년 1인당 GNI는 3만 1,000달러에 달했다.[24] 표 6.2에 나타난 1인당 명목 GDP 비교에서도 일본의 3만 8,449달러에 대해 한국은 2만 9,938달러로 약 78%에 달해 과거에 비해[25] 그 격차가 상당히 줄어들었다. 급기야는 2019년 경제개발협력기구, 즉 OECD가 발표한 연도별 구매력 기준 1인당 GDP에서는 2017년부터 일본(20위)을 제치고 한국이 19위에 올랐다.[26] 인구수를 고려하지 않은 명목 GDP로는 일본이 한국을 크게 앞지르지만, 환율과 물가수준, 구매력을 고려하면 36개 회원국 중 한국은 2018년 기준(잠정치)으로 1인당 GDP 4만 2,136달러를 기록해, 같은 기간 4만 1,364달러를 기록한 일본을 앞섰다.

그 외의 각종 지표를 살펴보더라도 다양한 부문에서 한일 양국의 격차가 상당히 줄어들거나 추월했음을 알 수 있다.

또한, 일본정부가 수출규제를 강화한 2019년 7월 시점은 한반도 정세의 변화와 남북한의 대화 노선이 미국의 지원 하에 꾸준히 전개되고 있었다. 즉 남북한의 통일까지는 아니어도 남북경제협력의 가능성이 높아진 상황이었다. 문재인 대통령 역시 일본을 극복할 수 있는 돌파구로 '남북 평화경제'와 경제협력을 제시했다. 이것이 실현될 경우 일본경제

### 표 6.2 한일 양국 각종 지표 비교

| 한국 | 항목 | 일본 |
|---|---|---|
| 정치 | | |
| 54점 | 정부 부패인식지수 | 73점 |
| 6,320만 달러 | 국제연합분담금 | 2억 3,880만 달러 |
| 세계 41위 | 정부의 위기관리능력 순위 | 세계 67위 |
| 17% | 국회의원의 여성비율 | 13.70% |
| 경제 | | |
| 2만 9,938 달러 | 1인당 명목GDP | 3만 8,449 달러 |
| 357만 엔 | 세대평균수입 | 429만 엔 |
| 약 181조 9,000억 엔 | 주식시장의 시가총액 (2018년 8월 말 현재) | 약 654조 6,000억 엔 |
| 1사 | 세계시가총액 순위 탑100(2017년) | 4사 |
| 1만 5,763건 | 국제특허출원건수 | 4만 8,208건 |
| 36.6 달러 | 1시간당 노동생산성 | 47.5 달러 |
| 13.80% | 엥겔계수 | 25.70% |
| 15위 | 국제경쟁력 순위 | 5위 |
| 29위 | 경제자유도 순위 | 30위 |
| 1,334만 명 | 해외에서 입국하는 관광객 수 | 2,869만 명 |
| 2.60% | 2019년 경제성장률(IMF 예상치) | 1.10% |
| 군사 | | |
| 392억 달러 | 군사 및 방위 예산 | 454억 달러 |
| 582만 명 | 군대(자위대) 규모 | 31만 명 |
| 40기 | F35전투기 수(구입 예정 포함) | 147기 |
| 3척 | 이지스함 보유 수(건조 중 포함) | 8척 |

출처: NEWSポストセブン 2019.2.4. 「日本経済力比較 差は縮まりつつあるが逆転の可能性は?」

가 우리 경제보다 우위에 있는 것은 경제 규모와 내수시장 정도였다. 일본정부 입장에서는 다급해지지 않을 수 없었다.

### (4) 미국의 TPP 탈퇴와 자유무역질서의 위기

필자는 아베 수상의 트럼프 흉내 내기도 이번 수출규제 강화조치와 관련이 있다고 본다. 2019년 당시는 세계경제가 트럼프의 미국 중심주의 강요에 따른 국제 자유무역질서가 흔들리고 있던 상황이었다. 2017년 1월 23일 미국의 TPP(Trans-Pacific Partnership, 환태평양경제동반자협정) 이탈은 이를 상징적으로 보여주는 사건이었다. GATT(General Agreement on Tariffs and Trade, 관세 및 무역에 관한 일반 협정)나 WTO(World Trade Organization, 세계무역기구)의 지난한 역사 속에서 형성된 상호이해 기반의 협상에 입각한 국제질서가 아닌 '힘 우위'의 새로운 무역질서가 미일의 무역분쟁으로 표면화된 것이다. 이른바 WTO의 무력화라 하지 않을 수 없다.

2019년 1월 23일 미국의 TPP 탈퇴 공식화로 일본이 크게 당황했다. 이미 2018년 12월 의회에서 TPP를 비준했기 때문이다. 아베 수상은 "(트럼프 대통령에게) TPP의 전략적·경제적 의의에 대해 차분히 이해를 구하고 싶다. … 트럼프 대통령은 자유롭고 공정한 무역의 중요성을 인식하고 있다"라며 트럼프 대통령을 설득하겠다고 했지만, 결국 미국이 빠진 11개국의 CPTPP로 전락하고 말았다.[27] 반면 중국이 주도하는 역내포괄적경제동반자협정(RCEP)이 타결될 것으로 전망되면서 아시아 태평양 지역에서의 일본의 주도권 상실이 예상되고 있었다. 실제로 2020년 11월 15일 RCEP 회원국들의 서명이 이루어졌다.

## 3. 상징적 사건들과 한국의 대응

### 1) 상징적 사건들

이번 일본의 수출규제 강화 조치와 이후의 전개 과정을 살펴볼 때, 상징적인 사건들이 몇 가지 있었다. 평소의 일본이라면 일어나지 않았을 법한 일들이 발생한 것이다. 일본의 초조감을 엿볼 수 있는 사건들이라고 생각된다.

(1) 2019년 7월 12일, 경제산업성 내에서 이루어진 '창고회의'로, 한국에 대한 불편한 심기를 노골적으로 드러낸 사건이었다. 당일 회의장은 일본 경제산업성 본관이 아닌 별관 10층에 테이블 두 개를 붙여서 만든 것으로 회의장 한쪽 구석에는 간이 의자와 이동형 테이블이 포개져 놓여 있고 바닥에는 전선이 정리되지 않은 채 튀어나와 있었다. 일본정부는 '수출 관리에 관한 사무적 설명회'라고 쓰인 A4용지 두 장을 프린트해서 테이블 옆에 놓인 화이트보드에 붙여 놓았다. "한국정부에서 이번 조치에 대해 궁금하게 여기니 설명할 뿐 회의가 아니다"라는 의미였다. 일본정부 관계자들이 보여준 태도도 냉담했다. 인사도 하지 않은 채 정면을 응시했다. 상부의 지시를 받은 듯, 악수를 하거나 명함을 교환하지도 않았다. 일본 관계자들은 일본정부가 여름에 실시 중인 셔츠 차림의 '쿨비즈' 복장 그대로 나타나 양복을 입은 우리 측과 대조됐다. 테이블 위에는 물 한 잔도 놓여 있지 않았다. 일본 측은 수출규제 강화 조치를 그대로 시행하겠다는 입장을 밝혔다.[28]

(2) 2019년 7월 19일, 고노 다로(河野太郎) 외상이 남관표 주일 한국대사를 초치하여 항의하면서 격노한 모습을 보였다. 대화 도중 남관표 대사가 "대화를 통해 조속히 해결하는 노력을 해야 한다. 한국정부는 양국 관계를 해치지 않고 소송이 종결될 수 있도록 부단히 노력하고 있다. 이런 노력의 일환으로 우리 정부의 구상을 제시한 바 있다"고 말

하며 한국정부가 일본정부에 강제징용 문제 해결안으로 한국기업과 일본기업이 1대1로 기금을 마련해 피해자들을 돕는 방안을 제안했음을 언급하자, 고노 외상이 "잠깐 기다리세요"라고 남 대사의 발언을 중간에 끊은 뒤 "한국 쪽의 제안은 전혀 받아들일 수 없다"고 목소리를 높이고 나섰다. 언론에도 공개되는 머리 발언 도중에 상대편 발언을 끊고 들어가는 행동은 이례적이기도 하고 결례에 해당할 수도 있다. 또한, 고노 외상은 이어서 "(한국정부 제안은) 국제법 위반의 상황을 시정할 수 있는 것이 아니라는 것은 이전에 한국 쪽에 전달했다. 그걸 모른 척하면서 다시 제안하는 것은 극히 무례하다"고 거친 말도 사용했다. 고노 외상은 남 대사가 "일본의 일방적 조처"라며 일본의 수출규제 문제를 지적하자, 일본의 수출규제를 강제징용 문제와 관련시키지 말라고 비난하기도 했다.[29]

(3) 2019년 8월 2일 문재인 대통령의 담화에 대해 일본의 사토 마사히사(佐藤正久) 외무성 부대신이 "무례하다"고 비난했다. 사토 부대신은 육상 자위대 출신의 극우 인사로 지난 2011년 독도를 방문하겠다고 고집하다가 한국 공항에서 입국이 거부되기도 했던 인사였다. 그는 당일 BS후지 프로그램에 출연하여 대통령의 발언을 폄하했다. 문재인 대통령이 국무회의에서 "가해자인 일본이 적반하장으로 큰소리치는 상황을 결코 좌시하지 않을 것"이라고 발언하며 사실상의 대국민담화에서 대일(對日) 정면대응에 동참해 달라고 호소한 것을 문제 삼은 것이다. 그는 다음날 자신의 트위터에서도 같은 말을 반복했다. "문 대통령의 일본에 대응한 연설은 일본을 가해자라든지, 적반하장이라든지 하며 지극히 품위가 없었다", "어떻게 봐도 미래지향적이지 않고 과거 지향적이다", "두 번 다시 일본에 지지 않겠다는 발언도 마찬가지다. 원래 일본은 한국과 싸우지 않았다. 한국이 떠드는(소란을 피우는) 것이니까 … 나쁜 버릇은 안 된다. 앞으로(의 상황 전개)에 대한 화근도 된다" 등의 발언들이다.[30]

(4) 2019년 8월 6일, 일본 아베 수상 "한국이 국제 조약 일방 파기" 주장,

"국가 간 약속을 지킬 수 있느냐 아니냐 하는 신뢰의 문제", "한국 측이 청구권 협정을 비롯해 국가 간 관계와 약속을 지켜야 한다", 즉 한일 갈등 해소를 위해 한국정부의 태도 변화가 우선되어야 한다는 기존 입장 반복했다. 아베 수상만이 아니라 많은 일본의 우익 정치인들이 꾸준히 제기해 왔던 소위 '징용공문제'나 '위안부합의'에 대한 입장이다. 특별한 것은 없다.

왜 일본의 정부 고위 관료들이 이런 무리수를 두었을까? 필자는 한국정부와 국민의 차분하고 내정한 대응이 일본정부의 스텝을 꼬이게 했을 것으로 판단한다. 무엇보다 국제사회 속의 한국의 위상이 높아지면서 과거 역사 속의 한일관계에 머물러 있는 일본 우익과 아베정부의 고압적 자세가 여실히 드러난 사건들이다. 제국주의 국가와 식민지의 관계나 소재·부품·장비 중심의 대일 의존적 경제관계를 염두에 둘 뿐, 한국의 경제적 성장, 정치적 민주화, 한류문화의 성장, 그리고 고양된 시민의식에 대한 평가가 이루어지지 못하고 오히려 과거의 인식에서 벗어나지 못한 것이다. 따라서 일본의 수출규제 강화 조치에 대응하는 한국의 정부와 국민들의 차분한 대응에 당황하며 스텝이 꼬였던 것으로 보인다.

### 2) 한국정부와 국민의 대응

일본정부의 반도체 및 디스플레이 소재 3품목을 대상으로 한 수출규제 강화는 결과적으로 한국의 소재 국산화를 촉진시켰을 뿐만 아니라, 부품이나 제조 장치의 국산화(외자공장의 유치를 포함)도 촉진시켰다. 또한, 일본을 비롯한 외국기업의 한국에 대한 공장진출도 계속되고 있고, 그것을 할 수 없는 특히 국산화가 급속하게 진전된 불화수소 분야의 일본기업은 한국을 대상으로 한 비즈니스에서 어려움을 겪고 있고 업적 악화를 초래하는 등의 사태가 이미 발생하고 있다.

### (1) 정부의 대응: 지소미아 종료 시사

한국정부는 2019년 8월 일본의 수출규제 강화조치 및 화이트리스트 배제안에 대해 한일군사정보보호협정(GSOMIA) 종료를 시사했다.[31] 한국정부가 일본이 한국을 화이트리스트에서 배제하는 등 안보환경에 중요한 변화가 초래되어 협정을 지속하는 것이 국익에 부합하지 않는다고 결정한 것이다. 사실 수출규제 강화 조치를 '경제보복'으로 받아들였고 지소미아 종료는 그에 대한 맞불이었다. 아래의 표에 청와대 발표문을 실었다. 참조하기 바란다.

---

**글상자 6.2  지소미아 종료에 대한 청와대 입장 발표문**

국가안전보장회의 사무처장입니다.
　한일간『군사비밀정보의 보호에 관한 협정』, 즉 지소미아(GSOMIA) 연장여부에 관한 정부의 결정에 대해 말씀드리겠습니다.
　정부는 한일간『군사비밀정보의 보호에 관한 협정(GSOMIA)』을 종료하기로 결정하였으며, 협정의 근거에 따라 연장 통보시한 내에 외교경로를 통하여 일본정부에 이를 통보할 예정입니다.
　정부는 일본 정부가 지난 8월 2일 명확한 근거를 제시하지 않고, 한일간 신뢰훼손으로 안보상의 문제가 발생하였다는 이유를 들어『수출무역관리령 별표 제3의 국가군(일명 백색국가 리스트)』에서 우리나라를 제외함으로써 양국간 안보협력환경에 중대한 변화를 초래한 것으로 평가하였습니다.
　이러한 상황에서 정부는 안보상 민감한 군사정보 교류를 목적으로 체결한 협정을 지속시키는 것이 우리의 국익에 부합하지 않는다고 판단하였습니다.
　이상입니다.

출처: 「靑, 한일군사정보보호협정 '지소미아' 연장 종료」 The Science Monitor 2019.8.26

당시 일본뿐만 아니라 미국도 위의 청와대 발표 이후 몇 시간 만에 두 차례에 걸쳐 "한국에 강한 우려와 실망감을 표명한다"고 국방부를 통해 논평을 발표했었다. 지소미아가 한일 양국의 문제에 그치는 것이 아니라 한미일 안보협력을 위해서도 중요하다는 인식 때문이었다. 결국, 한국정부가 '지소미아 일단 유지'를 발표하면서 이 문제는 수면 아래로 가라앉았지만, 종료 가능성은 여전히 유지되고 있었다.[32]

하지만 지소미아는 종료일 90일 전까지 상대국에 종료 의사를 서면 통보하지 않는 한 자동으로 1년씩 연장된다. 그 기한인 2020년 8월 24까지 일본에 종료 의사를 통보하지 않아 자동으로 연장되었다. 이는 8월 15일 광복절 경축사에서 행한 문재인 대통령의 "정부는 언제든 일본 정부와 마주 앉을 준비가 되어 있다"며 대화로 갈등을 해결하겠다는 뜻을 보인 것과 관련 있어 보인다.[33] 그러나 한국정부는 지소미아를 대일 압박 카드로 활용하겠다는 입장을 유지하고 있다. 8월 24일이 지났다고 해도 지소미아가 자동 연장된 것이 아니라 종료하려면 언제든지 종료시킬 수 있다는 입장인 것이다. 하지만 일본은 지소미아가 대일 압박 카드로 실효성이 없다는 입장인 것 같다. 한미일 안보협력을 위한 지소미아 유지가 미국의 기본입장이었고, 이미 2019년 8월 지소미아 종료를 선언했을 때 압박을 받은 적이 있기 때문이다.

### (2) 국민들의 불매운동

일본 상품에 대한 불매운동의 효과가 있느냐 없느냐에 대한 의견을 판단하는 기준에 따라 다를 수 있다. 하지만 그 액수를 기준으로 생각해보면, 일본 상품에 대한 불매운동은 효과 유무와 상관없이 상징적 의사표현으로 이해된다. "독립운동은 못 했어도 불매운동은 한다"(택배기사들, 마트 판매원들, 미용사 등등)는 문구가 이를 여실히 보여준다.

2019년 8월 6일 '노재팬(NO Japan)' 깃발(배너)을 세종로 등 관내

지역에 설치했던 서울 중구가 비판이 거세지자 결국 반나절 만에 배너를 철거했다. 민간의 자발적 불매운동이 아닌 지자체가 직접 갈등을 조장하고 나서는 것은 지나치다는 지적이 제기된 데 따른 조치였다. "서울 중심에 저런 깃발이 걸리면 한국을 방문하는 일본 관광객들이 모두 불쾌해할 것이고, 일본의 무력도발에 찬성하는 일본 시민들이 더 많아질 것"이라며(중구청 홈페이지 청원자) 오히려 국민들은 지자체나 정부에 냉정한 대응을 촉구했다.[34]

한편, 일부 국내 신문의 일본어판이 오히려 '혐한'의 도구로 이용되고 있어서 한일 양국의 갈등 해소에 장애 요인이 될 수 있음을 확인할 수 있었다. 보다 신중한 사실 확인과 전체 맥락을 전달하는 충실한 기사 작성이 요구된다고 하겠다.

## 4. 수출규제 강화 조치의 결과

일본정부는 2019년 7월, 반도체나 디스플레이에 사용되는 필수 소재 3품목의 대한국 수출규제강화를 실시했다. 이에 대해 한국정부는 "소재·부품·장비(간단히 '소부장'으로 표기하기도 한다) 경쟁력 강화전략"을 책정하고, 서플라이체인의 안정화와 글로벌 밸류 체인(GVC)의 재편에 힘써 왔다. 이하의 내용은 한국 산업통상자원부가 발표한 내용을 정리한 것이다.[35]

한국정부는 정책의 사령탑으로서 2019년 10월에 '소부장경쟁력위원회'를 발족시키고, 정책수립과 협력모델의 승인, 진행률 점검 등을 실시해 왔다. 그 외에도 2001년에 제정한 '부품소재특별법'을 20년 만에 전면 개정하고 2020년 4월 1일부터 시행했다.

## 1) 반도체 소재 3품목의 수입대체화

산업통상자원부의 발표내용에서는 규제된 주요 3품목에 대해 한국정부가 신속한 기술개발 지원과 기업의 대체 소재 투입 등으로 국내 생산을 급속하게 확충했기 때문에, 수급이 안정적으로 유지되고 있다고 결론짓고 있다.

구체적으로 먼저 고순도불산액이다. 솔브레인(soulbrain)이 12N(99.9999999999%)급의 생산설비를 두 배로 확충하고 생산을 개시했다. 고순도불화수소(가스)에 대해서는 SK머티리얼즈(sk-materials)가 5N(99.999%)클래스 고순도 제품의 양산에 성공했다고 한다. 두 제품 모두 세계 최고 클래스의 품질이라고 한다.

EUV레지스트의 경우에는 유럽(수입처는 벨기에 있는 JSR과 벨기에 IMEC의 합작회사)으로부터의 수입을 늘리는 한편, DuPont과 東京應化工業(TOK)의 EUV레지스트 양산 공장의 유치에 성공했다. 한국 내 기업의 경우에는 파일롯 설비를 구축하고, ArF포토레지스트를 시작 중이다.

불화폴리이미드는, Colon Industry가 양산 설비를 구축하고, 중국의 스마트폰용으로 수출을 행하는 수준에 도달해 있다. 그 외에 SK그룹의 화학메이커SKC가 독자기술을 활용한 것을 생산에 투입하고자 테스트를 진행 중이다. 이 밖에 몇 개의 한국 유저 기업은 휴대전화의 제조에 불화폴리이미트의 대체 소재를 채용했다.

## 2) 수입처의 다변화

한국정부는 최근 1년 반, 일본에 대한 의존도가 높은 품목 100종을 선택하고, 그 의존도를 줄이기 위한 노력으로서 수입처를 일본만이 아니라 EU나 미국 등으로 다양화하고, 품목별 평균재고 수준을 종래 대비 두 배 이상으로 확충했다.

이런 흐름 속에서 한국의 석유화학 메이커인 효성은 2020년 상반기에 탄소섬유의 생산 설비를 증설하고, SK그룹의 화학메이커 SKC도 2019년 하반기에 블랭크마스크공장을 신설하는 등 23사 기업이 국내에 새롭게 생산설비를 구축했다.

이밖에 SK그룹의 웨이버 메이커인 SK Siltron은 DuPont의 실리콘 웨이버 제조부문을 매수하는 외에 건재(建材) 메이커인 KCC는 실리콘 및 석영 소재기업인 미국 MPM을 매수하는 등 그런 움직임도 보이고 있다.

또한 이 보고서 발표 직후인 1월 말, 한국의 화학 메이커인 POSCO Chemical과 OCI가 공동으로 반도체 제조용 고순도 과산화수소의 제조를 목표로 공장 건설을 시작했음을 밝혔다.

한편, 세계에서 수입하고 있는 338품목에 대해서는, 관계성청과 관계기관, 업종별 협회 등 합계 21개 기관에 의한 수급대응 서포트 센터를 구축, 7000사 이상 기업의 수급동향을 상시 감시하는 체제를 구축했다.

### 3) 기술개발의 촉진

'보도자료'에 의하면, 한국정부는 2019년~2020년에 걸쳐 약 2조 원을 투입하여 100품목의 기술개발 추진을 도모하고 있고, 현재까지 85품목의 기술개발이 진행 중이다. 또한, 나머지 항목에 대해서도 2021년부터 연기 개발의 서포트를 순차적으로 진행하고 있고, ArF포토레지스트를 비롯한 개발 중인 제품이 양산에 들어갈 예정이다.

또한, 기업과 연구소 등이 참가하는 협력모델 22건에 대해 지원체제의 구축과 자금 투입이 이루어지고 있다. 특히 2차 전지 제품, 반도체용

재료 등에 대해서는 2024년까지 2137억 원 규모의 정책자금이 투입될 예정이며, 이 밖에 지금까지 기업의 부담이 컸던 인재나 환경 분야 등의 규제에 대해서도 특례를 만들어 서포트해 갈 방침이다.

덧붙여 32개 공공연구기관과 12개 대학이 기술지원을 행한 결과, 153건의 기술적인 지장이 해결되었다.

이밖에 한국에서는 소재·부품·장치 기업에 대한 집중투자를 위해 8626억 원 규모의 펀드를 조성하고, 4건의 프로젝트에 합계 3,564억 원을 투자했다. 또한, 차세대 기술의 연구개발에 2조 2,000억 원을 투자하고, 신소재 개발에 드는 비용과 시간을 삭감하기 위한 데이터를 활용한 플랫폼 구축을 도모한다.

요컨대, 일본정부의 반도체 및 디스플레이 소재 3품목을 대상으로 한 수출규제 강화는 결과적으로 한국의 소재 국산화를 촉진시켰을 뿐만 아니라, 부품이나 제조 장치의 국산화(외자공장의 유치를 포함)도 촉진시키고 있다. 또한, 일본을 비롯한 외국기업의 한국에 대한 공장진출도 계속되고 있고, 그것을 할 수 없는(특히 국산화가 급속하게 진전된 불화수소 분야의) 일본기업은 한국을 대상으로 한 비즈니스에서 어려움을 겪고 있고 업적 악화를 초래하는 등의 사태가 이미 발생하고 있다.

## 5. 수출규제 강화 조치와 한일관계의 변화

이상에서 2019년 7월 1일 일본이 반도체 핵심 소재 3개 품목에 대한 수출규제 강화 조치를 내리고 화이트리스트에서 한국을 배제시킨 배경과 경과에 대해 검토했다. '해결'되지 못한 역사문제로 인해 한일관계가 파행을 겪고 있고 그것이 결국 한일 양국 사이의 무역분쟁을 일으켰다는 주장도 살펴보았다. 이와는 달리 한국 국민들, 특히 젊은 층에게는 "일본이라는 국가는 싫지만 일본 국민들과는 친하게 지내고 싶다"는 의견이 많다. 그들이 일본 상품에 대한 불매운동의 중심에 있으면서도 기성세대와 일본에 대한 인식과 태도에서 차이를 보인다.

일본의 수출규제 강화 조치 이후 전개되어 온 한일 양국 사이의 외교적 갈등이 코로나19사태로 휴지기에 들어간 것 같다. 이러한 외교적 갈등을 해소하고 미래 지향적인 한일관계를 구축하기 위해 어떤 방안들이 존재할 수 있는지 냉정하고 고민해야 할 시점이 된 것 같다. 지금까지 한일관계는 선진국 일본을 한국이 추격해 가는 형세로 인식되어 왔다. 이러한 경향은 아직도 우리 국민들 사이에 광범위하게 퍼져 있다. 일본 내에서도 특히 우익세력들 사이에는 한국의 발전상을 애써 외면하고 정치적 갈등을 부추겨 자신들의 존재감을 어필하고 있다. 1873년 정한론(征韓論)이나 1931년 만주사변처럼 국내의 위기를 타국과의 갈등을 통해 극복하려는 경향이 역사적으로 반복되어 왔다. 이번 사태도 같은 맥락에서 이해할 수 있다는 것이 필자의 주장이다.

한국 국내의 여러 정치세력과 국민들 사이에 일본에 대한 태도가 다양하다. 반일종족주의나 식민지근대화론으로 대표되는 역사수정주의에 대해 비판하는 목소리도 크지만, 그들의 목소리를 진지하게 받아들여야 한다는 주장도 보수세력을 중심으로 힘을 얻고 있다. 이 역시 한국 국민들의 또 다른 의견으로 참고할 필요가 있다.

이상의 진단에 기대어 이번 사태에서 취할 수 있는 교훈을 다음과 같이 정리하고자 한다. 무엇보다 일본이 경제를 정치화하고, 높은 기술 수준을 무기로 해서 이웃나라를 괴롭힐 수 있다는 교훈을 얻었다. 그 수업료가 얼마나 비쌀 것인지는 향후 추이까지 지켜봐야 할 것이다.

언제 어떤 식으로 해결될지 모르겠지만, 해결되더라도 한일 양국 서로에게 상처를 남기게 될 것이다. 상처는 트라우마로 발전할 것이고, 이는 우리 기업들에게 다양한 형태의 대응을 촉진하게 될 것이다. 수입대체를 위한 정부의 지원과 기업의 노력을 통한 국산화, 국제경쟁력 강화, 수입선 다변화 등을 추진하는 계기가 될 것이다.

국민들 입장에서는 당장 다소 불편함을 감수해야 할 것이다. 대승적인 차원에서 국익의 관점에서 상호 이익이라는 국제무역의 관점에서 국민들이 정부에 힘을 실어주고 응원해 주어야 한다.

또한 "자국의 이익을 위해서는 어떤 불법적인 행위도 자행할 수 있다는 과거의 냉엄한 교훈을 잊어서는 안 된다"는 사실을 다시 한번 일깨우는 사건이 되었다. 무엇보다 150년 전 아시아맹주론, 일제강점기의 식민지 지배와 대동아공영권 망상, 해방 이후의 대일종속적 경제관계 등 다양한 형태의 한일 양국 관계에 근본적 변화가 이루어지는 전환점이 될 것으로 기대한다.

무엇보다 '가깝고도 먼 나라' 일본이라는 존재에 대해 보다 객관적인 인식이 가능해진 것은 큰 성과이다. 한일 양국 사이의 경제적 격차가 얼마나 좁혀졌는지 알 수 있었고, 이를 통해 과거 제국주의와 식민지 관계를 청산하고 대등한 입장에서 이루어지는 한일 양국의 협력관계가 더욱 심화될 것이다. 위기는 항상 기회였다.

## 주

1) 조경업·정인교·이주완, "일본 경제제재의 영향과 해법," 한국경제연구원(keri) 세미나 자료, 2019년 7월 10일.
2) 일본정부, 『관보』, 제66호, 2019.8.7.
3) "日, 수출무역관리령 개정안 공포…'금수 품목' 추가 지정은 안 해," 『무역통상정보(KITA.NET)』, 2019.8.7.
4) 아르헨티나, 오스트레일리아, 오스트리아, 벨기에, 불가리아, 캐나다, 체코, 덴마크, 핀란드, 프랑스, 독일, 그리스, 헝가리, 아일랜드, 이탈리아, 대한민국, 룩셈부르크, 네델란드, 뉴질랜드, 노르웨이, 폴란드, 포르투갈, 스페인, 스웨덴,

스위스, 영국, 미국. 일본 수출무역관리령 별표 제3. (밑줄은 필자)
5) 『東京新聞』, 2019.07.04.
6) 신일철주금(新日鐵住金)은 신일본제철(新日本製鐵)과 주우금속(住友金屬, 일본명:스미토모금속)이 합병해 탄생했다. 2012년 10월 1일의 일이다. 2019년 4월에 상호를 변경하여 일본제철이 되었다. 신일본제철은 1970년에 팔번제철(八幡製鐵, 일본명:야하타제철)과 부사제철(富士製鐵, 일본명:후지제철)이 합병하여 탄생했다.
7) "일제 강제동원 피해자의 일본기업을 상대로 한 손해배상청구 사건," 대법원 2018.10.30. 선고 전원합의체 판결(2013다61381 손해배상(기) (자) 상고기각.
8) "법원, 신일철주금 재산 압류신청 '승인'…향후 파장 주목," 『jtbc뉴스』, 2019년 1월 8일.
9) 공시송달(公示送達)이란, 당사자의 송달장소가 불명하여 통상의 송달방법에 의해서는 송달을 실시할 수 없게 되었을 때, 법원서기관 등이 송달한 서류를 보관해 두고 송달을 받을 자가 나타나면 언제든지 그것을 그 자에게 교부한다는 것을 법원게시장에 게시함으로써 행하는 송달방법을 말한다. 송달서류를 송달받을 자에게 교부할 수 없는 경우에는 절차를 진행할 수 없으므로 교부하는 대신에 교부의 기회를 부여하는 것만으로써 송달한 것으로 간주하는 제도이다. 따라서 다른 송달방법을 취할 수 없는 경우에 최후의 수단으로서 인정된다. 공시송달은 당사자의 주소·거소 기타 송달할 장소를 알 수 없는 경우와 외국에서의 촉탁 방법을 쓸 수 없거나 그 효력이 없을 것으로 인정하는 경우를 요건으로 한다. 그 절차는 소송이 계속하고 있는 법원의 재판장(강제집행법상의 송달이면 집행법원의 법관)이 직권 또는 당사자의 신청에 의하여 공시송달을 명할 수 있다(민사소송법 제194조1항). 위의 신청에는 그 사유를 소명하여야 한다(같은 조 2항). 법원사무관 등이 송달할 서류를 보관하고 그 사유를 송달을 받을 자가 출석하면 이 자에게 교부할 것을 기재한 서류를 법원의 게시판에 게시하게 된다(같은 법 제195조). 최초의 공시송달의 효력은 게시한 날로부터 2주일을 경과하면 생긴다. 동일 당사자에 대한 그 후의 공시 송달의 효력은 게시한 익일로부터 생긴다(같은 법 제196조1항).
10) "강제징용 신일철주금 국내자산 압류명령 공시송달 효력 발생," 『한국경제』, 2020.8.4. https://www.hankyung.com/society/article/202008048996Y.
11) 강제동원 피해자 대리인단에 따르면, 강제동원 피해자 및 유족들이 낸 일본제철 한국자산인 PNR 주식 8만1,075주(액면가 5,000원 기준 4억 537만 5,000원)에 대한 압류명령결정 공시송달에 대한 결정이 이루어진 것이다. 하지만 신일본제철의 자산을 실제로 현금화하려면 별도로 법원의 매각명령결정이 이루어져야 한다. 이에 따라 강제동원 피해자 측은 2019년 5월 1일 대구지법 포항지원에 PNR 주식에 대한 매각명령신청을 했다. "강제징용 신일철주금 국내자산 압류명령 공시송달 효력 발생," 『연합뉴스』, 2020년 8월 4일.
12) "일본제철, 주식 압류에 즉시 항고장 … 국내 대리인 대신 우편으로 제출," 『동아일보』 인터넷판, 2020년 8월 8일.
13) 출처는 뉴스톱(http://www.newstof.com).
14) "日, 한국군 함정 일본 항공기에 사격통제용 레이더 조사(照射) 항의(종합)," 『SPN 서울평양뉴스』, 2018년 12월 22일.

15) "日, '우리 함정, 자위대 항공기에 레이더 가동 관련 연일 항의'," 『SPN 서울평양뉴스』, 2018년 12월 23일.
16) "日 전 항공자위대 수장 '韓 레이더 조사 무위험… 난리 필 일 아냐'," 『세계일보』, 2018년 12월 23일.
17) 아오키 오사무 지음, 이민연 옮김, 2019(초판 2017), 『일본회의의 정체』 (서울: 율리시즈), pp. 52-53.
18) 『세계일보』, 2019년 8월 7일.
19) "文대통령, 27~28일 일본 방문 … G20 정상회의 참석," 『뉴시스』 인터넷판, 2019년 6월 25일.
20) "文대통령, 오사카 G20서 '비핵화 외교전' 마치고 서울行," 『뉴스1』 인터넷판, 2019년 6월 29일.
21) "오사카 G20 정상회의 덮은 '남북미' 판문점 회담," 『한국경제』 인터넷판, 2019년 7월 1일.
22) 『한겨레신문』, "사설", 2019년 6월 30일.
23) 싱가포르와 하노이 북미정상회담이 갖는 의의와 한계에 대해서는 주인석, 2019, "싱가포르·하노이 북미정상회담의 명암," 『통일전략』, 제19집 2호, pp. 77-117 참조.
24) GNI(Gross National Income, 국민총소득)는 한 나라의 국민이 국내외 생산 활동에 참가하거나 생산에 필요한 자산을 제공한 대가로 받은 소득의 합계를 가리킨다.
25) 1960년 각국의 1인당 GDP 순위(PPP 환율을 적용한 달러 표시 불변가격 기준)를 보면 일본이 30위로 5,472달러였고, 한국은 70위로 1,765달러로 약 32% 정도에 불과했다.
26) 많은 전문가들은 2019년 8월 환율과 물가수준을 감안한 구매력평가(PPP) 기준 한국의 1인당 GDP가 2023년쯤 일본을 추월할 것으로 내다봤다. 『연합뉴스』, 2019년 8월 11일.

OECD가 발표한 연도별 구매력 기준 1인당 GDP추이  (단위: 달러)

|    | 2013년 | 2014 | 2015년 | 2016년 | 2017년 | 2018년(잠정수치) |
|----|--------|--------|--------|--------|--------|------------------|
| 한국 | 34,244 | 35,324 | 37,907 | 39,567 | 41,001 | 42,136 |
| 일본 | 39,008 | 39,183 | 40,406 | 39,990 | 40,885 | 41,364 |

27) "TPP 비준한 일본 '비상'," 『한국경제』 인터넷판, 2017년 1월 24일. CPTPP는 점진적(comprehensive)이고 포괄적(progressive)인 TPP를 가리키는 것으로 TPP11이라고도 한다.
28) "日, 창고같은 데로 불러 인사도 않고 물 한잔 안내놨다," 『조선일보』 인터넷판 2019년 7월 13일.
29) "고노 외상, 남관표 대사 발언 중간에 끊고 '한국 극히 무례'," 『한겨레』 인터넷판, 2019년 7월 19일.
30) "日외무 부대신 '문대통령 품위없는 발언은 비정상'," 『뉴스1』, 2019년 8월 3일.
31) 지소미아는 2016년 11월 23일 박근혜정부 때 한국과 일본이 북한군과 핵, 미사일에 대한 군사정보를 공유하기 위해 체결한 협정. 당시 국민들이 반발했으나

강행한 적이 있다.
32) "조용히 넘어간 지소미아…압박 카드 유효할까?," 『KBS NEWS』, 2020년 8월 25일.
33) "문대통령 '징용문제, 일본 정부와 언제든 마주 앉을 것'," 『조선일보』 인터넷판, 2020년 8월 15일.
34) "'노 재팬' 깃발 본 시민들 '노' … 중구청은 한나절 만에 내렸다," 『중앙일보』 인터넷판, 2019년 8월 6일.
35) 산업통상자원부는 제6차 소재·부품·장비 경쟁력강화위원회 개최한 뒤 2021년 1월 26일자로 보도자료를 발표하였다. 거기에 첨부된 (별첨)2021년 소재·부품·장비산업 경쟁력 강화 시행계획(안)을 참조하였다. 대한민국 정책브리핑(korea. kr/news/pressReleaseView.do?newsId=156433810). 이에 대해 일본의 언론들 역시 일제히 상기 내용을 보도하였다. news.mynavi.jp, 2021.2.5. "対韓輸出規制実施から1年半, 韓国政府がこれまでの対応策を振り返り"도 그중 하나다. 이하에서는 '보도자료'라 약칭한다.

## 참고문헌

### 1. 한글문헌

길윤형. 2017. 『아베는 누구인가 – 아베 정권의 심층과 동아시아』. 서울: 돌베개.
미래전략정책연구원 지음. 2019. 『10년 후 한국경제의 미래: 세 가지 시나리오로 예측한 한국경제의 미래』. 서울: 일상과이상.
아오키 오사무 지음. 이문열 옮김. 2017. 『아베 삼대 – '도련님'은 어떻게 '우파'의 아이콘이 되었나』. 서울: 서해문집.
아오키 오사무 지음. 이민연 옮김. 2019(초판 2017). 『일본회의의 정체』. 서울: 율리시즈.
이영채·한홍구. 2020. 『한일 우익 근대사 완전정복』. 서울: 창비.
주인석. 2019. "싱가포르·하노이 북미정상회담의 명암." 『통일전략』, 제19집 2호.

### 2. 인터넷 자료

각종 한국과 일본의 신문 인터넷판.
대한민국 정책브리핑(korea.kr/news/pressReleaseView.do?newsId=156433810)

# 유럽 경제의 위기와 극복: 그리스 금융위기 사태

한미애(계명대 국제학연구소)

1950년 프랑스 외무장관인 로베르 쉬망(Robert Schuman)은 쉬망선언을 통해 다음과 같이 석탄·철강산업을 초국가적 기구를 통한 공동 관리를 선언하였다.

"세계 평화를 위협하는 위험에 상응하는 창조적 노력 없이는 세계 평화를 구할 수 없다. 조직적이고 살아있는 유럽이 문명에 가져올 수 있는 기여는 평화로운 관계를 유지하는 데 필수적이다."

이는 유럽통합의 토대가 되었다. 1957년 로마조약 서명 당시 6개국에 불과하던 회원국은 60년 만에 다섯 배 가까이 증가하였고, 유럽연합에 가입을 희망하는 국가까지 합하면 유럽연합의 규모는 점차 거대해질 것으로 예상된다.

1993년 마스트리히트조약에 의해 유럽연합(EC, European Community)으로 출범하여 현재 28개국이 가입된 유럽연합은 그동안 많은 위기에 봉착하였다. 특히 그리스의 금융위기로부터 촉발된 유럽연합의 금융위기는 유로존의 존폐위기를 논할 만큼 큰 타격을 입었다. 유럽연합은 정치적, 경제적으로 공동운명이 강화되면서 회원국의 문제는 곧 유럽연합의 문제가 되었다. 이러한 위기를 겪으면서도 유럽연합은 왜 통합을 지속하고자 하는가, 유럽연합이 지속될 수 있었던 원인은 무엇인가, 과연 유럽은 하나가 될 수 있을까?

　이번 장에서는 유럽연합이 통합을 지속해오면서 겪었던 위기와 극복 사례를 주목하고자 한다. 앞선 2장에서 영국의 유럽연합 탈퇴 상황에 대해 알아보았다면, 7장에서는 유럽연합 내 재정위기 상황을 살펴보고자 한다. 유럽연합의 존폐를 논할 수는 없지만, 세계에서 독보적인 국가연합으로 존재를 과시하고 있는 만큼 국제지역학을 전공하는 학생들에게 유럽연합은 필수적으로 학습해야 하는 사례로 판단된다. 특히 지리적으로 멀게만 느껴져 한국에서 관심도가 상대적으로 적었던 지역이지만, 최근 남북통일 사례의 선례로서 많이 연구되는 만큼 중요성 또한 높다고 볼 수 있다.

## 1. 유럽통화동맹의 출범과 유로의 탄생

유로(Euro)는 1999년 1월 유럽통화동맹(EMU: European Monetary Union)이 정식 출범하면서 도입되었다. 1999년 유로가 처음 도입되었을 당시에는 회계장부상에서만 사용하였고, 실제 유로화 통용까지 회원국들에게 3년 6개월의 전환 기간을 주었다. 2002년 7월부터 12개국[1]의 통화가 법적 효력이 상실되며 유로가 통용되기 시작하였다.[2] 유럽통화동맹은 1958년부터 추진된 유럽단일시장(European Single Market) 완성의 최종단계이다. 1992년 대부분의 규제와 무역장벽이 제거되었지만, 단일시장의 효율성 제고를 위해 회원국 간의 환율로 인한 리스크를 관리해야 했다. 단일화폐를 통해 통화 격차로 발생하는 불필요한 비용의 지출을 막아 효율적이고 경제적인 거래가 가능하도록 하였다. 유럽통화동맹의 창설 원인은 무엇보다도 브레튼우즈체제(BWS: Bretton Woods system) 이후 국제사회가 겪었던 국제통화체제의 불안정에서 기인했다고 볼 수 있다. 브레튼우즈체제 초기에는 미국경제가 세계시장을 주도했지만, 1958년부터 미국의 무역수지가 악화되면서 달러 과잉 상태가 되었다. 양차 세계대전 이후 경제회복을 통해 국제수지 흑자 발생국으로 전환된 독일, 프랑스 등 달러 보유국들은 미국에 금태환을 요구하였다. 1971년 브레튼우즈체제가 붕괴했고, 그해 12월 10개국의 재무장관들과 관련 부처장들은 스미소니언체제(Smithsonian agreements)[3] 출범에 합의하였다. 1972년 유럽은 유럽 회원국 내 환율 변동폭을 스미소니언 협정의 절반인 2.25%로 유지하는 스네이크체제를 출범시켜 역내 환율 안정화를 추진하였다.

이후 계속된 세계 경제의 악화(제 1, 2차 오일쇼크)로 인해 유럽 국가들은 1979년 유럽통화제도(EMS: European Monetary System)[4]를

---

### 글상자 7.1  브레튼우즈체제

금본위제라고도 불리는 것으로, 국제적인 통화제도협정에 따라 구축된 국제통화체제로 제2차 세계대전 종전 직전인 1944년 미국 뉴햄프셔주 브레튼우즈에서 열린 44개국이 참가한 연합국 통화 금융 회의에서 탄생되었다. 이 협정을 브레튼우즈협정 혹은 브레튼우즈체체(BWS: Bretton Woods system)라 부른다.

시행하기로 결정하였고, 이를 통해 통화가치를 안정시키는 데 성공함으로써 유럽단일시장의 창설 논의가 본격화되었다. 유럽통화제도는 들로르 보고서(Delors report, 1989)[5]를 바탕으로 논의되었고, 1991년 12월에 유럽이사회에서 합의된 마스트리히트조약(Maastricht Treaty)[6]에 의거하여 1999년 1월 정식 출범하였다. EMU의 탄생 원인에는 인플레이션의 억제기능도 포함한다.

유럽연합 집행위원회(European Commission)[7]가 발표한 유럽통화동맹 출범 10주년보고서에서 회원국들이 유로를 도입한 이후 낮은 인플레이션, 고용증대와 같은 거시경제적 안정성을 획득했다는 긍정적인 평가를 내렸다.[8] 충격에 따른 환율변동도 개선되었고, 경제통합 거버넌스 형성, 국제통화로서의 저변확대 등의 성과도 제시되었다. 2007년 세계경제위기의 시작인 서브프라임 모기지 사태와 그리스, 남유럽의 재정문제가 발생하였지만, 연합 차원의 다양한 위기 해결방안과 이로 인한 회복 가능성에 대한 기대로 유로존 위기가 최악의 상황은 넘긴 것으로 관측된다.

## 2. 유럽의 경제통합체제와 2007년 세계금융위기

### 1) 그리스의 유로존 가입

그리스는 20세기 초부터 사회 및 산업 입법에 대한 법적 조항을 규정하고, 보호 관세를 부과하며 1차 산업기업에 대한 발전을 시작하며 경제적으로 발전하기 시작하였다.[9] 그리스의 주요 산업은 식품 가공, 선박 건조, 섬유 제조, 소비재 제조 등으로 구성되어 있다. 페트메자스(Petmezas)는 1833년~1911년의 평균 GDP를 계산하여 당시 서유럽 국가보다 수치가 근소한 차이였음을 밝혀냈다. 이러한 결과에 따라, 그리스의 산업의 점진적인 발전을 통하여 농업 위주의 경제 환경에서 선박제조업으로 전환을 통해 경제가 발전하였다고 주장한다.[10]

그리스는 1949년 그리스 내전 이후 약 20년 동안 세계 2위의 경제성장률을 지속하였고, 급격한 생활 수준 향상을 형성하였다.[11] 1981년 그리스가 유럽연합에 가입하게 되면서 무역에 대한 보호 장벽이 제거되었으며, 유럽연합으로부터 결속 기금(Cohesion Fund)을 지원받으며 경제가 점차적으로 성장하기 시작하였다. 하지만 1980년대에 들어서 그리스는 심각한 경제위기에 봉착하게 된다. 조약은 확장정책을 통해 물가 상승을 유도하였고 국제수지는 악화되었다. 국가 재정의 적자가 커지면서 다른 국가와 국제기구의 차관을 통해 위기를 모면하였다. 1985년 10월 그리스는 유럽연합을 통해 17억 Ecu를 지원받았다. 여러 노력을 통해 경제위기를 안정화하고자 하였지만, 1992년에 이르러서는 총 국공채가 GDP의 100%를 넘어서게 되었다. 1990년대 초에는 인플레이션이 약 23%까지 이르게 되었다.[12]

그리스은행은 1994년 단기 자본 이동에 따른 통화 제한을 철폐하면서 시작된 통화 위기도 무사히 넘겼다. 그리스는 적자를 줄이기 위해 외채에 의존하였는데, 그리스의 부채는 1천190억 달러로 GDP의 105.5%에 이르게 되었다. 유럽연합 회원국인 그리스는 유럽연합의 유로존 가입에 대한 조건을 충족하기 위하여 국가 부채와 물가 상승, 적자 예산 등을 줄이기 위해 다양한 노력을 시도하였다. 경제성장은 유로존 가입 기준에 부합하였으나, 적자 예산과 높은 물가 상승률, 국가 부채 등은 유로존 가입조건에 부합하지 못하였다.[13]

1974년 그리스의 군사정권이 붕괴한 후 민선정부를 이끌었던 신민주당의 카라만리스(Karamanlis) 총리는 군사독재의 후유증에서 벗어나고 터키와의 지속적인 갈등의 해결하고 지정학적인 안전을 보장받는 방법으로 EEC의 조속한 가입을 추진하였다. 카라만리스 총리는 EEC 회원국인 독일, 영국, 프랑스의 정상들과의 회담을 통해 이들이 그리스의 쿠데타를 묵인하고 인권유린을 묵인했던 점을 주지시키며 1981년 EEC의 정회원으로 가입하게 되었다. 1981년 그리스의 최초 좌파정권을 수립한 파판드레우(Papandreou) 총리는 평균 임금 및 최저임금의 인상, 의료보험의 전 계층으로의 확대 등의 복지정책을 확대하였다. 유럽연합에서 빌린 17억 유럽 통화 단위는 인구이동이 적은 시골에 병원과 학교를 세우는 등 포퓰리즘적 정책[14])을 무리하게 펼쳤다. 국민들의 표를 의식하여 경제개선보다 긴축에 대한 반대 정책을 펼쳤다. 1996년 파판드레우 총리가 사망하고 시미티스(Simitis)가 총리직을 승계하였다. 시미티스 총리는 좌파정권이었지만, 파판드레우 총리가 벌여놓은 경제문제의 해결과 2001년 유로존 가입을 위해 재정 건전성 확보가 절실하였고, 강도 높은 경제개혁을 추진하고자 하였다. 하지만 기존 포퓰리즘적 정책에 만족하던 그리스 국민들은 긴축정책에 반대하는 시위를 시작하였다. 공공서비스 노동자, 경찰, 공무원, 해외 체류 수당의 축소를 우려한 외교관, 농민, 교사 등 국민의 대부분이 시위에 참가하였다. 그럼에도 불구하고 시미티스 총리는 비례과세제를 도입하는 데 성공하였다.[15])

유럽연합이 1999년 EMU를 체결하며 이에 가입한 회원국들이 긍정적인 효과를 나타내자, 그리스는 EMU 가입을 위해 여러 노력을 시도하였다. 국가 내의 재정적자와 부채의 규모를 EMU 가입 기준으로 맞추기 위해 통계를 조작하였고, 단일화폐동맹을 위해 투기 세력과 연합을 도모하였다. 그리스는 2001년 100억 달러의 채권을 발행하였는데, 이 부채는 국가 부채로 발표하지 않았다. 이는 미국의 금융회사인 골드만삭스와 통화스와프를 체결했기 때문이다.

그리스정부는 이와 같은 방법으로 국제 금융회사의 도움을 받아 국가 장부와 통계를 조작하여 재정적자나 공공부채를 속이고 유로존에 가입하였다. 그리스 재무부 장관이었던 파판토니우(Yiannos Papantoniou)는 유럽연합이 제시한 가입조건에 그리스의 자격이 충분하며, 유로존 가입 후 어떠한 회원국보다 경제적 이익을 확신한다고 주장하였다. 그리스 경제지의 편집장 스탐볼리스(Costas Stambolis) 또한 그리스정부의 주장에 동조하며, 경제적 위협이 발생하더라도 이들에 대처할 수 있는 정책적 해결책을 마련하였다고 주장하였다.[16]

### 2) 세계금융위기

2007년에 발생한 세계금융위기는 2000년대 후반 미국의 금융시장에서 시작되어 전 세계로 파급된 대규모의 금융위기 사태이다. 2000년대 초 미국은 경제침체를 겪기 시작하였고, 경기 활성화를 위해 미국 연방준비은행(FED, Federal Reserve Bank)가 5%대 금리를 1%대로 낮추는 '초저금리 정책'을 시행하였다. 그러자 미국인들은 낮은 이자율을 이용하여 은행에서 대출을 받아 주택에 투자하였다. 부동산 가격 상승 폭보다 대출 금리가 낮아 시세차익이 가능할 것으로 예상하였다. 미국의 모기지[17] 회사들은 마구잡이식 대출을 시작하였다. 무직자에게도 대출을 허가하였는데, 대출상환이 불가능할 경우, 담보로 받은 주택 판매를 통하여 대출금 상환이 가능할 것으로 판단하였기 때문이다. 그러나 오히려 주택 수요가 높아지면서 부동산 가격이 큰 폭으로 상승하기 시작하였다. 특히, 2006년 미국 연방준비은행이 물가안정을 위하여 금리를 올리며 위기가 시작되었다. 위기의식을 느낀 사람들은 집을 팔아 대출 상환을 시도하였지만, 매도물량이 넘쳐나기 시작하면서 부동산 가격이 폭락하기 시작하였다. 대출상환을 하지 못하게 된 사람들은 파산하기 시작하였고, 일명 2007년 '서브프라임 모기지(Subprime Mortgage) 부실 사태'로 불리는 사건의 시작도 미국의 초대형 주택담보 대부업체가 파산하면서 시작되었다. 대부업체의 파산으로 인하여 미국뿐만 아니라 국제 금융시장에서의 신용 경색을 불러왔다.

2008년, 위기가 지속되자 유럽연합 정상들은 전 세계 금융구조를 쇄신하기 위한 '신 브레튼우즈(Bretton Woods II)체제를 도입하자는 의견을 내놓았다. 고든 브라운(Gordon Brown) 영국 총리는 "전 세계금융위기를 기회로 바꾸어야 하며 특히 1944년 전후 금융 질서를 논하기 위해 창설된 국제통화기금(IMF: International Monetary Fund) 등 국제금융기구의 개혁이 필요하다."[18]는 의견을 내놓았다. 유럽중앙은행장 끌로드 트리셰(Jean Claude Trichet) 총재도 초기 브레튼우즈 때로 돌아가서 미시경제, 통화, 시장에 대한 규제 시스템을 개혁해야 한다는 입장을 내놓았다.[19] 유럽연합은 기축통화로 유로가 사용되기를 희망하였고, 영국도 세계 경제의 중심이었던 예전의 호황을 기대하며 기축통화로서 파운드화가 사용되길 희망하였다.

하지만, 2009년 그리스의 신임 재무장관 조지 파파콘스 탄틴노(George Papakonstantinou)가 그리스 재정적자를 당초 공표되었던 수치의 3배를 상회한다는 사실이 발표되면서 상황이 달라졌다(Papandreou 2010).[20] 코스타스 카라만리스(Costas Karamanlis) 전 정부는 재정적자에 대해 GDP의 3.6%라고 발표하였지만, 새 정부는 재정적자 예상치에 대해 상향 조정된 GDP 대비 12.5%로 발표하였다.[21] 그리스의 정부에 대한 신뢰도가 하락하며 차입한 자금에 대한 상환 능력에 대한 심각한 의문이 제기되었고, 그리스의 국가 부도 가능성에 대한 우려의 목소리가 높아졌다.

유럽통합은 경제적인 통합을 이루어냈고 경제적인 안정과 발전을 이끌었지만, 그리스 금융위기는 유로의 존립 여부를 흔들었다. 그리스 채무가 발표되자 유로 가치가 5%나 급락하였고, 경제위기의 확산과 회원국 정부 및 유럽연합 지도자들의 무능력함으로 인해 유럽 시민들의 불안이 확산되었다.

## 3. 유럽연합의 경제 위기로 번진 그리스의 금융위기

### 1) 그리스 금융위기를 위한 다각도의 정책 제안

2001년 그리스는 유럽통화동맹에 가입하였다. 금리에 관한 정책은 유럽중앙은행이 맡게 되었고, 그리스의 경제가 더욱 안정되고 금리가 낮아지면서 경제성장이 빨라지게 되었다.

그러나 2009년 그동안 적재되었던 부채가 감당할 수 없을 만큼 불어나면서 위기가 시작되었다. 주요 유럽 회원국들은 그리스의 재정위기에 대해 필요하다면 자금 지원이 가능하다는 원론적인 입장 표명하였을 뿐 구체적 조치를 취하지 않았다. 다급했던 그리스정부는 2010년 3월 재정 감축안을 자체적으로 내놓았고, 유럽 국가들의 적극적 협력, 국제통화기금에 자금 지원을 요청할 가능성도 배제할 수 없다고 공표하기에 이르렀다. 이에 유럽 회원국들은 그리스 경제위기에 대한 공동 대응 모색을 시작했지만, 여전히 구태의연하였다.[22]

2010년 4월 유럽재무장관회의에서 그리스에 5%의 고금리로 300억 유로 대출을 제시하였고, IMF는 150억 유로 규모의 지원 방안을 비공식적으로 타진하였다. 그러나 위기 확산 저지에는 역부족이었고, 결국 유럽집행위원회, 유럽중앙은행, IMF 공동 지원의 해결방안 협상이 시도되었다. 독일은 그리스 경제위기 해결을 위해 유럽연합 차원의 다자적 접근을 시도하였다. 유럽경제재무이사회(ECOFIN: European Economic and Financial Council) 회의에서도 그리스 스스로 경제위기에 대한 문제 해결을 요구하였다.[23] 유럽연합기능조약(TFEU: Treaties of the European Union) 126조 9항에 따라 그리스는 재정적자를 감축을 통해 유럽연합 전 회원국의 경제를 위험에 빠뜨릴 수도 있는 위험성을 제거해야 했다. EMU 내에서 그리스 위기에 대한 우려가 강해지며 유

럽평의회에서는 2010년 3월 26일 1,100억 유로 규모의 구제방안을 내놓았다.[24]

이후 시장의 압력이 더욱 거세짐에 따라, 2010년 4월 23일 파판드레오 총리는 구제금융을 요구하였고, 유럽연합은 1,100억 유로를 그리스에 투입하기로 합의하였다. 또한, 재발 방지를 위해 위기 예방, 위기 대응 능력 제고를 위해 총 7,500억 유로 규모의 유럽안정화메커니즘(European Stabilization Mechanism)의 조성을 결정하였다.[25] 유럽 2010년 5월 1일 유럽연합과 IMF는 3년간 그리스에 1,100억 유로 규모의 지원을 결정하였다.

## 2) 강도 높은 긴축정책 시작

이러한 조치에도 불구하고, 그리스의 부채 위기는 해결의 기미를 보이지 않았다. (도표 7.1 참조) 2011년 3월 그리스 재무장관은 유럽연합과 IMF의 1,100억 유로 지원에도 위기 해결이 불가능하다고 발표하였고, 이에 국제신용평가기관인 S&P는 그리스의 경제 등급을 BB-로 하향 조정하였다. 그리스 경제위기는 다른 회원국으로 확산되어 2011년 4월 포르투갈의 구제금융으로 연결되기에 이르렀다. 그리스의 상황은 계속 악화되어 2011년 5월에 추가 지원을 요청하며 동시에 유럽통화동맹에서의 탈퇴를 시사하기도 하였다. 2011년 6월 S&P는 그리스의 국가부도 위기의 가능성을 언급하면 국가경제등급을 CCC로 강등시켰고, 유로의 가치가 급락하는 결과가 초래되었다.[26]

그리스정부는 구제금융지원을 요청하였지만, 자금을 지원해주는 유럽연합은 지원의 조건으로 강력한 긴축정책을 요구하였다. 2011년 2차 금융지원과 2015년 금융지원 당시 그리스 국민들은 강하게 반발하며 지원 거절을 표시하였다. 2011년 10월 유럽연합이 부채의 50%를 탕감

**도표 7.1** 그리스의 부채

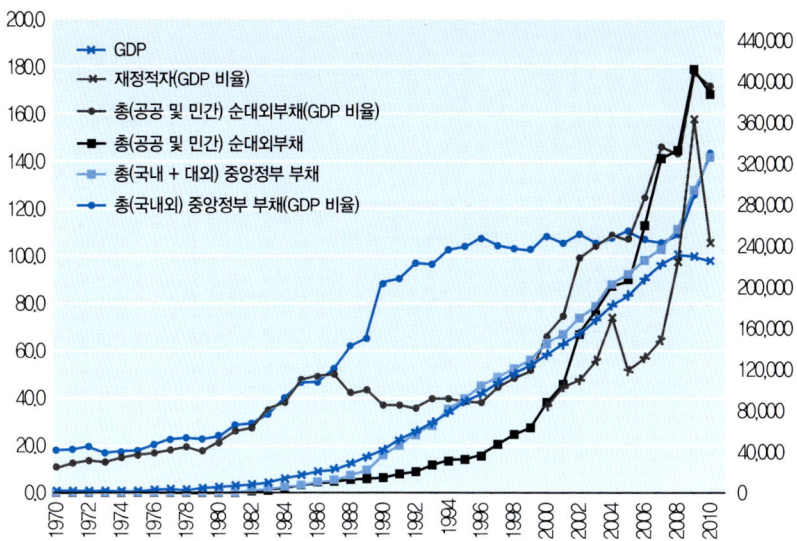

출처: Eurostat.

하고 2차 금융지원 제공을 결정하였지만, 그리스 국민들은 긴축 요구에 대한 반발을 하였다. 10월 28일 그리스 국민을 상대로 전화 조사한 결과 응답자 1,009명 중 58.9%가 2차 구제금융안에 대하여 그리스에 "부정적" 또는 "아마도 부정적" 영향을 미칠 것이라고 답했다고 전했다. 증세 불복 시민운동도 곳곳에서 벌어지고 있고, 일부 공무원들도 시위에 참여하였다.[27]

그리스 국민들의 시위가 거세지자, 2011년 11월 그리스정부는 유로존 탈퇴와 디폴트 선언에 관하여 국민투표를 진행하기로 결정하였다. 2011년 11월 3일 그리스정부는 국민투표 실시 일자를 12월 4일로 발표하였고, 이러한 상황에 대해 유럽연합은 유감을 표하며 그리스에 지원하려던 구제금융 80억 유로에 대해 지원 취소를 결정하였다. 그리스의 신용등급은 계속 추락하였다. 유럽연합은 구제금융이 절실한 그리스에 지원 취소를 권고하여 위기를 증폭시켰고, 결국 그리스의 국민투표는 무산되었다. 사회당의 요르요스 파판드레우 총리는 연립정권 수립을 통해 국내 정치적 안정을 마련한 이후 사퇴하는 조건으로 연임에 성공하였다. 그리스가 구제금융 거절에 대한 국민투표를 강행하려던 이유는 그리스의 경제위기를 초래한 책임과 강도 높은 긴축정책에 관하여 그리스의 정치지도자들과 국민들의 연대책임을 강요하고자 했다는 연구도 있다.[28] 어려움을 이기지 못한 그리스정부는 재협상을 시도하였고, 2012년 2월 유럽중앙은행과 그리스는 2차 구제금융에 대해 최종 합의를 했다. 합의안의 주요 내용은 유럽연합이 그리스에 1,300억 유로를 지원하고, 민간투자자가 보유한 그리스 국채에 관하여 53.5%의 채무탕감과 연이율 3.65%로 전환한 내용의 신국채로의 교환이 주요 내용이다. 이를 통해 그리스의 국가 채무는 3,500억 유로에서 2,500억 유로로 감소하였다.[29]

2차 금융지원이 끝난 이후에도 그리스의 경제 상황은 회복될 기미가 보이지 않았고, 그리스는 유럽연합에 3차 금융지원을 요청하였다. 하지만 그리스는 유럽연합이 제시한 재정개혁안에 대해 부정적인 입장으로 지속하며 협상에 불성실하게 임하였고, 이로 인해 유럽연합은 그리

표 7.1 그리스 신용등급 변화

| 날짜 | 신용등급변화* | |
|---|---|---|
| 2010.06.15. | A3 → Ba1 | 7단계 하락 |
| 2011.03.08. | Ba1 → B1 | 3단계 하락 |
| 2011.06.01. | B1 → Caa1 | 3단계 하락 |
| 2011.07.25. | Caa1 → Ca | 3단계 하락 |

*투자등급 Aaa - Baa3, 투기등급 Ba1 - C, 디폴트

출처: Moody's.

스정부에 대한 불신과 반감이 커졌다. 그리스정부는 구제금융 협상에서 수용할 수 있는 제안에 이르지 못할 경우, 국민들에게 의견을 묻는 투표를 실시한다는 의견을 공표하였고, 2015년 6월 27일 치프라스 총리가 국민투표의 결정을 발표하였다. 2015년 6월 28일 그리스 의회는 그리스정부가 제시한 구제금융 국민투표 실시에 관하여 표결을 실시하였다. 그 결과 전체 참여 인원 중 178인의 찬성표, 120인은 반대표, 2인의 기권표가 발생하였다.[30] 이러한 결과로 그리스 대통령이 국민투표안을 승인했다. 계획안은 두 개의 문건으로 나뉘는데 'Reforms For The Completion Of The Current Program and Beyond(현 프로그램의 완료와 그 이후를 위한 개혁안) 과 Preliminary Debt Sustainability Analysis(부채 지속가능성 예비 분석)'에 관한 내용이었다.[31]

그리스가 실시하려던 투표에 관하여 그리스 국내에서도 찬반 여론이 나타났다. 일부 그리스 의원들은 헌법상의 재정문제에 관한 국민투표가 명확하게 규정되지 않았기 때문에 제안된 국민투표는 위헌이라고 주장하였다. 헌법에는 국민투표 절차 대상에 관하여 두 가지의 규정을 제시하는데, 제1항은 '중대한 국가적 문제'에 관하여 규정하고, 제2항은 '재정적 문제 이외의 주요 사회 문제에 관하여 통제하는 의회에서 통과된 법안'으로 규정하고 있다. 이에 그리스정부는 국민투표가 제1조에 준거한 것이므로 위헌이 아니라고 주장하였다.[32]

그리스의 아테네 변호사 협회는 그리스 의회와 대통령이 승인한 국민투표법의 적법성에 관하여 이의를 제기하였다. 아테네 변호사 협회는 투표의 타당성 부분과 투표 진행은 중요한 문제라고 주장하며, 국민투표의 요청 절차 적법성에 관하여 헌법에서 제시된(제44장 2조과 3조) 것과 제4023/2011번 법령에 충족되지 않았다고 주장하였다.[33]

결국, 투표는 투표 실시일의 이틀 전 그리스의 대법원이 국민투표가 '공공 재정'에 관한 내용으로서 그리스의 헌법을 위배할 여지가 있다고 주장하며 여러 분야에서 제기된 이의제기를 통해 열린 재판에서 국민투표의 적법성에 관하여 판결을 하였다. 행정법원의 판결은 국민투표가 그리스정부의 통제하에 있고, 행정법원은 안건에 대해 판결할 권한이 없기 때문에 요청을 기각한다는 결과를 발표하였다. 이러한 결정에 따라 투표가 진행되었고, 투표결과 구제금융안에 대해 반대 61% 찬성 39%의 득표율로 구제금융의 지원 안에 대한 비준을 부결시켰다 (도표 7.2 참조).

하지만 자금의 압박과 유럽연합의 제안을 이기지 못하고 그리스정부는 국민들의 반대에도 불구하고 3차 금융안을 받아들이게 되었다. 합의된 결과도 국민투표 이전보다 더욱 강경하였다. 이후 정권교체가 예정되었지만, 그리스 국민들은 변화보다 안정을 택하며 기존 정권을 유지하는 결정을 하였다. 그리스정부는 구제금융을 지원받는 조건으로

**도표 7.2** 2015년 그리스의 구제금융 투표결과

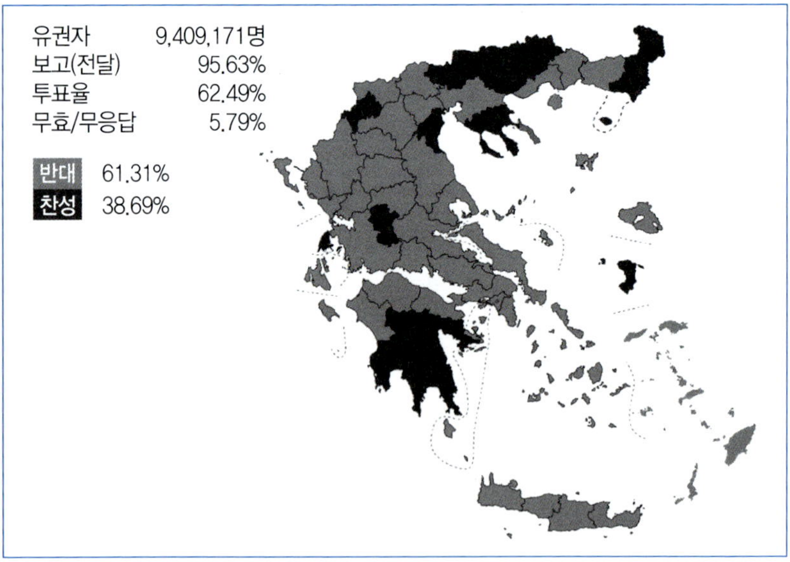

| | |
|---|---|
| 유권자 | 9,409,171명 |
| 보고(전달) | 95.63% |
| 투표율 | 62.49% |
| 무효/무응답 | 5.79% |
| 반대 | 61.31% |
| 찬성 | 38.69% |

출처: http://www.referendum2015gov.gr

2014년까지 재정적자를 GDP의 3% 미만으로 낮추고, 정부 부채 상환을 통해 재정 건전화의 조기 달성 합의를 준수해야 했다.[34] 그러나 긴축 정책계획은 그리스 내의 반발 여론으로 난항을 겪으며 그리스의 대외신인도가 더욱 추락하게 되었고, 2011년 9월 협상을 진행하던 유럽중앙은행은 협상 결렬을 선언하였다.

막대한 자금이 지원되었으나, 고강도의 재정삭감과 높아지는 실업률로 인해 그리스정부에 대한 대내외적 압박이 심해졌다. 결국, 심한 압박에 대한 모면 수단으로 파판드레우(George Papandreou) 총리는 2011년 10월 말 2차 구제금융안에 대한 수용 여부를 국민투표 실시를 통해 결정하겠다고 발표하였다.[35] 이에 대해 대외적으로 유로존 회원국으로부터 책임회피 비판과 잔여 구제금융액 지급 중단 가능성이 제기되었다. 국내적으로도 정치권 내에서 비판이 제기되면서 결국 파판드레우 총리는 국민투표 제안을 철회하였다. 대신 자신에 대한 재신임투표를 요청하였고, 과반 확보를 통해 재신임을 받는 데 성공하였다. 그러나 대내외적 비판 여론에 정치적 타격이 심해진 파판드레우 총리는 새로운 연립정부 구성과 조기 총선을 전제로 사임하였고, 유럽중앙은행 부총재 출신인 파파데모스(Lucas Papademos)를 중심으로 연립내각이 구성되었다.[36]

정치적 경험이 전혀 없는 파파데모스 총리는 경제학자 출신으로 파파데모스 총리가 이룬 거국 연립내각은 그리스의 2차 구제금융 협상을 마무리하고, 총선을 실시하는 것을 목표로 하였다. 2012년 2월 유로그룹은 1,300억 유로의 2차 구제금융 지원에 관하여 합의하였고, 그리스의 국가 채무 수준을 2020년까지 GDP 대비 120.5%로 축소할 것을 조건으로 부과하였다. 이를 위해 그리스정부는 2012부터 2014년까지의 기간 중 재정적자를 7% 포인트 감축하는 2차 재정 건전화 계획을 발표하였다. 이와 함께 약 2,060억 유로의 민간보유 그리스 국채에 대한 채

무조정 협상이 마무리되었다.[37]

  2차 구제금융 합의로 그리스정부는 만기채무의 상환을 위한 재정조달이 가능해졌으나, 지속된 긴축정책으로 극심한 내수침체가 계속되었다. 이러한 내수침체는 세수감소를 야기하였으며 재정적자 감소에 불리한 상황을 야기시켰다.

  2012년 5월 6일에 실시된 그리스 총선에서 긴축에 반대하는 시리자가 떠올랐다. 이로 인해 만약 시리자가 긴축정책의 철회를 결정한다면 대외적 경제 지원 중단을 초래할 것으로 예상되었고, 그리스의 유로존 탈퇴(Grexit)가 현실화될 수 있다는 우려가 발생하였다.

  연립정부의 사마라스(Antonis Samaras) 총리는 유로존에 잔류를 표명하였고, 중단되었던 유럽연합과 IMF의 금융지원은 재개되었다. 이에 그리스 내부에서는 오랜 긴축으로 인한 경기침체의 장기화와 실업률 급등으로부터 발생한 사회적 갈등이 표출되기 시작하였다. 그리스의 GDP 성장률은 2011년 -8.9%, 2012년과 2013년 각각 -6.6%와 -3.9%를 마이너스 성장률을 기록하였고, 실업률은 2013년 7월 27.9%까지 증가하였다.[38] 여전히 재정수지는 개선되지 않았고, 국유재산 매각 및 공기업 민영화도 지지부진하였다. 이로 인해 그리스의 대규모 국채 만기의 도래 시 금융시장의 불안은 계속되었다. 그리스정부는 국채발행을 통한 재원조달을 시도하였지만, 국채금리는 상승하기 시작하였고, 사마라스 총리는 조기 대선을 통해 정국전환을 시도하였다.[39] 그리스 의회는 연립정부의 스트라브로스 디마스(Stavros Dimas) 신민당 부총재에 대한 투표를 실시하였으나, 대통령을 선출하는 데 실패하였고, 헌법에 따라 12월 31일 의회가 해산되었다.

  이후 2015년 1월 25일에 실시된 총선에서는 시리자가 36.3%의 득표율로 1위를 기록하면서 그리스 독립당(우파)과 연정을 구성하여 연립정부를 구성하였다.[40] 새로운 정치적 환경의 구성에 따라 유럽중앙은행은 회의를 통하여 그리스에 대한 자금 공여의 동결을 결정하였다. 이를 통하여 그리스정부가 추가 채권의 발행이 요원하게 되고, 공무원에게 지급해야 할 임금, 실업 급여, 의료 보험, 연금 등 정부가 지원하는 자금에 대한 환경이 불안전하거나 위험 수준이라고 판단될 경우 구제금융의 지급은 중단되도록 하였다.

2015년 7월 9일, 그리스는 2년의 기간 동안 130억 유로의 재정수지를 개선하는 고강도 개혁안을 유럽연합 채권단에 제출하였다. 그리스가 제출한 개혁안은 2022년까지 현재 은퇴 연령의 기준을 67세로 상향하고, 저소득층에 대한 추가 연금 지급에 대하여 단계적인 폐지 시도, 부가가치세 개편, 군비의 지속적인 감축에 관한 내용이었다. 그리스정부가 제시한 긴축경제 및 경제 개혁안에는 채권단이 요구한 내용보다 더 많은 약 40억 유로를 감축하는 내용이 들어있다. 그리스가 제출한 감축안에 대해 독일 쇼이블레 재무장관은 채무탕감에 대한 조건 이외의 내용에 대해 이자율 인하하거나 만기를 연장시켜주는 방법 등 유럽연합이 그리스에 더 많은 지원을 유지할 수 있다고 주장하였다.[41]

2015년 7월 12일, 유로그룹(Eurogroup)[42] 재무장관회의에서 그리스의 치프라스 정권에 대한 불신으로 인하여 구제금융안의 합의에 실패하였다. 유로그룹의 회의는 그리스정부에 7월 15일까지 연금 삭감 및 증세 법안에 대한 입법화를 전제로 재협상에 대해 요구하였다. 추가 구제금융에 관한 조건은 없고, 유지 차원의 지원만 제시하였다.

2015년 8월 14일 유로그룹은 지원 규모는 약 860억 유로로 그리스에 대한 구제금융 지원 결정 사안에 대해 발표하였다.[43] 유로그룹은 그리스은행이 가지고 있는 부실한 상황에 대해 그리스정부 재정적자의 주요 원인으로 파악하고 있다. 2014년 말, 그리스 은행권의 민간부문 신용대출의 금액은 약 2,055억 유로였다. 이는 그리스 금융권 전체의 신용대출 금액 2,310억 유로의 약 90%에 해당하는 부분에 달하고 있다.

위의 금액 중 약 50% 정도인 1,128억 유로가 그리스 국민들의 가계대출 금액이다. 유로그룹은 그리스 은행권 신용대출의 약 40%가 부실화한 상황으로 추측하고 있다. 이는 그리스 개인파산의 절차적 미비성 대출 금액의 차압 가능성이 거의 불가능한 그리스의 제도적 문제점에 의하여 발생된 상황이다. 이로 인하여 그리스 국민들은 은행으로부터 대출한 금액을 상환하기보다는 파산신청을 통하여 10년 동안 채무를 상환하지 않는 상황을 통해 회생절차를 유지한다는 것이다. 이러한 후진적인 금융 제도에 의해 형성된 국민들의 도덕적 해이는 은행이 부실하게 되는 결과를 양산하게 되고, 그리스정부의 재정적자의 심화로 이어지는 결과를 초래했던 것이다.

메르켈은 처음 제시하였던 그렉시트의 제안을 취소하고, 그리스에게 다시 한번 기회를 주는 대신에 대가를 요구했다.[44] 그리스의 구제금융안은 내용은 국민투표 이전에 제시되었던 금융안보다 더욱 높은 조건을 제시하였다. 이전 금융안에서 제시되지 않았던 국유자산에 관하여 채권단이 관련 사안에 대해 강한 권한을 가질 수 있을 정도로 강한 내용이 작성되었다. 각종 재정 감축정책에 관한 이행 조건도 더욱 강해졌다. 이러한 금융안은 그리스의 재정 주권의 박탈에 해당하는 정도라는 평가도 제기되었다. 이전의 금융안보다 가혹해진 새로운 금융안은 그리스정부가 기존의 채무를 조금이라도 탕감받기 위해 먼저 제시하였지만, 채무의 원금은 탕감되지 않았다. 하지만 채권의 만기를 연장하거나 높은 이자율에 대해서는 충분한 조정이 있었으며, 그리스정부가 경제개혁을 통해 재정적 안정성을 제대로 정착시키는 경우 지속적으로 지원된다는 조건이 제시되었다. 2010년 5월 9일 블룸버그의 기고문에서는 그리스가 한국의 금융위기를 본받아야 한다는 내용의 기고문이 실렸다.[45] 한국의 IMF구제 금융으로 인한 금융시스템의 개선, 금 모으기 운동에 대해 설명하면서 국가적인 문제에 관하여 국민들의 올바른 대처 방법에 대해 국가 간의 비교를 제시하는 등 그리스의 국민성과 대조적인 아시아 금융위기의 국민성에 대해 설명하는 내용이었다. 2015년 7월 22일, 신용평가사인 스탠다드 앤 푸어스(Standard and Poors)은 그리스의 국가 신용 등급을 'CCC-' 등급에서 'CCC+'등급으로 상향 조정하였다. 신용 등급의 전망에 대해서도 '부정적'에서 '안정적'으로 조정하였다.

알렉시스 치프라스 총리가 집권하자, 시리자 내부의 분당사태에 의해 2015년 8월 20일 총리는 그리스 의회의 해산을 단행하고, 9월 20일에 조기 총선 실시하게 되었다. 시리자 정부는 7개월 만에 붕괴되었지만, 2차 총선 결과에서는 시리자가 높은 득표율로 승리하였다. 접전의 예상과는 달리 선거 막판에 유권자 중 부동층의 표가 시리자로 몰리면서 압승을 거두었다. 시리자의 승리는 유럽발 증시의 안정을 가져오게 되었고, 이는 시리자가 유럽연합의 긴축안을 받아들이면서 정국 주도권을 가져감으로써 기존의 그리스정부에 대한 불확실성이 감소하였기 때문이다.

유럽 채권국 19개국은 2018년 8월 21일 브뤼셀에서 만나 그리스 구제금융 종료와 부채 경감 계획에 합의하였다. 2010년 이후 그리스는 유럽연합과 국제통화기금 등 국제 채권단에서 세 차례에 걸쳐 구제금융 2750억 유로(약 353조 원)를 받았다.[46] 국제 채권단 지원과 그리스정부 구조조정 덕분에 2011년 -9.1%를 기록했던 경제성장률이 지난해 1.4%를 나타내는 등 그리스 경제가 회복했다. 신용평가사들도 그리스 국가신용등급을 상향 조정하였다.

하지만 오랫동안 실행하였던 구조개혁에 지친 그리스 국민은 불만이 가득 찼다. 구제금융 졸업으로 더 이상 금융지원은 받지 않지만 이제 빚을 갚기 위한 긴축정책을 계속 추진해야 하는 상황이었다. 유로존과 그리스는 구제금융 졸업 조건으로 2020년까지 국내총생산(GDP)의 3.5%, 2060년까지 2.2%의 재정 흑자 유지를 약속했다. 그리스 경기는 구제금융 졸업을 앞두고 회복세를 보이고 있다. 민간부문은 재정위기 이후 스타트업을 중심으로 수익이 개선되는 상황이라고 파이낸셜타임스(FT)가 보도했다. 또 올해 그리스 관광산업은 17% 증가했다.[47]

그리스 의회는 8월 14일 구제금융 졸업에 앞서 긴축법안을 표결에 부쳐 찬성 154표, 반대 144표, 기권(불참) 2표로 가결하였다. 이 긴축법안에는 세금 인상, 연금 추가 삭감, 의료 서비스 감축 등의 내용이 포함되어 있다. 이에 따라 그리스인들의 연금은 2019년 1월 1일부터 최대 18%까지 추가로 삭감되며, 2020년부터는 소득세 면세기준이 하향 조정되고, 2022년까지 공무원 채용 및 지출 부분을 더 엄격히 관리될 예정이다.

공기업의 매각도 진행되어야 한다. 3차 구제금융에서 협상한 민영화를 통해 2018년 이내 20억 유로, 2019년엔 10억 유로 수입을 얻어 빚을 갚아야 한다. 추가 긴축법안을 통해 연간 약 50억 유로를 절감해 재정 흑자 규모를 확대한다는 것이 그리스정부의 계획이다. 그리스는 지금까지 10여 차례 이상 연금을 삭감하는 연금개혁과 공무원 축소 등 재정적자 축소를 위해 여러 노력을 하였다.[48] 연금 수령액은 700유로를 받는 연금 수령자에 대해 14%를, 3500유로를 받는 연금 수령자는 44%를 깎는 강도 높은 정책이 도입됐다. 연금 수령 연령도 65세에서 67세로 올렸다. 2010년 이후 지금까지 연금과 기타 복지 급여는 무려 70% 삭감된 것으로 추정된다. 같은 기간 공공부문 규모도 26%가량 감소됐다. 2009년 90만 명에 달하던 공무원이 2016년 67만 명 수준이 되었다. 같은 기간 공무원 임금은 38% 줄었다. 또 그리스정부는 2022년까지 공무원 채용과 지출을 더 엄격히 관리해야 한다. 2018년이 되면서 집중적인 구조조정에 들어간 아테네 교통공사, 철도공사, 공항공사 노동자들은 노동조건 악화 등에 저항하며 24시간 파업 또는 태업 시위를 벌였다. 공공병원도 응급실만 운영하며 국립병원 의사들은 파업 시위를 하고 있다.

국립학교 교사와 교수도 파업에 동참하였다.[49]

　국가 부도 위기에 처해 있던 2012년에는 대부분 시위에서 민간기업 근로자와 자영업자가 중심이 된 반면 최근 시위는 공공 분야에 속해 있는 공무원과 공기업 직원이 대부분이다. 심지어 지난달 최악으로 번진 그리스 산불 참사의 원인이 공공서비스 지출을 지나치게 줄인 결과라고 공공노조는 주장하고 있다. 고용 개선이 속도를 내지 못하는 점도 향후 그리스 경제의 문제로 작용할 수 있다. 2018년 5월 그리스 실업률은 19.5%로 2011년 이후 7년 만에 20% 선 아래로 내려갔다. 그러나 그리스는 유로존에서 가장 높은 실업률을 기록하고 있으며 특히 15~24세에 해당하는 청년층 실업률이 40%에 이른다. 실업률 회복이 더딘 데다 긴축재정에 대한 국민 불만이 쌓이면서 국내의 경제적 상황뿐 아니라 정치적 안정을 통해 국민의 단합을 요구하고 있다. IMF는 개혁 피로가 구조개혁 지연과 후퇴를 초래할 수 있다고 경고했다. 야니스 스투르나라스 그리스 중앙은행 총재는 "정치적인 이유로 경제개혁이 후퇴하면 투자자 신뢰도가 무너질 수 있다"고 말했다.[50]

　2015년 조기 총선에서 시리자(급진좌파연합당) 정부가 정권을 잡았을 때 채권단과의 협상에 실패해 국가부도 위기에 처하자 은행예금 인출(뱅크런)이 급속하게 확산되어 은행의 현금 인출을 차단했다. 처음엔 1일 인출 한도액이 60유로로 제한한 이후 1주일 420유로, 2주 840유로, 1개월 1,800유로로 점차 완화되었으며, 2018년 2월 2,300유로로 확대되었다.[51]

　구제금융 종료 선언 이후 그리스정부는 2018년 7월 1일부로 자본통제 추가 완화를 단행해 월 현금 인출 한도는 2,300유로에서 5,000유로로, 해외여행 시 현금 한도액도 2,300유로에서 3,000유로로 조정했다. 일반인 대외송금액 기준도 월 1,000유로에서 2개월 기준 4,000유로로 인상했으며 기업의 대외송금 한도는 월 2만 유로의 2배인 4만 유로로 상향 조정하였다. 그리스가 구제금융 종료 소식에 그리스 국채 5년과 10년 국채의 수익률도 각각 23bp, 16bp가 하락하였고, 5년 국채를 연 4.625%에 발행하며 30억 유로를 조달하며 3년 만에 국채시장에 복귀했다.[52]

하지만 IMF와 경제협력개발기구(OECD)와 유럽중앙은행은 그리스의 장기 성장 전망이 유지될 것으로 전망하고 구제금융 종료 이후에도 추가 개혁이 지속적으로 이루어져야 한다고 거듭 강조했다. 유럽연합집행위원회는 구제금융 종료 후에도 분기별로 그리스의 재정 상황을 모니터링하며 그리스가 성공적으로 시장에 복귀하도록 강도 높은 감독을 시행하고 있다.

### 표 7.2  그리스 금융위기 역사

| 일시 | 내용 |
| --- | --- |
| 2008.09. | 미국발 글로벌 금융위기에 따른 시장 불안 확산 등으로 그리스 경제 및 재정 위기 발생 |
| 2009.01. | 글로벌 금융위기로 그리스 등 유럽 일부 국가 '재정 취약국' 위험 고조 |
| 2010.02. | 그리스정부 '유로존 가입 위해 국가부채 통계 조작' 발표 |
| 2010.04. | 그리스 '투기' 등급으로 강등 |
| 2010.04.23. | 그리스, 유로존&IMF 구제금융 요청 |
| 2010.05.09. | 유로존&IMF, 1천100억 유로 1차 구제금융 승인 |
| 2011.05.11. | 그리스, 유로존&IMF 추가 지원 요청 |
| 2011.06.13. | 유로존&IMF, 68억 유로 추가 지원 승인 |
| 2011.07.13. | 피치, 그리스 국가신용등급 'CCC'로 3단계 강등 |
| 2012.02.21. | 유로존, 그리스 2차 구제금융 패키지 합의 |
| 2012.03.04. | 유로존, 1천 300억 유로 규모 2차 구제금융 승인 |
| 2013.07.08. | S&P, 그리스 국가신용등급 'CCC'로 강등 |

계속 ▶▶

| 일시 | 내용 |
|---|---|
| 2014년 하반기 | 유럽 경기침체로 그리스 경제침체 |
| 2014.12.08. | 유로존, 그리스 구제금융 졸업 2개월 연장 결정 |
| 2015.01. | 그리스 총선에서 급진좌파 집권. 채권단 구제금융 잔여금 72억 유로 지급 보류 |
| 2015.02.02. | 그리스, 채권단에 채무 스와프 제안 |
| 2015.02.04. | 유럽중앙은행(ECB), 그리스 국채 담보대출 승인 중단 |
| 2015.02.20. | 그리스-채권단, 구제금융 4개월 연장 합의 |
| 2015.06.22. | 그리스, 채권단에 최종 협상안 제출 |
| 2015.06.25. | 구제금융 협상 결렬 |
| 2015.06.26. | 채권단, 그리스에 구제금융 5개월 연장 제안 |
| 2015.07.05. | 그리스 국민투표(구제금융 반대 61% 찬성 39%) |
| 2015.07.09. | 그리스는 2년간 130억 유로의 재정수지 개선을 골자로 하는 고강도 개혁안을 채권단에 제출 |
| 2015.07.13. | 그리스와 채권단 협상 체결 |
| 2015.08.14. | 채권단, 그리스에 860억 규모 3차 구제금융 지원 합의 |
| 2018.08. | 그리스 구제금융 프로그램 종료 |

## 4. 유럽연합의 지원을 통한 그리스의 국가 부도 위기 극복

유럽연합은 회원국 내 금융위기 확산을 방지 및 해결하고자 일련의 조치를 취했다. IMF와 함께 구제금융을 지원하였고, 민간부문의 채무조정도 시행하였으며, 저리(1.5%)의 금융시장 안정자금을 은행에 공급하였다. 유럽연합은 동일 통화를 사용하며 여러 회원국 간 금융시장의 통일을 지향하여왔다. 그렇기 때문에 위기 상황에서도 연합 차원의 대응이 필수적이었다.

그리스는 아름다운 자연환경과 관광자원으로 관광산업이 그리스 경제에 큰 부분을 차지하였다. 하지만 전 세계적으로 금융위기가 시작되며 관광산업에 큰 위기를 맞이하게 된 그리스는 그동안 쌓여있던 여러 정치적·경제적 문제들이 동시다발적으로 폭발하게 되었다. 그리스 내 공기업은 60%가 넘으며, 제조업은 이미 붕괴되어 수출산업도 성과를 내지 못하는 상황이었다. 경제 구조가 취약한 그리스는 유로존에 편입하면서 상승한 국가 신용도를 이용하여 외국에서 저렴한 이자로 돈을 빌리기 시작하였고, 포퓰리즘 정책으로 복지혜택을 마구잡이식으로 늘렸다. 특히 1970년대부터 집권해온 사회주의 정권으로 인하여 성장보다 분배에 집중하는 정책으로 인하여 국가의 경제적 능력을 넘어서 재정을 소비하는 상황에 이르렀다. 국가 재정위기가 파탄에 이르렀지만, 그리스 국민들은 달콤했던 시기를 잊지 못하고 안이한 인식으로 주변국의 도움을 거절하였다.

결국, 유럽연합 차원의 강도 높은 해결책이 그리스가 금융위기에서 벗어날 수 있는 계기 마련이 되었다. 구제금융을 통해 국가 부도사태를 모면한 그리스는 경제주권을 잃게 되었고, 강도 높은 구조조정과 긴축정책을 이행해야 했다. 방만한 경제정책이 혹독한 대가를 치르게 될 줄 그리스 국민들은 몰랐을 것이다. 한동안 유럽연합의 강도 높은 금융 구제안에 거세게 반발한 이유도 이 때문일 것이다.

8년간 혹독한 노력을 통해 구제금융에서 졸업하게 되었고, 아직 그리스 국가 경제가 안전 궤도에 오른 것은 아니지만, 연합과 연합 내 회원국의 도움으로 어려움을 극복하는 데 도움이 되었다고 볼 수 있다.

# 주

1) 1999년 1월 11개국(오스트리아, 벨기에, 핀란드, 프랑스, 독일, 아일랜드, 이탈리아, 룩셈부르크, 네덜란드, 포르투갈, 스페인). 2001년 그리스의 가입으로 2002년 유로 사용국은 12개국이었다.
2) 정혜선·한미애, 2017, "통화동맹의 사례를 통한 단일통화 당국의 중요성 고찰," 『여성경제연구』, 제14집 1호, pp. 135-137.
3) 스미소니언협정이란 1971년 12월 브레튼우즈체제의 붕괴로 인하여 세계 각국의 대표들이 워싱턴의 스미소니언 박물관에 모여 브레턴우즈체제의 지속을 위한 협정을 의미한다.
4) 1979년 3월에 영국을 제외한 유럽 공동체 8개국이 발족한 통화 안정 제도. 공동통화 단위로 에큐(ECU)를 만들고 상호 간의 통화 변동 폭을 2.25% 이내로 유지하는 것을 골자로 한다.
5) 1989년 4월, 유럽 공동체의 집행 위원장인 들로르가 발표한 유럽 경제 및 통화동맹의 3단계 추진 방안이다.
6) 1992년 2월 7일 마스트리히트에서 서명, 1993년 11월 1일 발효되었다. 마스트리히트조약은 조약 제1부의 '공통의 제규정'에서
   ① 역내에 장벽이 없는 영역을 창조하고 경제 및 사회의 일체성을 강화하고 궁극적으로는 단일통화를 포함하여 경제통화연합을 달성할 것.
   ② 최종적으로 공통방위정책을 형성하는 것을 포함하여 공통대외정책·안전보장정책을 특별히 실시함으로써 국제무대에서 스스로의 정체성(正體性)을 주장할 것.
   ③ 연합의 시민권(a citizenship of the Union)을 도입함으로써 구성 제국의 국민의 권리 및 이익의 보호를 강화할 것, 그리고
   ④ 사법 및 치안문제에 대해서 밀접한 협력을 발전시키는 것 등을 목표로 할 것을 주장하고 있다.
   특히 경제통화연합을 달성하기 위해 유럽중앙은행(ECB)을 1997년까지 설립하여 단일통화를 도입하게 되었는데 그에 앞서 1996년 말까지 EU 구성국의 과반수(특정 다수)에 의해 단일통화 채용의 조건을 만족해야 하고 EU는 유럽통화기구(EMI)를 1994년 초에 발족시킴으로써 '통합의 수위'를 단계적으로 높이고자 하였다.
7) 유럽통합 관련 조약을 수호하고 유럽연합(EU)의 행정부 역할을 담당하는 기구로 정책발의권, 집행권, EU 기금관리, 운영권, 긴급조치조항 운영권, 대외협상의 권한을 가진다.
8) European Commission. 2008. "EMU@10: successes and challenges after 10 years of Economic and Monetary Union." *European Economy* 2; European Commission. 2008. "Special report: EMU@10-Assessing the first ten years and challenges ahead." *Quarterly Report on the Euro Area* 7-2.
9) EMU. 2011. *EMU Report*, p. 263.
10) Socrates D. Petmezas, 2006, *Agriculture and economic growth in Greece*, IEHC 2006 Helsinki Session 60, pp. 3-7.
11) Graham T. Allison and Kalypso Nicolaidis, 2012, *The Greek Paradox:*

*Promise Vs. Performance* (MA: MIT Press).
12) *Luxembourg: Eurostat*, 22 November 2004.
13) *International Business Publications*, 2012, p. 30.
14) 일반 대중의 인기에 영합하는 정치행태로 대중주의라고도 하며, 인기영합주의·대중영합주의와 같은 뜻으로 쓰인다. 일반 대중을 정치의 전면에 내세우고 동원시켜 권력을 유지하는 정치체제를 말한다. 민경배, 2008, "인터넷 시민 참여와 대의민주주의의 공존 가능성: 2008년 촛불시위와 국회의원 홈페이지 운영 실태를 중심으로," 『사회와 이론』, 제13집.
15) 박상현, 2013, "유럽통합의 모순과 재정위기의 정치경제," 『경제와 사회』, 제97집. pp. 156-158.
16) *USA International Business Publications*, 2007.
17) 모기지(mortgage)는 주택담보 대출을 뜻한다. 신용등급에 따라 모기지명이 달라지는데, 프라임(prime) 등급은 신용등급 '상'에 해당하고, 알트에이(Alt-A)는 중급 신용등급, 서브프라임(subprime)은 신용등급 '하'에 해당한다. 프라임 등급의 대출자에게는 우대금리가 적용되고, 서브프라임 등급의 대출자에게는 높은 대출금리가 적용된다.
18) https://www.telegraph.co.uk/finance/financialcrisis/3189517/Financial-Crisis-Gordon-Brown-calls-fornewBretton-Woods(2018/12/21)
19) https://www.telegraph.co.uk/finance/3200625/ECB-president-Jean-Claude-Trichet-urges-returntoBretton-Woods-discipline(2018/12/21)
20) 2010년 1월 유로스탯(EUROSTAT)은 그리스의 자료에 대해 더 이상 신뢰할 수 없는 수준이라고 발표하였다. 파판드 장관도 자국 통계청의 자료에 심각한 문제가 있다고 밝혔다. 이승주, 2011, "그리스 재정위기와 유로의 정치경제: 유로 12년, 성공 신화에서 위기로?," 『국제정치논총』, 제51집 3호.
21) *European Commission*, 2009, p. 94.
22) 강유덕, 2016, "양면게임으로 본 그리스의 유로존 탈퇴(Grexit) 논란," 『유럽연구』, 제34집 2호, p. 32.
23) 강유덕, 2016, p. 38
24) 이승주, 2011.
25) 강유덕, 2016, p. 40
26) Blackburn, W. Douglas, 2011, "Is World Stock Market Co-Movement Changing?" *Working Paper*, Available at SSRN, p. 33.
27) Jeromin Zettelmeyer, 2013, "The Greek Debt Restructuring," *Peterson Institute for International Economics Working Paper*. pp. 20-530.
28) Diamandouros, p. Nikiforos, 2000, *Cultural dualism and political change in postauthoritarian Greece*, Madrid, España: Instituto Juan March de Estudios e Investigaciones, p. 55.
29) https://www.protothema.gr/politics/article/490058/apofasi-ste-dimopsifisma/(2018/11/1).
30) https://www.ft.com/fastft (검색일: 2018년 10월 30일).
31) 개혁안 원본 Reforms For The Completion Of The Current Program And Beyond(2018/12/10)

32) http://www.hri.org/news/greek/ana/2004/04-12-08.ana (검색일: 2018년 10월 30일)
33) http://www.dsa.gr/(2018/10/30)
34) 이승주, 2011.
35) Zettelmeyer, 2013. p. 540.
36) https://www.theguardian.com/world/2011/nov/11/lucas-papademos-greece-prime-minister (검색일: 2018년 11월 1일).
37) https://www.theguardian.com/business/2012/feb/21/eurozone-reaches-second-greece-bailout-deal (검색일: 2018년 11월 1일).
38) https://www.politico.eu/article/intense-leader/ (검색일: 2018년 11월 1일).
39) Manolopoulos, Jason. 2011. *Greece's 'odious' Debt: The Looting of the Hellenic Republic by the Euro the Political Elite and the Investment Community*, London: Anthem Press.
40) https://www.robert-schuman.eu/en/doc/oee/oee-1569-en.pdf (검색일: 2018년 11월 2일).
41) https://www.wsj.com/articles/new-greekfinanceminister-tsakalotosthrown-into-the-debt-crisis-hot-seat-1436213175 (검색일: 2018년 11월 2일).
42) 유로를 통화로 사용하는 유럽연합 회원국의 재무 장관 회의이다. 유로의 안정, 성장협약 등 유럽연합의 통화동맹을 위협하는 안건 등에 관한 정치적 통제를 담당한다. 유로그룹은 리스본조약의 발효 이후 법적 근거를 통해 설립되었다.
43) https://www.consilium.europa.eu/en/press/press-releases/2015/08/14/eurogroup-statement/ (검색일: 2018년 11월 3일).
44) 강유덕, 2016. p. 44
45) https://www.bloomberg.com/news/articles/2010-05-09/greece-s-no-pain-bailout-fails-confucian-ethicswilliam-pesek (검색일: 2018년 12월 1일).
46) IMF, 2018.
47) https://www.ft.com/content/4c662466-a466-11e8-8ecf-a7ae1beff35b (검색일: 2018년 11월 20일).
48) http://www.eurasia.undp.org/content/dam/rbec/docs/RomaReturneesWesternBalkans_UNDP_RBEC.pdf (검색일: 2018년 11월 3일).
49) https://www.theguardian.com/world/2018/jul/26/greece-wildfires-authorities-blamed-for-high-death-toll (검색일: 2018년 12월 1일).
50) IMF, 2018.
51) https://reliefweb.int/report/greece/greece-refugee-emergency-response-update-8-29-november-31-december-2015 (검색일: 2018년 12월 1일).
52) https://www.wholesale.nabgroup.com/0 (검색일: 2018년 11월 30일).

# 참고문헌

## 1. 한글문헌

강유덕. 2016. "양면게임으로 본 그리스의 유로존 탈퇴(Grexit) 논란." 『유럽연구』, 제34집 2호.
김한수. 2016. 『국제금융론』. 서울: 키메이커.
민경배. 2008. "인터넷 시민 참여와 대의민주주의의 공존 가능성: 2008년 촛불시위와 국회의원 홈페이지 운영 실태를 중심으로." 『사회와 이론』, 제13집.
박상현. 2013. "유럽통합의 모순과 재정위기의 정치경제." 『경제와 사회』, 제97집.
이승주. 2011. "그리스 재정위기와 유로의 정치경제: 유로 12년, 성공 신화에서 위기로?." 『국제정치논총』, 제51집 3호.
정혜선·한미애. 2017. "통화동맹의 사례를 통한 단일통화당국의 중요성 고찰." 『여성경제연구』, 제14집 1호.
조지프 스티글리츠 지음. 박형준 옮김. 2017. 『유로: 공동 통화가 어떻게 유럽의 미래를 위협하는가』. 서울: 열린책들.
허욱. 2014. 『환율 상식사전』. 서울: 길벗.

## 2. 영어문헌

Allison, Graham T., and Kalypso Nicolaidis. 2012. *The Greek Paradox: Promise Vs. Performance*. MA: MIT Press.
EMU. 2011. *EMU Report*.
European Commission. 2008. "EMU@10: successes and challenges after 10 years of Economic and Monetary Union." *European Economy 2*.
_____. 2008. "Special report: EMU@10-Assessing the first ten years and challenges ahead." *Quarterly Report on the Euro Area 7-2*.
International Business Publications. 2012.
*Luxembourg: Eurostat*. 22 November 2004.
Petmezas, Socrates D., 2006. *Agriculture and economic growth in Greece*, IEHC 2006 Helsinki Session 60.
USA International Business Publications. 2007.
Zettelmeyer, Jeromin. 2013. "The Greek Debt Restructuring." *Peterson Institute for International Economics Working Paper*.
Zettelmeyer, Jeromin, Christoph Trebesch and Gulati Mitu. 2013. "The Greek debt restructuring: An autopsy." *Economic Policy 28-75*.

## 3. 인터넷 자료

http://www.dsa.gr
http://www.eurasia.undp.org
http://www.hri.org
https://reliefweb.int
https://www.bloomberg.com
https://www.consilium.europa.eu
https://www.ft.com
https://www.ft.com
https://www.hellenicparliament.gr
https://www.politico.eu
https://www.protothema.gr
https://www.robert-schuman.eu
https://www.telegraph.co.uk
https://www.theguardian.com
https://www.wsj.com
https://www.wholesale.nabgroup.com

# 말레이시아와 인도네시아의 이슬람 경제

이지혁(서울대 사회과학연구원)

일반적인 통념과 달리 동남아에는 꽤 많은 무슬림이 살고 있다. 동남아의 대표적인 무슬림 국가[1]로는 인도네시아, 말레이시아, 브루나이가 있다. 세계 인구 4위의 인도네시아에는 인구의 87%인 약 2억 3,000명의 무슬림이 살고 있다. 세계에서 가장 많은 무슬림이 살고 있지만, 인도네시아는 이슬람 국가가 아닌 세속주의 국가를 표방하고 있다. 반면 이슬람을 국가의 공식 종교로 삼고 있는 말레이시아는 인구의 과반이 무슬림이기는 하지만 중국 및 인도계의 비중이 상당히 높은 다민족 복합사회다. 말레이시아에서는 "모든 말레이(Malay)는 무슬림이어야 한다"는 것을 헌법에 명시하고 있다. 인구 42만 명의 소국인 브루나이는 절대군주가 통치하는 매우 보수적인 이슬람 국가다.

한편 인구의 절대다수가 무슬림은 아니지만, 상당수의 무슬림 인구를 보유하고 있는 국가로 필리핀과 태국이 있다. 필리핀의 남부지역은 스페인의 식민지배를 받기 이전, 즉 기독교가 전파되기 전에 이미 이슬람이 전파되었다. 필리핀 남부에는 전체 인구의 약 5%를 차지하는 모로족(무슬림)이 거주하고 있다. 태국 남부지역은 말레이시아와 국경선이 변경되는 사건을 몇 차례나 겪으면서 많은 무슬림 말레이족이 거주하게 되었다. 그 외 국가에도 소수의 무슬림이 살고 있다. 싱가포르의 경우 무슬림이 많은 인구를 차지하지는 않지만, 이슬람과 관련된 경제활동이 활발하고, 로힝야 문제로 국제사회로부터 큰 관심을 받는 미얀마의 남서쪽 국경 지역에도 무슬림이 거주하고 있다.

동남아 전체 인구의 약 42%가 무슬림임에도 불구하고 오랜 시간 동남아는 이슬람 연구의 주변부에 있었다. 지금까지 크게 주목받지 못한 이유에는 동남아 이슬람이 흔히 이슬람과 연상되는 근본주의 혹은 급진주의의 강성 이슬람과는 차이가 있는 온건한 이슬람이라는 점과 종교적으로 이슬람 세계를 주도할 만한 정통성이 부족한 점을 꼽을 수 있다. 그런데 최근 말레이시아는 이슬람 경제를 선도하는 글로벌 허브(Global Hub)가 되려는 야심 찬 행보를 보이고 있고, 거대한 내수시장을 보유하고 있는 인도네시아는 이슬람 경제의 새로운 성장잠재력으로 주목받고 있다. 즉 이슬람 경제에서 동남아는 주변부가 아닌 핵심 국가로 자리매김하고 있다. 1970년 이후 대두된 '이슬람 부흥(Islamic resurgence)' 혹은 '이슬람화(Islamization)'가 많은 이슬람 국가에서 발흥하였고 이러한 움직임은 인도네시아와 말레이시아 이슬람에도 큰 변화를 초래했다. 이슬람의 종교적 가르침을 더욱 철저히 고수하려는 분위기, 정치 및 사회 영역에서 이슬람 조직의 확대, 그리고 정치·경제적 자원으로서 이슬람을 강조하려는 현상이 대두되고 있다. 대표적인 이슬람화 현상으로는 이슬람 제도의 확대, 이슬람 은행 및 보험 등장, 음식 산업의 할랄 정책, 이슬람 패션과 음악의 등장, 그리고 이슬람 공간의 확대 등을 꼽을 수 있다.

## 1. 이슬람 경제의 출현과 확산

### 1) 이슬람 경제의 출현

이슬람의 경전인 쿠란과 무함마드(Muhammad)의 언행록인 하디스(Hadith)는 경제적 규범이 될 수 있는 다양한 내용을 포함하고 있다. 또한, 이슬람의 초기 역사에서 경제적 행위 및 제도와 관련된 교훈을 찾는 것은 그리 어렵지 않다. 하지만 명확하게 구분되는 새로운 영역으로서의 이슬람 경제는 20세기에 등장했다.[2] 등장 이후 수십 년 동안은 실천의 영역이 아닌 지적 담론의 영역에 머물러 있었지만, 1970년대 이후 여러 국가에서 이슬람 경제를 실천하려는 움직임이 나타났다.

이슬람 경제학이라는 것은 기존의 자본주의도 사회주의도 아닌 새로운 대안으로서 제3의 길을 모색하고 있다. 이슬람 경제학은 인도의 시인이자, 사상가이며, 정치가였던 이크발(Muhammad Iqbal), 파키스탄의 사상가이며 법학자였던 마우두디(Sayyid AbulA'la Maududi), 이라크의 시아파 성직자였던 바키르 알사드르(Sayyid Mohammad Baqir al-Sadr), 그리고 이집트의 무슬림 형제단의 지도자였던 사이드 쿠틉(Sayyid Qutb)의 영향을 받아서 1950년대에 등장했다.[3] 이슬람 경제학의 정의와 관련하여 다양한 관점이 있지만 마우두디를 언급하지 않고 이를 설명하기는 어렵다. 그는 '이슬람 경제학'이라는 용어를 만든 사람으로서 현대 경제가 점점 더 복잡해짐에도 불구하고 경제문제를 해결함에 있어서 문제와 관련된 사회의 다양한 영역을 함께 치료하지 않고 오직 문제 자체만 해결하려고 하는 것이 주류 경제학의 근본 문제라고 비판했다. 마치 질병을 치료할 때 몸 전체를 치료해야 한다는 한의학적인 접근법과 병과 직접적인 관련이 있는 국소적인 부분만을 치료하는 양방의 접근법이 다른 것처럼, 그는 전자의 전체적인(holistic) 접근법을 강조했다. 그는 생활 전반의 삶으로서의 이슬람을 강조하면서 이슬람 경제학이란 자본주의와 사회주의의 장점을 통합하면서 동시에 이들의 약점을 극복하는 것이라고 주장했다.[4] 구체적으로 이슬람 경제학이란 이슬람의 법체계인 샤리아(Sharia)에 부합하는(Sharia compliant) 혹은 샤리아에 바탕(Sharia based)을 둔 경제학이다. 이슬람이 태동한 중동은 오래전부터 상업과 무역이 성행한 지역이었고 무함마드 자신이 상인이었다. 따라서 이슬람 경제학이 이윤을 극대화하는 것을 금하거나 상행위를 천박하게 여기는 것은 아니다. 다만 경제활동에 있어서 종교적 그리고 윤리적 요소가 가미된다.

### 글상자 8.1  샤리아

이슬람의 법률 체계인 샤리아(Sharia)의 문자적 의미는 '샘에 이르는 길(the way to the fountain)'이다. 이는 이슬람에 부합하는 삶을 살아가는 데 필요한 규범의 집합으로서 무슬림이 따라야 할 율법이다. 샤리아를 구성하는 네 가지 법원(法源)에는 신의 메시지를 담은 코란(Qura), 무함마드의 언행을 집대성한 순나(Sunna: 순나를 기록한 문서를 하디스라고 함), 종교적 사안에 대한 이슬람 공동체 내 울라마(ulama: 이슬람 학자)들의 합의인 이즈마(ijma), 유추적 추론인 키야스(qyias)가 있다. 샤리아는 무슬림의 모든 생활 영역에 적용된다.

## 2) 이슬람 경제의 확산

이슬람 경제는 무슬림 인구의 증가, 무슬림의 경제적 성장, 가치 소비 추구 등의 영향으로 앞으로 크게 성장할 것으로 전망된다. 퓨 리서치센터(Pew Research Center)[5]의 자료에 따르면 2015년부터 2060년까지 무슬림 인구의 증가 속도는 세계 인구의 증가 속도의 두 배가 될 것으로 예상된다. 무슬림 인구는 2010년 약 16억 명으로 전 세계 인구의 24.2%를 차지했는데, 2030년에는 22억 명까지 증가하여 27.5%를 차지할 것으로 예상된다. 또한, 무슬림 국가의 빠른 GDP 상승으로 구매력도 전 세계평균보다 빠르게 향상되고 있다. 전 세계 이슬람 경제는 2015년 1조 7,360억 달러의 소비 규모였으며 2021년에는 2조 7,430억 규모로 성장할 것으로 예측된다. 세계 할랄 시장(식품, 패션, 미디어, 제약, 화장품)의 규모는 2015년 1조 7,360억 달러에서 2021년에는 58% 성장하여 2조 7,430억 달러에 이를 것으로 전망된다.[6]

1975년에 최초의 이슬람 상업은행인 두바이 이슬람 은행(Dubai Islamic Bank)이 설립된 이후 이슬람 금융은 빠른 속도로 성장하여 2012년 말 기준으로 글로벌 '이슬람 자본 시장(Islamic Capital Market)'의 자산 규모는 1조 6천억 달러에 이르렀다.[7] 특히 1970년대 중반 이후 석유 가격이 폭등하면서 발생한 자금을 기반으로 중동의 무슬림 국가 — 아랍에미리트 연방, 쿠웨이트, 바레인, 사우디아라비아, 카타르— 에 이슬람 상업은행이 설립되었고, 파키스탄, 이란, 수단에서는 국내 금융 전반을 이슬람 은행으로 전환하는 정책이 시행되었다.[8] 이러한 흐름 속에 말레이시아와 인도네시아에서도 이슬람 금융이 도입되었다.

서구 세계가 본격적으로 이슬람 금융에 관심을 갖게 된 계기는 2007년~2008년 미국의 서브프라임 모기지 사태(Subprime mortgage crisis)가 초래한 세계금융위기다. 글로벌 금융시장이 혼란에 빠졌을 때 이슬람 금융이 상대적으로 위기에 강한 면모를 보이면서 전통 금융[9]의 대안으로 주목받기 시작했다. 이는 샤리아의 원칙에 따라 이슬람 금융에서는 파생상품 같은 복잡한 투자가 제한되고 과도한 레버리지를 이용한 투기가 금지되기 때문이다. 한국이 이슬람 금융에 관심을 두기 시작한 것도 이 무렵이다. 이슬람 금융이 정착한 대표적인 비무슬림권 국가로는 미국, 영국, 프랑스, 일본 등이 있다. 비서구권에서 이슬람 금융이 등장하게 된 계기는 근본적으로 무슬림 인구의 확산이 큰 요소이기는 하지만, 기술적인 측면에서 샤리아를 준수하면서도 전통 금융과 유사한 금융을 가능하게 만든 것은 전자금융기법의 발전이다. 정보기술의 발전으로 자산유동화기법이 손쉽게 사용되면서 이를 응용한 다양한 금융상품이 등장하게 되고 이슬람 금융기관들이 이를 상용화함에 따라 이슬람 금융은 크게 확대되었다.[10] 기존의 이슬람 금융은 이자를 회피하고 실물거래를 동반해야 하므로 전통 금융과 비교해 절차가 복잡하고 추가

### 글상자 8.2 2007~2008년 세계금융위기

2007년 미국에서 발생한 '서브프라임 모기지(subprime mortgage)' 사태로 시작되어 전 세계로 확산한 금융위기를 일컫는다. 서브프라임 모기지란 문자 그대로 프라임(prime)의 하위(sub)에 속하는, 즉 주택담보 대출 심사에 통과하지 못하거나 신용등급이 낮은 고객을 위한 비우량 주택담보 대출을 의미한다. 당시 미국의 부동산 붐과 맞물리면서 유사한 담보대출을 결합한 유동화 채권(ABS)과 담보대출과 다른 금융상품을 결합한 파생상품이 세계 곳곳에서 판매되었다. 하지만 이런 금융계의 호황은 미국의 실물 경제 침체와 부동산 버블의 붕괴로 세계적 금융위기로 전락했다. 금융위기는 이자 수취를 금지하고 실물자산에 바탕을 두지 않은 파생상품의 판매를 제한하는 이슬람 금융이 크게 주목받는 계기가 되었다.

비용이 발생하여 경쟁력이 떨어지는 문제점이 있었다.

한편 이슬람적 소비에서 가장 주목받고 있는 분야는 할랄식품이다. 할랄 인증이 산업으로 대두되면서 다국적 기업이 적극적으로 이를 주도하고 있다. 할랄 시장은 중동이나 다른 무슬림 국가가 아닌 서양 산업국가에서 생겨났는데, 이는 1980년대 무슬림들의 비무슬림 국가로의 이민과 자유 무역의 발달로 무슬림 국가와 비무슬림 국가 간의 육류 및 식품 교역이 왕성해지면서 시작됐다.[11] 즉 신선육이나 육류 가공제품을 수입하는 무슬림 국가에서는 할랄 조건을 충족하는 상품을 수입하기를 원했고, 반면 수출하는 국가는 수입국의 신뢰를 얻기 위해 공신력 있는 기관에서 발급하는 할랄 인증이 필요하게 되었다.[12]

할랄식품 시장이 지금처럼 성장하는 데는 40년 전부터 말레이시아에 진출했던 다국적 기업 '네슬레 말레이시아'의 역할이 지대했다. 네슬레는 1980년대 이후로 말레이시아에서 생산하는 모든 제품에 할랄 인증을 받기 위해 자발적으로 노력한 첫 다국적 기업이다. 처음에는 동남아로 진출하기 위한 접근성의 용이함 때문에 말레이시아를 선택했으나, 현재는 '네슬레 말레이시아'가 할랄 관련 최대 생산량을 담당할 뿐만 아니라 할랄 제품 생산 및 연구의 중심적인 위치로 자리매김하고 있다.[13] 할랄이 성장잠재력이 높은 새로운 시장임을 인식하기 시작하면서 다국적 기업들은 할랄의 산업화에 적극적으로 참여하고 있다.

할랄 소비의 개념은 처음에는 주로 식료품에 한정되었으나 점차 여행, 의상, 의약품, 화장품, 미디어 등으로 확대되고 있다. 디나르 스탠다드(Dinar Standard)에서 매년 발간하고 있는 '글로벌 이슬람 경제 현황 보고서(State of Global Islamic Economy)'는 해마다 '글로벌이슬람경제지표(GIEI: Global Islamic Economy Indicator)'를 발표하는데, 이 지표에서 점수로 환산되는 영역은 할랄식품, 할랄 금융, 할랄 패션, 할랄 관광, 할랄 미디어 및 레크리에이션, 할랄 의약품, 화장품 등 7개이다.

## 2. 동남아 이슬람의 특징

고대에 형성된 동남아와 인도를 연결하는 해상무역로는 인도의 선진 문물뿐만 아니라 종교 및 제도가 유입되는 중요한 통로였다. 힌두교와 불교가 먼저 도입되었고, 상당한 시간적 간격을 두고 이슬람이 뒤를 이었다. 중동부터 극동까지 연결된 거대한 무역로를 따라 상업 활동에 참여했던 무슬림 상인들이 이슬람 전파에 큰 역할을 담당했다. 역사적 기록의 부재로 동남아에 이슬람이 전파된 정확한 시기는 알 수 없다. 하지만 대략 13세기 후반에서 14세기 초반으로 추정하고 있으며, 15세기 이후 토착 왕국이 공식적으로 이슬람을 받아들임에 따라 서쪽에서 동쪽으로 본격적인 전파가 시작되었다.

동남아에 뿌리내린 이슬람은 정통 이슬람으로 인식되는 중동의 것과는 다르게 현지의 토착 문화와 혼합된 형태를 띠고 있다. 동남아에 전파된 이슬람은 수피즘(Sufism)의 성격을 띤 분파로써 이슬람법인 샤리아(Sharia)보다는 내면적 깨우침에 도달하기 위한 명상, 자기 성찰, 그리고 높은 영성을 강조한다. 이러한 종교적 특징과 도서부 동남아 특유의 제설혼합주의(Syncretism)적 문화로 인해 이슬람 도입 이전의 종교적 관행이 유지된 채 이슬람을 받아들이는 것이 용인되었다.[14] 즉 이슬람이 전파되기 이전에 이미 토착 사회에 존재했던 애니미즘, 주술, 힌두교적 신비주의와 이슬람이 절충적으로 결합하였다. 수피는 아랍어의 양모를 뜻하는 '수프'에서 파생된 단어로 양털 옷은 청빈과 금욕을 상징한다. 수피즘은 엄격한 계율보다는 기도 등을 통한 영적 체험을 중시하는 신앙 방식이다. 신비주의적 성향이 강한 수피즘은 기존의 신앙과 토착적 전통을 배척하지 않은 채 개종을 할 수 있는 여건을 제공했다. 이슬람 학자들의 교리에 대한 이해가 심화되면서 경전 해석을 둘러싼 논쟁이 발생하기도 했지만, 혼합주의적인 특징은 무슬림들의 일상 삶에 깊이 뿌리내렸고 20세기까지 이러한 흐름이 이어졌다.

20세기 초 이후 아랍권에서 출현한 개혁주의(Reformism) 혹은 근대주의(Modernism)가 동남아에 영향을 미치면서 혼합주의적 이슬람에 변화가 생기기 시작했다. 제설혼합적 이슬람이 정화되고 경전에 기초한 해석과 종교적 의무 실천이 강조되었다. 또한, 이슬람과 현대성이 공존할 수 있을 뿐만 아니라 이슬람의 원리와 현대성의 원리가 일치한다는 시각이 대두되었다. 경전에 근거를 두지 않은 신앙생활을 영위하거나 서구 문물과 이슬람이 공존할 수 없다고 주장했던 전통 이슬람과 단절을 꾀하기 시작했다. 20세기 초에 시작된 이러한 흐름은 1970년대의 이슬람 부흥 운동을 기점으로 더욱 본격화되었다.[15] 1970년대 사우디아라비아의 와하비 운동의 영향을 받은 아랍 민족주의의 대두, 이란의 이슬람 혁명 성공, 소련의 아프가니스탄 침공 등은 아랍뿐만 아니라 다른 지역의 무슬림 국가의 단결을 촉구하는 계기가 되었다.[16] 인도네시아와 말레이시아에서도 이 시기에 뚜렷한 종교적 변화의 바람이 일어나기 시작했다. '이슬람 부흥'이라고 불리는 이 시기를 구별 짓는 데 필요한 분명한 이념이나 주도 세력이 존재하지 않기 때문에 다소 모호한 측면이 있는 것이 사실이지만, 명확한 것은 1970년대 이후의 이슬람은 이전의 것과는 확연한 차이가 있다는 것이다.

인도네시아에서는 금요 예배와 금식에 참여하거나 성지순례를 떠나는 무슬림이 점차 늘어나기 시작했다. 이슬람과 관련된 출판물이 늘어나고 이슬람과 관련된 텔레비전 및 라디오 프로그램이 증가했으며 학교에서 이슬람 교육의 인기가 높아졌다. 또한, 사회 전반에서 이슬람에 대한 비판이 허용되지 않는 분위기가 형성되었다.[17] 말레이시아에서는 말레이 대학생, 지식인, 그리고 도시의 중산층을 중심으로 이슬람 부흥운동이 확산되었다. 하나의 단일한 조직에 의해 주도된 것은 아니지만 도시 무슬림 인텔리겐챠를 중심으로 '총체적 삶의 양식으로서의 이슬람'

이라는 구호 아래 이슬람 사회의 구현을 주장했다.[18] 큰 그림에서 동남아에서 일어났던 이슬람 부흥 운동은 일상생활을 이슬람화하려는 움직임이라고 할 수 있다. 이슬람의 뿌리가 깊은 중동의 이슬람 문화와 비교했을 때 일상의 이슬람화를 '부흥' 혹은 '이슬람화'라고 표현하는 데 다소 무리가 있을 수 있지만, 1970년대 이전의 동남아 이슬람과는 분명한 차이가 존재한다. 동남아에서 이슬람 경제가 출현한 배경도 이러한 맥락과 맞닿아 있다. 이슬람적 가치를 개인의 삶과 공적 영역의 중심에 위치시키려는 노력이 경제적인 영역에서도 나타나기 시작했다.

## 3. 동남아에서의 이슬람 경제 부상

이슬람 경제의 글로벌 리더를 자처한 말레이시아는 이슬람 경제를 선진국 진입에 필요한 주요 성장 동력으로 간주하고 전략적으로 발전시키고 있다. '글로벌 이슬람 경제 현황 보고서'에서 해마다 이슬람 경제의 일곱 개 영역에 대한 점수를 발표하는데, 말레이시아는 대부분 영역에서 최상위를 차지한다. 특히 이슬람 금융 부분에서는 독보적이다. 할랄 인증과 관련해서도 말레이시아는 매우 선도적인 위치에 있다. 현재 전 세계에 많은 민간주도의 할랄 인증제가 있지만, 종교단체와 민간단체가 아닌 국가적 차원에서 할랄 인증제를 도입한 것은 말레이시아가 최초이다. 말레이시아정부는 1959년부터 할랄 지침에 관한 연구를 시작했고, 1975년에 '상품표기법'을 개정했으며, 1984년에는 총리실 산하 이슬람국에서 구체적으로 할랄에 대한 지침서를 제시했다. 1994년도에 말레이시아 이슬람개발국(JAKIM: Department of Islamic Development Malaysia)의 주도로 할랄 인증제가 도입되었다. 말레이시아는 할랄 인증을 국내적인 사안으로만 인식하지 않고, 자국을 '글로벌 할랄 허브

**도표 8.1** 글로벌이슬람경제지표(GIEIS) 점수

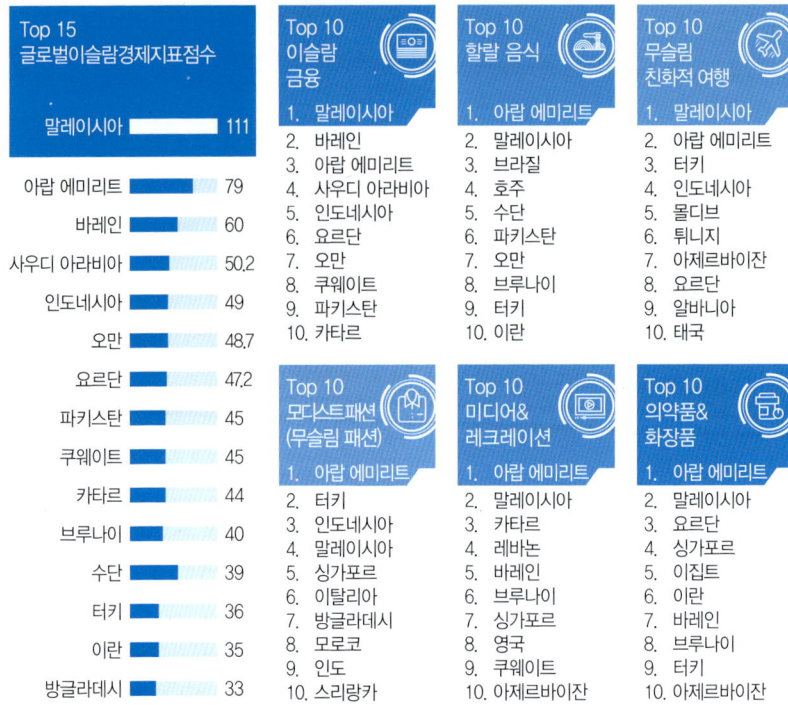

출처: State of Global Islamic Economy Report 2019/20.

(Global Halal Hub)'로 만들어 할랄과 연계된 혁신, 무역, 투자의 중심지로 육성시키려는 야심 찬 계획을 수립하였다.[19]

말레이시아가 이슬람 경제를 선도하는 국가가 된 배경에는 국가 주도의 이슬람 정책과 함께 말레이시아의 인구구조도 큰 영향을 미쳤다. 말레이시아는 독립 후 지금까지 민족 구성의 독특한 특징으로 인해 종족집단 간 소득 불평등과 경제 불균형이 문제시됐다. 말레이시아는 말레이계, 중국계(화인), 인도계, 그리고 소수종족으로 구성된 다종족 국가다. 그런데 소수인 화인이 경제 실권을 장악하는 반면, 다수인 말레이계가 주변화되는 경제구조로 인해 말레이와 화인 간의 긴장 관계 내지

는 알력이 존재한다. 말레이시아는 1969년 경제적으로 부유한 화인에 대한 말레이의 불만이 인종 폭동으로 불거져 수백 명의 희생자가 발생하자, 1971년 부미쁘뜨라(Bumiputra) 우대 정책인 신경제정책(New Economic Policy, NEP)을 도입하여 부미쁘뜨라의 소득 증대를 위한 구체적인 목표를 제시했다. 부미뿌뜨라는 '땅' 혹은 '대지'라는 의미의 'Bumi'와 '아들' 혹은 '후손'이라는 뜻의 'Putra'의 합성어로서 말레이계와 비말레이계 원주민을 지칭하는 용어다.

이러한 맥락에서 말레이시아의 이슬람 경제정책을 살펴보면, 국가 주도의 이슬람화는 토착민이면서 동시에 주류 종족임에도 불구하고 경제적으로 약자의 상황에 처한 말레이에게 더 많은 경제적 기회를 제공하고 민족의식을 고취하기 위한 방책으로 해석될 수 있다. 말레이시아에서 할랄 인증이 발달한 이유에도 말레이시아가 가지고 있는 독특한 인구 구성이 큰 몫을 차지하고 있다. 중동 국가들의 경우 자신들이 먹는 모든 음식이 (실제 아니라고 할지라도) 할랄이라고 인식하고 있어서 사실상 할랄 인증의 필요성을 크게 느끼지 못하고 있었다. 하지만 중동지역과 달리 돼지고기를 즐겨 먹는 화인과 함께 생활하는 말레이들은 자신들이 하람(Haram: 허용되지 않는 것)으로 간주하는 것에 오염될 수 있다는 인식을 가지고 있다.[20]

한편 인도네시아에서는 2000년대 이후 할랄 소비에 대한 의식이 높아지면서 '샤리아 인지적', '할랄 마케팅', '이슬람 마케팅' 같은 개념이 등장하고 있다. 2014년에는 그동안 권고사항이었던 할랄 인증을 법으로 강제하는 '할랄제품보장법'을 제정하였다. 지금까지 모든 국가의 할랄 규정 중 가장 강력한 법안으로 이를 그대로 적용할 수 있을지에는 의문이 제기되지만, 5년의 유예기간이 끝나고 2019년 10월에 발효되었다. 인도네시아는 현재 최대 할랄식품 소비국이지만, 최근 정부 주도로 최대 할랄식품 생산국으로 전환하기 위해 노력하고 있다. 2019년에는 이슬람 경제를 활성화하기 위한 국가 계획으로 '2019~2024 샤리아 경제 마스터플랜'을 발표했다. 이슬람 금융과 관련해서도 2017년 대통령 직속 기관인 샤리아금융위원회(KNKS: Komite Nasional Ekonomi dan Keuangan Syariah)를 출범시켰는데, 이는 말레이시아를 벤치마킹한 것으로 민간 영역에 맡겨 두었던 이슬람 금융을 국가가 직접적으로 지원하겠다는 의지의 표현으로 해석될 수 있다.

'할랄제품보장법'은 할랄과 관련된 제품의 범위를 "음식, 음료, 의약품, 화장품, 화학제품, 생물학 제품, 유전공학 제품 등과 관련된 물건이나 서비스 그리고 일반인에 의해 착용되고 이용되며 효용이 있는 물건"(법안 1조 1항)으로 정의함으로써 할랄 인증 대상의 범위를 매우 포괄적으로 설정하고 있다. 또한, 2017년에 민간에서 담당하던 할랄 인증을 정부기관으로 이전하였다.[21] 할랄제품보장법의 실행으로 인해 야기될 할랄 인증 체계의 변화를 정리해 보면, 우선 ①할랄 인증을 의무적으로 받아야 할 제품이 확대되고, ②할랄 기준에 부합하지 못하는 제품에 대해 할랄이 아님(Non-Halal)을 명시해야 하고, ③제품을 만드는 데 사용되는 원재료의 할랄 여부뿐만 아니라 공급망(Supply Chain) 전체가 할랄 인증 대상에 포함되고, ④제품 생산을 총괄하는 관리자가 무슬림이어야 한다.[22] 하지만 할랄제품보장법이 실행되기까지 여러 가지 형태로 수정을 요구하는 목소리가 있었다. 무엇보다 할랄 인증 대상 제품을 지나치게 광범위하게 설정함으로써 자국 산업의 경쟁력 약화를 초래할 수도 있다는 목소리가 제기되었다. 당장 강력한 법을 그대로 적용하기에는 현실적으로 어려운 부분이 많이 있지만, 시간이 흐를수록 할랄 인증을 더욱 엄격하게 통제할 것으로 예상된다.

이슬람 경제에서 인도네시아가 이웃 국가인 말레이시아나 다른 몇몇 이슬람 국가(UAE, 바레인, 사우디아라비아)처럼 선도적인 위치에 있는 것은 아니다. 하지만 경제 규모를 고려할 때 인도네시아에서 이슬람 경제가 성장한다면 그 파급효과는 상당할 것이다. 무엇보다 1980년부터 2000년대 사이에 태어난 세대를 지칭하는 밀레니얼(Millennier)이 소셜미디어(페이스북 기준)에서 이슬람 경제와 관련하여 무엇인가를 업로드하거나 댓글을 남긴 데이터를 트랙킹(Tracking)한 자료에 따르면, 일곱 개 영역에서의 상호작용 점수를 모두 합산했을 때 인도네시아가 세계 1위이다.[23] 이는 인도네시아의 무슬림 밀레니얼이 실질적 구매력만 뒷받침되면 엄청난 소비자 집단이 될 가능성이 있다는 것을 보여준다.[24]

## 4. 이슬람 금융과 할랄 인증

### 1) 이슬람 금융[25]

이슬람 경제가 금융에서 시작해서 소비 전반으로 확대되고 있지만, 지금까지 이슬람 경제성장을 추동하는 핵심은 금융과 할랄 인증이다. 2007~8년 글로벌 금융위기 때 서구주도의 세계 금융체계의 취약성이 드러나면서 이슬람 금융이 전통 금융에 대한 새로운 대안으로 부상했지만, 이슬람 금융이 전통 금융과 완전히 별개의 것은 아니다. 단순하게 설명하면 전통 금융 방식에 일부 제약을 둔 형태가 이슬람 금융이다.

이슬람 금융에서는 다음의 세 가지를 명확하게 금지한다. 첫째, 아랍어로 리바(Riba)라고 불리는 이자를 취하는 것을 금한다. 쿠란의 여러 구절에서 리바를 금하고 있다. '리바를 고리대금으로 한정할 것인가? 아니면 모든 종류의 이자로 해석할 것인가?'는 여전히 논란이 되고 있지만, 대부분의 이슬람 학자들은 어떤 형태의 이자도 허용되지 않는 것을 정설로 받아들이고 있다.[26] 전통적인 은행과 달리 이자 수취를 할 수 없는 이슬람 은행은 이자가 아닌 다른 방식으로 이윤을 추구하기 위해 다양한 금융상품을 개발하고 있다. 둘째, 불확실성을 의미하는 가라르(Gharar)를 금지한다. 무함마드의 언행록인 하디스에서 언급된 몇 가지 예를 들자면, 바다에 있는 물고기, 하늘에 있는 새, 태어나지 않은 송아지, 아직 영글지 않은 나무 열매 등을 거래하는 것이 금지된다. 현대 금융에서 가라르로 문제가 되는 대표적인 것으로는 보험[27]과 우발적인 상황에 의해 수익이 변하는 파생금융상품 등이 있다. 셋째, 마이시르(Maysir)라고 하는 도박, 즉 예측할 수 없는 것에 돈이나 물건을 거는 행위를 금한다. 가라르와 마찬가지로 마이시르는 이슬람 금융에서 투기거래, 일반 보험, 파생상품 거래를 허용하지 않는 근거가 된다. 위에서 언급된 세 가지 외에도 근본적으로 샤리아를 준수하지 않는 모든 계약은 허용되지 않는다. 예컨대 주류, 카지노, 나이트클럽, 양돈업 등 이슬람에서 하람으로 간주하는 것에 자금이 사용되는 것은 허락되지 않는다.

이슬람 금융을 처음 접하게 되는 문외한이 가지는 첫 번째 질문은 "은행 혹은 자본가가 이자 수취 없이 어떻게 이익을 남기느냐?"라는 것일 수 있다. 이에 대해 이슬람 금융은 '이익손실공유(Profit and Loss sharing)'를 통해 실천할 수 있음을 강조한다. 이슬람 금융은 자금 공급자(투자자)와 자금 사용자(기업가) 간에 위험을 공유하도록 유도한다. 위험을 감수하지 않고 이자를 받기 위해 은행에 예금을 쌓아두는 것을 허용하지 않는다. 이슬람 금융에서는 무슬림이 채권자가 되기보다는 자금을 투자하고 사업상 손익과 위험을 공유하는 파트너가 되는 것을 장려한다. 이슬람 금융은 크게 출자금융(Equity financing)과 채무금융(Debt financing)으로 구분되는데, 출자금융(신탁, 합작)은 이익손실공유의 원칙에 기반하고 채무금융은 할부상환 판매와 임대와 같은 이연매출계약(Deferred sales contracts) 방식을 취한다. 이슬람 금융에서 전자는 이상적이고 바람직한 금융으로 간주되지만, 후자의 경우 표면적으로는 샤리아에 부합하지만 많은 논란의 요소가 내재되어 있어서 권장

### 표 8.1　이슬람 금융의 계약 유형

| 출자금융(Equity financing) | 채무금융(Debt financing) |
|---|---|
| 이익 손실 공유에 기반한 계약<br>PLS(Profit and Loss share) contracts | 이연매출계약(Deferred sales contracts) |
| • 무다라바(Mudaraba)<br>• 무샤라카(Musharaka) | • 무라바하(Murabaha)<br>• 이자라(Ijara)<br>• 살람(Salam)<br>• 이스티스나(Istisna'a) |
| 이익 손실 공유 관계 | 채무 기반 관계 |
| 주주 | 자산 기반 대출 |

되지는 않는다. 흥미로운 점은 말레이시아가 이슬람 금융에서 선도적인 위치로 성장하는 데 전자보다는 후자의 방식에 힘입었다는 것이다.

　이슬람 금융의 기본이 되는 계약 유형을 살펴보면, 이익손실공유에 기초한 출자금융에는 무다라바(Mudaraba)와 무샤라카(Musharaka) 계약이 있고, 이연매출계약에 바탕 한 채무금융에는 무라바하(Murabaha), 이자라(Ijara), 살람(Salam), 이스티스나(Istisna) 등이 있다. 각각의 계약에 대해 더 자세하게 살펴보면 다음과 같다.

■ 무다라바(Mudaraba)

무다라바는 투자신탁과 유사한 계약으로 특정 사업에 자본을 제공하는 자본가와 경영을 제공하는 사업가 사이의 계약이다. 수익이 발생하는 경우 사전에 약정한 이익 배분율에 따라 이익을 투자자에게 지급한다. 자본가는 자본만을 제공하고 사업가는 경영 즉 노동만을 제공하되 수익이 발생하지 않거나 사업이 실패했을 경우 손실은 전적으로 투자자만의 몫이다. 대신 사업가의 경우 자신의 노력과 수익에 대한 예상 분배금만을 희생하게 된다.

- 무샤라카(Musharaka)

  무샤라카는 자본가와 사업가가 공동으로 출자 및 경영하고 이익(또는 손실)을 사전계약에 따라 배분하는 지분참여 계약이다. 통상적으로 손실은 출자 비율을 따르지만, 이익은 사전계약에 따라 정해진 비율로 분배한다. 자본가와 사업가가 함께 출자한다는 점과 자본가가 경영에 참여할 권리를 가진다는 점에서 무다라바와 상이하다.

- 무라바하(Murabaha)

  금융기관이 고객에게 필요한 자금을 대출해주는 것이 아니라, 고객(매수인)이 필요로 하는 물건 혹은 부동산을 금융기관이 고객을 대신하여 구매한 뒤, 구매 원가에 이윤(Mark-up)을 덧붙여 고객에게 판매하는 계약이다. 수익이 사전에 정해진 매출로서, 매매대상은 계약 시 바로 이전되나 매매대금은 미래에 채무 형태로 지급된다.

- 이자라(Ijara)

  이자라는 자산의 사용수익권을 판매하는 것으로 정기적으로 대여료를 지급하는 사용자에게 자산이 이전된다. 리스와 매우 유사한 개념으로 금융기관(Lessor)이 설비나 건물 등을 구매하여 임차인(lessee)에게 임대료를 받고 대여해 주는 방식이다. 이자라에는 만기가 되었을 때 수요자가 임차한 물건을 금융기관에 반환하는 계약인 운용리스와 계약 종료 후 수요자가 임차한 물건에 대해 소유권을 갖게 되는 금융리스의 형태가 있다.

- 살람(Salam)

  살람은 선도금융거래의 한 종류로 약정된 날짜에 특정 상품을 구매하기로 계약하고 선금을 지급하는 계약이다. 매매대금은 계약 시 바로 지급되나 매매대상(상품)은 채무의 형태로 이전되는 선물거래와 유사하다.[28] 살람은 주로 농산물과 광물 등 원자재 거래에 사용된다.

- 이스티스나(Istisna)

  이스티스나는 생산자 금융의 일종으로 구매자가 제작을 요청한 상품에 대해 금융기관이 생산자에게 필요한 자금을 제공하고 상품 제작이 완료되면 금융기관이 이를 인수하여 구매자에게 판매하는 금융 계약이다. 살람과의 차이점은 이스티스나는 상품을 제작해서 판매할 때 주로 활용되고, 상품 대금을 반드시 선납할 필요가 없다. 계약에 따라 일시납이나 분납이 가능하고 상품을 인도받고 지급하는 것도 가능하다.

**도표 8.2** 이슬람 금융 계약

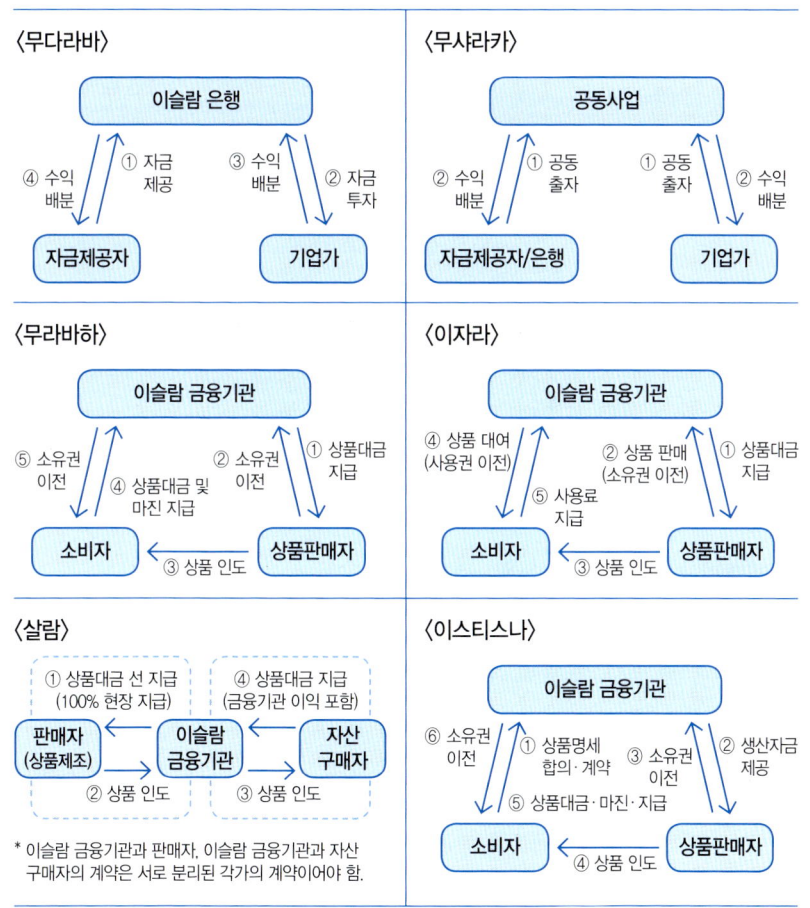

위에서 언급한 기본적인 계약 외에도 수쿡(Sukuk)을 비롯한 다양한 계약이 있으며, 실무에서는 기본 계약을 바탕으로 다양하게 '구조화된 금융상품(Structured financing product)'이 판매되고 있다. 2009년부터 한국정부에서 여러 차례 도입하려고 하였으나 국회 통과에 실패한 말레이시아의 수쿡 사례를 통해 구조화된 금융상품에 대해 설명해보고자 한다.

수쿡은 채권과 유사한 부분이 많지만 몇 가지 측면에서 차이가 있다. 채권은 회사, 은행, 지자체와 정부가 자금을 차입하기 위해 발행하는 유가 증권이다. 채권 발행자는 재원을 확보하기 위해 채권 보유자에게 일정 기간 빚을 지는 것이고, 만기 시 채권 보유자에게 원금과 약정한 이자를 지급해야 한다. 그에 반해 수쿡은 자산에 기초한 증권으로서 자산의 운용(매각, 리스 등)을 통해 발생할 수 있는 미래의 수익에 근거하여 발행한다는 측면에서 자산유동화(Asset Backed Securitization, ABS)와 유사하다. 하지만 반드시 실물자산에 기초하여 발행되어야 한다는 점에서 자산유동화와 차이가 있다. 수쿡은 수쿡 보유자에게 미리 정해진 이자를 지급하는 것이 아니라 배당 혹은 임대에서 발생하는 수익을 지급한다는 점에서 전통적인 채권과 다르다. 또한, 이익이 보장된 채권과 달리 이론적으로 수쿡은 손실이 발생할 수도 있다.

수쿡에 대한 이해를 돕기 위해 실제 회사가 이자라 방식으로 수쿡을 발행한다고 가정하고 설명하면 다음과 같다. 예컨대 자산 가치가 100억 원인 사무실 빌딩을 보유한 A회사가 회사 운영에 필요한 100억 원의 자금을 확보하기 위해 이자라 방식으로 수쿡을 발행한다고 가정해보면, 우선 자산보유자이며 채무자인 A회사가 오직 수쿡 발행을 위한 ① 특수목적회사(SPV, Special Purpose Vehicle)를 설립하고 자산을 SPV에게 형식적으로 매각한다. ② SPV는 수쿡을 발행함으로써 ③ 투자자들로부터 투자금을 모금한다. ④ SPV는 이 자금으로 A회사에게

**도표 8.3** 이자라 수쿡

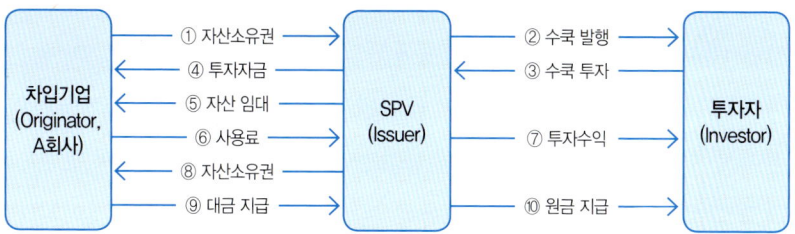

* 수쿡은 기초 자산의 종류에 따라서 14가지로 분류된다. 2009년 한국에서는 가장 일반적인 형태인 이자라(Ijara) 수쿡과 무라바하(Murabaha) 수쿡을 도입하려고 했다.

매각 대금을 지불하고, ⑤ 동시에 A회사에게 사무실을 임대하는 계약을 체결한다. ⑥ SPV는 임차인(A회사)으로부터 정기적으로 약속된 임대료를 수취하고, ⑦ 수취한 임대료를 가지고 이자라 수쿡을 보유하고 있는 투자자들에게 보유액에 따라 투자수익을 차등 지급한다. ⑧ 수쿡이 만료되면 SPV는 최초 자산보유자(임차인, A회사)에게 사전에 정해진 가격으로 빌딩을 다시 매도하고, ⑨ A회사로부터 받은 대금으로 ⑩ 투자자들에게 원금을 돌려준다.

한편 한국의 조세제도에서 이러한 방식의 수쿡 발행은 다양한 세금을 발생시킨다. 실물자산의 소유권이 두 차례씩이나 변경되는 과정에서 발생하는 취·등록세를 비롯하여 양도소득세, 배당소득세, 부가가치세, 법인세, 이자소득세가 발생한다. 한국정부는 수쿡 발행 과정에서 발생하는 자산의 매각 및 재매입은 실거래가 아닌 형식상의 거래이고 배당금과 임대료 등도 사실상 채권의 이자와 같은 것으로 간주할 수 있으므로 여기에 수반되는 세금을 면제해주기 위해 조세특례제한법 제21조(일명 수쿡법)를 개정하려고 했다. 하지만 기독교계의 반발과 다른 종교와의 형평성 등이 논란이 되어 개정법안은 국회를 통과하지 못했다.

## 2) 할랄 인증

할랄(Halal)은 이슬람법인 샤리아에서 '허용된 것'을 의미하고, 이에 반대되는 개념인 하람(Haram)은 '금지된 것'을 의미한다. 허용과 금기와 관련하여 이슬람이 확립한 가장 중요한 원칙은 알라가 창조한 것들 그리고 그것들로부터 나오는 유익함은 본질적으로 인간을 위한 것이기 때문에 확실한 원문(Nas)에 의해 금지된 것 외에는 금지된 것이 없다는 것이다. 또 하나의 중요한 원칙은 금지와 허용을 결정하는 권한이 종교 및 사회적 지위와 관계없이 인간에게는 주어지지 않고 오직 알라에게만 있다는 것이다.[29] 할랄과 하람은 오래전부터 존재했지만, 적용에 있어서 제한적이었고 철저하게 지켜지지 않았다. 그러다 20세기 중반 이후에 이슬람권에서 종교적 의무의 실천을 중시하고 문자 그대로의 해석을 강조하는 '이슬람 부흥'이 일어나면서 할랄이 무슬림의 일상에 큰 영향을 미치기 시작했다.

할랄에서 가장 주목받고 있는 것은 할랄 인증이다. 할랄 인증서는 "문서에 기재된 제품이 해당 인증기관의 이슬람 식이 규칙에 부합한다는 것을 증명하기 위해 이슬람 기관이 발급한 문서"다.[30] 할랄 인증의 유효기간은 대상 제품의 형태에 따라 1년에서 3년 사이이다. 할랄 인증서 발급 주체는 국가마다 상이한데, 말레이시아처럼 국가기관이 관리하는 곳에서부터 이슬람 조직이나 기관, 혹은 무슬림 개인 등 다양하다. 그런데 이러한 할랄 인증의 수용 여부는 제품이나 용역을 제공 받는 국가 혹은 무슬림 공동체에 의해 정해진다. 본래 할랄 인증은 생산자가 자신의 제품에 대해 할랄임을 선언하는 방식이었으나 국가 간 거래가 늘어나면서 거래당사자가 아닌 보다 객관적인 입장에서 권한을 가진 기관이 이를 인증하는 방식으로 변형되었다.

할랄식품 인증에 대해 살펴보면, 이슬람 식품법은 쿠란, 하디스, 그리고 무슬림 학자들의 설명과 해석에 바탕을 두고 있고 일반적으로 하람이라고 언급된 것을 제외한 모든 것은 할랄이다. 하람으로 간주되는 주요 식품으로는 돼지고기, 알코올, 피, 죽은 동물 그리고 알라 이외의 이름이 언급되면서 도축된 동물 등이 있다. 할랄식품에 해당되지만 하람 물질에 의해 오염되었거나, 하람물질과 혼합된 것도 금지된다. 다브흐(Dhabh)[31]라고 불리는 이슬람식 도축 방식은 다음과 같다. 도축자가 성인 무슬림이어야 하고, 도축 직전에 "비스밀라 알라후 아크바르(BISMILLAH ALLAHU AKBAR, 알라는 위대하다)"라는 기도문을 외치고, 다량의 방혈이 즉시 이루어질 수 있도록 예리한 칼을 사용하여 동물의 식도와 기도에 있는 경정맥과 경동맥을 단숨에 절단해야 한다.

국내에서 할랄 인증을 담당하는 유일한 기관은 KMF(Korea Muslim Federation: 한국이슬람교중앙회)이다. 하지만 KMF는 아직 국제적으로 지명도가 낮아서 KMF의 할랄 인증으로 수출할 수 있는 국가는 매우 제한적이다. 2013년 말레이시아의 자킴(JAKIM)과 교차 인증을 협

표 8.2 할랄식품과 하람식품(말레이시아정부 기준)

| 할랄식품 | 하람식품 |
| --- | --- |
| - 우유(소, 낙타, 산양의 젖)<br>- 벌꿀<br>- 생선<br>- 취하는(알코올성) 성분이 없는 것<br>- 신선한 야채<br>- 땅콩 등의 견과류<br>- 신선한 과일, 말린 과일<br>- 밀, 쌀, 호밀, 보리, 귀리 등의 곡물류<br>- 소, 양, 산양, 낙타, 사슴, 고라니, 닭, 오리 등의 동물(반드시 이슬람식 도살 방법인 자비하(zabihah)에 따라야 함) | - 돼지고기와 그 부산물<br>- 피와 그 부산물<br>- 육식동물<br>- 파충류와 곤충류<br>- 동물의 사체, 도살 전에 죽은 동물<br>- 포도주, 에틸알코올, 화주 등의 술과 알코올성 음료<br>- 할랄 혹은 하람인지 구분이 어려운 식품<br>- 할랄이라도 이슬람법에 따라 도살되지 않은 동물 |

출처: 강대창 외, 2011, 『이슬람 경제의 이해: 말레이시아와 인도네시아를 중심으로』, 대외경제정책연구원.

약했지만, 그 외 인도네시아의 할랄 인증기관인 MUI, UAE의 에스마(ESMA) 등과는 아직 협약을 맺지 못했다. 따라서 이러한 국가에 수출을 할 때 KMF 인증은 문제가 되고 있다.

## 5. 이슬람 경제에 대한 비판적 시각

이자 수취를 금하고, 거래에 실물자산이 뒷받침되어야 하고, 투기적 성향이 높은 파생상품의 판매를 제한하는 이슬람 금융은 2007~2008년 금융위기 때 전통 금융에 비해 안정된 모습을 보였다. 전통 금융에 대한 대안으로 주목받기 시작한 이슬람 금융은 무슬림 인구의 증가와 무슬림 국가들의 경제성장으로 지속해서 성장할 것으로 전망된다. 할랄 인증의 경우 인증 자체가 큰 산업으로 성장하고 있을 뿐만 아니라 할랄이 건강에 좋고, 친환경적이고, 윤리적인 소비라는 인식이 생겨나면서 비무슬림에게로 확산되고 있다. 하지만 이러한 성장잠재력에도 불구하고 이슬람 금융의 비효율성, 이슬람 금융의 제도적 불안정, 종교적 거부감 등으로 인해 이슬람 경제에 대한 비판적 의견도 비등(沸騰)하다.

우선, 이슬람 금융이 추구하는 정신 혹은 이상과 실제 이슬람 금융상품이 실행되는 현실 사이에 큰 간극이 발견된다. 이슬람 금융은 이자 수취를 금지하는 대신 이익손실공유를 통해 이윤을 추구하는 출자금융(무다라바, 무샤라카)을 권장하고 있지만, 실제 이슬람 금융상품에서 출자금융은 미미한 정도이고 채무금융에 기반한 상품이 절대다수를 차지한다. 이러한 경향은 샤리아를 보수적으로 해석하는 중동에 비해 말레이시아와 인도네시아에서 더욱 그러하다. 또한, 이슬람 금융상품이 샤리아에 부합하기 위해서는 실물거래가 뒷받침된 계약에 바탕을 두어야 하는데 실제에 있어서는 문서상의 거래만 있을 뿐 실질적 거래가 동반되지 않는다. 따라서 이러한 일련의 절차가 단순히 이자를 회피하기 위한 목적일 뿐 실물 경제와는 무관하다는 지적이 꾸준히 제기된다.

말레이시아와 인도네시아는 이슬람 금융과 전통 금융이 공존하는 이중금융체제를 추구한다. 최근 두 국가에서 이슬람 금융이 빠르게 성장하고 있지만, 규모 면에서 아직도 전통 금융과는 큰 차이가 있다. 말레이시아와 인도네시아의 이슬람 은행의 시장 점유율은 각각 32%, 5.78%이다.[32] 따라서 규모의 경제에서 이슬람 은행이 불리한 위치에 있다. 더불어 이슬람 금융은 이자를 회피하기 위해 전통적 금융에 비해 복잡한 절차를 거쳐야 하고 무엇보다 실물자산에 바탕을 두고 계약이 이루어지기 때문에 다양한 세금이 발생한다. 전자금융 시스템의 발달과 세금을 면제하는 방식으로 개선되고 있지만, 여전히 이러한 이유로 전통 금융에 비해 이슬람 금융이 높은 이윤율(이자율)을 적용하고 있다. 말레이시아의 경우 일반 은행과 이슬람 은행의 이자율이 거의 비슷한데, 이러한 경쟁력을 확보하기 위해서 용어와 방식만 이슬람적일 뿐 실제 운용에 있어서 전통 금융과 별반 차이가 없는 방식으로 이슬람 금융을 운영하고 있다. 즉 이슬람 금융이 전통 금융에 수렴되는 현상이 나타나고 있다.

이슬람 금융에서는 은행이 이자 수취를 통해 이윤을 추구하는 것이 아니라 거래에서 발생하는 수익을 통해 이윤을 얻게 된다. 거래에 따른 이윤은 거래가 이루어지기 전에 이익이 결정되어야 하므로 일반 은행과 달리 이슬람 은행은 변동금리를 적용하기 어렵다. 따라서 이슬람 은행은 이윤을 계산할 때 금리가 변동할 것을 고려해 일반 은행의 이자율보다 훨씬 높은 이윤율(ceiling profit rate)을 책정한다. 그런데 이러한 문제는 일반 은행과 이슬람 은행이 공존하는 체제에서 이슬람 은행의 경쟁력을 저하시킨다. 말레이시아에서는 이슬람 은행의 변동금리 적용을 가능하게 하려고 사전에 정해진 이윤율과 매달 실제로 적용되는 이윤율에 차이를 두는 것을 허용하고 있다. 이는 은행이 고객에게 매달 리베이트(Rebate)를 주는 방식으로 이루어진다.[33]

이슬람 금융에서 '이익손실공유' 원칙이 강조되지만, 많은 경우 이슬람 금융기관은 고정되고 안정된 이익 공유만을 추구하고 손실 위험을 감수하는 것을 회피하고 있다. 오히려 샤리아에 부합하는 상품을 만들기 위해 제도적으로 소비자를 잘 보호하지 못하는 상품이 만들어지기도 하는데, 이러한 문제가 일반 은행과의 경쟁력을 통해 개선되는 현상도

### 글상자 8.3 　 이슬람 주택금융 사례(무라바하)[*]

이슬람 금융에서 인기가 많은 무라바하 방식으로 주택을 구매하는 경우 고객은 원칙적으로 은행으로부터 대출을 받는 것이 아니다. 고객이 원하는 주택을 은행에 알리면 은행은 개발사(혹은 주택주인)로부터 주택을 구매한 뒤 구매 원가에 은행의 이윤(Mark-up)을 덧붙여 고객에게 재판매한다. 무라바하는 거래에 바탕을 둔 계약이기 때문에 사전에 은행의 이윤이 정해지고, 고객은 상환 기간을 설정하고 미래에 주택매매대금(채무)을 은행에 상환(분할상환 및 일시상환)하게 된다. 그런데 채무자가 대출금을 조기 상환하거나 파산신청을 할 경우(은행의 담보권 행사), 일반 은행은 대출 상환으로 설정된 기간보다 실제 상환 기간이 앞당겨지기 때문에 본래보다 적은 액수의 이자, 즉 리베이트(Rebate)를 적용하는 경우가 많다. 그런데 이슬람 금융에서는 은행 이윤이 이자의 개념이 아니라 매매에 대한 수익의 개념이기 때문에 조기상환에 대한 리베이트를 적용할 수 없다. 이러한 문제는 말레이시아에서 여러 차례 법정 분쟁으로까지 확대되었는데, 결과적으로 이슬람 은행이 일반 은행에 대한 경쟁력을 확보하기 위해 리베이트를 허용하는 것으로 결정되었다.

[*] 말레이시아에서는 무라바하에 바탕 한 주택담보 대출을 바이 비타만 아질(bai bithaman ajil)이라고 부른다.

목격된다. 다시 말해 전통 금융의 대안으로 부상한 금융제도가 전통 금융의 영향을 받아 제도가 개선되는 상황이 나타나고 있다.

할랄의 경우 한때 한국에서 마치 블루오션처럼 소개되면서 큰 주목을 받았는데, 사실 할랄 인증은 무슬림 시장으로의 진입에 필요한 최소한의 절차일 뿐 그 이상의 어떤 것도 보장되지 않는다. 동남아 무슬림 소비자들의 할랄 제품에 대한 인식 제고, 할랄 인증 범위 확대, 절차의 복잡성 등은 무슬림 시장에 진출하려는 외국계 기업에는 큰 부담으로 작용한다. 이처럼 할랄 인증이 비관세 장벽으로 작동할 우려가 존재할 뿐만 아니라, 유사시 현지에 진출한 외국계 기업(혹은 상품)이 할랄 인증과 관련하여 단속 대상이 될 가능성도 크다. 또한, 할랄 인증은 제품의 생산단가 상승을 초래한다. 할랄 인증은 제품을 생산하는 공장을 대상으로 실시되는 것이 아니라 상품 하나하나를 대상으로 실시되고, 2~3년이 지나면 다시 재인증을 받아야 한다. 인증에 따른 생산비 상승은 제품의 가격 경쟁력에 영향을 미친다. 다른 국가의 종교와 문화를 존중하는 측면에서 할랄 인증은 문화의 다양성을 수용하는 하나의 척도로 이해되기도 한다. 그런데 이러한 존중이 비무슬림의 입장에서는 경제적인 대가를 지불해야하는 존중이라는 점과 인증이 종교적인 허용의 의미를 부여하는 것 외에 어떠한 가치를 더하는 것이 아니라는 점에서 달갑지 않은 강제로 느껴질 수 있다.

# 주

1) 이슬람은 종교를 지칭하고 무슬림은 이슬람을 신봉하는 사람을 가리킨다. 본 글에서는 국민의 절대다수가 무슬림이지만 세속주의 국가를 표방하는 국가(예, 인도네시아)와 이슬람 국가를 함께 지칭하는 의미로 무슬림 국가를 사용하고 있다.
2) Timur Kuran, 2006, *Islam and Mammon: The Economic Predicaments of Islamism*, New Jersey (NJ): Princeton University Press, pp. 38-39.
3) Mahmoud A. El-Gamal, 2009, *Islamic Finance: Law, Economics, and Practice* (Cambridge: Cambridge University Press), p. 137.
4) Sayyid Abdul A'la Mawdudi, 2013, *First Principles of Islamic Economics*, The Islamic Foundation, p. 4.
5) http://www.pewresearch.org/fact-tank/2017/04/06/why-muslims-are-the-worlds-fastest-growing-religious-group/
6) 한국무역협회, 2017, 『할랄(Halal) 시장 수출확대 전략』.
7) ISRA, 2015, *Islamic Capital Market: Principles and Practice*, ISRA, p. 13.
8) Shinsuke Nagaoka, 2012, "Critical Overview of the History of Islamic Economics: Formation, Transformation and New Horizons," *Asian and African Area Studies* 11-2.
9) 이 글에서는 이슬람 금융에 대비하여 기존의 금융(conventional finance)을 '전통 금융' 혹은 '전통적 금융'으로 지칭한다.
10) 이충렬 외, 2011, 『이슬람 금융: 이론과 현실 및 활용방안』, 대외경제정책연구원.
11) Florence Bergeaud-Blackler and Johan Fischer and John Lever, 2016, *Halal Matters: Islam, Politics and Markets in Global Perspective*, p. 93.
12) 미안 리아즈·무함마드 챠드리 지음, 조영찬 역, 2016, 『할랄식품 생산론』(서울: 한울아카데미).
13) 현재훈, 2016, "할랄 시장의 부상과 다국적 기업의 대응전략: 네슬레 말레이시아의 할랄 전략을 중심으로," Korea Business Review 제20집 3호, p. 8.
14) 오명석, 2011, "남아 이슬람의 쟁점: 이슬람과 현대성," 『아시아리뷰』 1호, p. 22.
15) 김형준, 2014, "이슬람 부흥의 전개와 영향: 인도네시아 사례," 김형준·홍석준 편, 『동남아의 이슬람화』(서울: 눌민출판사).
16) 홍석준, 2014, "이슬람 부흥의 문화적 특징과 의미: 말레이시아 사례," 김형준·홍석준 편, 『동남아의 이슬람화』(서울: 눌민출판사).
17) 김형준, 2014.
18) 오명석, 2011.
19) 이지혁, 2018, "이슬람 경제의 태동과 그에 따른 한국인의 반응에 대한 다층적 분석," 『아시아연구』, 제21집 4호, pp. 202-203.
20) 오명석 2017, "말레이시아의 할랄식품 시장과 할랄인증제," 오명석·유창조 편, 『인도네시아와 말레이시아의 소비문화: 맛과 멋과 공간』(서울: 진인진).
21) 2017년 10월 인도네시아 할랄 인증을 담당하던 기관이 '인도네시아 이슬람지도자협의회(Majlis Ulama Indonesia: MUI)' 산하의 '식품·약품·화장품 검사원(LPPOM: Lembaga Pengkajian Pengan, Obat-obatan, dan Kosmetika)'에서 종교부 산하의 '할랄제품인증실시기관(BPJPH: Badan Penyelenggara

Jaminan Produk Halal)'으로 이관되었다.
22) 김형준, 2017, "인도네시아의 할랄 소비," 오명석·유창조 편, 『인도네시아와 말레이시아의 소비문화: 맛과 멋과 공간』 (서울: 진인진).
23) Thomson Reuters, 2017, "State Of The Global Islamic Economy Report," 2016/17."
24) 이지혁, 2018, "생산거점에서 소비시장으로의 확대: 인도네시아 소비시장과 유통," 채수홍 편, 『한국기업의 VIP 투자진출: 지역전문가의 조언』 (서울: 진인진).
25) 이슬람 금융에서 자캇(zakat)이 큰 부분을 차지하고 있지만, 본 글에서는 이슬람 금융의 핵심적인 계약에 대해서만 초점을 맞추고 있다.
26) 브라이언 케텔 지음, 김두윤·김민경 옮김, 2014, 『꼭 알아야 할 이슬람 금융』 (서울: 해남).
27) 일반적인 보험이 금지된 이슬람 금융에서는 이슬람식 보험인 타카풀(takaful)이 있다.
28) 살람은 존재하지 않는 물건을 판매하므로, 앞에서 언급한 이슬람 금융의 원칙에 부합하지 않는다. 무함마드는 살람을 특정한 조건에서만 허용했는데, 예컨대 작물을 재배하고 수확할 때까지 가족을 부양하기 위한 자금이 필요한 소농의 필요를 충족하기 위해 허용되었다.
29) 유스프 까르다위, 2011, 『이슬람의 허용과 금기』 (서울: 세창출판사).
30) 미안 리아즈·무함마드 샤드리, 2016.
31) 이슬람식 도축을 지칭하는 용어로는 다브흐(Dhabh), 자브흐(Zabh), 다비하(Dhabiha), 자비하(Zabiha) 등이 있다.
32) 이슬람 은행의 시장 점유율은 말레이시아의 경우 2019년 1월, 인도네시아는 2018년 11월 기준이다.
33) 이지혁, 2021, "이슬람 금융의 이상과 현실: 말레이시아와 인도네시아 사례," 『동아연구』, 제40집 1호. p. 507.

## 참고문헌

### 1. 한글문헌

강대창 외. 2011. 『이슬람 경제의 이해: 말레이시아와 인도네시아를 중심으로』. 대외경제정책연구원.

김형준. 2014. "이슬람 부흥의 전개와 영향: 인도네시아 사례." 김형준·홍석준 편. 『동남아의 이슬람화』. 서울: 눌민출판사.

_____. 2017. "인도네시아의 할랄 소비." 오명석·유창조 편. 『인도네시아와 말레이시아의 소비문화: 맛과 멋과 공간』. 서울: 진인진.

미안 리아즈·무함마드 샤드리 지음. 조영찬 옮김. 2016. 『할랄식품 생산론』. 서울: 한울아카데미.

브라이언 케텔 지음. 김두윤·김민경 옮김. 2014. 『꼭 알아야 할 이슬람 금융』. 서울: 해남.

오명석. 2011. "동남아 이슬람의 쟁점: 이슬람과 현대성." 『아시아리뷰』 1호.
_____. 2017. "말레이시아의 할랄식품 시장과 할랄인증제." 오명석·유창조 편. 『인도네시아와 말레이시아의 소비문화: 맛과 멋과 공간』. 서울: 진인진.
유스프 까르다위. 2011. 『이슬람의 허용과 금기』. 서울: 세창출판사.
이지혁. 2018. "이슬람 경제의 태동과 그에 따른 한국인의 반응에 대한 다층적 분석." 『아시아연구』, 제21집 4호.
_____. 2018. "생산거점에서 소비시장으로의 확대: 인도네시아 소비시장과 유통." 채수홍 편. 『한국기업의 VIP 투자진출: 지역전문가의 조언』. 서울: 진인진.
_____. 2021. "이슬람 금융의 이상과 현실: 말레이시아와 인도네시아 사례." 『동아연구』, 제40집 1호.
이충렬 외. 2011. 『이슬람 금융: 이론과 현실 및 활용방안』. 대외경제정책연구원.
한국무역협회. 2017. 『할랄(Halal) 시장 수출확대 전략』.
현재훈. 2016. "할랄 시장의 부상과 다국적 기업의 대응 전략: 네슬레 말레이시아의 할랄 전략을 중심으로." Korea Business Review, 제20집 3호.
홍석준. 2014. "이슬람 부흥의 문화적 특징과 의미: 말레이시아 사례." 김형준·홍석준 편. 『동남아의 이슬람화』. 서울: 눌민출판사.

## 2. 영어문헌

Bergeaud-Blackler, Florence, and Johan Fischer and John Lever. 2016. *Halal Matters: Islam, Politics and Markets in Global Perspective*, p. 93.
El-Gamal, Mahmoud A. 2009, *Islamic Finance: Law, Economics, and Practice*. Cambridge: Cambridge University Press.
ISRA. 2015. *Islamic Capital Market: Principles and Practice*, ISRA.
Kuran, Timur. 2006. *Islam and Mammon: The Economic Predicaments of Islamism*, New Jersey, Princeton University Press.
Mawdudi, Sayyid Abdul A'la. 2013. *First Principles of Islamic Economics*. The Islamic Foundation.
Nagaoka, Shinsuke. 2012. "Critical Overview of the History of Islamic Economics: Formation, Transformation and New Horizons." *Asian and African Area Studies* 11-2.
Thomson Reuters. 2017. "State Of The Global Islamic Economy Report." 2016/17.

3부

# 사회·문화

9장 미국의 인종과 민족 • 282

10장 일본 후쿠시마 원자력발전소 사고와
　　　탈원전 논의 • 323

11장 세계화와 중남미 메가시티 • 355

12장 영화산업과 할리우드 • 383

# 미국의 인종과 민족

김정규(계명대 국제지역학부 미국학전공)

미국인하면 우리는 어떤 사람들을 생각하는가? 키와 덩치가 크고 코는 날이 섰으며 푸른 눈에 갈색이나 금발 머리카락을 휘날리는 백인들의 모습을 언뜻 떠올리지는 않는가? 이미 한국뿐 아니라 전 세계를 통해 영향력을 끼치고 있는 영화, TV 드라마와 쇼 등에 등장하는 대표적인 주인공들을 통해 미국인들의 이미지는 이렇게 정형화되어 우리에게 인식되고 있다. 세계화로 인해 외국인들이 지구촌 곳곳으로부터 와서 살고 있거나 방문하고 있어, 일상생활에서 외국인들을 접할 수 있는 일이 다반사가 되었다. 웬만한 사람이면 길거리나 지하철 등에서 외국인들을 만나도 그들에게 크게 관심도 가지지 않는다. 그러나 2000년대 이전만 하더라도 외국인들의 수는 그렇게 많지 않았고 그들을 길거리에서라도 만나면 신기한 듯 눈여겨 살펴보는 사람들이 많았던 것도 사실이다.

특히 외국인들 중 서양인들을 만나면 모두 미국사람이라고 여겼다. 미국과 한국은 외교적으로 가까운 나라였기 때문에 한국 근대 역사에 서양인들 중 미국인들이 끼친 영향이 가장 컸고, 한국을 방문한 사람들도 서양인들 중에는 미국인이 제일 많았기 때문에 자연스럽게 그리 생각했을 것이다. 그래서 그런지 영국, 프랑스, 독일 등에서 온 사람들이라도 겉모습으로 백인이면 으레 미국인으로 여겼다. 미국인이라고 하면서 흑인이나 라티노 아시아계 인종들을 떠올리는 사람이 한국인들 중에 과연 얼마나 될 것인가?

사실 미국인이 백인이라는 등식은 한편으로는 당연할 수 있다. 왜냐하면, 미국을 건국한 사람은 유럽에서 건너온 백인들이고, 역사적으로도 또 현재까지 인종적으로 가장 높은 비율을 차지하고 있는 것도 백인들이기 때문이다. 백인의 문화와 관습, 그리고 전통이 미국적인 것으로 자리 잡고 있는 것도 사실이다. 그럼에도 미국인들의 인종과 민족 구성은 세계 모든 나라들 중 가장 다양하게 분포되어 있다. 그러한 만큼 미국에서 인종, 민족과 관련된 문제는 아주 민감하게 다루어진다.

미국 건국 초기에는 백인들이 중심이 되어 국가를 건설하였고, 최근에 이르기까지 백인들은 미국 역사에 있어 중심적인 역할을 해 왔다. 그 결과 미국 사회의 정치, 경제, 사회, 문화 모든 영역에서 백인들은 주류 집단으로 자리 잡았다. 그러나 백인이 주된 권력을 가지고 미국의 중심 세력이 되는 동안 백인 이외의 인종과 민족 출신들은 차별과 편견의 대상이 되어 불평등의 구조가 뚜렷하게 형성되었다. 백인이 미국의 주된 세력이 된 이면에는 자신들의 권력을 유지하기 위해 소수인종과 민족을 억압하고 착취한 역사가 있다.

이러한 역사적 배경은 정도의 차이는 있을지라도 오늘날까지 이어져 오고 있다. 지금 현재도 미국 곳곳에서는 인종, 민족 출신과 관련한 차별과 불평등의 문제가 크게 이슈화되고 있다. 그러나 한편으로 오바마 대통령의 예에서도 볼 수 있듯이 소수인종인 흑인이 미국의 최고 권력자인 대통령까지 지내는 등 미국의 정치, 경제, 사회, 문화 각 영역에서 소수자들의 등장도 뚜렷하다. 한 국가에서 다양한 소수인종과 민족 출신들이 그 국가의 최고 권력자뿐만 아니라 각 영역에서 지도자급 자리를 그렇게 많이 차지하고 있는 국가가 미국 말고 또 있는가?

그렇게 보면 미국은 인종과 민족의 문제에 대해 지구상에서 가장 관대한 국가라고도 할 수 있을 것이다. 인종과 민족의 다양성이 중요한 국가적 가치로 인정되고 있고 실제로 삶의 모든 영역에서 적용되는 국가라는 측면에서 미국은 지구상에서 몇 안 되는 나라에 속한다. 이렇듯 미국은 인종과 민족의 문제에서 양면의 얼굴을 가지고 있다. 한편으로는 여전히 편견과 차별이 존재하지만, 또 다른 한편으로는 다양성을 최우선적 가치로 인정하고 있는 나라가 미국이다. 이러한 미국을 어떻게 보아야 할까? 이제 구체적으로 미국의 인종/민족의 구성과 변화는 어떠한지, 그리고 그와 관련하여 제기되는 주요 이슈들은 무엇인지 살펴보자.

## 1. 미국의 인종과 민족: 구성과 변화

### 1) 형성 및 변화

미국의 역사 과정에서 백인에 속하느냐 그렇지 않느냐 구분하는 것이 모든 일에 있어 가장 중요한 기준이었다. 인종적 구분은 개인의 정체성에서 가장 중요한 부분이었고, 어느 인종에 속하느냐 하는 것이 그 사람의 인생 전체를 결정하였다. 미국의 건국을 전후한 시기부터 본격적인 이민이 시작된 후인 1900년대 중반까지만 하더라도 백인이냐 아니면 흑인이냐 라는 두 가지의 인종 구분이 뚜렷하고도 당연하게 자리 잡고 있었다. 아메리칸 인디언으로 불리는 원주민들이 있었지만, 그들은 백인들과 떨어져서 살았기 때문에 실제 일상 속에서는 흑인과 백인이 서로 부딪혀 사는 것이 대부분이었다. 1960년대 중반 이민법이 본격적으로 개정되고 유럽 이외의 다양한 지역에서 미국으로 들어오는 이민자들의 유입이 많아지자 인종 구분의 기준도 그만큼 다양해졌다.

미국에서 인종을 구분하는 전형적인 방식은 5개의 인종적 범주를 사용하는 것이다. 백인, 흑인, 라티노, 아시아계 그리고 원주민이 그것이다. 그리고 각각의 인종적 범주에는 피부색에 기초한 상징적인 색깔이 부여되어 있는데, 백인은 흰색, 흑인은 검정, 라티노는 갈색, 아시아계는 노란색, 그리고 원주민은 붉은색이다. 인종을 색깔로 구별하는 자체는 엄밀하게 말하면 크게 문제가 되지 않는다. 예컨대 흑인을 검은색으로 표현하지 않으면 무슨 색으로 표현하겠는가? 그런데 인종적인 색의 구분이 단순히 구분하는 것에서 끝나지 않고, 좋고 나쁨의 가치가 부여되어 편견과 차별 그리고 불평등의 도구로 사용되어 사회적 환경 속에서 개인들의 인생에 치명적인 영향을 끼치기 때문에 문제가 되는 것이다. 흰색은 모든 좋은 가치를 다 담고 있으나, 검은색은 부정적인 가치를 표현한다. 천사는 흰색으로 표현되고 악마는 검은색으로 상징화된다. 이러한 이미지와 부정적 낙인들이 판을 친 것은 달리 말하면 그만큼 인종의 의미가 미국인들의 삶 속에서 중요하게 작용하였기 때문이라고 볼 수 있다.

그렇다면 인종과 민족은 어떻게 만들어지는가? 우리가 흔히 알 듯 인종과 민족은 피부색이나 혈연에 따라 자연적으로 생기는 것이 아니다. 그것보다는 사회역사적인 과정 속에서 만들어진다. 인종과 민족의 구분은 처음부터 정해져서 변하지 않는 것이 아니라 새로 만들어지고, 바뀌기도 하며 없어지기도 한다. 다시 말하면 인종은 형성되는 것이지 당연히 주어지는 것은 아니다.[1]

미국에서 백인이 어떻게 규정되었는지를 보면 잘 알 수 있다. 흔히 보듯 얼굴의 생김새와 피부색이 백인의 전형적인 모습이면 백인으로 구분되는 것이 아니었다. 미국 남부지역을 중심으로 넓게 적용되던 '피 한 방울의 법칙(One-Drop Rule)'은 인종이 사회적으로 어떻게 형성되었는지를 잘 보여준다(글상자 9.1 참조).

지금 현재 '피 한 방울의 법칙'에 기초한 어떠한 법안도 더 이상 미국에 존재하지 않는다. 그러나 인종 분류의 전통은 아직 남아 있어서 백인과 다른 유색인종이 결합하여 낳은 혼혈인은 피부색과는 상관없이 자신을 백인이라고 하기보다는 그렇지 않은 인종으로 스스로 규정하는 경향이 강하다. 미국 최초 흑인 대통령이라는 오바마도 실제로 아버지는 아프리카 출신 흑인, 어머니는 백인 사이에 태어난 혼혈이다. 그러나 스스로를 흑인으로 규정하고 있고, 아무도 그가 첫 번째 흑인 대통령이라는데 의문을 던지지 않는다. 백인과 흑인이 결합하여 낳은 아이는 흑인, 백인과 아시아인은 아시아인, 백인과 원주민 사이에서 난 아이는 원주민으로 스스로 규정하는 것이 일반적으로 받아들여지고 있다.

### 글상자 9.1  피 한 방울의 법칙

이 법칙에 따르면 백인으로 규정될 수 있는 사람은 백인 이외의 유색인 피가 단 한 방울도 섞이지 않은 사람을 의미한다. 바꿔 말하면 겉으로 봐서는 아무리 백인처럼 생겼어도 유색인의 조상이 단 한 명이라도 있다면 유색인으로 분류된다는 것이다. 실제로 이러한 원칙이 1910년 테네시주와 1924년 버지니아주에서 인종적 순수성 법안(The Racial Integrity Act)의 형태로 통과되었고 점차 남부의 많은 주에서 실제적으로 적용되기 시작했다. 이 법이 적용된 이후 결과적으로 미국의 인종은 단 두 부류로 나누어졌다. 백인과 백인이 아닌 유색인(Colored People)이 그것이다.

현재 미국 사회는 과거에 비해 인종, 민족적으로 훨씬 다양해졌다. 이에 따라 많은 사람들이 하나의 인종과 민족으로 규정하기보다 혼혈이나 다인종, 다민족으로 스스로의 정체성을 규정하고 있다. 또한, 백인으로 자신을 규정하는 사람들도 실제로는 유색인 조상의 혈통이 섞인 경우도 많다.[2] 그럼에도 여전히 오늘날 미국인을 대상으로 하는 인종 구분의 범주는 백인, 흑인, 라티노, 아시아계 그리고 원주민으로 기본적인 틀이 그대로 유지되고 있다. 모든 미국인들이 이 5개의 범주 안에 자신의 인종적 정체성을 가두어 넣도록 강요되고 있다고 해도 과언이 아니다. 백인과 흑인은 그렇다 하더라도 라티노의 범주는 인종적으로 얼마나 스펙트럼이 넓은가?

사실 라티노는 인종적 범주라고 할 수 없다. 라티노는 출신 국가와 지역에 따라 인종적 특성이 아주 다양하다. 예컨대 쿠바인들은 대부분 스스로를 백인이라고 규정한다. 멕시코인들도 자신들의 외모나 출신에 따라 백인부터 다양한 혼혈인으로 자신을 규정하고 카리브해 연안 국가들, 브라질, 칠레, 아르헨티나 출신 모두 인종적 특성이 다르다. 그럼에도 이들은 라티노라는 인종적 범주에 넣어진다. 근래에는 백인 라티노와 유럽 출신 백인들을 구별하기 위해 '백인이면서 라티노/히스패닉(White-Non Hispanic)이 아닌 사람들'의 범주가 만들어졌다. 겉모양으로는 라티노 백인과 유럽 출신 백인이 구분되지 않는데, 많은 라티노 출신들이 자신의 인종을 백인으로 규정하자 유럽계 백인들과 중남미 출신 백인들을 구별하기 위해 만든 범주이다.

아시아계는 또 어떤가? 인도, 이라크, 이란, 중국, 한국, 일본, 필리핀, 인도네시아 출신들이 모두 아시아계라는 하나의 인종 범주 안에 들어간다. 겉모양새로만 봐도 한국인들의 모습과 인도인들의 모습은 확연히 다르고, 오히려 인도인들은 백인들의 모습과 더 유사하다. 중동 출신들도 아시아인들의 범주에 들지만, 백인들의 모습에 더 가깝다. 한국인들과 필리핀, 인도네시아 등의 동남아시아 출신들도 겉모습에서 차이가 크게 난다. 그럼에도 하나의 인종적 범주에 들어가 있다. 이러한 측면으로만 봐서도 미국에서 인종과 민족의 구분은 자연적으로 정해지는 것이 아니라 미국의 역사 과정에서 사회에 의해 만들어졌다고 말할 수 있다.

## 2) 구성

미국인구통계국(United States Census Bureau)에 따르면 2021년 4월 기준 미국의 추정 인구는 약 3억 3,018만 5,000명이다. 미국은 OECD 선진국들 중 계속적으로 인구가 증가하는 국가이고 2050년이 되면 약 4억 3,800명으로 늘어날 것을 예상된다. 미국이 선진국임에도 인구가 늘어나는 가장 큰 이유는 이민자의 유입 때문이다. 출산율은 최근 지속적으로 하락 추세이다. 그러나 고령화와 이민자의 유입은 출산율 하락에 따른 인구 감소율을 충분히 상쇄하고도 남는다. 특히 이민자의 유입이 인구 구조에 큰 영향을 끼치고 있는데 그만큼 미국 인구의 다양성의 정도도 앞으로 더 높아질 가능성이 크다. 미국은 건국 이후 백인들이 인구의 대부분을 차지하고 있었기 때문에 지배집단인 이들은 모든 영역에서 최상위층을 차지하였으며 현재까지도 최대 인종으로 그러한 사회경제적 지위를 누리고 있다. 그러나 이민자들의 지속적인 유입으로 미국의 인종, 민족별 인구 구성은 확연히 변화하고 있으며, 앞으로 그 변화의 폭은 더 클 것이다.

미국인구통계국의 추정치에 따르면 2019년 기준으로 히스패닉이 아닌 백인(Non-Hispanic white)이 63.4%, 히스패닉과 라티노 15.3%, 흑인 13.4%, 아시아계 5.9%, 원주민 1.3%, 하와이 원주민과 태평양 섬 지역 사람들 0.2%, 기타 두 인종 이상의 혼혈이 2.7%를 차지하고 있다. 아직까지는 백인의 숫자가 63%나 되어 다수를 차지하고 있지만 1960

년대의 백인 인구 비율이 85%였던 것에 비하면 얼마나 백인 비율이 많이 줄어들었는지 알 수 있다. 2050년에 이르면 백인이 과반수 아래로 떨어져 47% 정도가 될 것이라는 예측이 있었는데,[3] 백인 여성들의 출산율이 낮고 백인 이민자 수의 비율이 줄어드는 속도가 빨라져 예측보다 더 빠른 속도로 백인의 비율이 감소할 여지가 있다.

라티노/히스패닉은 15% 정도로 백인 다음으로 높은 비율을 차지하고 있다. 라티노와 히스패닉을 미국에서는 거의 같은 의미로 사용하기도 하지만 엄밀하게 따지면 조금 다른 의미를 지닌다. 히스패닉(Hispanic)이라는 용어는 스페인어를 말하는 사람이라는 의미를 지니고 있다. 미국에서 스페인어를 쓰는 사람들은 주로 중남미에서 이민 온 사람들이기 때문에 멕시코를 비롯하여 중남미 출신 이민자를 통칭하여 히스패닉이라고 부른다. 그러나 남미국가 중 인구와 영토가 가장 큰 브라질은 포르투갈어를 쓰는 나라이기 때문에 같은 남미국가 출신이라도 브라질 출신은 히스패닉이라고 말할 수가 없다. 그럼에도 미국의 중남미 출신 이주자 중 브라질 출신이 차지하는 비율은 그리 높지 않아 히스패닉이라는 용어는 중남미 출신을 일컫는 용어로 자연스럽게 통용된다. 반면 라티노라는 용어는 중남미의 라틴계 문화에서 유래한 것으로 중남미 출신을 모두 포함할 뿐만 아니라 문화적인 특징을 강조하는 것으로서 보다 가치중립적인 단어로 여겨져 최근에는 라티노(여자일 경우 라티나)라는 용어를 더 선호하는 추세이다.

그런데 라티노/히스패닉이라는 용어는 중남미에서 온 사람들을 뜻하는 것이지 피부색에 기초한 특정 인종을 지칭하지는 않는다. 라티노/히스패닉들의 인종적, 민족적 스펙트럼은 워낙 다양해서 백인부터 흑인에 이르기까지 자신들의 정체성을 규정한다. 예컨대 2010년 미국 인구센서스에서 자신을 라티노/히스패닉이라고 답한 사람들 중 자신이 백인이라고 응답한 사람이 53% 정도였고 흑인이라고 대답한 사람은 2.5%

었다. 반면 두 가지 이상 혼혈이라고 응답한 사람이 6.0%, 그리고 그 외에 다른 인종이라고 응답한 사람의 비율은 36.7%나 되었다. 이들은 인종적으로 자신이 불리는 것보다는 '멕시코', '푸에르토리코', '쿠바' 등 출신 국가로 규정되기를 더 선호한다.

라티노/히스패닉의 인구 비율은 1965년 이민법이 개정되기 전까지만 하더라도 3.5% 수준으로 그리 높지 않았다. 그러나 이민법 개정 이후 멕시코를 비롯한 중남미 지역에서의 유입이 급격하게 증가하였다. 2000년대에 들어서는 미국의 가장 큰 소수자집단이었던 흑인의 인구를 앞지르기 시작해서 그 격차는 점점 더 커지고 있다. 라티노/히스패닉의 인구가 늘어나게 된 것은 많은 사람들이 이민을 온 이유도 있지만, 이민 와서 정착한 라티노/히스패닉의 출산율도 상당히 높았기 때문에 두 가지 요소가 합쳐져서 급격한 인구의 증가를 가져왔다. 이러한 추세가 계속된다면 미국이 라티노의 나라가 되지 않을까 하는 예상이 적중할 가능성이 크다.

흑인은 미국에서 세 번째로 높은 인구 비율을 차지하고 있다. 라티노가 본격적으로 이주하기 전 가장 큰 소수자집단이었지만 흑인에 대한 차별의 역사는 흑인 인구가 정체되게 만들었다. 흑인은 가장 오랜 이주의 역사를 가진 소수인종이지만, 유일하게 비자발적으로 이주를 당한 사람들이다. 노예의 역사는 흑인들을 지금까지 불평등과 차별의 구조로 이끌고 있는 것이 현실이다. 많은 흑인들이 노예로 끌려와 미국에 정착하였지만, 그들에 대한 차별이 인구의 자연스러운 증가를 막았다. 노예제가 폐지되고 나서도 그러한 차별은 계속되었기 때문에 흑인들이 미국으로 자발적으로 이주하는 수는 아주 미미했고, 이민법이 개정되어 세계 곳곳으로부터 본격적인 이주가 진행될 때에도 흑인 이민자 수는 그리 많지 않았다. 또한, 흑인들의 출산율도 높지 않아 흑인 인구가 증가할 수 있는 여지도 크지 않다.

아시아인은 미국 전체 인구수에 차지하는 비율이 6% 정도로 크지 않지만 1960년대 0.6%였던 것을 보면 50~60년 동안 10배나 그 비율이 증가한 셈이다. 아시아인 이민의 역사도 그렇게 짧지는 않다. 그러나 본격적으로 아시아인들의 이주가 시작된 것은 1965년 이민법이 개정되면서부터이다. 이후 아시아인들의 이주는 본격적으로 시작되어 그 증가 속도는 점점 빨라지고 있으며 증가 속도의 측면에서만 보면 모든 인종들 중 아시아계의 증가 속도가 가장 빠르다.

출신 국가를 봐도 중국인을 시작으로 일본인 필리핀 한국인 등으로 이민의 행렬이 이어지고 이제는 중동지역과 인도를 포함한 서남아시아 지역 출신까지 매우 다양하다. 지금 현재 중국계가 가장 많고, 그다음이 인도, 필리핀, 베트남, 한국, 일본 출신 순이다. 중국계가 역사적으로도 가장 오래되었고 인구수도 많으나 최근 10년 동안의 이주자만 보면 인도인의 수가 크게 늘어 중국인들을 능가하는 수준이다.

마지막으로 원주민들의 수는 미국 인구 전체에서 1% 수준이다. 원주민들은 과거에는 수많은 부족들이 존재했지만, 백인들과의 전쟁으로 인해 부족들이 완전히 사라지거나 차별 등으로 격리되거나, 아니면 다른 인종이나 민족으로 흡수 통합되어 거의 사라지게 되었다. 그래서 원주민들을 '보이지 않는 소수자(Invisible Minority)'라고 부르기도 한다. 지금 현재 원주민들은 자신들을 하나의 부족이나 원주민으로 규정하기보다는 혼혈이나 다인종으로 여기는 경우가 많다. 하와이 지역의 원주민을 제외하고 아메리카 대륙의 원주민들은 326곳의 자치 구역에 살고 있으며 알래스카 원주민까지 합하면 모두 566개의 부족이 680곳의 원주민 자치 구역에서 거주하고 있다.[4]

지금까지 살펴본 바와 같이 미국인들의 인종/민족적 구성은 아주 다양하다. 그런데 분명한 것은 미국을 지배하고 있던 백인집단의 비율은 줄어들고 소수인종들의 비율이 점점 늘어나고 있다는 사실이다. 미국

인구센서스를[5] 바탕으로 미국 인구의 인종적 구성 비율을 예측한 자료에 따르면[6] 2045년이 되면 백인 인구는 과반수 아래로 떨어져 49.7%에 머물고 소수인종이 과반수 이상을 차지하는 인구 구조의 변화가 올 것이라고 추정된다. 히스패닉이 24.6%를 차지하여 단연 가장 큰 소수 집단이 되고 흑인이 13.1%, 아시아계가 7.9%, 다인종이 3.8%, 그리고 나머지 기타 0.9%가 될 것이라고 예측하고 있다. 이러한 시대가 온다면 지금과는 전혀 다른 미국인들의 모습으로 바뀔 것이다.

## 2. 인종과 민족에 따른 지역 분포

미국의 2010년 인구센서스 자료에 따르면 인종적 소수자의 비율은 약 36%이다. 그런데 소수인종들이 미국 전역에 골고루 흩어져서 살고 있는 것은 아니다. 이들은 주로 일자리가 많은 도시 지역을 중심으로 자리 잡거나 지역적으로 출신 국가와 가까운 곳에 터를 마련하였다. 미국의 지리적 특징을 보면 대도시들은 주로 동부와 서부의 해안가를 중심으로 자리 잡고 있으며, 멕시코와 남쪽 부분을 국경으로 하고 있다. 흑인들은 농사를 주로 짓던 남부지역을 중심으로 거주하던 노예의 역사를 가지고 있다. 이러한 지리적 역사적 특징들이 소수인종의 거주 지역에 여전히 영향을 미치고 있다.

  소수자 비율이 50%가 넘는 카운티가 밀집되어 있는 지역을 살펴보면 미국 서부지역의 캘리포니아, 남서부 지역의 애리조나, 네바다, 뉴멕시코, 텍사스, 남부지역의 루이지애나, 미시시피, 조지아, 플로리다, 동남부지역의 사우스캐롤라이나, 노스캐롤라이나, 버지니아, 메릴랜드와 수도인 워싱턴 디시, 동부지역의 델라웨어, 뉴저지, 뉴욕, 그리고 하와이와 알래스카 주들이다.

여기에 포함되지 않는 주들은 주로 중서부지역과 중부내륙지역, 그리고 북동부 지역인데 이들 지역에서는 백인들의 인구 비율이 압도적으로 높다. 특히 북동부 뉴잉글랜드 지역은 백인의 비율이 가장 높은 곳이다. 이곳은 백인들이 처음으로 미국에 도착한 역사적인 지역이기도 한데 백인 인구가 90%를 상회한다. 소수인종들이 선호하지 않은 지역에서는 자연스럽게 백인들의 인종 비율이 높을 수밖에 없는데, 웨스트버지니아와 몬태나주는 백인 비율이 90% 이상, 아이오와, 노스다코타, 와이오밍주들이 80%를 넘는 백인 인구를 가지고 있다.

흑인들은 남부와 동남부지역에서 가장 큰 소수집단이다. 이 지역은 역사적으로 흑인들이 노예로서 일찍 자리 잡았던 지역이었기 때문에 많은 흑인인구가 아직까지 이어지고 있다. 노예해방 문제와 관련한 시민 전쟁에서 패한 남부지역은 미국의 산업화 과정에서 소외되었다. 남부지역에 거주하던 흑인들이 일자리를 찾아 시카고와 디트로이트 같은 산업화가 일찍 진전된 북쪽의 대도시 지역에 노동자로 일하기 위해 몰려들었고, 미국의 수도인 워싱턴 디시에도 많이 이주하여 지금도 이곳의 흑인 비율이 상당히 높다. 그러나 일자리를 찾아 떠날 수 있는 흑인보다 그냥 그 자리에 눌러앉아 노예 시절의 일을 그대로 이어받아서 하던 흑인들이 대부분이었으므로 현재도 남부 주들을 중심으로 흑인 인구가 집중되어 있다. 미시시피, 조지아, 루이지애나주는 흑인인구가 30% 이상을 차지한다.

한편, 라티노들은 주로 캘리포니아 남부와 남서부 지역, 뉴욕 등을 중심으로 동부의 대도시 지역, 남부의 플로리다주, 중서부지역 대표적인 도시인 일리노이주 시카고 등지의 거주 비율이 높다. 캘리포니아 남부와 남서부 지역은 과거에는 멕시코 영토였지만 미국과 멕시코의 전쟁으로 인해 미국 땅으로 편입된 지역이었기 때문에 당시 살고 있던 멕시코 사람들도 그대로 미국으로 편입되었다. 따라서 그들의 후손들이 여전히 이 지역에 자리 잡고 있다. 또 한편 멕시코와 가장 가까운 지역이기 때문에 자연스럽게 멕시코 출신들이 이주하였으며, 비슷한 조건이라면 본국과의 거리가 가까운 지역을 이주자들은 선호하므로 멕시코 출신들이 이 지역에 많이 살고 있는 것은 자연스러운 결과이다. 뉴멕시코주는 43%가 히스패닉 인구이다. 주 전체 인구의 30%가 넘는 주는 애리조나, 캘리포니아, 텍사스 주이다. 미국과 멕시코가 국경을 함께 하고 있는 지역에 살고 있는 멕시코 출신 히스패닉은 미국 전체 히스패닉/라티노 중 3분의 2 정도를 차지하고 있어 대부분의 인구가 이 지역에 집중되어 있다.

남부지역에서 플로리다주는 흑인보다 라티노의 인구가 더 많다. 플로리다주는 노예 시대에는 아직 개발조차 되지 않은 곳이었기 때문에 흑인 인구는 상대적으로 많지 않다. 하지만 공산화로 인한 쿠바 탈출 난민과 주변 카리브해 국가들에서 이주자들이 몰려 다양한 중남미 국가 출신들이 많이 거주하고 있다. 특히 플로리다주의 마이애미를 중심으로 쿠바 출신이 그 지역의 주된 세력이 되어 쿠바 집단거주지를 형성하고 있다. 쿠바 출신자들은 다른 중남미 출신들과는 달리 미국 이민정책에서 특별대우를 받았다.

쿠바와 미국의 관계는 1961년 국교가 단교 되어 2015년까지 이어져 그렇게 좋지 않았다. 그것은 쿠바혁명으로 피델 카스트로가 사회주의 체제를 확고히 하자 냉전 시대 미국 앞마당에 사회주의 국가를 두게 된 미국은 수차례 쿠바정권을 무너뜨리려는 시도를 하였지만 실패하였고 결국에는 국교를 단교하게 된 것이다. 이후 미국은 쿠바에 대해 경제적, 외교적 봉쇄정책을 폈고 이것은 쿠바의 발전에 치명적인 영향을 미쳤다. 쿠바혁명으로 인해 수많은 쿠바인들이 미국으로 도피하여 현재 플로리다주의 쿠바인 이민공동체를 형성하게 되었다.

이 과정에서 1960년대 이후 지속적으로 쿠바인들이 보트를 타고 미국으로 건너오는 난민들이 발생하였고 미국정부는 쿠바인들에 대한 특혜정책을 시행하였다. 처음에는 미국 영해에 들어오기만 하면 미국으로 받아들였지만 1995년 클린턴 대통령 때 구체적인 정책으로 보트를 타고 미국으로 탈출하는 쿠바인들이 바다 위에서 미국 국경수비대에 적발되어 잡히면 본국으로 송환되지만, 무사히 미국 땅에 도착하기만 하면 그대로 머물러 살 수 있도록 한 것이다. 그래서 이 정책을 '젖은 발, 마른 발(Wet-Feet, Dry-Feet Policy)'[7]정책이라고 부르기도 한다. 결국, 쿠바인에게는 밀입국이나 불법체류자라는 개념은 전혀 적용되지 않고, 미국에 거주하는 쿠바인들은 모두 미국에 합법적으로 거주하게 되고 최종적으로 시민권까지 획득할 수 있게 됨으로써 거대한 쿠바인 이민공동체가 형성되게 된 것이다. 이러한 쿠바인 이민 특혜정책은 오바마 대통령 때 폐지하기로 결정하였는데, 그것은 쿠바와의 국교정상화와 맞물려, 쿠바인들에 대한 특혜로 인해 쿠바의 전문 인력들이 미국으로 대거 빠져나가고 있는 것에 대해 쿠바정부의 지속적인 시정 요구가 있었기 때문이다. 오바마 대통령에 이어 트럼프 대통령이 당선되어 오바마 대통령의 정책을 비판하면서 쿠바와의 관계가 다시 악화되었다. 최근 바이든 대통령이 당선되어 쿠바에 대한 정책이 다시 바뀔지 눈여겨볼 필요가 있다. 이처럼 미국과 쿠바와의 관계는 다른 중남미 국가들과는 달리 독특한 측면이 있다.

  히스패닉들은 주로 국경지역이거나 일자리가 많은 도시지역에 주로 정착하였다. 뉴욕, 뉴저지 등 동부 대도시들이 밀집되어 있는 지역에서는 일자리를 찾아 모여든 히스패닉들이 많아서 히스패닉 인구 비율이 높다. 특히 미국의 3대 도시 중 하나인 시카고는 히스패닉 인구가 상대적으로 적은 중서부지역에 위치하고 있으면서도 높은 히스패닉 비율을 가지고 있다. 이것은 시카고가 한때 뉴욕 다음으로 큰 미국을 대표하는 대도시였고, 대규모 제조업과 기업들이 상당수 위치하고 있어서 일자리가 많은 지역이었기 때문이다. 1960년대 말에서 1970년대 초까지 멕시코 출신 히스패닉들의 권리신장을 위한 치카노 운동(The Chicano Movement)이 일어난 곳이기도 하다.

아시아계 미국인들은 주로 본국과 지리적으로 가까운 태평양을 낀 지역인 하와이, 캘리포니아, 알래스카, 워싱턴주 등에 많이 거주하고 있다. 그리고 뉴욕과 같은 대도시 지역에 집중적으로 몰려 있다. 하와이는 가장 오랜 아시아인 이주의 역사를 가지고 있는 곳으로 전체 인구 과반수 이상이 아시아계이다. 동시에 백인이 유일하게 다수를 차지하고 있지 않은 주이다. 하와이에서는 일본계 이민자들이 가장 큰 세력을 가지고 있고, 하와이 경제의 상당 부분은 바로 일본인 이민자들에 의해 움직인다.

그러나 절대 인구수의 면에서 아시아계가 가장 많이 거주하는 지역은 미국에서 인구가 가장 많은 캘리포니아 주이다. 주민들 중 15%를 차지하여 600만 정도에 이르고 있어 미국 전체 아시아계 인구의 30%가 넘는다. 역사적으로 미국 본토로의 아시아계 이주는 주로 이 지역을 중심으로 이루어져서 로스앤젤레스, 샌프란시스코, 샌디에이고 등과 같은 대도시는 대표적인 아시아 인구 밀집 지역이다. 샌프란시스코는 1840년대 즈음 시작된 골드러쉬라고 불리는 서부의 금광개발 붐 시기에 맞추어 중국인들이 대거 이주해 온 관문의 역할을 한 곳이다. 이후 40년간 총 20만 명이 넘는 중국인들이 이주했는데 대부분 샌프란시스코를 통해서 들어오게 된다(Schaefer, 2013). 이후 거대한 민족 집단 주거지가 만들어져서 샌프란시스코 중심에 위치한 차이나타운은 미국에서 가장 규모가 크다.

로스앤젤레스 또한 거대한 아시아 출신 공동체들이 자리 잡고 있다. 소수자들 중 히스패닉 인구가 가장 많지만, 이 지역의 아시아인들의 공동체는 무시할 수 없을 정도이다. 미국에서 가장 큰 한국인 집단거주지가 로스앤젤레스 중심에 자리 잡고, 로스앤젤레스의 중심과 주변에 걸쳐 중국인, 베트남인 타운도 크게 위치하고 있다. 최근 인도인들도 상당히 많이 늘어나 이 지역에서 아시아계 세력은 점점 커지고 있는 추세이다.

캘리포니아를 벗어나면 주로 대도시들이 속해 있는 주들에서 아시아계들의 인구 비율이 높다. 동부 연안의 뉴욕시가 자리 잡고 있는 뉴욕, 인근 뉴저지와 코네티컷주, 보스턴이 있는 매사추세츠, 미국의 수도권이라고 할 수 있는 메릴랜드와 버지니아, 시카고가 있는 중서부의 일리노이주 등이 대표적으로 아시아계들의 인구 비율이 높은 지역들이다.

원주민들은 미국 전체에서 차지하는 인구가 미미하지만, 알래스카주는 16%, 뉴멕시코주는 12%가 원주민 인구이다. 원주민들의 비율이 높은 지역들은 주로 원주민들이 원래부터 많이 살고 있던 곳이거나 백인들의 침략이 상대적으로 덜해서 살아남은 부족들이 있는 곳, 그리고 원주민 격리정책에 의해 강제 이주를 당한 지역이라고 할 수 있다. 제법 규모가 큰 원주민 거주 지역이 알래스카와 남서부 지역 등에 존재하고 있지만, 원주민 자치구역은 대부분 척박한 땅이고 강제적으로 이주당한 지역도 많으므로 경제적으로 가장 어려운 상황에 놓여 있다. 이 외에 원주민들이 과거 많이 살고 있던 곳은 미국 역사 초기 백인들의 점령으로 원주민 부족의 명맥을 거의 찾아볼 수 없는 지경에 이르게 되었다.

## 3. 이민과 인종 차별

### 1) 미국 초기

미국은 이민으로 이루어진 나라라고 흔히들 이야기한다. 미국이 1776년 영국으로부터 독립하여 건국한 이후 미국인들은 세계 곳곳에서 이주하여 온 사람들로 구성되었다. 그렇지만 미국인들은 식민지 개척 시대부터 독립을 전후하여 국가를 건설한 시기에 주된 역할을 한 사람들을 이민자라고 부르기보다는 개척자로 부른다. 이민자라고 부르는 것은 원래 땅의 주인이 있었던 곳에 나중 온 손님과 같은 느낌을 주지만, 개척자는 미지의 땅, 주인이 없는 땅에 새롭게 들어와 자리 잡은 주인이라는 의미가 더 강하다. 알다시피 유럽인들이 아메리카 대륙에 들어오기 전에 아메리카 대륙이 버려진 땅은 아니었다. 수백 개 이상의 원주민 부족들이 각각 차지하여 살고 있던 곳이었다. 다만 유럽인들이 그동안 알지 못했던 땅이었을 뿐이다.

그러나 미국 건국을 한 백인들은 나중에 이주해 온 사람들과 자신들이 분리되길 원했다. 자신들은 개척자, 즉 대륙의 주인으로 행세하면서 이후에 이주해 온 사람들과 신분과 권리에서 차별을 두었다. 이러한 전통은 오늘날 백인들이 자신들은 이민자의 후예가 아닌 개척자의 후예로 자랑스럽게 스스로 자리매김하고 있는 것과 연결된다. 미국을 건국한 주체세력은 영국 출신의 앵글로색슨계(Anglo-Saxon)였다. 미국은 원래 영국, 프랑스, 네덜란드 등 유럽 열강들의 식민지로 개척되기 시작했는데 그중 영국은 가장 세력이 컸으며 13개의 식민지를 미국 동부해안을 중심으로 건설하였다. 미국의 독립 또한 이 지역을 중심으로 행해졌으므로 미국 건국의 주체세력은 영국계가 될 수밖에 없었다. 당시 영국 출신 사람들이 인구의 60% 정도를 차지하고 있었다고 한다.[8]

미국 건국 초기까지 유럽 여러 나라들에서 이주자들이 모여들었는데 영국계를 제외하고 대표적인 집단은 스코틀랜드계 아일랜드(Scotch-Irish)인들과 독일계였다. 스코틀랜드계 아일랜드인들은 당시 영국이 아일랜드를 효과적으로 지배하기 위해 스코틀랜드에 살고 있는 사람들을 북아일랜드로 이주시키는 정책에 따라 이주한 사람들이다. 이들은 북아일랜드의 척박한 경제와 좋지 않은 환경 속에서 지냈는데 새로운 기회를 찾아 미국으로 대거 이주하였다. 독일계 사람들은 독일의 당시 상황이 종교와 정치적 억압, 농지 부족 및 경제적 어려움 등으로 아주 좋지 않자 새로운 삶과 땅을 찾아 떠났다. 이들은 주로 중서부지역에 자리 잡고 농업을 하며 공동체를 만들어 살았다. 그런데 스코틀랜드계 아일랜드인들과 비교해서 당시 지배집단이었던 영국계 사람들과 언어적, 문화적으로 독일계 이주자들은 차이가 컸기 때문에 앵글로색슨계는 이들을 야만적이고 공동체를 해치는 사람들로 규정하고 배척했다. 독일 이주자들은 외국인으로 배척받은 최초의 사람들이 된 것이다. 그러나 독일계 이주자들은 시간이 지나면서 영국계 지배문화에 빠르게 동화되었고 미국의 주류 백인집단세력으로 편입되어 등장하게 되었다. 백인들의 출신 국가별 인구를 보면 독일계가 영국계보다 지금 현재 더 많은 수를 차지하고 있다.[9]

스코틀랜드계 아일랜드인들과 독일계가 이주 초기에는 다소 차별을 받았지만, 그럼에도 쉽게 지배세력 일부분으로 편입된 것은 영국계와 종교적, 인종적, 문화적으로 유사성이 컸기 때문이다. 그런데 이 시기에 완전히 이질적인 집단이 유입되는데 바로 흑인들이다. 흑인들은 1600년대 초기부터 버지니아주 제임스타운에 노예로 본격적으로 수입되기 시작했다. 흑인들은 출발점이 신분적으로 완전히 다른 노예였고 유일하게 비자발적으로 이주를 한 집단이다. 이후 다양한 인종과 민족들이 미국으로 유입되었지만, 흑인처럼 노예의 신분으로 비자발적으로 끌려온 이주 집단은 없다. 그러므로 흑인에 대한 차별의 역사는 원주민을 제외한 이주자의 역사에서 어느 출신보다 가혹했다고 할 수 있다. 수입된 노예들은 주로 남부의 농장 지역으로 팔려나가서 1770년대에는 남부지역에서 그들의 인구가 30% 이상을 차지하는 곳이 많았다. 흑인 인구가 증가하자 위협을 느낀 백인들은 다양한 법과 제도로 흑인들을 차별하기 시작했고 그러한 차별의 역사가 현재에도 빈번하게 나타나는 흑인들에 대한 차별과 이어진다고 할 수 있다.

## 2) 1820~1880년대

미국인들이 원주민들을 몰아내고 동부의 대서양 연안지역을 중심으로 풍요롭고 비옥한 지역을 차지하여 국가를 건설하자 1820년에서 1880년까지 유럽에서 미국으로의 이주가 대규모로 일어났다. 당시 유럽의 경제적인 상황이 아주 좋지 않았다. 그런데 산업혁명으로 과학기술이 발달하여 증기선과 같이 값싼 운임으로 대규모 여객 수송이 가능해지고 우편제도의 발달로 신대륙에 대한 소식이 사람들에게 알려지자 많은 사람들이 미국을 새로운 기회의 땅으로 여기고 이주를 결정하였다. 이 시기의 이주자들은 북서유럽인들이 거의 다수였다. 이들 중 가장 뚜렷한 집단은 아일랜드인 출신들이었다. 이때의 아일랜드인들은 스코틀랜드에서 이주한 스코틀랜드계 아일랜드인과는 완전히 다른 사람들이다.

아일랜드인들이 오기 전 이주한 많은 북서유럽인들은 주로 서북부지역의 새롭게 개척된 도시에 거주하든지 아니면 농사를 짓거나 벌목업 등을 했다. 그래서 도시지역에 이미 자리 잡고 있던 영국계 지배집단과의 경쟁이 없었다. 그러나 아일랜드인들은 주로 대도시 지역에 정착하여 앵글로색슨계와 많은 갈등을 낳았다. 이들은 언어적으로도 영어를 사용하고 인종적으로 백인이며, 문화적으로도 영국계와 유사했음에도 불구하고 큰 차별을 받았다. 이들이 차별을 받은 이유를 몇 가지 살펴보면 다음과 같다.[10]

첫째, 영국과 아일랜드의 국가적 관계가 당시 좋지 않았다. 아일랜드는 영국과 정치적, 외교적으로 크게 갈등하던 시기여서 영국계 지배집단이 주축이 된 미국인들이 이주해 온 아일랜드인들을 좋아할 이유가 전혀 없었다.

둘째, 종교적으로 아일랜드는 가톨릭이었다. 미국은 한편으로 유럽에서 가톨릭의 탄압으로부터 종교의 자유를 찾아온 프로테스탄트의 국가였기 때문에 가톨릭을 믿는 아일랜드인들이 달가울 리가 없었다.

셋째, 아일랜드인들의 이주는 대규모로 아주 짧은 시기에 이루어졌기 때문에 이민자들을 수용할 만한 사회적 경제적 인프라가 미처 구축되지 못하였다. 따라서 이민자들에게 적절한 일자리를 공급하지 못하였고, 이들은 실업자로 도시 지역에 머물면서 범죄자나 술주정뱅이 등이 되어 사회적 갈등을 낳았다. 또한, 아일랜드 이주자의 대부분이 교육수준이 낮고 특별한 기술이 없는 농부나 노동자들이었기 때문에 제대로 된 일자리를 찾기는 힘들었다. 이러한 모습들이 미국인들에게는 위험하고 폭력적인 존재로 비쳐졌고, 아일랜드인들에 대한 편견으로 작용하게 되었다. 아일랜드인들에 대한 차별 현상을 보면 인종적으로 또는 문화적으로 유사하더라도 이민의 규모와 속도, 이주자를 수용할 수 있는 사회경제적 인프라, 종교적 차이, 이주자의 개인적 특성 등이 이민자에 대한 차별과 밀접하게 관련되어 있다는 것을 알 수 있다.

아일랜드인들이 이주한 비슷한 시기에 중국인들이 미국에 이주하였다. 중국인들은 영국계 지배집단과 인종, 언어, 종교, 문화, 전통, 관습 등의 모든 영역에서 크게 달랐기 때문에 아일랜드인보다 더욱 큰 차별을 받았다. 아일랜드인들이 삶의 영역에서 비공식적인 차별을 받았다고 한다면, 중국인들은 제도적이고 법적으로 공식적인 차별을 받았다.

중국인들은 골드러쉬로 금을 캐기 위해 탄광 노동자로 캘리포니아에 처음으로 발을 내디뎠다. 이후 탄광 사업이 시들해지자 철도 건설 노동자 등으로 일하게 되었다. 당시 대륙횡단 철도 건설을 위한 두 개의 큰 회사 있었는데 하나는 유니언 퍼시픽(The Union Pacific)이었고, 다른 하나는 센트럴 퍼시픽(Central Pacific)이었다. 이중 유니언 퍼시픽의 노동자 대부분은 아일랜드인이었던 반면 센트럴 퍼시픽은 거의 다 중국인 노동자들이었다.[11] 철도 건설이 끝나자 직장을 잃은 중국인 노동자들이 대거 대도시 지역으로 몰려들었다. 중국인들은 도시 중심부에 중국인 마을을 만들고 함께 모여 살면서 근면 성실하게 일하여 상당한 정도의 규모로 성장하게 되었다. 백인노동자들은 더 싼값에 노동력을 제공하는 중국인 노동자를 싫어했고, 중국인들에 대한 문화적 혐오증이 사회 전체로 확산되었다.

중국인이야말로 본격적으로 미국에서 차별을 받은 대표적인 이주자들이다. 아일랜드인들에 대한 차별이 심했다고는 하나 중국인들과 비교할 정도는 아니다. 중국인들은 유럽인들도 아니었고, 백인도 아니며, 개신교도도 아니었고, 영어를 쓰지도 않았고, 전통적인 문화와 관습도 완전히 달랐다. 게다가 백인노동자들과 일자리를 놓고 경쟁하였기 때문에 이방인이 차별받을 수 있는 조건을 중국인들은 모두 갖추었던 셈이다. 그러나 흑인처럼 노예의 신분이 아니라 자유인이었기 때문에 백인이 아닌 아시아계 이민자인 중국계에게 적개심이 모아져서 분출되었다.[12] 이러한 배경에서 1882년 중국인 배척법(Chinese Exclusion Act)이 제정되고 통과되어 중국인들의 이민을 금지하고 시민권을 제한하는 데까지 이르게 된 것이다. 이러한 중국인에 대한 배척은 1965년 이민법이 개정되기까지 지속되었다.

### 3) 1880~1920년대와 이민제한 시기

이전 시기의 이민이 주로 북서유럽 출신들로 이루어졌다면 이 시기에는 주로 남동유럽 출신들이 대거 유입되었다. 그리스, 이탈리아, 폴란드, 헝가리, 러시아 등에서 이주자들이 몰렸다. 이들은 북서유럽 출신 국가 사람들보다 영국계 지배집단과의 차이가 더 컸다. 종교적으로도 차이가 있었고, 언어적, 문화적인 차이도 컸기 때문에 이들에 대한 차별은 상당하였다. 이들은 주로 탄광이나 공장 등에서 비숙련 노동자로 일하였다. 이 시기의 이주자들은 이전 이주자와는 달리 미국에서 돈을 벌어 다시 고향으로 돌아갈 생각으로 이주해 온 사람들이 많았다. 실제로 이들 중 30%가 넘는 사람들이 자기 나라로 다시 돌아갔다.[13]

새로운 이민자들은 주로 도시지역에 자리 잡았는데 적당한 일자리가 없어서 도시 빈민자로 또 거리의 방랑자로 생활하면서 많은 사회적 문제를 일으켰다. 특히 이들은 집단적인 민족공동체를 만들어 유대를 강화하였는데, 이러한 모습들이 영국계 지배집단의 입장에서는 아주 위협적으로 여겨졌다. 당시 미국 경제가 이들을 다 수용할 수도 없었고, 일차적인 개척지 건설이 마무리되어 가는 단계여서 이민자들이 일할 수 있는 여건도 되지 않았다. 대도시 지역의 범죄율도 가난한 이주자들로 인해 크게 높아졌다. 이주자로 인한 복합적인 문제가 발생하자 이민정책을 바꾸어 이민을 제한하기 시작했다.

본격적으로 이민이 제한된 것은 1921년 이민제한법이 시행되면서부터이다. 전체적으로 한 해 동안 수용할 수 있는 이민자 수를 정하고, 출신 국가별로 이민자 수를 제한하였다. 이후 존슨-리드 법(Johnson-Reed Act)으로 불리는 새로운 이민법을 1924년 제정하여 기존의 이민자 할당비율을 낮추고, 북서유럽계 사람들의 비율을 높이는 대신 그 외 국가 출신 사람들의 비율은 낮추고, 아시아계의 귀화를 금지시키는 등 이민제한을 보다 강화하였다. 이러한 법과 정책이 실현되자 이주자의 수는 급감하여서 사실상 이주가 거의 일어나지 않는 단계에까지 이르게 되었다.

### 4) 1960~2000년대

제2차 세계대전 이후 미국의 경제가 본격적으로 호황을 맞고 새로운 산업이 일어나자 산업노동력이 크게 필요하게 되었다. 그러나 이민을 제한하기 위한 이민법이 1924년 시행된 후 이민자의 지속된 감소로 인해 일할 수 있는 노동자의 수는 제한적이었다. 이 당시 미국사회 전체를 통하여 흑인의 인종차별, 여성차별, 동성애 차별 등 미국의 지배적 가치와 문화에 저항하는 반문화운동이 전개되고 특히 인권 신장의 문제가 사회적인 화두가 되어 시민권리운동(Civil Right Movement)이 활발히 일어났다. 이러한 사회적인 분위기는 차별적인 이민법 개정에 대한 목소리를 높이는데 크게 기여하였다.

새로운 이민법이 1965년에 제정되어 할당제를 폐지하고 가족초청 이민을 가능하게 하는 한편, 산업에 필요한 인력을 이민 우선순위에 두고, 인종, 민족, 국가에 따른 차별을 제거하는 등 인권과 경제적인 부분을 동시에 해결하기 위한 노력이 재개되었다. 그 결과 이민이 급증하기 시작하였다. 그런데 이때 이주해 온 사람들은 그 이전 시기의 이주자와는 확연히 다른 특징을 가진 사람들이었다. 미국과 국경을 가까이 하고 있는 라틴아메리카와 아시아 국가 출신들이 개인적인 자유와 경제적 기회를 찾아 대거 미국으로 이주하기 시작한 것이다. 또한, 소련의 공산주의 체제가 무너져 소련과 그 위성국이었던 동유럽 국가들이 독립하게 되는 등, 혼란한 정세가 이어지자 많은 사람들이 미국으로의 이주자 행렬에 가세하였다.

이민자들의 개인적인 특징들도 출신 국가별로 다양해졌다. 아시아계들은 이전의 이민자들과는 달리 교육수준이 높은 사람들과 숙련된 기술을 가지고 있는 사람들이 상대적으로 많았다. 그러나 라틴아메리카 이민자들은 사회경제적 위치가 하층에 속한 사람들이 대부분이었다. 미국에서 정착한 지역도 차이가 있다. 이전 시기의 유럽계 이주자들은 미국의 동부해안에서부터 시작해서 중서부, 서부지역으로 삶의 터전을 넓혀 갔다. 그러나 이 시기에 이주한 아시아계는 서부지역, 동부와 중서부

대도시 지역에 정착했고, 라틴아메리카 출신들은 멕시코와 경계가 있는 남서부 지역에 주로 자리 잡았다. 아시아계든 라틴아메리카계이든 대도시를 중심으로 자리 잡은 것은 공통적인 특징이다.

최근에 이주해 온 사람들은 언어적으로, 문화적으로 그리고 인종과 민족적으로도 기존의 백인 지배집단과 크게 다르다. 또한, 이주소수자들 집단 사이의 문화적 간격도 크다. 그러므로 예전과는 달리 지배적인 미국 문화에 통합되는 정도는 약해질 수밖에 없고, 출신 국가와 지역이 다양해진 소수자들 간의 연대도 쉽게 이루어질 수 없었다. 그래서 백인들의 인구 비율이 점점 줄어들고 있다고 해도 권력이나 사회적 자원이 비백인 소수 이민자에게 이동할 것인가의 문제는 쉽게 단언할 수 없다. 왜냐하면, 소수자들의 연대가 뚜렷하지 않은 상태에서 백인에 필적할 만한 크기를 가진 소수자집단의 등장은 아직 이르고, 미국 역사를 통해 축적되어온 자원, 문화, 생활세계의 질서가 그렇게 쉽게 바뀔 수 있는 것도 아니기 때문이다. 그럼에도 높은 교육수준을 무기로 삼은 아시아계의 진출은 미국의 중심부로 나아가고 있고, 히스패닉들이 결집하여 무시하지 못할 정도의 경제적, 정치적 영향력을 드러내기도 하며, 흑인들은 이미 정치적인 권력에서 상당 부분을 차지하고 있는 것이 사실이다. 따라서 이민자들로 인한 인구 구성의 변화가 앞으로 미국의 미래를 어떤 방향으로 바꾸어 놓을지에 따라 미국의 운명도 달라질 수 있을 것이다.

## 4. 인종차별의 시작과 백인들의 불만

미국에서의 인종차별은 인종적 소수집단을 대상으로 백인에 의해 일어나는 것이 대부분이다. 그러므로 백인들이 어떠한 특권을 가지고 있으며 그 특권을 어떻게 행사하는지를 파악하면 인종차별의 이슈가 보다 더 잘 이해될 수 있다. 백인들이 가진 특권이란 백인으로 태어났다는 이유만으로 체계적인 권력과 자원이 주어지고 사회구조 안에서 소수인종 집단의 구성원보다 유리한 자리를 차지하는 것을 말한다. 반대로 차별을 당한다는 것은 권력과 자원의 획득이 인종적인 이유로 차단되는 것을 이른다.

과거에는 백인들이 특권을 강압적으로 행사하였다. 법과 제도를 통해, 아니면 물리적 폭력을 통해 소수인종을 억압하고 착취하였다. 그러나 오늘날 미국에서 이러한 형태의 강압적 특권행사는 사라진 지 오래다. 오히려 자신들은 전혀 특권을 가지고 있지 않고, 소수인종들에게 많은 양보를 하고 살고 있다고 믿고 있는 백인들이 많다. 물론 소수인종 집단들이 백인들에 비해 권력과 자원의 접근에 있어 불평등한 상황을 더 많이 경험할 수 있다는 점을 받아들이기는 하지만 자기 자신이 소수인종보다 더 많은 특권을 누리고 있다는 점은 인정하지 않는다.[14]

다양성을 강조하는 미국 사회에서 더 이상 법적 제도적인 인종차별은 존재하지 않는다. 그리고 교육을 통해서도 어릴 때부터 인종차별과 인종주의가 얼마나 좋지 않은 것인지 지속적으로 배운다. 그런데 정작 백인들은 인종주의와 차별이 좋지 않다는 것은 알고 있지만 어떠한 행위와 태도가 인종주의와 차별로 연결되는지 뚜렷하게 생각해 보지 않는다. 그렇다면 백인들조차 스스로 알지 못하는 백인 특권이 어떻게 드러나는가?

백인들은 자신들도 알지 못하는 특권을 아주 자연스럽고 당연한 듯 누린다.[15] 다시 말하면 너무나 당연해서 자신들이 특권을 누리는 것조차 깨닫지 못한다는 것이다. 백인들은 삶의 영역에서 백인이라는 인종으로 인해 아무런 어려움 없이 생활한다. 식당, 관공서, 교회, 학교 등 삶의 모든 영역에서 자연스럽게 백인들끼리 만날 수 있으며, 인종이 생활에서 불편함을 가져다주는 일은 없다. 미국 역사의 주요 인물들은 모두 백인이고, 영화나 드라마의 주인공도 백인인 것이 당연하다. 오히려 백인이 아닌 주인공이 있으면 그것이 이상하게 여겨진다. 기차나 버스를 타도 아무도 자신을 신기하거나 이상하게 쳐다보지 않는다. 자신이 백인이라는 것이 어떠한 어색함이나 당혹감을 주지 않는다.

이것은 마치 한국인들이 한국에 살면서 삶에 있어서 한국인이라는 이유로 어려움을 당하지 않는 것과 같이 너무나 자연스러운 일이다. 말하자면, 자연스럽다는 것 이것 자체가 가장 큰 특권이다. 그러나 소수인종들은 백인이 어색함을 느끼지 않는 만큼 자신들은 어색함을 경험하게 된다. 백인들은 성공하기 위해 주어진 사회적인 목표를 달성하기만 하면 성공한 삶을 누리게 되지만 소수인종들은 그것만으로는 부족하다. 백인들과 같은 지위의 자리를 차지하기 위해 더 많이 노력하거나, 더 많은 재능을 가지지 않으면 안 된다. 차별은 바로 이러한 바탕 위에 놓여 있다. 특권을 가지지 못한 소수인종들은 상대적으로 사회적, 문화적 불편함을 가지고 살아가야 한다.

백인들은 인종적으로 미국 사회가 공정하다고 생각한다. 자신이 인종에 따른 어려움을 체험한 적이 한 번도 없기 때문이다. 그러므로 능력있는 사람이 열심히 노력해서 성공하는 사회야말로 공정한 사회이고 제대로 된 사회라고 믿는다. 이러한 능력주의(Meritocracy)는 아메리칸 드림의 기초이다. 누구나 열심히 노력만 하면 성공할 수 있는 곳, 이곳이 바로 미국인 것이다. 그러므로 성공은 능력과 노력에 의해 이루어지고 성공을 위한 자유로운 경쟁이 보장되는 것이 사회적 정의이다. 백인들의 사회적 지위가 높은 것은 공정한 경쟁의 장에서 승리하였기 때문이라고 믿고 있다. 이러한 사회적 가치가 세대를 거듭해서 전승되었고, 사회제도와 법으로 실현됨으로써 백인들의 지위는 끊임없이 강화되었다. 그러나 능력주의에 바탕을 둔 미국 성공의 신화는 백인들을 위한 신화에 그치고 만다는 것이 문제이다.

이러한 능력주의는 올바르고 공정하며 사회적 정의의 실현으로 보일 수 있지만 두 가지 점에서 문제가 있다.[16] 첫째, 자유롭고 공정한 경쟁의 장이 펼쳐졌다고 할지라도 경쟁의 장에 들어오기 이전 단계에서 발생하는 기회의 불평등 문제가 심각하다는 것이다. 뒤늦게 이주한 소수인종들은 백인들보다 못한 사회경제적 환경에 처해 있다. 이들을 그렇게 만든 것은 과거에 존재했던 차별구조가 소수인종들의 삶을 척박하게 만들었으며, 그러한 삶이 세대에서 세대로 이어져 왔다. 그러므로 모든 사람의 출발점이 동일하다는 가정에 바탕을 둔 자유 경쟁은 출발점 자체가 동일하지 않기 때문에 더 이상 공정하다고 할 수는 없다.

둘째, 소수인종과 백인이 현재 비슷한 환경에서 같은 결과를 산출했어도 백인이 성공할 가능성이 더 높다는 점이다. 더 나아가 소수인종이 백인보다 더 뛰어난 결과를 만들었어도 백인보다 성공의 기회가 더 낮다. 예를 들어 아시아계는 백인들보다 교육적 자산이 더 많다. 더 좋은 학교를 졸업해서, 더 뛰어난 업무 능력을 보여도 그 직장에서 최고의 자리에 올라갈 확률은 떨어진다. 보이지 않는 차별이 있기 때문이다. 뛰어난 아시아계에 대한 차별을 아시아지역에서 많이 생장하는 대나무에 빗대어 '대나무 천장(Bamboo Ceiling)'이라고 부르기도 한다. 아시아계에게만 더 높이 올라가지 못할 천장이 있다는 것이다. 그러므로 백인들이 믿고 있는 능력과 노력으로 성취된 결과로 인정받는 공정성이 가득한 사회라는 것은 소수인종들에게는 신화로만 존재한다. 하지만 백인들은 그 자체를 이해하지 못하기 때문에 차별 현상이 지속된다.

백인들이 가진 특권에 대해 언급하면 백인들은 이제 더 이상 그렇지 않다고 반론을 제기한다. 과거에는 그러한 점이 있었지만, 현재에는 그렇지 않다는 것이 주장의 핵심이다. 과거에 있었던 노예제도로 인한 차별, 소수인종 탄압의 역사는 인정하더라도 자신은 과거의 그것과는 전혀 상관없고 현재에도 인종차별은 고사하고 그것을 하리라고 생각조차

하지 않는다는 것이다. 반면 소수인종을 위한 다양한 우대정책으로 인해 백인들은 역차별당하고 있다고 주장한다. 이들의 주장을 좀 더 자세히 살펴보자.[17]

과거의 인종차별 문제를 그대로 인정하고 그것으로 인해 현재 인종소수자들이 사회경제적으로 불평등한 위치에 있다는 것도 인정한다. 그렇지만 현재 자신이 백인이라는 이유로 그러한 과거의 역사 때문에 죄의식을 갖고 살아가야 하는 것은 아니라고 항변한다. 오히려 과거 노예제를 폐지한 것도 백인들의 수많은 희생에 의한 것이고, 시민권리법을 제정하고 모든 인종과 민족이 동등한 권리를 가질 수 있게 된 것도 백인들 덕택이었다고 주장한다. 노예의 지위에 있었던 소수인종이 대통령의 지위에까지 오를 수 있을 정도로 인종적인 문제가 개선되었는데 이 또한 백인들의 노력에 의한 것이었다고 말한다. 반면 흑인이나 소수인종들은 우대정책에 의해 대학입학과 취업에서 더 유리한 입장에 있다는 것이다.

더 나아가 흑인들은 흑인들만의 교육기관을 운영 설립해도 무방하지만, 만약 백인들이 그러한 기관을 설립한다면 당장 인종차별주의자로 몰리게 된다. 또한, 흑인들은 인종과 관련된 문제에 마음껏 자기주장을 말할 수 있지만, 백인은 그 문제를 훨씬 더 민감하고 조심스럽게 다루어야 한다. 자신이 특정 영역에서 가장 성공한 흑인들이라고 할지라도 자신은 인종차별주의의 피해자라고 주장할 수 있지만, 백인은 전혀 그럴 수가 없다. 흑인 배우가 백인을 희화화하고 조롱하는 것은 그냥 유머로 받아들여지지만, 백인이 흑인에 대해 같은 행위를 한다면 인종차별주의자로 낙인찍힌다.

이러한 백인들의 주장을 요약하면 미국 사회에서 인종문제에 관해 가장 자유로운 사람은 흑인이고 흑인이야말로 인종적으로 특권을 가진 존재라는 것이다. 물론 역사적으로 백인이 가해자이기 때문에 가해자는 피해자를 비난할 수 없고, 피해자가 더 자유롭게 가해자를 비난할 수 있는 상황이 펼쳐질 수 있다. 이러한 점을 받아들인다고 하더라도 백인들은 과거에 일어난 일이 현재 자신과는 전혀 상관이 없는데 왜 자신들이 그러한 대우를 받아야 하느냐고 항변한다. 게다가 인구의 구조가 변하여 백인들의 비율이 점점 줄어들어 백인이 절대적 다수를 차지할 수 없는 세상이 다가오는 것을 그대로 지켜보면서, 소수인종들이 미국의 권력과 자원을 많이 가졌을 때 백인인 자신들을 어떤 식으로 대할 것인가에 대한 막연한 두려움이 그들의 마음 깊이 자리 잡고 있다.

## 5. 새로운 형태의 인종주의

백인들의 인종문제의 해결에 관한 주장 중 가장 매력적인 것은 이제부터 모든 것에 대해 피부 색깔을 고려하지 않는 인종중립적인 원칙을 적용하여 인종에 대한 편견과 차별을 없애고 모든 사람들이 동등하게 대우받을 수 있게 하자는 것이다. 그런데 이러한 논리가 오히려 인종차별을 가져올 수 있다. 이러한 인종주의를 컬러블라인드(Color-Blind Racism) 인종주의라고 부른다. 피부색을 전혀 고려하지 말자고 하는 것이 어떻게 인종주의로 작용할 수 있는가?

미국에서의 인종차별 문제는 하루아침에 발생한 것이 아니다. 역사적으로 오랫동안 누적되어 일어난 차별이다. 지금 현재 소수인종의 상황이 어려운 것은 과거로부터 만들어진 불평등한 법과 제도 사회적 차별 때문이므로 소수인종을 우대하자는 것은 과거의 차별로 인한 불평등한 상태를 보다 공평한 상황으로 바꾸기 위한 노력의 일환이다. 예컨대 백인 학생들이 흑인 학생들보다 더 학력이 좋은 것은 학습 환경과 부모의 지원이 더욱 뛰어났기 때문이다. 비슷한 환경에 처한 백인과 흑인 학생을 비교하면 학력 수준의 차이가 거의 없다. 그러므로 사회구조적으로 더욱 열악한 환경에 처한 소수인종을 우대하여 보다 공평한 경쟁의 장을 마련하는 노력이 필요하다.

그럼에도 컬러블라인드 인종주의는 모든 인종적 고려에 대해 반대한다. 흑인이든 백인이든 어떤 인종이든 특별대우를 받아서는 안 되고 이것이야말로 진정한 인종적 평등이 실현되는 것이라고 주장한다. 이러한 주장을 하는 백인들은 자신들은 어떠한 인종적 편견도 없다고 생각하고 있으며 어떠한 차별도 하지 않고 있기 때문에 자신들은 인종주의자가 절대 아니라고 여긴다.

이들의 주장이 옳다면 이제부터 사회구조적인 영향력은 사라지고 모든 문제는 개인의 문제로 환원된다. 경쟁에서 뒤처진 것은 개인의 능력이 부족하거나 성실하지 못했기 때문이다. 인종적 문제는 더 이상 개입할 여지가 없다. 그렇지만 인종 문제는 가난, 복지, 범죄 등과 같은 사회적인 문제와 깊이 연결되어 있고, 불평등한 소수자의 지위가 금방 해결될 수 있는 것도 아니다. 따라서 인종적인 문제를 전혀 고려하지 말자는 주장은 지금 현재 고착화된 인종에 따른 사회경제적 지위를 그대로 유지하자는 것과 궤를 같이한다. 오히려 백인집단과 소수인종 집단 사이의 격차를 더 크게 만들 여지도 있다. 그러므로 인종적 이슈를 고려하지 말자는 컬러블라인드는 구조적인 불평등의 문제를 고려하지 않으므로 현재까지 지속되는 인종에 의한 차이를 지속되게 만들고 고착화시키는 인종주의의 형태로 나타난다.

오늘날 미국의 인종주의는 컬러블라인드 인종주의처럼 인종주의가 아닌 것 같은 형태로, 보다 미세하고, 복잡하며, 간접적인 방법으로 행사된다. 이러한 것을 현대 인종주의(Modern Racism)라고 일컫는다. 현대 인종주의는 직접적인 편견이나 차별을 드러내지 않는다. 컬러블라인드 인종주의에서 사용한 전략과도 같이 중립적인 언어와 객관적인 용어를 사용하고 논리적인 구조를 가지고 있다.[18]

예컨대 흑인들의 사회적 지위가 상대적으로 낮은 것에 대해 흑인들이 열등해서 그렇다고 하지는 않는다. 대신에 흑인 부모들이 아이들 공부나 교육에 관심을 덜 갖는 문화가 있기 때문이라고 말한다. 그래서 그러한 문화를 바꾼다면 흑인들의 교육 문제가 개선되고 사회적 지위의 향상으로 나타날 수 있다고 말한다. 이러한 주장에는 흑인들이 머리가 나쁘다든지, 생물학적으로 열등하다 등과 같은 직접적인 비난은 없다. 그러나 동시에 흑인들을 그렇게 만든 가장 중요한 요인인 불평등한 구조를 언급하지 않는다.

또 다른 예로 미국의 주거지 분리(Segregation) 문제가 있다. 미국은 다양한 인종과 민족이 서로 어울려 사는 나라인 것처럼 보인다. 그러나 사실 미국의 도시와 교외는 인종과 민족에 따라 사는 지역이 명확하게 구분되어 있다. 백인은 백인들끼리, 흑인은 흑인들끼리, 중남미인들은 그들끼리 모여 사는 경향이 강하게 나타난다. 이러한 주거지 분리 현상이 일어나는 것은 사회경제적인 계급의 격차 때문이다. 미국은 부자와 가난한 사람이 함께 어울려 살지 않는다. 부자는 부자 동네에 가난한 사람은 가난한 동네에 산다. 주택 가격이 바로 이러한 주거지 분리를 가능하게 한다. 백인들 중에 부자가 많으므로 자연스럽게 그 동네에는 백인들만 거주하게 된다. 소수인종들은 백인들보다 가난하기 때문에 백인 부자 동네로 이사 갈 수가 없다.

이러한 주거지 분리에 대해 백인들은 소수인종들은 자신들의 문화 속에서 함께 살아가는 것을 좋아하기 때문에 서로 몰려 사는 것이라고 말한다. 이렇게 말함으로써 백인들끼리 모여 사는 것을 합리화하고 자신들끼리 이웃공동체를 만들어 돈이 있는 소수인종이라도 그 동네에 진입하지 못하도록 만든다. 미국은 지방자치제가 잘 발달되어 있기 때문에 부자 동네에는 세금을 많이 걷어 그 지역을 위해 사용할 수 있는 반면, 가난한 지역은 그렇지 못하다. 특히 교육에 미치는 영향은 상당히 커서 부자 동네에 있는 학교는 시설이 뛰어나고 우수한 교사진을 갖추어 수준 높은 교육 프로그램을 꾸려나갈 수 있는 반면, 가난한 지역의 학교는 그러하지 못하다. 결국, 부자 동네 백인 학생들은 좋은 학교 교육을 받을 수 있는 반면, 소수인종 학생들은 그러하지 못하다. 게다가 백인 학생들은 백인 학생들 친구들만 거의 사귀게 되어 소수인종 학생과의 관계가 어릴 때부터 단절되어 있다. 따라서 백인 학생들은 지역적으로 인종이 분리되어 있는 것을 자연스럽게 받아들이게 되고 그들이 성장하여 사회적 관계를 맺을 때도 인종, 민족적 분리가 반복적으로 일어나게 된다.

이처럼 현대적 인종주의는 인종주의가 아닌 것처럼 위장하여 나타난다. 현대적 인종주의의 주요 특징은 구체적으로 세 가지 정도로 정리해 볼 수 있다.[19] 첫째, 미국 사회에는 더 이상 인종적, 민족적, 종교적 차별은 없다는 것이다. 둘째, 만약 인종/민족의 차이에 따른 불평등이 존재한다면 그것은 소수인종 집단이 능력이 부족하거나 노력을 하지 않아서 그렇게 된 것으로 불평등의 원인에 대한 책임을 소수집단에 돌린다. 셋째, 인종소수자들을 위한 우대정책 효과는 존재하지 않으며 소수집단에 너무 많은 혜택을 주고 있다는 것이다. 결국에는 인종적인 문제의 원인을 백인에게서 찾는 것이 아니라 소수인종 집단의 잘못된 가치와 행동의 결과로 돌리는 것이 현대적 인종주의의 핵심이다.

이러한 현대적 인종주의는 인종문제 해결을 위한 사회정책과 프로그램을 무력화시키기 때문에 문제의 심각성이 크다.[20] 따라서 인종적 중립에 바탕을 두고 있는 현대적 인종주의는 결과적으로 소수인종의 생물학적 열등성을 강조하는 전통적인 인종차별주의자와 크게 다르지 않다. 오히려 자신들의 인종주의를 감추고 드러내지 않음으로 문제의 심각성은 더 크다. 간접적이고 중립적이며 객관적이고 논리적으로 보여서 쉽게 드러나지 않는 현대적 인종주의는 오늘날 미국에서의 인종적 편견과 차별 문제 해결에 가장 큰 방해요소로 작용하고 있다.

## 6. 인종차별 그리고 새로운 도전

지금까지 미국의 인종/민족에 대한 차별은 백인들과 흑인의 문제에 집중되어 왔다. 미국역사에서 흑인은 자유인이 아닌 상태로 비자발적으로 미국으로 끌려 온 유일한 집단이다. 노예의 역사는 흑인이 노예에서 해방된 이후에도 차별적인 법과 제도를 통하여 이어져 왔으며, 백인들과의 갈등의 불씨는 상황이 갖추어지면 언제든지 타오를 수 있었다. 흑인운동과 반문화운동의 결과로 1960년대 시민권리법이 제정된 이후 공식적인 제도와 법의 테두리에서는 인종/민족과 관련한 차별적인 내용이 모두 사라졌다. 그러나 법과 제도가 일상의 모든 부분에까지 적용될 수는 없었고 백인들의 마음속 편견까지 쉽게 없앨 수 있는 것도 아니었다. 따라서 오늘날에도 특정한 상황에서 부지불식간에 흑인에 대한 차별적 행위가 종종 드러나서 사회적으로 큰 이슈가 되고 있다.

특히 경찰과도 같은 공권력의 집행 시에 드러난 차별행위는 더욱 민감하게 작용할 수밖에 없다. 대표적인 사건은 1992년 로스앤젤레스에서 발생한 흑인 폭동이다. 자동차를 운전하다 검문을 받게 된 흑인 로드니 킹(Rodney King)을 경찰관들이 무차별적으로 폭행한 사건이었는데 그 장면이 카메라에 찍혀 전국적인 방송을 타는 바람에 큰 주목을 받았다. 경찰관들은 기소되었으나 법원에서 무죄로 최종 판결이 나자 인종차별적 처사에 격분한 흑인들이 거리에 나와 시위를 하였고 그것이 유혈폭동까지 이어졌다. 로스앤젤레스 경찰들이 통제할 수 없는 지경까지 이르게 되었고 경찰력은 백인 동네를 방어하기에 급급하였다. 다운타운 중심에 있던 코리아타운은 약탈과 폭행, 방화 등에 의한 최대 피해지역이 되었고 경찰력이 전혀 닿지 않고 통제 불능이 된 그곳을 지키려던 한인들과 흑인들 사이에 유혈사태까지 이르는 심각한 갈등이 발생하였다.

이와 유사한 공권력에 의한 차별행위는 이후에도 최근까지 지속적으로 발생하고 있다. 2012년 히스패닉계 백인 경찰 조지 짐머만(George Zimmerman)이 미국 플로리다주에서 트레이버 마틴(Trayvon Martin)이라는 흑인 소년에게 총을 쏘아 사망하게 하였으나 법원에서 무죄를 선고받자 흑인들의 큰 저항이 있었다. 2014년에도 유사한 일이 발생하였다. 뉴욕 경찰인 대니얼 팬탈레오(Daniel Pantaleo)는 흑인인 에릭 가너(Eric Garner)를 불법으로 담배를 팔았다는 혐의로 체포하려 하였다. 가너가 항의하자 그를 강압적으로 제압하여 목졸라 질식사시킨 사건이었다. 이 사건 또한 불기소 처분으로 끝나자 전국적인 항의시위가 벌어졌다.

이 사건이 발생하고 불과 3주 후 미주리주 퍼거슨에서 퍼거슨 경찰 대런 윌슨(Darren Wilson)에게 비무장한 흑인인 마이클 브라운(Michael Brown Jr.)이 길을 걷다 여러 번의 총격을 받아 사망하는 일이 벌어졌다. 이 사건 또한 법원에서 불기소 결정을 내리자 퍼거슨 시에서는 대대적인 시위가 벌어졌고 시민 불복종 운동이 펼쳐졌다. 주변의 대도시인 세인트루이스를 비롯하여 전국적으로 대도시를 중심으로 격렬한 시위가 벌어졌다. 2015년에는 흑인 청년 프레디 그레이(Freddie Gray Jr.)가 경찰에게 체포되어 구금되어 있던 중 사망하였는데 경찰의 폭력에 의해 사망했다는 발표가 있자 이것이 계기가 되어 볼티모어시에서 대규모 폭력 소요 사태가 발생하였으며 다른 대도시에서도 이에 동조하는 시위들이 일어났다.

최근 2020년에도 미네소타주 미니애폴리스에서 흑인인 조지 플로이드(George Floyd)가 경찰 체포 과정에서 저항하지 않은 상태에서도 경찰의 과도한 무력에 의해 목을 눌려 질식사하게 되었다. 이 과정들이 주변 시민들의 휴대전화 카메라로 찍혀 인터넷 등에서 빠르게 퍼지고, 방송에서도 집중적으로 보도되자 미니애폴리스에서는 대규모의 시위가 발생하였다. 이어 미국 대도시들은 물론이고 백악관 앞에서까지 대대적으로 항의 시위가 벌어졌다. 이 사건을 포함한 일련의 유사한 사건들이 반복적으로 진행되자 대통령을 포함한 미국의 정치지도자들은 경찰개혁을 위한 일성을 높였고 시민들은 "흑인의 생명은 중요하다(Black Lives Matter)"라는 함축적인 문구를 상징적으로 내걸고 흑인뿐만 아니라 백인과 다른 인종들까지 연대하여 인종차별에 반대하는 운동을 전개하고 있다.

지금까지 살펴본 바와 같이 미국에서의 인종차별 문제는 주로 백인 대 흑인의 문제가 가장 뚜렷하게 나타나고 있고, 백인은 가해자, 흑인은 피해자의 모습이 대부분을 차지한다. 그러나 미국에는 백인과 흑인만이 있는 것이 아니라 다양한 인종과 민족들이 어울려 살고 있다. 특히 1965년 이민법 개정 이후 중남미와 아시아지역 출신 이민자들의 수가 급증하였고, 지금도 이민자의 수에서 볼 때 이 두 지역에서 온 사람들이 가장 많다. 따라서 미국의 인종 문제는 백인과 흑인의 대결을 넘어 실제 삶 속에서 일어나는 아주 복잡다단한 문제로 바뀌었다. 다수집단인 백인과 소수집단인 유색인 집단 간의 갈등만이 아니라 소수자집단 간에도 인종/민족적 문제로 갈등을 일으키는 경우가 상당히 늘어나고 있다. 앞서 거론되었던 흑인 로드니 킹 사건에서도 백인 경찰이 가해자였음에도 피해는 코리아타운에 있는 한인들이 가장 크게 당하였다. 그것은 백인 거주 지역에는 흑인 시위대가 침범하지 못하도록 경찰력이 집중되어 방어한 탓도 있지만, 평소에 흑인과 아시아인의 관계가 그렇게 좋지 못했기 때문에 한인들에게 흑인들의 분노가 폭발했을 가능성이 크다.

흑인들이 미국의 인종차별 역사에 있어 가장 큰 피해자라는 것을 부인할 수 없다. 그러나 그렇게 피해를 받은 만큼 백인들에 대한 증오심의 크기도 클 수밖에 없다. 그래서 백인을 향한 흑인의 인종차별 문제도 일상에서 상당히 많이 일어난다. 인종차별의 문제에 가장 자유로운 사람이야말로 흑인이라는 주장이 있을 정도이다. 백인들은 인종문제에 대해 흑인들보다 더 조심하지 않으면 금방 인종주의자라는 낙인이 찍힌다. 그러나 흑인들은 백인들에 대해서 조롱하거나 인종차별적 행위를 하고 인종주의적인 언어를 쓴다고 해도 사회는 그것을 다소 관대하게 받아들이는 경향이 있다. 가해자의 언행은 언제나 조심해야 하지만 피해자의 불평불만은 그 정도가 좀 더 심하다고 해도 어느 정도 받아들여지는 것과 같은 이치이다.

서로 다른 인종에 대한 편견의 정도를 조사한 한 보고서에 따르면,[21] 조사대상자 중 37% 미국인들이 흑인들은 인종주의자라고 생각한다고 응답하였는데, 모든 인종들 중 가장 높은 비율이었다. 백인은 15%, 히스패닉은 18%의 사람들만이 인종주의자로 여기고 있었다. 흑인은 가장 큰 차별을 받은 희생자이면서도 그들이 인종차별의 가해자가 될 수 있다는 점을 이 조사는 잘 보여주고 있다. 흥미로운 사실은 흑인 응답자들도 흑인 자신들이 인종주의자라고 대답한 응답이 31%나 되어 백인 24%, 히스패닉 15%와 비교해 가장 높다는 것이다. 다시 말하면 흑인 자신들도 흑인들이 인종주의적 태도를 많이 가지고 있다고 스스로 인정한 셈이다.

이러한 점은 코로나19 팬데믹으로 미국 전역이 어려움을 겪고 있을 때 흑인들이 아시아계에게 가한 인종차별적 폭력행위가 빈번하게 나타난 배경을 잘 보여준다. 아시아계에 대한 차별은 최근에 나타난 현상은 아니다. 물론 코로라19 팬데믹과 관련하여 미국사회의 어려움에 대한 책임 회피를 위해 트럼프 대통령과 정치권이 앞장서 그 원인과 책임을 중국으로 돌리고 비난에 앞장선 그 여파가 크다. 그러나 그것이 아시아계에 대한 인종차별 사건들의 주요 촉발요인이 되기는 했지만, 사실 오랜 기간 잠재해 있던 아시아계를 향한 누적된 편견과 차별이 터진 것이라고 볼 수 있다.

거슬러 올라가면 1820년대 이후 아시아계 중 가장 먼저 이주해 온 중국인들에 대한 억압과 차별이 본격적인 시작점이라고 할 수 있다. 당시 인종, 종교, 문화가 다른 중국인들은 흑인을 제외한 첫 번째 인종차별의 대상이 되었다. 급기야 중국인 배척법(Chinese Exclusion Acts)까지 만들어 중국인들을 미국에서 몰아내려고 하였다. 중국인에 대한 혐오(sinophobia), 중국인 혐오자(sinophobe)와 같은 말이 만들어질 정도로 중국인들에 대한 편견과 차별이 심했다. 중국이 공산당이 집권하고 사회주의 체제로 바뀌자 냉전 시대를 거치면서 소련과 더불어 중국은 미국의 대표적인 적대국이 되었다. 그 이후 중국의 개방정책에 의해 중국이 세계의 공장 역할을 하였고 그것을 바탕으로 세계무대에서 미국의 새로운 라이벌 국가로 부상하게 되었으니 중국과 중국인에 대한 인식이 좋을 리는 없다. 경제적인 성장에 힘입어 최근 미국뿐만이 아니라 세계를 향해 펼쳐지고 있는 중국의 자문화중심주의 정책도 부정적인 인식을 높이는데 적지 않은 역할을 하고 있다. 한편, 미국 내 이주해 온 중국인들은 자신들에 대한 차별에도 불구하고 공동체를 만들고 근면 성실하게 살았다. 힘든 일을 겪으면서도 자식들의 교육에 적극적으로 관심을 기울인 결과 중국인 2세, 3세들의 경제적인 지위는 급격하게 올라갔다. 이러한 중국인들의 모습은 다른 아시아계 이민자들에게도 유사하게 나타났다. 그래서 아시아계를 흔히 '모범적 소수자(model minority)'라고 치켜세우기도 한다. 그러나 아시아인들에 대한 시기와 질투 그리고 증오심도 같이 싹텄다. 아시아인들보다 훨씬 더 오래전에 미국 사회에 터 잡고 있던 백인노동자들과 흑인들은 중국인을 위시하여 아시아계들이 대거 몰려와 자신들과 일자리 경쟁을 한다는 것이 기분 좋은 일은 아니었다. 더 나아가 우수한 교육자산을 가진 아시아인들이 제조업을 탈피하여 높은 교육수준을 요구하는 서비스업, 금융업, IT 컴퓨터 산업 등으로 바뀐 미국의 산업구조에 대거 진입하고, 고소득 전문직에 종사하는 비율도 아주 높아졌다. 미국의 산업구조 변화에 낙오된 백인 하층계급과 흑인들은 자신들의 처지를 경제적으로 성공한 아시아인들과 비교하면 상대적 박탈감이 크게 나타날 수밖에 없었다. 이렇게 누적된 편견과 차별이 잠재해 있다가 그것을 터트릴 만한 상황을 맞이하면 특히 백인들과 흑인들의 중하층계급에서 중국인뿐만 아니라 아시아계에 대한 차별행위가 크게 드러나게 된다.

이와 같이 미국사회의 인종차별의 문제는 우리가 생각하는 것보다 훨씬 복잡하다. 다수 집단인 백인과 인종적 소수집단 사이의 갈등만이 아니라, 백인들과 여러 소수집단 사이의 갈등의 형태는 다양하게 나타난다. 또한, 인종적 소수집단들 간의 갈등도 존재한다. 그러므로 그물망의 형태처럼 인종차별의 문제는 인종과 민족들 사이에 아주 촘촘하게 얽혀있으며 미국사회에서 일어나는 모든 문제는 바로 인종 문제와 크든 작든 연결되어 있다. 그렇기 때문에 미국의 인종갈등의 문제는 쉽게 해결될 수 있는 것이 아니며 어디에든 잠재해 있다가 사회경제적 조건과 환경이 변화될 때마다 분출되어 나타난다.

그럼에도 불구하고 인종갈등의 문제를 감소시키려는 노력은 지속적으로 진행되고 있다. 그러한 노력들 중 인종차별과 관련한 법적 제도적 측면을 강화하는 것이 매우 중요하다는 것은 역사적으로 입증되었다. 예컨대 시민권리법이 제정되어 인종과 관련한 모든 차별을 법적 제도적 수준에서 없애자 차별행위 자체도 줄어들었을 뿐만 아니라 법과 제도의 정비가 사람들의 생각과 가치관에도 영향을 미친 것이다. 그러나 미국의 정치지도자를 포함하여 사회 각 영역에서 지속적인 노력 없이 목표를 달성하기는 쉽지 않다. 특히 대통령과 같은 미국을 대표하는 상징적인 인물들이 자신들의 이익을 위해 인종문제를 이용할 경우 얼마나 파급효과가 큰지는 코로나19 펜데믹 때의 트럼프 대통령의 중국인 혐오 정치 행위의 결과를 보면 알 수 있다. 그는 인종적 편견을 가지고 특정집단을 자신의 정치도구로 삼아 정쟁에 활용하고 자신의 정치적 목표를 달성하기 위해 희생양으로 삼았다. 그 결과 중국과는 관계없는 중국계 미국인을 비롯한 아시아계 미국인 전체를 향해서 폭력까지 동반하는 인종차별 행위들이 미국 전체에 걸쳐 다수 발생하였다. 어떻게 보면 사소한 일 같지만, 영향력 있는 자리에 있는 사람들의 인종적 편견과 차별행위는 잠재해 있던 시민들의 인종적 편견과 차별의식에 불을 댕기는 효과를 충분히 발휘한다. 오늘날 미국 스스로 다양성의 가치가 국가발전의 최우선 가치인 것으로 내걸 듯 새로운 미국인이라는 인종적 모델을 재구성하는 노력을 하지 않고는 차별과 편견의 문제를 해결할 수 없다.

## 주

1) Michael Omi and Howard Winant, 1994, *Racial Formation in the United States*, 2nd ed. (New York: Routledge).
2) John Hawks, 2008, "How African Are You? What Genealogical Testing Can't Tell You," *Washington Post*, Retrieved 2010-06-26; Henry L. Gates Jr., 2009, *In Search of Our Roots: How 19 Extraordinary African Americans Reclaimed Their Past* (New York: Crown Publishing), pp. 20-21.
3) Jeffrey S. Passel & D'vera Cohn, "U.S. Population Projections: 2005-2050", *Pew Research Center*, 2008.
4) 김정규, 2016, 『미국의 인종과 민족: 갈등과 변화』 (서울: 에듀컨텐츠휴피아).
5) 인구에 대한 전수조사를 말하는 것으로 미국은 10년마다 한 번씩 조사한다. 인구센서스는 2010년에 행해졌고, 2020년 인구센서스가 다시 시행되었다.
6) William H. Frey analysis of U.S. Census population projections, 13 March 2018. https://www.brookings.edu/blog/the-avenue/2018/03/14/the-us-will-become-minority-white-in-2045-census-projects/.
7) Wet-Foot, Dry-Foot Policy라고 불리기도 함
8) Richard T. Schaffer, 2013, *Race and Ethnicity in the United States*, 7th ed. (London: Pearson), p. 121.

9) 김정규, 2016, pp. 179-183.
10) 김정규, 2016, pp. 185-186.
11) 김정규, 2016, pp. 186-187.
12) Howard Winant, 1994, *Racial Conditions: Politics, Theory, Comparisons* (Minnesota: University Of Minnesota Press)
13) Thistlewaite, E., 1991, *Migration from Europe Overseas in the Nineteenth and Twentieth Centuries* (Urbana, IL: University of Illinois Press).
14) Mona Scott, 2012, *Think Race and Ethnicity* (London: Pearson), p. 67.
15) P. McIntosh, 1988, "White Privilege and Male Privilege: A Personal Account of Coming to See Correspondences Through Work in Women's Studies," *Independent School* (Winter, 1990 ed.)
16) 김정규, 2016, pp. 134-135.
17) Michael Holden, 1998, *The Baltimore Sun*, August 02.
18) Eduardo Bonilla-Silva, 2006, *Racism without Racist*, 2nd ed. (Lanham, MD: Rowman & Littlefield).
19) David Sears and P. J. Henry, 2003. "The Origins of Modern Racism," *Journal of Personality and Social Psychology* 85: 259-275.
20) Quillian, Lincoln, 2006. "New Approaches to Understanding Racial Prejudice and Discrimination." *Annual Review of Sociology* 32: 299-328.
21) Rasmussen Reports (July 03, 2013). http://www.rasmussenreports.com/public_content/lifestyle/general_lifestyle/july_2013/more_americans_view_blacks_as_racist_than_whites_hispanics

## 참고문헌

### 1. 한글문헌

김정규. 2016. 『미국의 인종과 민족: 갈등과 변화』. 서울: 에듀컨텐츠휴피아.

### 2. 영어문헌

Bonilla-Silva, Eduardo. 2006. *Racism without Racist* (2nd ed.). Lanham, MD: Rowman & Littlefield.

Gates Jr., Henry L. 2009. *In Search of Our Roots: How 19 Extraordinary African Americnas Reclaimed Their Past*, New York: Crown Publishing, 20-21.

Hawks, John. 2008. "How African Are You? What Genealogical Testing Can't Tell You.", *Washington Post*. Retrieved 2010-06-26.

Holden, Michael. 1998. The Baltimore Sun, August 02. http://articles.baltimoresun.

com/1998-08-02/news/1998214018_1_whit-privilege-jensen-black-privilege

McIntosh, P. 1988. "White Privilege and Male Privilege: A Personal Account of Coming to See Correspondences Through Work in Women's Studies." *Independent School* (Winter, 1990 ed.)

Omi, Michael, and Howard Winant. 1994. *Racial Formation in the United States*, 2nd ed. New York: Routledge.

Passel, Jeffrey and D'vera Cohn. "U.S. Population Projections: 2005-2050", *Pew Research Center*, 2008. https://www.pewresearch.org/hispanic/2008/02/11/us-population-projections-2005-2050/

Quillian, Lincoln. 2006. "New Approaches to Understanding Racial Prejudice and Discrimination." *Annual Review of Sociology* 32: 299-328.

Rasmussen Reports (July 03, 2013). http:/www.rasmussenreports.com/public_content/lifestyle/general_lifestyle/july_2013/more_americans_view_blacks_as_racist_than_whites_hispanics

Schaffer, Richard T. 2013. *Race and Ethnicity in the United States*. 7th ed. London: Pearson.

Scott, Mona. 2012. *Think Race and Ethnicity*. London: Pearson.

Sears, David, and P. J. Henry. 2003. "The Origins of Modern Racism." *Journal of Personality and Social Psychology* 85: 259-275.

Thistlewaite, E. 1991. Migration from Europe Overseas in the Nineteenth and Twentieth Centuries. Urbana, IL: University of Illinois Press.

Winant, Howard. 1994. *Racial Conditions: Politics, Theory, Comparisons*. Minnesota: University Of Minnesota Press.

# 일본 후쿠시마 원자력발전소 사고와 탈원전 논의

이동훈(계명대 국제학연구소)

2011년 3월 동일본 지역에서 대지진이 발생했다. 지진 발생 후 얼마 지나지 않아 쓰나미가 발생하여 후쿠시마현 해안가에 위치한 도쿄전력 제1원자력발전소를 덮쳤다. 발전소 냉각장치가 파괴되고 제 기능을 상실하면서 원자로 온도가 급속히 상승하였고 이후 방사능 물질이 누출되는 사고가 발생했다. 방사능 물질은 바람을 타고 인근 지역은 물론 도호쿠(東北)와 간토(關東) 지방으로 날아갔다. 과일 생산지로 유명했던 후쿠시마(福島)현의 청정 이미지는 원전사고로 완전히 사라졌고 이후 후쿠시마는 세계적으로 방사능 오염 지역이라는 오명을 얻게 되었다.

역사를 거슬러 올라가면 일본은 제2차 세계대전 시기 히로시마(広島)와 나가사키(長崎)에 떨어진 원자폭탄으로 피폭을 경험한 나라였다. 당시 히로시마에 원자폭탄이 투하되면서 10만 명 정도가 사망했으며 이후 후유증으로 인한 희생자를 더하면 적어도 16만 명 이상의 사상자가 발생했다. 마찬가지로 나가사키에서도 7만 명 이상이 원자폭탄으로 인해 목숨을 잃거나 후유증을 겪어야 했다. 이처럼 방사능 피폭을 경험한 일본에서 후쿠시마 원전사고와 방사능 오염이라는 초유의 사태를 다시 경험하게 된 것이다.

아울러 동일본대지진과 후쿠시마 원전사고는 일본 사회의 모든 분야에 커다란 충격을 안겨주었다. 후쿠시마 원전사고 전과 후로 일본 사회의 흐름은 큰 변화를 보였다고 해도 과언이 아니다. 1923년 관동대지진, 1945년 패전, 1995년 고베대지진과 도쿄지하철 독가스 사린 사건 등의 굵직한 역사적 사건과 비견될 정도이다.

이 장에서는 동일본대지진과 후쿠시마 원전사고에 대해 개략적으로 살펴보고 일본에서 원자력발전이 도입되는 역사에 대해 알아보고자 한다. 아울러 인류가 경험한 방사능 피폭 사건에 대해서 알아보고 이로 인해 일본 사회 내에서 화두로 떠오른 탈원전 논의와 이로부터 한국 사회가 얻을 수 있는 시사점에 대해 생각해보고자 한다.

## 1. 동일본대지진과 후쿠시마 원자력발전 사고

2011년 3월 11일 오후 2시 46분 미야기현 오시카(牡鹿)반도 동남동쪽 앞바다 130km를 진원지로 하는 지진이 발생했다. 일본 지진 관측사상 가장 높은 진도인 9.0이었다. 육지에서 관측된 진도는 미야기현 구리하라시(宮城県栗原市)에서 진도 7을 가리켰으며 미야기현, 후쿠시마현, 도치기현(栃木県) 등 지역에서 진도 6을 기록했다. 이어서 3시 27분 무렵 지진에 의해 발생한 쓰나미가 후쿠시마 제1원자력발전소에 도달했다. 해안가 지점에서 10m가 넘는 높이의 쓰나미가 관측되었고[1] 쓰나미에 의해 동일본의 해안가 마을이 파괴되는 영상은 전 세계에 방송되어 충격을 안겨주었다.

2020년 3월 일본 경찰청 발표에 의하면, 동일본대지진으로 인한 사망자와 행방불명자는 1만 8,428명에 달한다.[2] 당시 쓰나미 파도 속에는 모래를 비롯해 해안가 시설에서 나온 기름과 건물 잔해 등의 유해물질 등이 다량 포함되어 있었다. 사망자의 원인을 살펴보면 지진 자체에 의한 사망자보다 유해물질로 인한 호흡곤란이나 저체온증 현상으로 인한 사망자가 다수를 차지했다. 쓰나미에 의한 익사자가 전체 사망자 중 90%를 차지했으며 지진 자체에 의한 사망 특히 압사는 4%를 차지했다.[3]

동일본대지진 당시 후쿠시마 제1원자력발전소에는 여섯 기의 원자로가 설치되어 있었다. 1~3호기는 운전 중이었고 4~6호기는 정기 점검 중이었다. 지진 발생 후 1~3호기 원자로는 자동적으로 제어봉이 삽

사진 10.1  사고 당시 후쿠시마 제1원자력발전소의 모습

출처: 도쿄전력 홈페이지 사진자료실 제공.

입되어 가동이 정지되었다. 하지만 지진으로 인해 발전소로 전력을 공급하던 철탑이 넘어져 외부공급 전원을 상실하게 되었다. 비상용 디젤발전기가 가동되었으나 지진 발생 후 40여 분이 지나 11~15m에 달하는 쓰나미가 발전소를 덮쳤다. 원자로와 터빈이 있는 주요 건물의 부지 높이가 10m였기 때문에 침수가 발생했다.[4] 지하에 설치된 비상용 발전기는 물론 여러 차례 발전소 건물이 침수되면서 시설의 상당 부분이 복구 불가능할 정도의 손상을 입었다.

이로 인해 전기설비, 펌프, 연료탱크, 비상용 디젤엔진발전기 등 다수의 설비가 파괴되면서 발전소는 모든 전력을 상실하는 사태에 이르렀다. 특히 냉각용 해수를 퍼 올리는 펌프는 외부에 설치되어 있어 형체를 알아보기 힘들 정도로 파괴되었다. 발전소 설계상 전력회사가 예측했던 비상 정전 시간인 8시간을 경과하면서 비상용 디젤발전기 전원도 끊기

---

**글상자 10.1   도쿄전력**

도쿄전력은 간토(關東, 도쿄도와 가나가와현, 지바현 등의 도쿄 인근 지역) 등의 수도권 지역에 전력을 공급하는 일본 최대의 전력회사다. 1951년 민간 전력회사로 출발하였으나 현재는 국유기업이 되었다. 2011년 후쿠시마 원전사고 후 복구 및 피해배상을 위해 일본정부에 의한 공적 자금이 투여되었고 원자력손해배상 및 폐로지원기구가 의결권의 과반수 이상을 차지하게 되면서 일본정부가 관리 감독하는 형태로 국유화되었다.

2011년 사고 당시 후쿠시마 제1원전에서 일하는 도쿄전력 직원은 약 1,100명이었다. 그 밖에 원전 유지·관리 및 경비 등에 종사하는 협력기업 근무자가 약 2,000명이 근무 중이었다. 여기에 더해 4~6호기 정기점검으로 평상시보다 훨씬 늘어난 6,000여 명이 발전소 내에서 일하고 있었다.

게 되었다. 전원공급 차량이 교통 정체로 도착이 늦어졌으며 발전소 전원공급 차량이 도착하더라도 전압이 맞지 않거나 혹은 연결 플러그가 맞지 않아 전원공급이 되지 않았다. 아울러 미군 헬기로 전원공급 차량을 수송하려는 계획은 중량 문제로 백지화되었으며 지진 다음 날 개통되었던 전원 케이블은 1호기 수소 폭발로 인해 파괴되는 등 악재가 겹쳤다.

원자력발전소는 우라늄연료에 중성자를 때려 핵분열을 일으킨 후 그때 발생하는 핵분열 에너지로 인한 열을 발전에 이용한다. 우라늄연료는 원자로 압력용기 안에서 열을 내어 그 안에 있던 물을 증발시킨다. 발생한 증기는 배관을 통해 증기터빈에 보내져 발전에 이용된다. 후쿠시마 제1원전의 원자로는 비등수형 경수로로 불리며 가장 많이 보급된 형태 중 하나였다.[5]

원자로는 높이 약 20m의 압력용기와 그 바깥 측 높이 약 34m의 격납용기로 되어 있다. 압력용기는 단단한 강철제의 용기로 제작되며 그 내부에서 연료가 핵분열하면서 고온고압의 수증기를 발생시킨다. 격납용기 역시 강철제의 대형 용기로 방사성 물질을 외부에 누출되지 않도록 하기 위한 최후의 보루와 같은 역할을 담당한다. 이러한 원자력발전소 기술의 핵심은 냉각 기능에 있으며 안전 확보는 "멈춘다", "식힌다", "봉한다"에 있다. 하지만 후쿠시마 사고의 경우 모든 전원공급 수단이 막히면서 원자로 냉각이 불가능한 사태에 다다랐다. 3호기를 제외하면 비상시 냉각시스템도 제대로 작동하지 않았다. 연료봉이 계속해서 붕괴열을 일으켰으며 이로 인해 원자로 온도가 급격하게 상승했다. 붕괴열은 원자로 안에서 발생하는 에너지 중 약 7%를 차지하는데, 핵분열이 멈추더라도 거기에 방사성 물질이 있는 한 계속 열을 발생시킨다.[6] 붕괴열을 식히려면 어떻게든 냉각수를 주입해야 하는데 후쿠시마의 경우 냉각이 이루어지지 않은 것이다.

도쿄전력은 최악의 사태를 피하기 위해 12일 오전부터 격납용기 밸

브를 열고 수증기와 방사성 물질을 조금씩 외부로 내보냈다. 하지만 냉각수가 수증기를 다량 발생시키면서 압력용기와 격납용기의 내부 압력이 상승했다. 원자로 건물 안은 핵연료의 높은 열로 인한 수증기와 화학반응에 의해 발생한 수소 가스로 가득했다. 3월 12일 오후 3시 36분 도쿄전력 원전 1호기에서 수소가스 폭발이 발생하여 원거리에서도 하얀 연기가 피어오르는 것이 확인되었다.[7] 일본의 공영방송 NHK는 원전의 폭발을 보도했고 이 영상은 속보로 전 세계에 전달되었다. 6시 25분에는 총리의 명으로 반경 20km에 거주하는 7만 명의 주민에 대한 대피령이 내려졌다.

주민대피령이 내려지기 이전인 12일 오전 7시 당시 간 나오토(菅直人) 일본 수상이 헬리콥터로 현장을 방문하여 직원들로부터 상황 설명을 받았다. 원자로 냉각을 위해 해수를 주입할 것인지 정하지 못한 채 혼란이 거듭되었고 오후 8시경 간 수상은 1호기에 대한 해수 주입을 명령했다.[8] 해수에는 염분 등 갖가지 불순물이 들어 있어 일단 해수를 넣으면 그 원자로는 두 번 다시 사용할 수 없게 된다. 당시는 담수를 이용할 수 없는 상황이었기 때문에 해수 주입 외에는 다른 방법이 없었다.

3호기, 2호기, 4호기에서도 가스 폭발이 발생하여 원자로 건물과 터빈 등 시설이 파괴되는 사태가 발생했다. 1호기의 경우 3월 12일 오전 6시경 모든 연료가 멜트다운(Melt-down) 상태에 이른 것으로 추정된다.[9] 이는 수상의 명령이 있기 전, 그리고 냉각수 주입에 대한 도쿄전력 사장의 판단이 내려지기 전에 이미 원자로는 손상된 상태였다는 말이 된다. 지진 발생 후 5시간 만에 모든 연료가 녹는 멜트다운 상태에 이르렀을 가능성이 큰 것으로 보인다.

핵연료는 운전 정지 후에도 붕괴열을 발생시키므로 냉각하지 않으면 원자로가 계속 열을 발생한다. 냉각기능을 상실한 원자로는 물 없는 냄비가 끓는 것처럼 온도가 계속 상승하여 결국 핵연료가 스스로의 열에

**도표 10.1** 멜트다운, 멜트스루, 멜트아웃

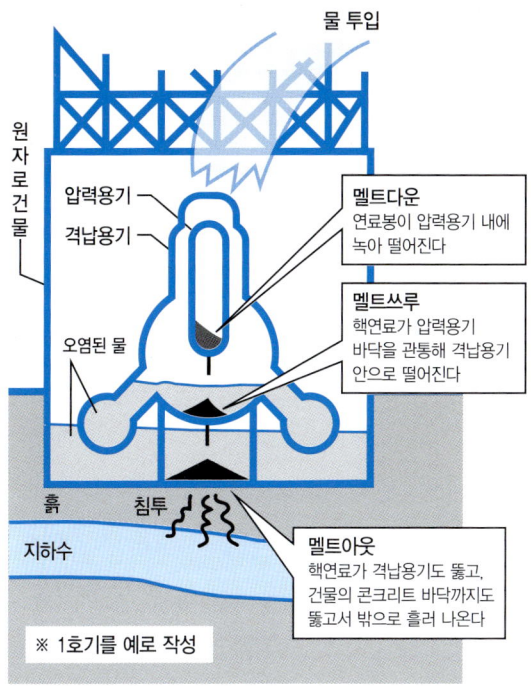

출처: 고이데 히로아키 지음, 고노 다이스케 역, 2012, 『후쿠시마 사고 Q&A: 핵발전과 방사능』 (서울: 무명인).

의해 녹아내리는 현상인 멜트다운이 발생한다. 원자로 내부의 열이 비정상적으로 상승하여 연료인 우라늄을 용해함으로써 노심부가 녹아버리는 현상으로 노심용융이라고 부르기도 한다. 연료인 우라늄은 새끼손가락 손톱만 한 작은 도자기로 구워 굳힌 직경 1cm 길이 4m 정도의 연료관에 400개 정도가 들어 있다. 이 핵연료 펠릿은 2,800℃ 정도가 되어야 녹는데 이는 후쿠시마 원전의 노심 온도가 그만큼 높았다는 것을 의미한다.[10]

후쿠시마 원전 1~3호기는 핵연료가 녹아 원자로 압력용기 바닥에 떨어지는 멜트다운이 발생했다. 아울러 고열로 인해 압력용기의 바닥이 구멍이 나거나 제어봉 구멍 및 봉인 부분이 손상되어 틈이 생기면서, 핵연료 일부분이 압력용기의 바깥 부분에 있는 원자로 격납용기로 노출되었다. 2011년 5월 24일 도쿄전력의 발표에 의하면 1호기 압력용기 외부의 격납용기에 직경 7cm의 구멍이 한 곳, 2호기에는 직경 10cm 정도의 구멍이 두 곳 발생한 것으로 확인되었다. 따라서 후쿠시마 원전사고는 멜트다운에서 더 심각한 상태인 멜트스루(Melt-through) 상태에 이르렀을 것으로 판단되었다. 멜트스루는 녹아내린 핵연료가 압력용기를 뚫고 격납용기에 떨어져 버린 상태를 말한다.

같은 해 6월 일본정부는 멜트스루까지 인정한 보고서를 국제원자력기구(IAEA, International Atomic Energy Agency)에 제출했는데 압력용기 바닥에서 새어나간 핵연료가 격납용기 안에 쌓여 있을 것이란 내용이었다. 더 나아가 핵연료가 격납용기 바닥을 뚫고 원자로 건물 바닥으로 떨어져 콘크리트 지하 바닥 벽을 뚫고 외부로 새어나갔을 것이란 점도 지적되었다. 멜트스루를 넘어 원자로 건물 주변에 고농도 방사성 물질이 원자로 건물 밖으로 노출되는 멜트아웃(Melt-out)이라는 최악의 상태로 이어졌을 가능성 또한 크다.

위에서 언급한 멜트스루 현상을 비롯하여 배기(벤트) 작업, 수소폭발, 격납용기의 파손, 냉각수 유출 등으로 인해 다량의 방사성 물질이 대기, 토양, 지하수, 해수로 방출되었다. 역사상 유례를 찾아볼 수 없는 대규모의 원전사고가 발생한 것이다. 방사능 물질은 바람 방향에 따라 이동하여 도호쿠 및 간토 지방으로 날아갔다. 방사성 물질의 확산은 발전소를 중심으로 둥글게 확산되는 것이 아니라 기상 상황이나 지형에 의해 불규칙한 형태를 띠었다. 다량의 방사성 물질이 외부로 누출되었던 15일 오후에는 바람 방향이 북서로 바뀌었고 여기에 비까지 내렸다. 그 결과 후쿠시마 제1원전에서 북서로 약 50km 떨어진 지역에 방사능을 머금은 비가 내렸다. 15일 밤에 비가 내리면서 군마현(群馬県) 북부와 도치기현 북부 지역이, 21일 밤에는 남향 바람을 타고 이바라키현(茨城県) 남부와 지바현(千葉県) 북부 지역이 오염되었다. 대기 중으로 방출된 방사능의 양은 도쿄전력이 산출한 수치에 따르면 약 90경 베크렐(Bq)로 체르노빌 원전사고의 약 6분의 1에 해당하는 수치이다.[11]

2011년 4월 도쿄전력은 후쿠시마 원전사고가 국제원자력기구의 국제원자력사고평가척도(INES: International Nuclear Event Scale)[12]라는 기준에 따르면 가장 높은 레벨인 7(심각한 사고)에 해당한다고 발표했다. 7단계는 체르노빌 사고와 동일한 대형 사고에 해당하는데, 일본정부는 좀처럼 관련 사실을 발표하고 있지 않다가 국제적 비판여론에 시달리고 나서야 뒤늦게 7단계에 해당한다고 인정했다.

대지진 이후에도 화재를 비롯하여 지면의 액상화 현상, 지반 침하, 댐의 붕괴 등 각종 피해가 속출했다. 주변 지하수와 바다 오염에 대한 우려의 목소리도 높아졌다. 후쿠시마 주변 바다에서 산성이라 물에 녹기 어려운 스트론튬이 검출된 적이 있는데 이는 녹은 핵연료가 원자로 건물의 콘크리트와 화학반응을 일으키면서 알칼리성이 되었다는 것을 의미한다.[13] 결국, 원자로 건물을 뚫고 나온 핵연료가 지하수를 오염시키고 바다까지 흘러들었다는 결론이 된다. 게다가 도쿄전력은 탱크 속에 임시 보관 중이던 방사능 오염수를 바다로 방출하기로 결정했다. 원자로 건물 안에 고인 오염수를 폐기물처리 건물 안의 탱크로 옮기기 위해서 탱크를 비워야 했기 때문이지만 국제사회로부터의 비난을 피하기는 어려웠다. 당시 도쿄전력은 바다로 배출한 오염수의 방사능 농도가 낮다고 발표했지만, 다량의 오염수가 바다로 방출된 것은 기정사실이 되었다.

일본정부는 사고 직후 방사성 물질이 어디까지 퍼져나갔는지 파악이 힘들었기 때문에 발전소를 중심으로 하여 거리별로 피난 지역을 구분했다. 후쿠시마 제1원전에서 반경 20km 이내는 '경계구역', 20km 이상의 방사선량이 높은 지역은 계획적인 피난구역으로 지정했다. 그 결과

10만 명 이상의 피난 주민이 발생했다. 2012년 4월 이후 방사선량에 따라 피난지시해제준비구역, 거주제한구역, 귀환곤란구역으로 재편하고 귀환곤란구역은 원칙적으로 사람의 출입을 금지시켰다. 2020년에 이르러 피난지시해제준비구역, 거주제한구역은 해제되었으나 귀환곤란구역은 일부 지역을 제외하고 여전히 피난 지시가 내려져 있다. 현재 후쿠시마 원전 사건으로 인해 귀환이 어려운 지역의 면적은 337㎢에 이른다.

## 2. 일본의 원자력발전 도입의 역사

제2절에서는 일본의 원자력발전소 역사를 살펴보면서, 원자력폭탄 투하로 수 만 명의 피해자를 낳은 일본이 원자력발전소를 도입하게 된 배경과 그 과정에 대해 살펴본다.

1953년 1월 미국 대통령 아이젠하워(Dwight David Eisenhower)는 UN총회에서 '원자력의 평화적 이용'을 제안했다. 이는 핵에 대한 독점적 위치에서 원자력기술을 상품으로 수출한다는 국책의 전환을 의미했다. 하지만 평화적 이용이라는 외면적 구호와는 다르게 그 이면에는 미국의 숨은 의도가 있었다. 미국의 전후 구상은 제2차 세계대전 중에 계획된 원자폭탄 제조 계획인 맨해튼계획(Manhattan Project)의 연장선상에 있었다. 미국은 전후 냉전 시기를 맞아 핵무기의 독점적 소유를 유지하면서도 원자력발전 플랜트와 그 연료용 농축 우라늄을 외국에 팔아서 새롭게 형성된 미국 핵산업의 글로벌 시장을 개척하고자 했다. 미국 정부와 미국 금융자본의 목적은 바로 여기에 있었던 것이고 이를 배경으로 아이젠하워의 UN 연설이 이루어진 것이다.[14]

아이젠하워 대통령의 연설 이후 1955년 일본정부는 '원자력기본법'을 통과시켰다. 이 법은 원자력의 연구, 개발 및 이용에 관한 기본적 이념을 정한 것으로 원자력 이용에 관한 기본법이라고 할 수 있다. 1945년 8월 원자폭탄이 투하된 지 10년밖에 지나지 않은 지난 시점이었으나 당시 일본 사회가 원자력을 바라보는 관점은 무비판적이고 낙관적인 신뢰로 가득했다. 당시 과학자들은 과학기술에 대한 동경과 원자력의 평화적 이용에 대한 기대를 지니고 있었다. 1952년 잡지 연재가 시작된 데즈카 오사무(手塚治虫)의 인기 만화 '철완 아톰'에서 원자력을 동력으로 하는 주인공 이름이 '아톰'이란 것과 그 여동생이 우란(우라늄에서 온 말)이라는 것 역시 당시의 시대상을 보여준다.[15]

원자력 개발이 시작된 이후 전후 일본에는 57기의 원전이 건설되었다. 이바라키현 도카이무라(東海村)는 일본에서 첫 번째 원자력발전소가 건설된 지역으로 일본 원자력 개발의 역사가 시작된 지역이다. 이곳에 1957년 일본원자력연구소의 도카이연구소(東海研究所)가 설치되고 일본 최초의 원자로인 JRR-1이 임계에 이르는 실험이 이루어졌다. 이후 많은 원자력 관련 시설이 도카이무라에 건설되었다. 현재는 일본원자력연구개발기구, 일본원자력발전 도카이발전소, 도카이제2발전소 등 원자력 시설이 위치하고 있으며 인근의 나카시(那珂市)와 오아라이정(大洗町)에도 대규모 원자력 관련 시설이 존재한다.

일본의 원자력발전 역사를 그대로 보여주는 도카이무라는 원자력발전소가 건설되기 이전에는 한적한 시골 마을에 불과했다. 북쪽은 히타치제작소 등의 공장이 많은 히타치(日立)시이고 남쪽은 현청 소재지인 미토(水戸)시였는데 그 사이에 있는 도카이무라는 변변한 가게조차 찾아보기 힘든 낙후된 지역이었다. 주민 대부분이 1차산업에 종사하는 사람들이었으며 그 중 상당수가 양돈농가였다. 주민들의 대부분은 원자력에 대해 무지했으며 단순히 국가기관이 들어오면 일자리가 늘어날 것이라고 믿었다. 국가기관이 들어오면 지역 경제가 발전하고 인구가 늘어나 마을이 발전할 것이라고 기대했던 것이다.

당시는 미국의 비키니섬 수소폭탄 실험과 일본 선적 후쿠류마루(福龍丸)[16]의 피폭 사건이 알려지면서 '방사능 참치(放射能マグロ)'가 유행어로 회자되던 시기였지만 경제적 효과와 마을의 발전이란 논리가 앞서면서 원자력과 방사능 문제는 크게 다루어지지 않았다. 국가가 하는 일에 불안을 표시하는 사람도 적었으며 과학의 힘을 신뢰하는 사람이 대다수였다. 이러한 사회 분위기 속에서 미국에서 완전 수입품으로 구매한 원자력발전소가 도카이무라에 건설되었다. 방사능 위험이나 원자로의 안전성을 따지는 목소리는 거의 없었으며 일부 사람들의 문제 제기는 간과되었다.

1956년 6월 특수법인 일본원자력연구소가 도카이무라에서 발족했으며 일본 제1호 원자로가 건설되었다. 이는 9,000만 엔을 지불하고 미국에서 제조된 부품을 구매하여 일본에서 조립하여 만든 원자로였다. 원자로 JRR-1은 1957년 8월 첫 임계에 도달했다. 원자로 운전도 미국인 기사가 맡고 있어, 일본이 주장했던 원자력 3원칙 중 '자주(自主)'와는 거리가 먼 형태였지만 원자력발전소를 보유하게 된 것에 의미를 두는 분위기였다.

원자력발전소가 첫 성공을 거둔 후 일본 내에서는 일본 원자력발전에 대한 계획이 논의되었다. 일본 원자력의 아버지라 불리는 쇼리키 마쓰타로(正力松太郎)는 민간 자본으로 빠르게 원전 개발을 진행할 것을 주장했다. 이에 반해 경제기획청 장관 고노 이치로(河野一郎)는 투자 손실을 비롯하여 만약 실패했을 경우 국민 부담을 피하기 위해서는 민간 중심으로 해서는 안 된다고 주장하며 정부가 감독하고 인사권도 쥐는 특수회사 형태를 주장했다. 서로 간의 논의와 타협을 거쳐 탄생한 것이 1957년 11월 일본원자력발전주식회사였다. 민간 자본 80%와 정부 자본 20%로 구성된 '국책 민영사업' 형태의 회사 설립이었다.

이어 1962년 히타치제작소와 도시바 등이 제작한 국산 1호 실험로가 제작되었고 1966년 도카이원전에서 최초로 상업 운전을 개시했다. 국산 1호 도카이 원전은 영국의 탄산가스 냉각형 원자로를 도입했지만, 그 이후 일본에서 만들어진 발전소는 모두 미국이 개발한 경수로형을 채택했다. 미국의 원자로 수출전략이 통한 측면도 있지만, 경수로형은 건설 비용이 저렴하다는 장점이 있었다.

일본의 국산 1호 원자로 건설은 국제사회에서 상징하는 바가 크다. 원자력발전과 관련된 핵심기술 특히 무기 생산과 직결되는 재처리 등의 기술을 일본이 보유하게 되었기 때문이다.[17] 즉, 원자력발전 기술의 국산화는 일본이 잠재적으로 핵무장을 한 것을 의미하기도 했다.

한편, 1961년에는 원자력손해배상법이 제정되어 사업자에게 보험계약과 최고 50억엔 배상 의무가 주어졌다. 배상금 초과분은 국회가 정하는 범위에서 국가가 원조하는 형태로 정해졌다. 이를 통해 원자력발전소 건설이 민간사업이면서 국가가 실질적인 관리, 책임을 지는 이중성을 지니게 되었으며 책임 소재가 불분명한 형태로 일본의 원자력발전 사업은 계속 진행되었다. 이에 대해 대장성(大蔵省)은 민간사업의 배상을 왜 국가가 책임져야 하는지 의문을 제기하며 끝까지 반대했다. 그러나 사업주는 민간이지만 실질적인 안전관리 및 사고배상 책임은 국가가 지는 이상한 형태로 일본의 원자력발전소 건설은 이어졌다.

일본 원자력의 아버지 쇼리키가 도입한 모순적인 구조의 문제점은 후쿠시마 제1원전사고 이후 크게 부각되었다. 2011년 9월 일본정부는 원자력손해배상 지원기구를 만들고 원전사고를 일으킨 도쿄전력에 배상과 오염제거 자금을 5조엔까지 빌려주는 장치를 마련했다. 일본정부는 2012년 7월, 이 지원기구를 통해 1조 엔을 출자했다. 이는 돌이킬 수 없는 원전사고가 발생할 경우, 민간사업이지만 실질적인 배상 책임은 국가가 지게 되며 책임 소재가 불분명해지는 결과를 낳는다는 사실을 보여주는 사례가 되었다.

## 3. 방사능 피폭의 역사

일본은 제2차 세계대전 시기 원자폭탄 투하로 민간인에 대한 피폭을 경험한 나라였다. 1945년 8월 히로시마와 나가사키에 원자폭탄이 투하되어 많은 희생자를 낳았다. 게다가 냉전 시기 미국령 비키니섬에서 발생한 일본 선적 후쿠류마루의 피폭 역시 사회문제가 되었다. 이를 계기로 일본 내에서는 반핵운동이 전국적으로 일어났으며 3천만 명이 넘는 사람들이 서명에 참여했고 이듬해 히로시마에서는 핵실험 반대를 외치는 세계시민대회가 열리기도 했다.

이후 세계는 1970년대 오일 쇼크 등 어려운 경제 상황을 겪으면서 원자력발전소를 값싼 에너지를 제공하는 공장으로 인식했을 뿐 인류의 삶을 송두리째 바꿀 수 있는 괴물이라고는 인지하지 못했다. 이 와중에 일어난 1979년 미국의 스리마일섬 원전사고는 원자력발전의 위험성을 세계에 알리는 계기가 되었다. 이 사고는 미국 펜실베이니아주 서스쿼해나 강의 작은 섬인 스리마일섬 핵발전소에서 발생한 방사능 유출 사고이다. 섬 길이가 약 3마일(4.8km)이라 스리마일로 불리는 이 섬에는 핵발전소 2기가 설치되어 있었다. 게다가 인구 5만 명의 도시인 해리스버그로부터 불과 16km 떨어진 곳에 위치하고 있었다.

사고는 밸브의 오작동으로 냉각수가 유출되면서 시작되었다. 오인하여 통제실에서 노심의 비상 냉각시스템을 끄게 되면서 노심이 녹기 시작하였고 원자로 온도가 급상승했다. 이러한 발전소의 비상사태가 인근 주민에게 알려지자 주민들의 탈출이 시작되었다. 불과 며칠 안에 14만 명에 가까운 주민들이 지역을 떠났다. 사고 발생 후 3년이 지난 1982년 6월 로봇 카메라가 처음으로 원자로 안을 촬영했는데 노심의 50%가 녹은 사실이 확인되었다. 20톤가량의 우라늄이 녹아 압력용기 아랫부분으로 흘러내리는 멜트다운이 발생한 것이다.

당시 미국정부는 129개 신규 발전소를 건설할 계획이었지만 스리마일섬 사고를 경험하면서 이미 착공한 발전소를 제외한 나머지 계획은 모두 취소했다. 전력회사는 인근 주민들로부터 소송에 시달렸고 오염물질을 처리하고 사고를 수습하는데 막대한 자금을 지출해야 했다. 스리마일섬 사고 이후 미국은 30년 동안 원자력발전소를 한 곳도 건설하지 않았다.

1986년에는 체르노빌 원자력발전소 사고가 발생했다. 이 사고는 구소련연방(현재 우크라이나)에서 발생한 사고로 원자로 터빈 발전기의 관성력을 실험하는 과정에서 발생했다. 실험 과정에서 제어봉을 규칙보다 적게 남겨두었고 펌프와 원자로에 냉각수를 주입하는 과정에서 실수가 발생했다. 원자로의 출력을 줄였다가 다시 출력을 상승시키는 과정에서 원자로 폭발을 불러온 것이 사고 조사과정에서 밝혀졌다.[18] 통

**사진 10.2   원폭 투하 직후 히로시마 거리의 모습**

출처: 미군 촬영, 히로시마평화기념자료관 제공(HB405).

제를 벗어난 원자로는 폭발했고 이로 인해 2,000톤이나 되는 원자로의 덮개가 공중으로 날아갔다. 증기가 치솟았고 1,000톤에 가까운 방사성 물질이 원자로 밖으로 방출되었다. 구체적인 사고 경위를 모른 채 화재를 진압하기 위해 출동한 소방대원들은 방사능에 노출되었고 하나둘씩 의식을 잃고 병원으로 실려 갔다. 방사능에 노출된 대원들의 대다수는 며칠 혹은 몇 달 후 사망했다.

사고가 일어난 1986년은 고르바초프(Mikhail Gorbachev) 소련공산당 서기장이 취임한 지 1년이 되는 시점이었다. 원전사고를 대내외적으로 공개하는 것은 소련연방의 수치라 여겨졌고 이에 대한 언론 통제가 이루어졌다. 최악의 방사능 유출 사고였지만 제대로 된 사실이 인근 국가에 전달되지 않았다. 바로 인근 국가인 벨라루스(Belarus)에서는 대부분의 사람들이 아무것도 알지 못한 채 평소와 다름없이 일상생활을 했다. 대기권으로 방출된 방사능 오염 물질의 상당 부분이 벨라루스로 확산되었고 지역을 오염시켰다.

원자력발전소에 대한 이해 없이 화재 진압과 사태 수습에 동원된 헬기 조종사 및 노동자의 상당수가 피폭되어 사망했다. 발전소에서 3km 떨어진 프리피야트(Pripyat) 마을 주민들에 대한 대피 명령은 사고 다음 날이 되서야 시작되었다. 하지만 그들은 이미 장시간 방사능에 노출된 이후였다. 그들은 키예프(Kiev)로 이주하게 되었지만 이후 방사능 피폭으로 인한 각종 후유증에 시달려야만 했다.

국제사회의 비난과 압력이 계속되고 나서야 소련 당국은 체르노빌 사고를 국제사회에 공개했다. 사고 후 1,000km 떨어진 스칸디나비아반도의 여러 지역에서 높은 농도의 방사능이 검출되자 바람의 경로를 추적하게 되었고 소련에 해명을 요구하게 된 것이다. 4월 28일 소련이 관영 통신을 통해 원전사고를 인정했다. 하지만 공식적으로 사고의 심각성을 보도한 건 이보다 훨씬 이후의 일이었다. 체르노빌 원전사고가 세계 언론의 1면을 장식하기 시작했고 '종말'이란 단어도 심심치 않게 등장했다.

원전사고가 공개되고 나면서 본격적인 사고 수습이 시작되었다. 이를 위해 10만 명의 군인과 40만 명의 시민이 동원되었다. 8주의 시간이 지난 후 원자로 봉인 작업이 시작되었고 사고 발생 206일 후인 10월에 이르러서야 원자로는 콘크리트 구조물 석관 안에 봉인되었다. 이 작업에도 22만여 명이 동원되었으며 이 중 2만 명이 넘는 사람이 방사능 피폭으로 목숨을 잃었다.[19] 봉인 작업 중에도 폭발로 인해 사방에 흩어진 방사능 물질을 청소하는 작업이 계속되었다. 폭발로 인해 흩뿌려진 방사능 덩어리인 흑연 조각을 처리하는 작업에 젊은 군인들이 동원되었다. 짧은 1분간의 작업이었지만 이들 중 다수는 수년 내에 사망했다.

수많은 사람들의 희생을 통해 만들어진 석관은 단지 임시적인 조치에 불과했다. 석관을 씌울 당시 설계 수명은 30년이었고 다시 지어야 할 필요성이 생긴 것이다. 미국을 비롯한 28개국이 체르노빌의 영구 봉인을 위한 모금을 하였고 7억 6,800억 달러를 들여 강철 돔으로 덧씌워지는 것이 결정되었다.[20] 강철 돔의 수명은 100년이기 때문에 또다시 100년 후에 새롭게 뭔가를 씌워야 한다. 핵연료의 기본 속성을 생각한다면 10만 년 정도는 인류로부터 격리시켜야 하는데 매번 덧씌우는 작업이 필요하다는 것은 막대한 비용이 필요하다는 것을 의미한다.

체르노빌 사고로 방출된 핵분열 물질의 양은 히로시마와 나가사키에 떨어진 핵폭탄의 200배에 달했다. 발전소로부터 반경 30km 이내는 매우 심각하게 오염되었고 환경 피해는 심각한 수준이었다. 당시 사고 여파로 10만여 명의 사람들이 강제 이주를 당했다. 현재에도 우크라이나, 벨라루스, 러시아의 방사능 오염 지역에 거주하는 사람들은 500만 명에 이른다. 또한, 공식자료에 의하면 우크라이나, 벨라루스, 러시아 3개국에서만 약 840만 명이 방사능에 피폭되었다고 한다. 그리고 유럽에서 이탈리아 면적의 절반에 가까운 토지가 오염되었다. 국가별로는 벨라루스의 22%, 오스트리아의 13%가 고농도 방사능에 의해 오염되었으며, 우크라이나, 핀란드, 스웨덴의 5%가 넘는 지역이 고농도의 세슘 137에 오염되었다.[21]

체르노빌 사고 이후 1980년대부터 1990년대에 걸쳐 원전과 피폭 위험성에 대한 국제적인 논의가 시작되었다. 원자력발전소의 안전성 확보를 위한 기본적인 인식이 국제적으로 확립되었으며 각국에서는 중대사고 대책이 추진되었다. 일본에서도 스리마일섬 사고와 체르노빌 사고에 대해서 자체적으로 조사를 진행했고 원자력안전위원회에서 이에 대한 보고서를 작성했다. 이 보고서에 따르면 일본에서는 중대 사고가 발생할 가능성은 극히 낮으며, 관리도 사업자의 자율적인 노력으로 충분하다는 결론이었다.

하지만 이 보고서의 내용과는 달리 이후 일본에서 규모는 작으나 방사성 노출 사건이 있었다. 1999년 9월 이바라키현 도카이무라에서 JOC(주)가 운영하는 핵연료 가공 공장에서 임계사고가 발생한 것이다. 이 사고는 원자력 재해가 얼마나 심각한 피해를 초래할 수 있는지 다시금 일본인들에게 경각심을 불러일으키는 계기가 되었다. 핵분열은 연쇄반응이고 핵발전소에서는 연쇄반응을 제어한다. 임계사고는 이 연속적 핵분열을 제어하지 못했다는 것을 의미한다. 처리 중이던 한 용기에서 핵분열 연쇄반응이 일어나 중성자선, 감마선 등의 방사선이 다량 방출되었고 국제원자력 사고 등급에서 4단계로 기록되었다.

이 사고로 700명에 가까운 사람이 피폭되었으며 특히 현장에서 작업하던 세 사람이 대량으로 피폭되었다. 그 중 오우치 히사시(大內久) 씨와 시노하라 마사토(篠原理人) 씨는 고통 끝에 사망했다. 오우치 씨는 이바라키현의 가까운 병원인 미토병원으로 후송되었지만, 방사능 피폭 환자라는 이유로 입원을 거절당했다. 그가 지바시의 방사선의학종합연구원으로 이송되었을 때는 오른손 살갗이 조금 빨개진 상태였다. 처음에는 마치 여름 햇볕에 피부가 탄 것처럼 보였으나 한 달 후에는 온몸의 살이 타서 문드러진 것처럼 되었다. 햇볕에 피부가 타면 벗겨지고 새 피부가 생기지만 방사선으로 화상을 입으면 그렇지 않다. 세포가 재생되지 않기 때문이다. 화상을 입은 것은 피부뿐만이 아니었고 속살과 뼈 그리고 내장까지 거의 대부분의 장기가 손상을 입었다. 세포는 재생되지 않았고 하혈은 계속되었다. 많은 양의 수액과 혈액이 공급되고 엄청난 양의 진통제가 투여되었지만, 오우치 씨는 83일 후 고통 끝에 사망했다. 이는 외부 피폭으로 인한 급성 사망의 사례로 대량 피폭되면 고통 속에 사망하게 되는 것을 보여주었다.[22] 사람이 방사선을 맞으면 DNA를 포함해 다수의 분자결합이 끊어지게 되고 세포가 재생 불가능한 상태가 된다. 피폭량이 많아지면 화상, 구토, 탈모 등의 급성 장애가 나타나고 사망에 이르게 되는 것이다.

하지만 후쿠시마 원전사고 후 일본정부는 "지금 당장 건강에 영향을 미치는 양은 아니다"라는 설명을 반복했다. 하지만 이는 설득력이 떨어지는 설명이다. 10년 후 혹은 20년 후에 장애가 나타날 수 있다는 점은 제2차 세계대전 후 히로시마와 나가사키의 피폭자를 비롯해 여러 사례를 통해서 밝혀진 바 있기 때문이다.

## 4. 후쿠시마 원전사고 처리와 검증

### 1) 후쿠시마 원전사고 후처리

후쿠시마 원전사고는 이전의 체르노빌과 스리마일섬 사고와는 다른 양상을 보였다. 첫째, 이전의 사고가 한 기의 원자력발전소에서 일어났던 사고였다는 점에 비해 후쿠시마는 원자로 3기가 동시에 손상되었다는 점에서 원자력발전 역사상 중대 사고였다. 더욱이 3개가 넘는 원자로에서 동시다발적으로 멜트다운이 발생했다. 둘째, 복합적인 원인에 의해 원전사고가 발생했다는 점이다. 다른 사고와 비교하면 지진과 쓰나미가 거의 동시에 원자력발전에 손상을 입혔다는 점이 달랐다. 후쿠시마 사고는 여기에 인재(人災)가 더해지면서 역사상 초유의 사태를 낳은 것이다.

그렇다면 핵연료가 격납용기 바닥을 뚫은 상황에서 후쿠시마 원전은 어떻게 처리되어야 할까. 대부분 전문가는 체르노빌처럼 석관을 만들어 콘크리트로 전체를 덮는 방법밖에 없다고 조언한다. 체르노빌의 경우 60~80만 명이나 되는 군인과 노동자들이 사고 수습을 위해 동원되었다. 석관을 짓는데 반년이 소요되었으며 30년 이상이 지난 지금은 노후화가 진행 중이다. 후쿠시마 원전 역시 동일한 과정을 겪을 가능성이 크며 후쿠시마 원전사고 현장에서 일하는 사람들은 어느 정도의 방사능 피폭을 각오해야 한다. 아울러 설계 당시의 수명보다 빠르게 부식되고 있는 것이 문제가 되고 있다. 벨라루스의 발전을 막고 있는 요인 중 하나가 체르노빌 원전사고로 인한 방사능 오염이라고 평가될 정도이다. 후쿠시마현 역시 지역 경제의 침체를 겪을 가능성이 농후하다.

지하수와 바다로 흘러 들어간 오염수 문제도 현재 진행형이다. 2011년 4월 초 도쿄전력은 방사능 물질을 포함한 오염수를 바다로 방출했다. 여기에 오염수가 바다로 새는 상황도 발견되었다. 하지만 이런 오염수 방출은 역사상 처음은 아니었다. 이전에도 방사능 오염수 방출은 있었다. 1960~1970년대 영국 세라필드(Sellafield)의 핵연료 재처리공장에서 오염수를 계획적으로 바다로 흘려보낸 적이 있었다.[23] 아일랜드해 건너편에 있는 아일랜드는 재처리공장의 작업 중지를 영국정부에 요청했지만, 공장은 가동을 계속했다. 그 결과 아일랜드해는 방사능으로 오염된 바다가 되었고 물고기에서 세슘이 검출되면서 주변 어촌은 큰 타격을 입게 되었다. 후쿠시마 인근 해역에 방출된 오염수 문제가 장래에 어떤 문제를 가져올지 지켜봐야 할 것이다.

한편, 일본정부는 2011년 12월 후쿠시마 핵발전소의 폐로를 위한 중장기 로드맵을 발표했다. 이후로도 핵연료의 온도가 상승하지 않도록 냉각수를 계속 주입해야 하며 멜트다운된 핵연료를 수거하고 발전소를 해체하는 데 40년가량이 소요될 것으로 예측되었다. 아울러 사용을 마친 핵연료는 어딘가에 가두는 방법밖에 없다고 전문가들은 말한다. 핵연료는 3년~4년 정도 사용하지 못하지만, 사용 후 수십만 년이라는 기간 동안 인간과 멀리 떨어진 곳에 폐기 보관해야 하는데 여기에도 비용이 들게 된다.

아울러 후쿠시마 원전사고 이후 방사능으로 오염된 지역에서는 다양한 사회문제가 발생하고 있다. 후쿠시마 원전사고로 문제가 되는 것은 외부 피폭만이 아니기 때문이다. 공기와 먹고 마시는 음식물로 피폭되는 내부 피폭 문제가 있다. 후쿠시마 사고 초기 지자체를 통해 요오드제가 배포된 적이 있었다. 이 약은 내부 피폭에 앞서 복용하면 방사성 요소가 체내에 들어와도 갑상선에 축적되는 것을 방지할 수 있다는 차원에서 배부된 것이었다. 갑상선 장애를 방지하기 위한 노력이었지만 이후 아이들의 내부 피폭 문제가 불거졌다. 2011년 3월 일본 원자력안전위원회는 후쿠시마현 이와키시, 가와마타마치, 이이다테무라에 사는 아이들 1,000명을 대상으로 방사선 피폭 조사를 한 결과 아이들의 45%가 갑상선에 피폭당한 것이 밝혀졌다.[24]

체르노빌 사고의 경우를 보더라도 내부 피폭의 후유증은 40년이 지난 현재에도 이어지고 있다. 아이들이 방사능에 오염된 우유를 마시면서 갑상선암이 폭발적으로 증가했고 그다음 세대에도 영향을 미치고 있는 것이다. 일본 후쿠시마 원전사고 역시 방사능 내부 피폭의 후유증이 다음 세대에 나타날 가능성이 크다.

내부 피폭을 당한 것이 통계적으로 밝혀지면서 일본 사회 내에서 후쿠시마 출신자들에 대한 차별이 사회문제가 되고 있다. 원전사고를 피해 다른 지역으로 이사 간 아이들은 학교에서 따돌림의 대상이 되기도 한다. 후쿠시마 거주자나 원전 처리 요원으로 일했다는 이유로 사회적 기피 대상이 되기도 한다.

후쿠시마 원전사고로 인한 사회문제는 여기에서 그치지 않았다. 하나의 예로, 후쿠시마현 이다테무라(飯舘村)에서 낙농업을 하던 농부가 헛간에서 스스로 목을 매고 자살하는 사건이 발생했다. 그가 살던 이다테무라는 친환경 낙농업으로 유명한 곳이었는데 사고 후 방사능 우유라는 오명을 얻게 되었다. 우유를 짜서 버리기를 반복하던 그는 키우던 소 30마리를 처분하고 헛간 벽에 유서를 남기고 스스로 목숨을 끊었다. 그가 벽에 쓴 유언은 '핵발전소만 없었더라면' 이었다. 후쿠시마 원전사고는 사회·경제적으로 지역 주민들에게 큰 상처를 남기고 있다.

## 2) 후쿠시마 원전사고 검증

후쿠시마 원전사고 이후 일본 각계에서 원인을 규명하려는 움직임이 있었다. 국회 내에서 사고조사위원회가 설치되었으며 정부사고조사검증위원회가 만들어졌으며, 사업 주체인 도쿄전력를 비롯해 민간기관 등에 의해서 사고 검증이 이루어졌다. 조사 주체에 따라 사실 인식에는 다소 차이를 보였으나 후쿠시마 원전사고가 직접적으로는 자연재해에 의한 것이지만 심각한 재해로 피해가 확대된 데에는 구조적인 인재가 존재했다는 것이 공통된 시각이었다. 후쿠시마 제1원전의 5, 6호기, 후쿠시마 제2원전, 미야기현에 있는 도호쿠 전력 오나가와 원전은 후쿠시마 제1원전과 거의 같은 규모의 지진과 쓰나미의 피해를 입었으나 가동 중이었던 원자로는 안전하게 제어되어 냉온정지되었기 때문이다. 이 사실은 운이 나빠서 후쿠시마 제1원전의 사고가 발생했다기보다 여러 측면에서 미흡했던 사고 대처가 거듭되면서 더 큰 사고로 이어졌을 가능성을 시사한다.[25]

후쿠시마 원전사고의 주요 원인이라고 생각되는 10m가 넘는 쓰나미의 발생도 미리 예측가능했다는 의견이 있다. 당시 도쿄전력 사장이었던 시미즈 마사타카(清水正孝)는 후쿠시마 제1원전을 덮칠 수 있는 쓰나미 높이를 최대 5.7m로 예측했으며 10m를 넘는 쓰나미 발생은 완전히 예상 밖이었고 주장했다. 하지만 이후에 산업기술종합연구소가 10m 이상의 쓰나미 발생을 예측했으며 이에 대한 대책의 필요성이 지적되었음이 밝혀졌다. 도쿄전력 전문가팀 역시 2006년 국제회의에서 향후 50년 이내에 10m의 쓰나미가 발생할 가능성이 약 1% 존재한다는 취지의 발표를 했다는 것이 밝혀졌다. 이를 통해 도쿄전력과 일본의 연구기관들이 10m가 넘는 쓰나미의 발생을 이미 예측하고 있었으며 전혀 예상 밖의 쓰나미가 아니었다는 점이 확인되었다.[26]

한편, 원전사고에 대한 보고서 중 정부사고조사위가 정리한 보고서의 요점을 정리하면 다음과 같다. 이 보고서에서는 ①중대 사고에 대한 도쿄전력의 대책이 미비했던 점, ②쓰나미 위험성을 과소평가하여 대책이 미비했던 점, ③원자력 재해가 복합적으로 일어날 것을 예상하지 못하고 대비가 부족했던 점, ④다량의 방사성 물질이 날아갈 것을 예측한 방재대책이 부족했던 점, ⑤사고 후 도쿄전력의 현장대처가 서툴렀다는 점, ⑥피해 확산에 대한 정부와 지자체의 대책이 미비했다는 점, ⑦위기관리 대처 미비 등을 지적하고 있다.[27] 후쿠시마 제1원전의 사고 원인은 직접적으로는 지진 및 쓰나미라는 자연재해에 의한 것이나 사고가 아주 심각하고 대규모였던 배경에는 사전의 사고방지대책, 방재대책, 현장의 대처, 발전소 밖의 피해확대방지책이 복합적으로 존재했다고 볼 수 있다. 원전의 안전성을 점검하고 규제해야 할 원자력안전·보안원[28]

과 원자력안전위원회[29]라는 기관도 제대로 된 역할을 하지 못했다.

일본과 같이 지진이 많이 발생하는 나라에서 지진과 쓰나미와 같은 자연재해는 특별히 주의를 기울여야 한다. 그러나 도쿄전력은 예측을 뛰어넘는 자연재해가 발생할 경우를 대비해 원자로 손상을 방지하는 대책을 세워야 한다는 원자력안전의 원칙을 제대로 검토하지 않았다. 도쿄전력의 방침은 일정 규모의 지진이나 쓰나미 등의 자연재해를 예상하고, 원자력안전위원회가 수립한 안전설계 지침과 내진설계 지침에 입각해 원자로 시설을 설계한 것만으로 충분하다고 보았다. 안전성이 확보되었다는 착각이 피해의 불확실성에 대한 배제로 이어지게 되었고, 여기에는 발전소의 가동률을 중시하는 경영 방침이 영향을 미치기도 했다. 여기에는 회사에서 만든 매뉴얼대로 하면 문제없다는 일본적 사고방식이 여실히 나타나 있다.[30]

아울러 주민들에 대한 피난 지시, 피폭에 대한 대응, 정보 제공 등에도 많은 문제점이 있었다. 긴급상황 시 신속한 방사능 영향예측 시스템인 SPEEDI(System for Prediction of Environmental Emergency Dose Information)가 방사능 물질의 확산을 예측한 자료가 존재했지만 공유되지 못했다. 관련 정보가 공개된 것은 4월 26일이 되어서였다.[31] 게다가 일본정부의 잘못된 정보 제공은 오히려 국민들 사이에 혼란과 불신을 야기했다. 예를 들어 내각 관방장관은 방사선이 인체에 미치는 영향에 관해 답변하는 과정에서 "즉각적으로 인체에 영향을 주지는 않는다"라고 빈번하게 언급한 바 있었다. 이 표현을 반대로 얘기하면 현재는 영향이 없지만, 장래에는 영향이 있을지도 모른다는 해석의 여지를 남기는 것으로 정부의 핵심 관료로서 적절하지 않은 표현이었다. 또한, 긴급하게 이루어져야 할 정보 전달과 공표가 늦어지거나 충분한 설명이 이루어지지 않으면서 일본 국민들의 자율적 판단을 방해한 점도 있었다. 정보 독점과 비공개는 정부와 도쿄전력이 무언가 숨기고

있는 것이 아닌가 하는 의혹과 불신으로 이어졌다.[32]

또한, 사고 발생 후 도쿄전력의 현장대처, 일본정부의 재해 대응의 미비점을 지적하는 목소리도 컸다. 민간 사고위원회의 보고서는 간 나오토 수상을 포함한 수상관저가 주도했던 사고 대응이 혼란을 조장하고 사태를 악화시켰다는 점과 도쿄전력의 책임감 결여 및 조직적 태만을 강하게 비난했다. 사고 당사자인 도쿄전력 사고위는 수상 관저의 개입이 혼란을 가중시킨 점을 부각시키며 사고의 책임을 전가하는 내용의 보고서를 작성하기도 했다. 후쿠시마 원전사고에 대해 일본 국민들이 느끼는 가장 큰 불만은 사고에 대한 당사자인 도쿄전력과 일본정부가 제대로 된 설명을 하지 않을뿐더러 책임도 회피하고 있다는 점이다. 더욱이 정보공개가 충분하게 이루어지지 않았을 뿐만 아니라 도쿄전력과 일본정부에 의해 정보 은폐와 조작이 이루어진 점 또한 드러났다.

이 외에도 보다 큰 틀에서 정계, 행정, 재계, 대학, 매스컴이 만들어낸 폐쇄적이며 비합리적인 일본사회의 병리가 원전사고를 발생시켰다는 지적이 있다.[33] 공유되어야 할 정보가 은폐되고 원전에 대한 안전 신화가 형성되면서 결과적으로 안전 대책을 경시하는 구조가 만들어졌다는 의견이다. 이는 어느 특정 공공정책 분야에서 정치가, 관료, 업계 관계자로 구성된 한 집단이 고도의 자율성을 통하여 국가정책의 결정권을 사실상 독점하면서 발생하는 것으로 일본 특유의 구조적인 문제로 지적되기도 한다.[34] 소위 '원전마피아'라고 불리는 독점적 구조 속에서 안전성을 점검하고 규제해야 할 원자력안전·보안원과 원자력안전위원회가 제대로 역할을 하지 못한 것이다. 규제기관의 독립성이 확보되지 않았고 유효하게 기능하지 못했던 것이 후쿠시마 원전사고를 낳은 배경이 되었다는 것이 다수의 의견이다.

## 5. 일본의 탈원전 논의와 한국

후쿠시마 원전사고는 일본 국민에게 큰 충격을 안겨 주었고 이후 일본 각지에서는 탈원전 집회가 열렸다. 2011년 당시 후쿠시마현지사였던 사토 유헤이(佐藤雄平)는 현 내에 있는 원전 10기의 폐로를 주장했고 유명인으로는 스튜디오지브리의 미야자키 하야오(宮崎駿) 감독이 탈원전을 적극 주장한 것으로 알려져 있다. 이러한 흐름 속에 탈원전 논의가 활발해졌고, 보다 근본적인 차원에서 재생가능한 자연에너지 비율을 높이는 구조를 만들기 위한 검토가 이루어졌다. 그 결과 주부(中部) 하마오카(浜岡) 원전이 정지되었고 사가현(佐賀県)에 위치한 겐카이(玄海) 원전 재가동에 대한 문제가 사회적 이슈가 되기도 했다.

원전사고 당시 내각 수상이었던 간 나오토는 후쿠시마 제1원전 1호기부터 6호기까지 폐로해야 하며 에너지정책을 기본부터 다시 검토해야 한다고 언급한 적이 있었다. 국가가 붕괴할 정도의 위험에 처할 수 있는 원전사고의 규모를 생각한다면 '안전한 원전'에 의존하지 않아도 되는 사회를 만들어야 한다는 것이 그의 주장이었다.[35] 이러한 취지에서 2011년 7월 간 수상은 기자회견에서 탈원전에 대한 의견을 공식적으로 표명했다. 원자력에 의존하지 않는 사회를 지향하고 계획적, 단계적으로 원자력 의존도를 낮추어 미래에는 원전이 없어도 되는 사회를 실현한다는 내용이었다.

이후 각료 회의인 '에너지환경회의'에서 '원전 의존도를 저감시키는 것'이 결정되었다. 그 결과 같은 해 8월 '재생가능에너지특별조치법'이 일본 국회를 통과했다. 이러한 흐름은 차기 정부인 노다 요시히코(野田佳彦) 내각으로 이어졌고 2012년 9월 "2030년대에 원전 가동 제로가 가능하도록 모든 정책 자원을 투입한다"는 기본정책이 수립되었다. 이후 최근의 동향을 살펴보면 2017년 중의원총선거에서 '원전제로기본법'을 선거 공약으로 내걸었던 입헌민주당을 중심으로 탈원전 논의가 현재 진행 중이다.

하지만 일본에서 탈원전에 찬성하는 의견이 대다수를 차지한다고 단언하기는 어렵다. 도카이 제2원전의 재가동에 대한 이바라키현 주민들에 대한 여론조사 결과를 살펴보면 반을 넘는 유권자가 재가동에 반대하는 의견을 냈지만, 세부적으로는 직업이 학생들인 경우 반대와 찬성이 엇비슷하게 나왔다. 직업상 발전소와 관련된 직업을 가진 사람들의 경우 탈원전에 반대하는 의견을 내기도 했다. 하나의 예로, '전국발전관련산업노동조합총연합'은 원자력발전소 가동은 국민들이 뽑은 의회에서 결정된 사항으로 국민들이 탈원전을 희망했다면 이를 정책으로 추진하는 사민당과 공산당이 의석을 더 많이 차지했을 것이라며 반론을 제기하기도 했다.

이러한 후쿠시마 원전사고와 탈원전 논의를 지켜보면서 한국에서도 원자력발전을 둘러싼 찬반 논쟁이 전개되었다. 후쿠시마 원전사고가 있은 지 한 달 후인 2011년 4월 12일 부산 기장군에 위치한 고리 원자력 1호기가 사고로 원자로 가동을 중단한 사실이 알려졌다. 사고는 전기계통의 고장이었고 차단기에 불량 부품이 사용된 것이 나중에 밝혀졌으나 원전의 안전성에 대한 국민들의 불안은 커지게 되었다.

고리 1호기는 우리나라 최초의 원자력발전소이다. 1972년에 착공하여 1978년 상업운전을 시작한 원전으로 박정희 정권의 공적 중 하나였다. 원전 고리1호기는 30년 수명으로 설계되었지만 30년을 맞은 2007년에 10년 연장 가동이 결정되었고 이어서 다시 연장이 결정된 바 있었다. 재연장 결정을 둘러싸고 노후 원전의 재연장 문제가 쟁점이 되기도 했다. 고리1호기 원전의 가동중지와 해체가 결정된 이후에도 계속 불어나는 해체 비용이 문제가 되고 있다. 고리1호기 해체 비용은 2012년에 6,033억 원으로 최초 책정되었지만 이후 매년 증가했고 2020년에는 다시 8,500억 원으로 책정되었다.[36] 이러한 점을 제시하면서 원자력발전이 경제적인 에너지라는 사실에 의문을 제기하는 목소리가 꾸준히 있어 왔다. 아울러 후쿠시마 원전과 같은 사고가 발생할 경우 반경 250km에 이르는 지역에 돌이킬 수 없는 피해를 입게 되는데 막대한 복구 비용이 필요한 원자력발전이 에너지정책의 해답이 될 수 있는가라는 의견 또한 꾸준히 제기되고 있다. 이러한 점들을 고려하면 한국정부 및 원전 관련 단체가 주장하는 대로 원자력발전이 안전하고 경제적이라는 주장은 설득력을 잃고 있다. 게다가 사용 후 폐기되는 핵연료가 현재까지 약 만 천 톤이 쌓여 있는 상황이며 매년 700톤씩 증가하고 있는 문제 또한 간과할 수 없다.

이러한 상황에서도 한국정부의 원자력발전소 건설 계획은 이어졌다. 수출 기술이라는 미명하에 원자력발전에 대한 연구 및 투자가 이루어지기도 했다. 고리원전 이후 원전 건설의 대부분은 현대건설이 도맡아 시공했는데, 이명박정부 당시 현대건설은 해외 사업 확장에 나서 아랍에미리트의 발전소 건설을 수주하기도 했다. 후쿠시마 원전사고가 발생한 2011년에도 한국정부는 신규 핵발전소 부지의 선정을 발표했고 건설지로 선정된 경상북도 영덕과 강원도 삼척에서는 반핵과 찬핵으로 지역주민들의 의견이 엇갈리는 양상을 보이기도 했다.

하지만 문재인정부로 바뀌면서 원자력발전에 대한 정부의 방침은 탈원전으로 가닥을 잡은 것처럼 보였다. 원자력발전의 건설을 중단하고 사용 중인 원전의 조기 폐쇄를 진행하는 상황이지만 이후 선거 결과에 따라 원전정책이 수정될 가능성 또한 충분히 있다. 탈원전 방침에 대항하여 이에 대한 재검토를 주장하는 의견이 존재하며 양측 주장이 대립하고 있는 상황이다. 옆 나라 일본의 후쿠시마 원전사고를 지켜보면서 한국정부가 탈원전정책을 고수할지 현실에 맞춰 궤도 수정을 할지 기로에 놓여 있는 것이다.

## 주

1) 원자력발전은 최종적으로 열을 방출하는 곳(히트싱크)을 필요로 하기 때문에 해안가에 설치된다. 태평양 연안의 경우 후쿠시마 제1·2원전 외에도 히가시도오리, 오나가와, 도카이 제2원전 등 가동 중인 원자력발전소가 5개 있었다(2011년 3월 당시). 쓰나미는 이들 발전소가 위치한 해안가에도 도달하였으나 부지가 높은 곳에 건설되어 있어 중대한 피해는 발생하지 않았다. 하타무라 요타로·아베 세이지 지음, 김해창·노익환·류시현 역, 2015, 『안전 신화의 붕괴』(서울: 미세움), p.31.
2) 경찰청 자료는 https://www.npa.go.jp/news/other/earthquake2011/pdf/higaijokyo.pdf.
3) 이 보고서에 따르면 아직 얼굴 부위가 발견되지 않은 시체가 171건에 이른다고 한다.
4) 후쿠시마 원전은 설계 당시 3.1m 정도의 파도 높이가 예상되어 1~4호기는 4m 높이에 비상용 해수 펌프 등의 시설이 설치되었고 10m 높이에 원자로 건물과 터빈 건물 등이 건설되었다. 1960년의 칠레 지진 당시 쓰나미 높이를 고려한 것이었다. 그 후 재검토를 거쳐 쓰나미 최대 높이가 5.7m로 수정되었고 둑 증축공사가 진행되었지만, 동일본대지진 당시 10m를 넘는 쓰나미가 발생했다. 원자력발전소의 안전을 감시하는 일본 원자력안전위원회 내에 쓰나미 전문가는 없었다. 하타무라 요타로·아베 세이지, 2015, pp. 116~117.
5) 이와는 달리 한국의 원자력발전소는 가압형 원자로 방식을 채용하고 있다. 하타무라 요타로·아베 세이지, 2015, p. 50.
6) 고이데 히로아키 지음, 고노 다이스케 역, 2012, 『후쿠시마 사고 Q&A: 핵발전과 방사능』(서울: 무명인), p. 12.
7) 도쿄전력 후쿠시마 제1원전 1호기는 1967년에 건설되기 시작해 1971년에 영업 운전을 시작했다. 마지막으로 건설된 6호기는 1979년에 영업 운전을 시작했다.
8) 일부에서는 해수를 주입하면 원자로를 더 이상 쓸 수 없기 때문에 도쿄전력이 이를 주저하느라 주입이 늦어진 것이 아닌가 하는 지적이 있다. 도쿄전력 대책본부가 해수 주입을 주저하긴 했지만, 이는 원자로 폐쇄가 아니라 원자로를 다시 정상 상태로 되돌릴 수 있을지 걱정했던 간 나오토 총리의 의향을 지나치게 의식한 결과였다는 평가도 있다. 하타무라 요타로·아베 세이지, 2015, p. 138.
9) 도쿄전력이 1호기 멜트다운을 공식적으로 인정한 것은 2011년 5월 12일이었다. 이어서 2호기와 3호기의 멜트다운은 이보다 더 늦은 5월 23일에 이르러서야 인정했다. 멜트다운 인정이 늦은 것과 관련하여 정치적으로 인정하지 않으려는 의도가 강하게 작용했을 가능성이 제기되어 왔다. 원자력안전·보안원 및 경제산업성이라는 관료조직 내부의 정치적 의사 혹은 수상관저 등 정치가의 의향이 반영된 결과라는 것이다.
10) 고이데 히로아키, 2012, p. 16.
11) 이에 대해서는 여러 주장과 설이 있다. 후쿠시마 원전사고는 체르노빌 사고와 자주 비교되지만, 체르노빌이 수습 완료된 사고인 것에 비해 후쿠시마는 현재 진행형이므로 피해 규모를 섣급하게 비교하기는 어렵다.
12) 국제원자력기구(IAEA)와 경제협력개발기구(OECD) 원자력기구가 핵발전소 등

에서 발생한 사고나 고장 등의 영향 정도를 간명하고 객관적으로 판단하고자 책정한 국제원자력사고평가척도이다.
13) 고이데 히로아키, 2012, pp. 20-21.
14) 야마모토 요시타카 지음, 임경택 역, 2011, 『후쿠시마: 일본 핵발전의 진실』(서울: 동아시아), p. 15.
15) 야마모토 요시타카, 2011, p. 27.
16) 후쿠류마루는 일본의 참치잡이 선적으로 1954년 3월 마셜 제도 비키니 환초에서 미국정부가 시행한 수소 폭판 실험에 노출되었다. 선원 20여 명이 방사능에 피폭되었는데 이 사건은 일본 내에서 반핵운동을 불러일으켰다.
17) 야마모토 요시타카, 2011, pp. 24-28.
18) 강은주, 2012, 『체르노빌 후쿠시마 한국』(서울: 아카이브), pp. 21-23.
19) 강은주, 2012, pp. 34-35.
20) 강은주, 2012, pp. 36-37.
21) 강은주, 2012, p. 53.
22) 고이데 히로아키, 2012, pp. 56-57.
23) 고이데 히로아키, 2012, pp. 72-73.
24) 고이데 히로아키, 2012, pp. 80-81.
25) 마쓰오카 슌지, 김영근 역, 『일본 원자력 정책의 실패』(서울: 고려대학교출판부, 2013), pp. 41-42.
26) 마쓰오카 슌지, 2013, pp. 63-64.
27) 하타무라 요타로·아베 세이지, 2015, pp. 45-46.
28) 원자력안전·보안원은 2001년 원자력 및 에너지에 관한 안전 및 산업보안을 확보하기 위해 설립된 기관으로 경제산업성의 외부 기관인 자원에너지청의 특별 기관이다. 에너지 시설의 보안 검사를 위한 기관으로 사고 처리 기관으로는 충분한 체제를 갖추고 있지 않았다. 후쿠시마 원전사고 당시 원장은 도쿄대학 경제학부 출신의 데라사카 노부아키(寺坂信昭)였다. 현 상황에 대한 원장의 설명을 듣고 간 수상이 전문가를 데리고 오라고 했다는 일화가 알려져 있다. 2012년 9월 원자력안전위원회와 함께 원자력규제위원회로 바뀌었다.
29) 원자력안전위원회는 1978년 원자력 개발에 대한 안전을 확보하기 위해 설립된 일본의 행정기관이다. 후쿠시마 원전사고 이후 2012년 9월 원자력규제위원회로 바뀌었다.
30) 하타무라 요타로·아베 세이지, 2015, pp. 134-135.
31) 마쓰오카 슌지, 2013, pp. 59-63.
32) 하타무라 요타로·아베 세이지, 2015, pp. 125-126.
33) 도쿄대 근현대사 연구가인 가토 요코 교수는 일본의 원자력발전과 관련된 행정, 정치, 기업, 지역사회 그리고 매스컴의 행동 패턴이 제2차 세계대전과 일치한다고 평했다. 일본의 많은 조직이 안고 있는 병리 중의 하나로 톱매니지먼트의 기능상실, 현실을 직시하지 않는 실패의 구조 등을 들고 있다. 마쓰오카 슌지, 2013, pp. 14, 21-23.
34) 마쓰오카 슌지(2013), p.32.
35) 간 나오토 지음, 김영춘·고종환 역, 2018, 『나는 왜 탈원전을 결심했나-후쿠시마 원전사고에서 수습까지 총리의 기록』(서울: 에코리브르).

36) 『매일경제』, 2020년 9월 4일 자.

# 참고문헌

## 1. 한글문헌

가무라 가즈오 외 지음. 김선희 역. 2013. 『동일본대지진과 환경오염』. 서울: 고려대학교출판부.
간 나오토 지음. 김영춘·고종환 역. 2018. 『나는 왜 탈원전을 결심했나-후쿠시마 원전사고에서 수습까지 총리의 기록』. 서울: 에코리브르.
간사이대학 사회안전학부 지음. 고려대학교 일본연구센터 역. 2012. 『검증 3.11 동일본대지진』. 서울: 문.
강은주. 2012. 『체르노빌 후쿠시마 한국』. 서울: 아카이브, 2012.
고이데 히로아키 지음. 고노 다이스케 역. 2012. 『후쿠시마 사고 Q&A: 핵발전과 방사능』. 서울: 무명인.
다케하라 아키코 지음. 황명섭 역. 2017. 『원전은 지속 가능한가』. 서울: 상상채널.
마쓰오카 슌지 지음. 김영근 역. 2013. 『일본 원자력 정책의 실패』. 서울: 고려대학교출판부.
사사키 다카시 지음. 형진의 역. 2013. 『원전의 재앙 속에서 살다』. 서울: 돌베개.
신문아카하타사회부 지음. 홍상현 역. 『후쿠시마에 산다: 원전 제로를 향하는 사람들』. 서울: 나름북스.
신문아카하타사회부. 2014. 『일본 원전 대해부: 누가 원전을 재가동하려 하는가』. 서울: 당대.
아시히신문취재반 지음. 김단비 역. 2019. 『그럼에도 일본인은 원전을 선택했다』. 서울: 호밀밭.
야마모토 요시타카 지음. 임경택 역. 2011. 『후쿠시마, 일본 핵발전의 진실』. 서울: 동아시아.
양재영 외. 2017. 『원자력논쟁: 원자력 전문가가 직접 알려준 찬반의 근거』. 서울: 한울아카데미.
이이다 데쓰나리·가마나카 히토미 지음. 송제훈 역. 2012. 『안젠데스까 안전합니까』. 서울: 서해문집.
하세가와 고이치 지음. 김성란 역. 2016. 『탈원자력 사회로』. 서울, 일조각.
하타무라 요타로·아베 세이지 지음. 김해창·노익환·류시현 역. 2015. 『안전 신화의 붕괴』. 서울: 미세움.
혼마 류 지음. 박제이 역. 2017. 『원전 프로파간다: 안전신화의 불편한 진실』. 서울: 에이케이커뮤니케이션즈.
후나바시 요이치 지음. 이동주 역. 2014. 『후쿠시마 원전 대재앙의 진상』. 서울: 기파랑.

히로세 다카시 지음. 김원식 역. 2011. 『원전을 멈춰라: 체르노빌이 예언한 후쿠시마』. 서울: 이음.

## 2. 언론사 자료

『매일경제』. 2020년 9월 4일.

# 세계화와 중남미 메가시티

정상희(계명대 국제지역학부 스페인어중남미학전공)

이 장에서는 중남미 도시의 기원, 산업화 과정과 세계화를 거치면서 나타나고 있는 도시의 성장과 발전과정을 고찰하고자 한다. 또한, 중남미의 대표적인 국가로서 멕시코를 중심으로 산업화 모델의 변화에 따라 멕시코 도시가 어떻게 발전했는가에 대해 언급하고자 한다. 특히, 거대도시(Mega City)[1]의 대표적인 사례로서 멕시코시티(La Ciudad de México)의 발전과정을 살펴보고 거대도시에서 발생되고 있는 도시문제와 이를 해결하기 위한 멕시코시티 정부의 정책방안에 대해 다루고자 한다.

중남미 도시의 기원은 유럽의 식민시대라는 역사적인 배경 및 정치, 경제, 사회적인 발전과정과 관련성이 있다. 1930년대 중남미 산업화 과정이 가속화되었으며 이에 따라 산업구조에서 변화가 발생하면서 대규모 농촌인구는 단기간 동안 도시로 이주하였다. 이러한 상황에서 빠른 속도로 도시화가 진행되었고 중남미에는 거대도시(Mega city)가 나타나게 되었다. 무계획적으로 팽창하는 도시 내에서 일자리와 기초사회 서비스에 대한 접근성이 부족해졌으며 치안부재, 환경오염과 같은 다양한 문제가 도시 내에서 발생하게 되었다. 1970년대 오일쇼크로 인한 세계적인 경제위기로부터 1980년대 기존에 추진해 왔던 수입대체산업화 정책은 한계상황에 이르게 되었고 전반적인 경제위기 상황에서 도시문제는 심화되었다.

세계화는 중남미 도시의 경제, 사회 구조에 영향을 미쳤으며 특히, 중남미의 경제모델은 수입대체산업화 정책에서 신자유주의 정책으로 선회하였다. 이러한 상황에서 국가의 기능은 약화되고 역할이 변화하였다. 이처럼 중남미 도시는 글로벌적인 성격을 지녔으나 1억 명 이상이 슬럼지구에 거주하며 빈곤과 부의 불균형이 나타나는 이중적인 특성이 심화되고 있다. 따라서 이러한 격차를 완화하기 위해 취약계층을 노동시장에 재편입하고 이들을 위한 사회보호 정책을 강화할 필요성이 대두되어 왔다.

중남미 도시화는 이미 공고화되고 있으며 도시민 삶의 질 개선을 위해 정책적 차원의 다양한 방안이 논의되고 있다. 따라서 자원자연을 효율적으로 사용하고 새로운 기술의 활용을 통해 생산성을 증대하며 일다운 일자리를 창출할 필요성이 논의되었다. 특히, 취약계층을 위한 안전한 대중교통 인프라를 구축하고 기초서비스와 주거권에 대한 접근성을 강화하기 위한 노력이 진행되고 있다.

최근 중남미 지역차원에서 기대수명이 증가하고 출생률이 감소하면서 인구의 고령화 추세가 나타나고 있는데 이러한 상황에서 노년층을 위한 새로운 인프라의 구축, 돌봄의 공공서비스, 건강보험, 주거지 문제 등과 관련된 사회정책을 강화할 필요성이 대두되고 있다.

또한, 도시의 성장과 더불어 도시구조에서 변화가 나타나면서 인프라와 운송 네트워크가 확장되고 자동차 사용이 급증하는 등 교통수단에서 변화가 나타나고 있다. 공간의 측면에서 '이중성'과 빈부격차로 인한 계층의 분리현상으로 인해 도시 시민의 안전문제가 대두되고 있다. 환경과 관련하여 기후변화로 인한 취약성과 이로 인해 불평등이 증가하고 있는데, 이러한 취약성은 중미와 카리브 지역을 중심으로 두드러져 나타나고 있다.

이러한 다양한 영역에서의 변화에 따라 중남미 도시문제를 극복하기 위한 정책방안은 무엇인가를 알아보고자 한다.

## 1. 중남미 도시의 기원 및 발전과정

20세기 도시화는 가속화되었으며 세계은행의 통계에 의하면, 2019년 세계인구의 56%는 도시에 거주하고 있다.[2] 중남미와 카리브 지역의 도시화 비율은 81%이며 북미(82%), OECD회원국(81%), 유럽연합(75%)과 비슷한 수준을 보이고 있다.[3] 세부 지역별 도시화 비율은 2014년 남미 83%, 중미 74%, 카리브는 70%이며 카리브 지역의 도시화는 지역 내 관광산업의 발전과 관련되어 있다.[4]

중남미 도시화는 산업화 과정에서 농촌에서 도시로의 인구이동뿐 아니라 기대수명의 증가와 소득수준의 상승으로 인해 발생하였다. 1950년에서 2010년 동안 대부분 농촌지역이었던 중남미 국가들의 도시화 비율은 확대되었고 아르헨티나, 우루과이, 쿠바 등을 중심으로 도시화가 이루어졌다면 오늘날 도시화는 소득수준과 관련성을 보이고 있어 중미, 볼리비아, 파라과이와 같이 비교적 소득수준이 낮은 국가들의 도시화 비율은 낮게 나타나고 있다.[5]

역사적으로 중남미 도시는 식민지 권력의 중심지로 역할 했으며 독립 이후 농업부문의 생산과 수출로 인해 글로벌 시장과 연계되면서 초기부터 산업화 정책을 추진할 수 있는 환경이 조성되었다. 또한, 이러한 도시의 발전은 인구의 양적인 측면에서의 변화뿐 아니라 도시의 기능, 사회문화적인 가치와 같이 다양한 요소들의 특성이 반영되었다.

중남미 도시의 기원은 스페인과 포루투갈 등 유럽 국가들에 의한 식민시대 통치체제의 확립과 관련이 있다. 스페인 왕실은 식민지 시기 중앙집권적인 통치체제를 확립하기 위한 수단으로 도시를 건설하고 기존 도시를 스페인 방식으로 재정비함으로써 식민지배를 위한 거점으로 삼았으며 도시를 통해 효율적인 통치체제를 구축하였다.[6]

따라서 1492년 중남미 대륙에 도착한 유럽의 정복자들은 도시를 건설하고 도시는 식민 통치체제의 중심적인 역할을 수행하면서 정치적인 기능과 방어적인 목적이 강했다고 볼 수 있으며 이처럼 제조업과 상업의 발전을 중심으로 경제적인 기능이 강했던 북부 유럽에 발전했던 도시와는 다른 역할을 수행하였다.[7]

1930년대 중남미 국가들에 의해 추진되었던 수입대체산업화 정책과 제2차 세계대전 이후 기존 농업부문 중심의 산업구조가 변화하면서 빠른 도시화가 진행되는 계기가 마련되었다. 도시의 성장으로 제조업과 서비스 분야가 발전하면서 생산 활동이 집중되었고 경제적인 가치가 창출되면서 사람들은 새로운 일자리를 찾아 도시로 이주하였다. 이러한 과정에서 농촌에서 도시로의 인구이동이 확대되고 산업화와 더불어 도시화가 진행되었다.

1970년대 이후 경제위기로 인해 도시로의 인구 유입과 도시의 성장률은 감소하였다. 특히, 중남미 지역은 다른 선진국과는 달리 특정 도시를 중심으로 대규모 인구이동이 이루어졌으며 총인구의 25% 이상이 거주하는 거대도시(Mega City)와 종주도시화(Urban Primacy)[8]의 특성이 두드러지게 나타나게 되었다. 즉, 다른 선진국의 경우 산업화와 더불어 근대적 의미의 도시발전이 단계적으로 진행되었다면, 중남미 산업화는 해외자본에 대한 높은 의존도로 인해 세계경제에 직접적인 영향을 받는 구조로써 종속적인 특성을 보여 왔으며 이는 선진국들에 의해 주도된 '자본주의적 국제질서에 편입하는 과정'으로 정의될 수 있다.[9]

이처럼 중남미 도시화는 대외의존적인 성격의 산업화 정책 추진과 더불어 진행되었다. 특히, 농촌경제가 붕괴되고 도시로의 광범위한 인구이동이 진행되면서 일자리, 사회기반시설과 기초서비스에 대한 접근성에서 부족현상이 나타나게 되었으며 빈곤이 재생산되고 소득불균형은 심화되었다.

표 11.1에서 보는 것처럼, 1990년대 중남미의 도시화 비율은 이미 유럽, 북미, 오세아니아 지역과 비슷한 수준이었으며 2050년 북미에 이어 두 번째로 높아질 것으로 전망되고 있으며 이는 아시아, 아프리카 지역과 비교할 때, 현저히 높은 수준을 보이고 있다.

### 표 11.1 대륙별 도시화 비율, 1990~2050년

| 대륙 | 도시화 비율 | | | 평균 성장률(%) (2010~2050) |
|---|---|---|---|---|
| | 1990 | 2014 | 2050 | |
| 세계 | 43 | 54 | 66 | 0.9 |
| 아프리카 | 31 | 40 | 56 | 1.1 |
| 아시아 | 32 | 48 | 64 | 1.5 |
| 유럽 | 70 | 73 | 82 | 0.3 |
| 라틴아메리카 | 71 | 80 | 86 | 0.3 |
| 북미 | 75 | 81 | 87 | 0.2 |
| 오세아니아 | 71 | 71 | 74 | 0.0 |

출처: CEPAL, 2016, UN DESA(Department of Economic and Social Affairs, 2015) 통계 인용.

## 2. 세계화와 중남미 도시의 발전과정

세계화는 정치, 경제, 사회, 문화의 영역에서 국경을 초월하여 이루어지는 상호작용의 관계가 강화되는 것을 의미하고 있다.[10] 이처럼 상호의존성과 연결성의 강도와 빈도가 증가하면서 세계적인 차원에서 이민, 무역, 환경 등 다양한 이슈들이 등장하고 있다.

세계도시는 경제활동을 조정하고 통제할 수 있는 중심지로서 국가들 간 경계를 넘어선 활동들이 증가하고 기업, 금융, 생산과 서비스업 기능이 집중되면서 전 세계적인 중심지로서의 역할을 수행하게 되었다. 특히, 도시 간 연계와 경제적인 통합이 강화되면서 세계적인 차원에서 영향력을 가진 대도시들이 출현하게 되었다.

중남미 산업화 과정에서 발달한 거대도시는 세계적인 차원의 글로벌 도시와 연계성을 보이고 있으나 동시에 단절되는 영역도 있어 글로벌 주변도시로서 이중성, 개인서비스와 소규모 자영업에 의존하는 부정적인 영향이 나타나고 있다.[11]

1980년대 이후 신자유주의 정책은 취약계층에게 더 많은 영향을 끼쳤으며 도시 인구는 지속적으로 증가하면서 도심과 도시 외곽을 중심으로 불법적인 주거형태가 형성되고 슬럼화가 진행되고 있으며 이러한 결과로 공간의 사회적인 재구성 현상이 나타나게 되었다.

세계화라는 체제의 변화과정에서 도시빈곤이 확산되고 사회적인 불평등이 심화되었으며 범죄와 같은 치안부재 현상이 발생하였다. 따라서 중남미의 도시위기는 사회적인 위기와 더불어 심화되고 있다고 볼 수 있다.[12] 이러한 상황에서 미국으로의 국제이주가 증가했으며 1990년과 2013년 동안 외국에 거주하는 중남미인들은 1,500만 명에서 3,400만 명으로 약 두 배가 증가하였다.[13]

최근 중남미 도시인구의 구조적인 측면에서 변화가 나타나고 있는데

**사진 11.1   중남미 도시의 다양한 모습: 과테말라**

출처: 저자.

출생률과 사망률의 감소로 인해 도시인구가 감소하고 있다. 특히, 노년층의 증가가 두드러지는데 2050년 65세 이상 인구비율은 전체도시 인구의 19%를 넘어설 것으로 전망되고 있다.[14] 따라서 향후 노년층을 위한 보건부문, 돌봄과 관련된 공공서비스를 강화하고 이와 관련된 새로운 인프라를 구축할 필요성이 대두되고 있다. 이외에도 일인 가구와 편부모 가정이 증가하고 있는데 이들을 대상으로 하는 정책을 강화할 필요가 있다.

따라서 중남미 도시의 사회정책에서 경제, 사회적인 취약계층을 중점적으로 지원하고 경제부문에서 제기되는 저생산성의 문제를 개선하며 이를 위해 비공식부문에 종사하는 인구수를 줄이며 조세징수를 위한 정부의 역량강화와 관련된 논의가 진행되고 있다. 이외에도 기초사회 서비스와 이에 대한 투자를 늘리고 기후변화와 환경오염을 줄이기 위한 정책적인 차원의 노력들이 진행되고 있다.

## 3. 멕시코 도시의 성장과 발전과정

멕시코시티(La Ciudad de México)는 아즈텍 문명과 메소아메리카 지역의 중심지였으며 스페인의 식민기간 동안 부왕청이 위치했던 역사적인 도시였다. 과거 아즈텍의 수도였던 소칼로(Zocalo)에는 주요한 정치, 행정적인 기능이 집중되었으며 현재까지 소칼로에서 아즈텍 유적의 일부를 볼 수 있다. 또한, 식민 시대부터 상류층이 거주했던 소칼로 지역을 중심으로 계층 분리현상이 나타나게 되었으며 이처럼 도시의 서쪽에는 부유층이 거주하고 동쪽에는 빈곤계층이 거주했으나, 과거 상류층이 거주했던 주거지는 현재 슬럼화되었으나 대통령궁이 위치해 있는 소칼로 지역은 여전히 행정의 중심지이며 상징적인 공간으로 역할하고 있다.[15] 따라서 멕시코 독립기념일, 타국 국가원수의 공식방문과 관련된 주요한 행사가 이루어지며 시민들이 정부에 대해 다양한 의견을 표명하는 정치적인 공간으로 역할하고 있다.

> ### 글상자 11.1    멕시코시티(Ciudad de México)
>
> 멕시코시티는 멕시코의 수도이다. 과거 연방특별구(Distrito Federal, D.F.)로 지정되었으나 2016년 멕시코시티로 변경되었고 멕시코 32개 주 중 하나이다. 멕시코시티는 멕시코의 중부에 위치하며 평균고도는 2,240m, 면적은 1,494㎢에 이르고 있다. 멕시코 국가통계지리청(INEGI, 2021)에 의하면, 멕시코시티 인구는 약 920만이다. 그러나 급격한 인구 증가로 인해 광역권의 인구를 포함한다면 2,200만 명에 이르고 있으며 2018년 기준, 인구 규모로 볼 때 세계 10위권에 속하는 메가시티였다.

지리적인 측면에서 멕시코시티가 위치한 지역은 높은 산지로 둘러싸여 있는 저지대이며 시가지의 평균 고도는 2,250미터로 공기순환이 원활하지 못한데 이러한 지리적인 특성으로 인해 생활용수가 부족하고 공기오염 문제가 발생하고 있다.[16] 이처럼 멕시코시티는 1940~1970년대 수입대체산업화 정책 이후, 현재와 같은 규모와 형태의 도시로서 급격히 발전했으며 멕시코의 초기 산업화 과정이 그대로 반영되어 있다.

인구성장의 변화를 통해 멕시코 도시의 발전과정을 세 단계로 구분할 수 있다.[17]

첫 번째 단계는 1900년부터 1940년으로 전체 인구는 1,360만 명에서 1,960만 명으로 증가했으며 연간 평균 0.9%의 증가율을 보였는데 이 시기 낮은 인구성장률은 높은 출생률과 사망률로 인한 결과였다. 따라서 도시인구[18]는 140만 명에서 390만 명으로 증가하였다. 또한, 전체 인구에서 도시에 거주하는 인구비율을 의미하는 도시화의 정도는 10.6%에서 20%로 약 두 배 증가하였다. 거대도시는 산업화 과정이 본격적으로 이루어진 1930~1940년대 생겨났으며 소규모 도시의 수는 지속적으로 증가하였다.

### 지도 11.1    멕시코지도

출처: INEGI.

두 번째 단계는 1940년부터 1980년대로 수입대체산업화 정책이 적극적으로 추진되었던 시기였다. 이 시기 동안 수입대체산업화 정책의 성공으로 국내총생산(GDP)이 평균 6% 성장률을 보이면서 '멕시코의 기적(Milagro económico)'으로 불리는 경제성장을 달성하였다. 전통적인 1차 산업 중심의 경제구조에서 멕시코시티, 과달라하라(Guadalajara), 몬테레이(Monterrey) 등 멕시코의 3대 도시를 중심으로 제조업이 성장하였다. 또한, 높은 출생률과 낮은 사망률로 인해 인구가 급격히 증가하는 현상이 나타나게 되었다. 따라서 1950년 전체 인구는 2,580만 명에서 1980년 6,680만 명으로, 도시인구는 720만 명에서 3,670만 명으로 증가하였다. 도시화 정도는 1950년 28%에서 1980년 55%로 증가했으며 대도시 광역권(ZMCM: Zona Metropolitana de la Ciudad de México)

이 형성되면서 도시인구는 농촌인구를 넘어서게 되었다. 또한, 이 시기부터 거대도시는 한 개에서 5개로 증가하고 중간도시와 소규모 도시들이 지속적으로 발달했으며 종주도시화 지수는 상승했음을 알 수 있다.

이처럼 멕시코 내 도시들은 수입대체산업화 정책이 본격적으로 추진된 이후, 도시가 제조업의 중심지로 중심지가 되면서 1960년대 공산품의 40% 이상, 서비스 부문의 50% 이상을 생산했으며 정치적인 중심지로 역할하면서 인구, 교육과 문화 활동의 30~40%, 금융의 70% 이상이 집중되었다.[19] 이러한 상황에서 거대도시를 중심으로 인구 집중성이 강화되었다. 이와 더불어 공간적인 측면에서 도시의 확장이 이루어지면서 이로 인해 다른 지역과의 격차가 지속적으로 심화되었다. 도시 내에서도 급격한 인구의 증가로 인해 주거지의 슬럼화, 공공 교통시스템에 대한 접근성 부족, 대기오염의 심화, 지반의 침강, 도시용수 및 하수문제, 치안부재, 높은 실업률 등 다양한 문제에 직면하게 되었다.

세 번째 단계는 1980년대 이후이며 이 시기 멕시코는 대외부채의 누적으로 인해 '잃어버린 10년(Década pérdida)'으로 불리는 경제위기 상황에 처하게 되었다. 경제성장의 모델은 수입대체산업화라는 보호무역주의에서 신자유주의 정책으로 변화했으며 출생률과 사망률이 감소하였다. 따라서 1990년 전체 인구는 8,120만 명에서 2010년 1억 1,200만 명으로 증가했으나 인구성장률은 2%이하로 하락하였다. 한편, 도시인구는 5,200만 명에서 8,100만 명으로 증가하고 도시화 정도는 64%에서 72%로 증가하였다. 멕시코는 1980년대부터 전체 인구 중 절반이상이 도시에 거주하는 '도시화된 국가'로 변화하였다.

이 시기 시작된 경제위기로 인해 저소득층이 증가하고 도시 내 빈부격차와 도시주변의 슬럼화 현상이 심화되었다. 비공식 부문에 종사하는 노동자의 수는 확대되었으며 이러한 국내적 위기상황으로 미국으로의 국제이주가 증가하였다.

한편, 멕시코시티의 경제적인 비중은 감소했으나 북부 국경지대를 중심으로 성장한 제조업으로 인해 고용 규모는 확대되었다. 따라서 국내적 차원에서 이루어졌던 이주의 경향은 북부도시로 변화하였다. 앞에서 언급했던 것처럼, 멕시코시티가 거대화되면서 공기오염, 주택 및 공공교통의 부족 등 다양한 문제로 인해 톨루카(Toluca), 쿠에르나바카(Cuernavaca)와 같은 위성도시가 성장하고 멕시코시티로의 인구유입은 오히려 감소하였다.[20] 특히, 중간크기의 도시가 성장하는 추세를 보이는데 이처럼 1970년 31개, 1990년 56개, 2010년 84개로 증가하였다.

1970~1990년대 멕시코 중부와 남부-남동쪽 지역의 도시가 성장했다면 세계화의 흐름에서 1990년대 이후 국경도시와 북쪽 몬테레이, 서쪽 과달라하라, 중앙 푸에블라(Puebla)와 같은 새로운 도시들이 성장하였다. 특히, 마킬라도라(Maquiladora)[21] 산업의 성장과 더불어 관광도시 및 자동차 산업이 발달한 지역을 중심으로 미국과의 수출과 이민 관계가 확대되었는데 이처럼 미국과의 관계에서 중심이 되었던 도시들이 성장하였다.

이와 같이 1940년 산업화 초기, 전체 8%에 해당되는 160만 명의 인구가 거주했던 멕시코시티와 광역 도시권에 1980년 전체 19%를 차지하는 1,300만 명이 거주했으나 2010년 2,000만 명에 이르면서 전반적인 인구는 증가했으나 전체 인구에서 차지하는 비중은 17%로 줄어드는 현상이 나타났다.[22] 또한, 멕시코 국가 전체 차원에서 1900년과 2010년 사이 도시인구는 약 57배 증가했으며 도시의 수는 33개에서 384개, 약 12배 증가하였다. 특히, 인구 100만이상의 거대도시는 1970년대 이후 3개로 늘어나면서 23%의 인구가 집중되었으며, 이는 2010년 11개로 늘어나면서 전체 인구의 37%가 집중되었다. 이러한 통계를 통해 멕시코 산업구조의 변화에 따라 도시의 수가 늘어나고 규모가 확대되었으며 빠른 속도로 변화했다는 사실을 알 수 있다.

표 11.2 멕시코 도시의 발전과정

| 구분 | 1900 | 1910 | 1920 | 1930 | 1940 | 1950 |
|---|---|---|---|---|---|---|
| 전체 인구 (단위: 천 명) | 13,607 | 15,160 | 14,335 | 16,553 | 19,654 | 25,779 |
| 성장률(%) |  | 1.09 | −0.55 | 1.72 | 1.77 | 2.68 |
| 도시인구 (단위: 천 명) | 1,437 | 1,783 | 2,100 | 2,891 | 3,928 | 7,210 |
| 농촌인구 (단위: 천 명) | 12,170 | 13,377 | 12,235 | 13,661 | 15,726 | 18,570 |
| 도시화정도(%) | 10.6 | 11.8 | 14.7 | 17.5 | 20 | 28 |
| 도시의 수 | 33 | 36 | 39 | 45 | 55 | 84 |
| - 거대도시 | 0 | 0 | 0 | 1 | 1 | 1 |
| - 중간도시 | 2 | 2 | 2 | 3 | 5 | 10 |
| - 소규모도시 | 31 | 34 | 37 | 41 | 49 | 73 |
| 종주도시지수 | 1.34 | 1.6 | 2.02 | 2.45 | 2.74 | 2.92 |

| 구분 | 1960 | 1970 | 1980 | 1990 | 2000 | 2010 |
|---|---|---|---|---|---|---|
| 전체 인구 (단위: 천 명) | 34,923 | 48,225 | 66,847 | 81,250 | 97,483 | 112,337 |
| 성장률(%) | 3.08 | 3.41 | 3.2 | 2.02 | 1.85 | 1.38 |
| 도시인구 (단위: 천 명) | 12,761 | 22,391 | 36,733 | 51,988 | 67,015 | 81,231 |
| 농촌인구 (단위: 천 명) | 22,162 | 25,834 | 30,114 | 29,261 | 30,469 | 31,105 |
| 도시화정도(%) | 36.5 | 46.4 | 55 | 64 | 68.7 | 72.3 |
| 도시의 수 | 124 | 175 | 228 | 306 | 342 | 384 |
| - 거대도시 | 1 | 3 | 4 | 5 | 9 | 11 |
| - 중간도시 | 16 | 31 | 49 | 56 | 73 | 84 |
| - 소규모도시 | 107 | 141 | 175 | 245 | 260 | 289 |
| 종주도시지수 | 2.7 | 2.46 | 2.41 | 2.2 | 2.07 | 1.79 |

출처: Sobrino, Jaime, 2019, "Urbanización de México, 1970−2010," in Jaime Sobrino & Vicente Ugalde (eds.), *Desarrollo urbano y metropolitano en México*, (México: El Colegio de México).

이러한 도시발전은 인구유입을 통한 인구수의 증가뿐 아니라 산업구조의 변화로 창출된 일자리, 교통과 통신의 발달로 인한 물리적인 접근성과도 관련되고 있다.

표 11.3은 멕시코 산업구조의 변화를 보여주고 있다. 1980년 농목업, 광업, 건설 분야가 전체 경제에서 차지하는 비율은 27%였으나 2013년 22%로 감소했으며 산업과 무역이 차지하는 비율은 35%에 이르고 있다. 교통과 서비스의 경우 1980년 37%에서 2013년 44%를 보이고 있는데, 이처럼 멕시코 경제구조가 변화했던 시기에 가장 큰 동력을 보였던 경제부문은 무역, 교통과 서비스분야였으며 농목업, 광업, 건축부문에서 비교적 낮은 성장률을 보이고 있다.

경제구조의 변화와 더불어 세계화의 흐름 속에서 두드러지게 나타난 현상은 빈곤계층과 소득불균형의 증가이다. 2010년과 2016년 동안 빈곤계층은 증가했는데 전체의 46.1%에 해당되는 5,280만 명에서 43.6%에 해당되는 5,340만 명으로 증가하였다.[23] 이러한 통계를 통해 경제발전은 이루었으나 빈곤계층이 증가했으며 경제발전의 혜택이 소수에 집중되었음을 알 수 있다. 또한, 이 시기 산업화의 초기와 비교

표 11.3   멕시코 산업구조의 변화(%)

| 연도 | 농목업 | 광업 | 산업 | 건설 | 무역 | 교통 | 서비스 |
|---|---|---|---|---|---|---|---|
| 1980 | 4.2 | 12.1 | 16.8 | 11.0 | 18.5 | 6.2 | 31.1 |
| 1988 | 4.1 | 14.9 | 16.0 | 8.3 | 16.5 | 6.1 | 34.1 |
| 1998 | 3.6 | 13.7 | 18.8 | 8.1 | 16.5 | 7.2 | 32.1 |
| 2008 | 3.2 | 12.2 | 16.4 | 8.7 | 17.7 | 9.3 | 32.5 |
| 2013 | 3.1 | 11.3 | 16.3 | 7.6 | 18.2 | 10.1 | 33.4 |

출처: Sobrino, Jaime, & Sergio Mendoza, 2019, "Competitividad y estructura económica en las principales ciudades de México," in Jaime Sobrino & Vicente Ugalde (eds.), *Desarrollo urbano y metropolitano en México*, (México: El Colegio de México)를 토대로 저자 재작성.

할 때, 경제성장률은 대체로 감소하였다. 즉, 1980년대 2%, 1990년대 3.3%, 2000년부터 2013년까지 2.3%의 비율을 보였으며[24] 이러한 경제성장률의 감소로 인해 공식부문에서 일자리 창출이 정체되었다. 또한, 비공식부문의 일자리가 증가하면서 임금과 생산성에서 공식부문과의 격차가 나타나게 되었으며 이러한 현상으로 인해 소득불균형이 심화되었다.

이처럼 무역, 교통, 서비스 분야를 중심으로 국내인구의 이동이 증가했으며 2000년대 이러한 산업분야를 중심으로 중부와 국경도시인 누에보레온(Nuevo León), 멕시코시티(Ciudad de México), 소노라(Sonora), 케레타로(Querétaro), 타바스코(Tabsco)가 발달하게 되었으며 이들 도시가 국내총생산에서 차지하는 비중은 2002년 22%에서 2013년 25%로 증가하였다. 반면, 남부지역인 오악사카(Oaxaca), 타마울리파스(Tamaulipas), 미초아칸(Michoacán), 바하칼리포르니아(Baja California), 치아파스

표 11.4 멕시코 도시의 발전 현황(1980~2013년)

| 발전한 도시 | 상승 중인 도시 |
|---|---|
| 칸쿤, 멕시코시티, 치와와, 과달라하라, 에르모시오, 메히칼리, 몽클로바, 몬테레이, 살티요, 산루이스포토시, 티후아나<br>- 총 인구의 32%, 국내총생산의 58% | 이라푸아토, 레온, 파추카, 케레타로, 살리나 크루즈, 톨루카, 툴라<br>- 총 인구의 5%, 국내총생산의 7% |
| 하강하는 도시 | 쇠퇴한 도시 |
| 아카풀코, 델리시아스, 엔세나다, 과이마스, 라사로카르데나스, 만사니요, 마타모로스, 누에보라레도, 파랄, 산루이스 포토시<br>- 총 인구의 3%, 국내총생산의 2% | 아카유칸, 프랜시요, 라피에달, 포사리카, 리오콜로라도, 리오베르데, 산크리스토발 데라스카사스, 테코만, 툭스판<br>- 총 인구의 2%, 국내총생산의 1% |

출처: Sobrino, Jaime, & Sergio Mendoza, 2019, "Competitividad y estructura económica en las principales ciudades de México." in Jaime Sobrino & Vicente Ugalde (eds.), Desarrollo urbano y metropolitano en México, (México: El Colegio de México)를 토대로 저자 재작성.

(Chiapas)는 12.2%에서 11.5%로 그 비중이 감소하였다.

멕시코에서 가장 많은 인구가 집중되어 있는 도시는 멕시코시티, 과달라하라, 몬테레이이며, 이 도시들은 멕시코의 3대 도시에 속하고 있다. 자동차산업이 발달한 치와와(Chihuahua), 에르모시요(Hermosillo), 살티요(Saltillo), 산루이스 포토시(San Luis Potosí) 및 관광도시 칸쿤(Cancún)이 있다. 칸쿤은 1970년대 정부의 투자가 집중되면서 관광도시로 개발되었고 이에 따라 인구의 증가가 가속화되었다. 이외에도 1992년 체결된 북미자유무역협정(NAFTA, North American Free Trade Agreement)[25] 이후 북부도시는 미국과 근접거리에 있다는 전략적인 이점으로 인해 성장했으며 이러한 북부 국경도시의 성장은 세계화와 신자유주의 정책의 추진이후 국제체제에 편입되면서 나타난 결과로 볼 수 있다.

멕시코 중앙에 위치한 파추카(Pachuca), 케레타로(Querétaro), 톨루카(Toluca), 툴라(Tula)는 발전하는 도시로서 멕시코시티 성장의 동력으로부터 영향을 받았다. 또한 이라푸아토(Irapuato), 레온(León), 파츄카(Pachuca)에는 자동차와 제조업이 발달하였다.

하강하는 도시는 1980년대에 발전했던 국경 혹은 해안가 도시이다. 국경도시 중에는 북미자유무역협정의 체결 이후 외국인 투자 유치가 증가했으나 폭력과 마약밀거래로 인해 치안상황이 악화되면서 쇠퇴하고 있다.

한편, 멕시코의 경제모델이 변화했던 1990년대 후반 다른 국가로 이주한 멕시코 국민들은 두 배 이상으로 늘어나고 이 시기 이미 발전했던 멕시코 도시성장률은 정체되었다. 이민과 송금에 대한 연감(el Anuario de Migración y Remesas 2019)[26]에 의하면, 1994년 650만 명이 미국으로 이주했으며 2018년 1,230만 명으로 증가했는데 약 3,840만 명의 멕시코인들이 미국에 거주하고 있다.

## 4. 멕시코시티의 도시문제와 이를 해결하기 위한 방안

멕시코시티는 멕시코의 정치, 경제, 사회, 문화적인 측면에서 중심적인 도시로서 역할하고 있다. 1940년~1980년대 경제활동과 인구가 집중되면서 대도시 광역권(ZMCM)이 형성되었고 1940~1970년 인구는 180만 명에서 860만 명으로 약 5배 증가했으나 1980년에서 2015년 880만 명에서 890만 명으로 증가하면서 도시발전의 속도는 정체되었다.[27]

이처럼 거대도시로서 산업화 과정에서 급격히 발전하면서 인구문제뿐 아니라 지형적인 특성으로 인해 다양한 문제에 직면하고 있다. 우선 물 부족 현상은 오랫동안 멕시코시티에서 발생했던 대표적인 문제이며 이는 역사적인 배경과도 관련되고 있다.

멕시코시티는 스페인 정복자들이 도착하기 이전 존재했던 아즈텍 문명의 중심지였으며 지형적으로 해발 2,240미터에 달하는 고산지역의 호수 위에 건설되었고, 고대문명의 원주민들은 치남파스(Chinampas)[28]라는 농경법을 활용하여 도시를 발전시켰다. 그러나 스페인의 정복자 에르난 코르테스(Hernán Cortes)는 도시 확장을 위해 호수의 물을 막아 현재의 형태로 발전시켰고 이러한 역사적인 배경과 관련되어 만성적인 물 부족 현상이 발생하게 되었다. 이후 용수공급을 위해 멀리 떨어진 호수와 강물을 사용하고 있으나 전체 시민의 수요를 충족하지 못해 지하수를 무분별하게 개발하게 되었고 이를 생활용수로 활용하였다. 특히, 물 부족 현상으로 인해 빈민지역에는 단수가 잦고 급수차에 의존하는 경우도 발생하고 있다. 이외에도 지반이 가라앉는 현상이 발생하고 있으며 특히, 잦은 지진으로 인해 이러한 상황은 악화되었다. 따라서 지반이 약한 구시가지의 중심지역인 소칼로(Zocalo) 광장 내에 위치해 있는 스페인 식민시대 건축물들의 지반이 내려앉고 있으며 이로 인해 많은 건축물들은 조금씩 기울기 시작하였다. 따라서 소칼로 광장 주변의 대표적인 건축물인 메트로폴리탄 대성당(Catedral Metropolitana)을 다시 세우기 위한 프로젝트가 진행되기도 하였다.

멕시코시티는 주변이 산으로 둘러싸인 분지에 위치해 있어 공기가 원활하게 소통되지 않고 있는데 인구가 증가하고 자동차 사용이 늘어나면서 공기오염은 심화되고 있다. 도시외곽에 거주하는 시민들이 이용할 수 있는 지하철과 메트로버스와 같은 대중 교통시스템이 구축되어 있으나 전반적으로 대중교통이 미비하여 취약계층의 이동에서 다양한 문제점이 나타나고 있다. 이외에도 대중교통, 거리 등 도시의 주요지역 내 치안이 좋지 않은데 이는 지역과 계층 간 불평등 문제뿐 아니라 전반적인 사회 불안정 상황과도 연관되고 있다. 이처럼 도시외곽을 중심으로 저소득층이 거주하고 있으며 이들의 거주 지역은 슬럼화되어 있으며 계층의 공간적인 분리현상은 심화되어 나타나고 있다.

이러한 전통적인 도시문제 외에도 여성가구주가 늘어나고 여성빈곤이 지속되고 있다. 신자유주의 정책 이후, 서비스 분야를 중심으로 여성의 고용 기회가 확대되었으나 노동자의 권리를 제대로 보장받지 못하는 비공식부문에 종사하는 여성이 증가하였다. 또한, 전통적으로 여성의 역할로 인식되어 왔던 가사와 돌봄노동(Care Work)으로 인해 여성은 시간빈곤(Time Poverty)[29] 상황에 처하게 되었다. 따라서 여성의 경제적인 역량을 강화하고 생산적인 경제 분야에 여성 진출을 확대하기 위해 노동법을 개혁하였다. 이를 통해 출산휴가를 확대하고 남성의 육아휴직을 허용하였다. 또한, 미취학 자녀를 위한 보육서비스 인프라의 구축, 청소년 임신방지를 위한 인식개선 교육, 가정과 일의 양립 등 관련 정책을 추진하고 있으며 여성의 고등교육 기회를 강화하기 위해 장학금 지원을 확대하고 있다.

멕시코는 빈곤계층에게 직접적으로 현금을 지원하는 교육, 보건, 식량 프로그램(Progresa, el Programa de Educación, Salud y Alimentación)

사진 11.2  멕시코시티 도심지역

출처: 저자 촬영.

으로 불리는 조건부현금지원 프로그램(PTC: Programas de Transferencias Condicionadas)[30]을 1997년부터 시작하였다. 이러한 프로그램에서 자녀가 있는 빈곤가정을 대상으로 인적자원의 역량을 개선하기 위해 조건을 부여하며 이를 이행할 경우 현금 혹은 비현금성 지원을 제공한다. 따라서 PTC의 일환인 프로그레사('Progresa', 이후 'Oportunidades'으로 불림)는 초기 극빈곤층의 농촌지역 가구를 대상으로 교육과 보건 분야와 관련된 조건을 부여하고 빈곤가정이 이러한 조건을 이행할 경우 현금, 식량, 보건 서비스와 관련된 부문을 지원하였다. 2000년부터 도시지역과 65세 이상의 노년층으로 지원 대상을 확대하였다.

이러한 도시문제를 해결하기 위해 멕시코시티 정부프로그램(2019~2024)에서 강조하는 주요한 여섯 가지 정책 축은 권리와 평등, 지속가능한 도시, 이동의 증가와 개선, 안전한 도시, 문화적인 도시, 혁신과 투명성이다.[31]

첫째, 권리와 평등은 멕시코시티 시민들의 교육, 보건, 주거, 사회보호, 여가활동에 대한 접근성을 보장하는 것을 의미하며, 이는 모든 계층을 포괄하는 '포용적인 도시'를 건설하기 위한 필수적인 요소로 고려되고 있다. 이처럼 도시 시민으로서 기본적인 권리를 인정하고 차별을 없애며 다양성에 대한 존중을 강조하고 있다. 따라서 교육 분야에서 취약전 교육부터 고등교육까지 관련된 인프라를 구축하며 교복과 식량을 지원한다. 특히, 수학과 과학 분야의 교원을 양성하고 취약계층 부모에 대한 경제적인 지원을 통해 자녀들을 교육기관에 보내도록 하며, 문화, 스포츠, 과학 등 비 교육과정에 대한 지원도 강화하고 있다. 보건의료 부문에 대한 보편적인 접근성을 높이기 위해 이동이 어렵거나 말기 질환이 있는 노년층을 대상으로 원격진료 시스템을 구축하며 특히, 의료보건 부문에 대한 접근성이 떨어지는 계층에 대한 지원을 확대하고 있다. 주거와 관련하여 멕시코시티는 지난 2017년 9월 발생했던 지진[32]으로 인해 많은 주거지에 피해가 발생했는데 이러한 주거지의 재건축을 지원하고 있다.

계층별로 취약계층으로 고려되고 있는 여성, 노년층, 청소년을 대상으로 지원을 강화하고 있는데 여성의 경우 육체적, 경제적, 정치적인 영역에서 젠더평등을 개선하기 위해 여성에 대한 폭력을 방지하기 위한 법, 제도를 강화하고 있다. 또한, 청소년 임신방지를 위한 인식제고 교육과 대중교통 및 공공장소에서 여성의 안전을 위한 제도적인 방안을 강구하고 있다. 실례로 지하철, 메트로버스와 같은 대중교통 수단 내 여성의 전용 칸 혹은 위협을 알리는 레버 등을 설치하고 경찰을 배치했으며, 여성운전자가 운전하는 택시의 운행 등을 통해 여성이 이동에서 안전을 보장받기 위한 정책을 추진하였다. 이러한 정책은 여성의 안전한 이동성의 보장을 통해 자유로운 경제활동과 경제적인 자주권을 개선하기 위해 추진되었다. 이외에도 전문적인 직업교육과 독립 자영업에 종사하길 원하는 여성을 대상으로 금융지원을 제공하고 있다.

아동과 청소년의 경우, 특히 범죄율이 높은 지역과 취약한 지역의 학생들에게 장학금과 이들의 여가활동을 지원하기 위한 정책을 실행하고 있다. 노년층에 대해서는 돌봄 서비스와 같은 의료부문, 식량과 경제적인 지원 등 사회안전망을 확대하기 위한 정책적인 고려가 이루어지고 있다.

둘째, 지속가능한 도시는 시민의 삶을 개선하기 위해 양질의 일자리를 창출하고 환경파괴를 줄이기 위한 자연자원의 지속가능한 활용을 의미하고 있다. 즉, 재생에너지와 새로운 에너지원을 활용함으로써 환경파괴를 최소화하며 이는 지속가능한 경제개발과도 연관되고 있다. 또한, 도시의 생산적인 활동을 확대함으로써 양질의 일자리를 창출할 수 있는 환경을 조성한다. 멕시코시티는 2003년부터 2017년까지 연간 2.6%의 성장률을 보여 왔으며 현재까지 멕시코 경제발전 과정에서 중심축으로서 역할하고 있다. 앞서 언급했던 것처럼, 지형의 구조적인 특성과 2017년 발생했던 지진으로 인해 지반침하 현상이 두드러지고 있으며 공기오염이 심화되고 있다. 멕시코시티 정부는 혁신적인 산업, 재생에너지의 활용, 고형폐기물 재생과 관련된 산업부문에 투자를 촉진하며 이를 통해 일자리를 창출하고 도시환경을 복구하기 위한 정책을 추진하고 있다. 또한, 중소기업, 협동조합, 사회적 기업, 가족기업 등 사회적 경제조직의 설립을 활성화할 수 있도록 회사 설립과 관련된 행정절차를 간소화하고 이에 대한 투자를 확대하며 기업의 설립과 경영 환경의 개선과 관련된 법, 제도와 관련된 개혁을 추진하고 있다. 이외에도 멕시코 경제에서 중요한 위치를 차지하고 있는 관광업의 활성화를 통해 일자리를 창출하고 취약계층을 편입하여 시민의 경제권을 보장하기 위한 정책을 추진하고 있다.

셋째, 급격한 인구성장과 이로 인해 무분별하게 팽창한 도시의 물리적인 공간으로 시민들은 주거와 일자리를 오가는 과정에서 많은 시간을 소요하고 있다. 이는 교통량의 증가로 인한 환경오염뿐 아니라 시민들의 건강과 생산성에 직결되면서 전반적으로 시민 삶의 질을 저하시키는 요인이 되고 있다. 따라서 멕시코시티 정부는 시민들의 안전한 이동을 개선하기 위한 정책을 추진하고 있다. 특히, 취약계층 여성의 경제적인 자주권을 강화하고 이들이 생산적인 직업에 종사할 수 있는 환경을 조성하고 있는데 이러한 맥락에서 여성의 안전한 이동을 위해 다양한 정책방안을 강구하였다. 따라서 기존에 구축되어 있는 교통인프라를 유지, 관리하고 지하철, 메트로버스, 전기차 등 시민들이 가장 많이 사용하는 대중 교통수단 간 네트워크를 강화하기 위해 투자하고 있다. 또한, 자전거 사용의 증가와 보행자를 위해 관련된 인프라를 구축하고 있다. 특히, 포용적인 도시를 목표로 경제적, 물리적으로 취약한 상황에 처해 있어 이동에 제한을 받은 시민들의 이동시간을 줄이고 이들의 안전을 고려하기 위한 정책을 추진하고 있다.

넷째, '안전한 도시'는 도시 내 발생하는 범죄와 폭력을 줄이고 자연재해로 인해 시민에게 끼칠 수 있는 영향과 취약성을 줄임으로써 시민들의 공공안전을 강화하는 것을 의미한다. 이를 위해 법, 제도의 틀 내에서 모든 시민의 평등과 권리, 다양성을 보장하고 자연재해로부터 시민을 보호하기 위한 정책적인 고려가 이루어지고 있다. 멕시코시티는 법, 제도, 거버넌스 체제가 취약하며 범죄 조직의 활동으로 인해 살인, 절도, 폭력, 인신매매, 마약과 관련하여 높은 범죄율을 보이고 있다. 이외에도 신자유주의 정책의 추진 이후 양질의 직업, 보건, 교육과 같은 기초서비스에 대한 접근 기회가 부족해지면서 사회적인 불평등이 심화되었으며 이러한 상황은 전반적인 정치, 사회적 불안정으로 이어지고 있다. 따라서 멕시코시티 정부는 연방정부와 멕시코시티 검찰 등 관련 기관 간 범죄추적, 법집행 등에서 정보를 공유하고 기관 간 협력을 통해 법과 제도를 개선함으로써 거버넌스의 효율성을 개선하고자 한다. 그러나 일반적으로 시민들은 정부의 투명성, 법집행 과정, 경찰을 포함한 공무원에 대한 신뢰도가 매우 낮은 것으로 나타나고 있다. 따라서 정부는 신뢰도를 높이고 제도적인 투명성을 개선하기 위해 시민사회와 협력하여 법집행과 평가체계 등 기존 제도를 개선하는 측면에 초점을 두고 있다. 이외에도 공무원의 임금과 노동조건을 개선하고 이들의 전문성과 역량을 강화하기 위해 전문화 교육의 질을 높이고 전반적인 투명성과 신뢰도를 높이기 위한 노력을 진행하고 있다. 이처럼 범죄로 인해 발생하고 있는 치안부재의 문제 외에도 시민의 공공안전 이슈에는 자연재해로 인한 피해를 줄이기 위한 정책적인 고려도 포괄적으로 다루어지고 있다. 특히, 멕시코시티는 환경파괴와 지진으로 인한 피해가 발생하고 있으며 이러한 상황은 취약계층에게 더 많은 영향을 미치고 있다. 따라서 정부는 시민을 보호하고 이러한 위험을 통합적으로 관리하기 위해 부처의 기능을 강화하고 있다.

다섯째, 멕시코시티는 아즈텍 문명과 스페인 식민시대를 거치면서 중심적인 도시로서 역할 했으며 이러한 역사적인 유산 외에도 문화도시로서 다양한 삶의 방식과 가치를 인정하고 있다. 이러한 문화적인 권리와 다양성을 기반으로 평화와 사회적인 통합의 필요성을 강조하고 있다. 따라서 지역사회의 참여와 창의성에 기반한 프로그램을 지원하고 멕시코시티에서 개최되는 축제를 활성화하며 예술 활동, 문화센터, 영화 등 문화와 관련된 기관 간 네트워크를 강화하는 것을 지원하고 있다. 또한, 문화예술 활동과 관련된 교육을 강화하고 전문인력을 양성하며 교육기관과의 연계를 통해 평생교육으로서 예술활동을 장려하며 지역사회에서 이루어지는 문화와 예술 활동의 독립성을 보장하고 있다. 또한, 독서에 대한 일반 시민의 관심을 높이기 위해 관련 프로그램을 지원하고 있다.

한편, 학문적인 측면에서 도시의 문화유산에 대한 연구, 홍보, 인력양성과 관련된 활동을 개발하고 있다. 이와 같이 정부기관이 입법기관, 학계, 민간기관, 국제기구 등 관련 기관 간 조정과 통합의 역할을 강화하고 있으며 이들과의 협력을 통해 지역사회에 기반한 문화와 예술 활동의 장려를 위한 정책을 추진하고 있다.

마지막으로 과학기술의 발전으로 정부의 정책결정, 시민에 대한 대응, 범죄나 자연재해로부터 시민을 보호하기 위한 공공안전 등 관련된 제도에 시민이 참여하고 이들과 직접적으로 소통할 수 있는 기회가 확대되고 있다. 이러한 맥락에서 시민의 참여가 활성화될 수 있는 새로운 법, 제도적인 체제가 구축될 필요성이 대두되고 있다. 특히, 원주민들은 스페인 식민시대 이래 행정기능이 집중되었던 도심에서 외곽으로 강제로 이주하게 되었다. 이러한 역사적인 배경에서 원주민을 포함한 취약계층은 행정 중심지에 대한 접근성이 떨어졌으나, 과학기술의 발전은 새로운 문제를 해결하기 위한 도구로 활용될 수 있다. 따라서 지리적으로 멀리 거주하거나 고립되어 있는 시민들의 경우에도 정부의 정책결정 과정에 참여하고 정부가 제공하는 서비스의 혜택을 받을 수 있는 기회가 확대되고 있다. 또한, 정부는 정보통신기술을 활용하여 정책적인 투명성을 높일 수 있다. 이러한 맥락에서 멕시코시티 정부는 행정절차에서 정보통신 기술의 활용을 강조하고 있으며 관련 분야의 전문 인력양성을 위한 기관과 프로그램의 확충을 위한 다양한 정책을 추진하고 있다.

이처럼 도시는 경제, 사회의 발전과정을 반영하고 성장의 동력으로서 역할 했으나 '단기간, 무계획적이며 과도하게' 발전한 중남미의 도시는 산업화와 세계화의 과정을 거치면서 발생하게 된 부정적인 영향들, 특히 지역, 계층 간 격차와 사회적 불평등을 반영하는 상징적인 공간으로 대두되었다. 최근 노년층이 증가하고 인구구조적인 측면에서 변화가 나타나면서 새로운 과제에 직면하고 있다. 한편, 국제사회에서 도시발전은 국가 전체의 발전을 위한 과제와 연계되고 있으며 도시라는 물리적인 공간은 다양한 부문의 이슈를 포괄한다는 특성을 보이고 있다. 멕시코시티는 성장이 정체되는 측면을 보이고 있으나 현재까지 거대도시로서 정치, 경제, 사회, 문화의 중심지로서 역할하고 있다. 이러한 측면에서 멕시코시티의 발전과 관련된 정책에는 멕시코의 정치, 경제, 사회, 문화 등 복합적인 부문들에 대한 고려가 통합적으로 반영되고 있으며 이는 지속가능한 국가발전으로 연계되고 있다.

## 주

1) United Nations, Department of Economic and Social Affairs, Population Division, 2018, *The World's Cities in 2018-Data Booklet*, https://www.un.org/en/events/citiesday/assets/pdf/the_worlds_cities_in_2018_data_booklet.pdf. UN에서 정의하는 거대도시는 인구 1,000만 명 이상이 거주하는 도시를 의미하고 있다. UN에 의하면, 세계적인 차원에서 메가시티는 2018년 33개가 생겨났고 2030년 43개에 이를 것으로 전망되고 있다.
2) 세계은행(World Bank), https://data.worldbank.org/indicator/SP.URB.TOTL.IN.ZS?view=chart(검색일: 2020.6.1).
3) 세계은행(World Bank), https://data.worldbank.org/indicator/SP.URB.TOTL.IN.ZS?view=chart(검색일: 2020.6.1).
4) Montero & García (eds.), 2017, *Panorama multidimensional del desarrollo urbano en América Latina y el Caribe*, Santiago: CEPAL, p. 12.
5) Montero & García (eds.), 2017, p. 14.
6) 김희순, 2016, "스페인의 식민지배 거점으로서 아바나의 형성과 성장," 『한국도시지리학회지』, 19권 3호, p. 114.
7) 김희순, 2016, p. 115.
8) 종주도시화는 급속한 산업화가 진행되었던 국가들에서 나타나는 특성이며 제1

도시의 인구규모가 제2도시의 인구 규모보다 두 배 이상인 경우를 의미한다.
9) 정이나, 2014, "라틴아메리카 도시의 빈곤화, 세계자본주의 체제변화를 중심으로," 『이베로아메리카』, 제16권 1호, pp. 75-76.
10) 김정규, 2017, 『세계화와 사회문제』 (서울: 에듀컨텐츠휴피아).
11) Luis Mauricio Cuervo G., 2003, Ciudad y globalización en América Latina: estado del arte (Santiago de Chile: Naciones Unidads).
12) 정이나, 2014, p. 66.
13) Montero & García (eds.), 2017, p. 18.
14) Montero & García (eds.), 2017, p. 17.
15) 김희순, 2008, "멕시코시티의 인구성장 및 지역격차 분석," 『한국도시지리학회지』, 제11권 2호, p. 21.
16) 김희순, 2008, p. 18.
17) 멕시코 도시의 발전단계 구분과 관련하여 참조하였다. Jaime Sobrino & Vicente Ugalde (eds.), 2019, Desarrollo urbano y metropolitano en México (México: El Colegio de México).
18) 행정구역상 멕시코 도시는 1. 멕시코시티와 광역권(ZMCM: Zona Metropolitana de la Ciudad de México), 2. 백만 명 이상의 도시, 3. 중간도시(10만 명에서 99만 9,000명), 4. 소규모 도시(1만 5,000명에서 9만 9,000명), 5. 농촌지역으로 구분한다. Jaime Sobrino, 2019, "Urbanización de México, 1970-2010," in Jaime Sobrino & Vicente Ugalde eds., Desarrollo urbano y metropolitano en México (México: El Colegio de México).
19) 김희순, 2008, p. 19.
20) 김희순, 2008, pp. 19-20.
21) 마킬라도라(Maquiladora)는 북부 접경지대에 위치하며 미국과 캐나다 시장을 목표로 수출을 원칙으로 하는 조립 가공산업 및 노동집약적 산업전반을 일컫는 개념이다. 세계지명사전, "중남미편: 인문지명," https://terms.naver.com/entry.nhn?docId=2074261&cid=43965&categoryId=43965(검색일: 2020.6.4).
22) Sobrino & Ugalde (eds.), 2019 참조.
23) Jaime Sobrino & Sergio Mendoza, 2019, "Competitividad y estructura económica en las principales ciudades de México," In Jaime Sobrino & Vicente Ugalde (eds.), Desarrollo urbano y metropolitano en México (México: El Colegio de México).
24) Sobrino & Mendoza, 2019 참조.
25) 북미자유무역협정은 1994년 발효된 미국, 캐나다, 멕시코 간 체결된 협정이다.
26) Carlos Serrano Herrera & Rodrigo Jiménez Uribe (Coords), 2019, el Anuario de Migración y Remesas 2019 (Mexico: Fundación BBVA, Bancomer, A.C. & Consejo Nacional de Población).
27) El Gobierno de la Ciudad de México, 2019, Programa de gobierno 2019-2024, https://plazapublica.cdmx.gob.mx/uploads/decidim/attachment/file/12/plan_gob_nov_digital.pdf
28) 고대 아즈텍의 농법이며 아즈텍인들은 멕시코시티를 둘러싸고 있는 호수의 진흙 바닥을 활용하여 물 위에 모판을 만들어 작물을 재배하였다.

29) 가사일과 돌봄 노동은 전통적으로 여성의 역할로 인식되면서 경제활동에 종사하는 여성의 총 노동시간은 남성보다 많은데, 이처럼 시간의 소비와 배분에서 여성이 남성보다 취약한 상황을 일컬어 여성의 '시간빈곤'이라는 용어로 지칭하고 있다.
30) 조건부현금지원 프로그램은 빈곤가구에 직접적으로 현금을 지원하는 프로그램이며 이를 통해 단기적으로 빈곤가구의 소비를 증진하고 장기적으로 인적자원의 역량개발을 목표로 하고 있다.
31) El Gobierno de la Ciudad de México, 2019 참조
32) 2017년 9월 19일 발생했으며 규모는 7.1도이며 멕시코시티와 중부지역에 피해가 발생하였다. 현재 정부는 당시 피해가 발생했던 건물들에 대해 개보수작업을 진행하고 있다.

## 참고문헌

### 1. 한글문헌

김정규. 2017. 『세계화와 사회문제』. 서울: 에듀컨텐츠·휴피아

김희순. 2008. "멕시코시티의 인구성장 및 지역격차 분석." 『한국도시지리학회지』, 제11권 2호.

\_\_\_\_\_. 2016. "스페인의 식민지배 거점으로서 아바나의 형성과 성장." 『한국도시지리학회지』, 제19권 3호.

정상희. 2018. "중남미 도시정책에 반영되어 있는 젠더주류화 전략에 대한 고찰: 멕시코시티 사례를 중심으로." 『국제개발협력연구』, 제10권 4호.

\_\_\_\_\_. 2020. "멕시코 도시정책의 젠더주류화전략 분석." 『이베로아메리카』, 제22권 1호.

정이나. 2014. "라틴아메리카 도시의 빈곤화, 세계자본주의 체제변화를 중심으로." 『이베로아메리카』, 제16권 1호.

### 2. 스페인어문헌

CEPAL. 2016. América Latina y el Caribe. desafíos, dilemas y compromisos una agenda urbana común. Santiago: Naciones Unidas.

Cuervo G., Luis Mauricio. 2003. Ciudad y globalización en América Latina: estado del arte. Santiago de Chile: Naciones Unidas.

El Gobierno de la Ciudad de México. 2019. Programa de gobierno 2019-2024. https://plazapublica.cdmx.gob.mx/uploads/decidim/attachment/file/12/plan_gob_nov_digital.pdf

Instituto Nacional de Estadística y Geografía. 2021. Panorama sociodemográfico de Ciudad de México, Censo de Población y Vivienda 2020. México: INEGI.

Montero, Laetitia, & Johann García (eds.). 2017. *Panorama multidimensional del desarrollo urbano en América Latina y el Caribe*. Santiago: CEPAL.

Orihuela, Isela, & Jaime Sobrino. 2019. "Conformación e importancia de las Zonas Metroplitanas." in Jaime Sobrino & Vicente Ugalde (eds.). *Desarrollo urbano y metropolitano en México*. México: El Colegio de México.

Serrano Herrera, Carlos, & Rodrigo Jiménez Uribe (coords.). 2019. *el Anuario de Migración y Remesas 2019*. México: Fundación BBVA, Bancomer, A.C. & Consejo Nacional de Población.

Sobrino, Jaime. 2019. "Urbanización de México, 1970-2010." in Jaime Sobrino & Vicente Ugalde (eds.). *Desarrollo urbano y metropolitano en México*. México: El Colegio de México.

Sobrino, Jaime, & Sergio Mendoza. 2019. "Competitividad y estructura económica en las principales ciudades de México." in Jaime Sobrino & Vicente Ugalde (eds.). *Desarrollo urbano y metropolitano en México*. México: El Colegio de México.

Sobrino, Jaime, & Vicente Ugalde (eds.). 2019. *Desarrollo urbano y metropolitano en México*. México: El Colegio de México.

## 3. 인터넷 자료

United Nations, Department of Economic and Social Affairs, Population Division. 2018. *The World's Cities in 2018-Data Booklet*. https://www.un.org/en/events/citiesday/assets/pdf/the_worlds_cities_in_2018_data_booklet.pdf

CEPAL. "oportunidades." https://dds.cepal.org/bpsnc/programa?id=22.

World Bank. https://data.worldbank.org/indicator/SP.URB.TOTL.IN.ZS?view=chart (검색일: 2020.6.1).

세계지명사전, 중남미편: 인문지명. https://terms.naver.com/entry.nhn?docId=2074261&cid=43965&categoryId=43965 (검색일: 2020.6.4).

# 영화산업과 할리우드

김태형(군산대 영어영문학과)

영화는 예술이자 산업이다. 영화가 제7의 예술로 간주되기 전 다른 예술 분야 종사자들이 영화를 경시한 이유는 다른 장르의 화법을 모방, 혼용했기 때문이다. 순수 예술과 비교되는 영화의 산업적, 상업적 특성 역시 당시에는 낯선 생산과 소비 방식이었다. 대중이 선호하는 장르인 탓도 있다. 대중이 좋아하는 대상은 대중문화의 일부지 예술의 산물이 아닌 경우가 많다. 영화에 대한 이런 부정적 평가는 20세기를 지나며 뒤집어 진다. 예술이 산업과 결합하고, 혼성모방이 예술의 창작 방식 중 하나로 자리 잡은 오늘날, 영화는 다른 예술과 어깨를 나란히 한다.

영화를 평가하고 분석할 때 그 장르가 예술작품이자 산업의 결과물로서 지닌 양면성을 고려할 수밖에 없다. 예술로서 영화를 논하자면 등장인물, 이야기 구성, 배경 설정, 배우의 연기를 고려한다. 산업으로서 영화를 평가할 때는 제작, 배급, 상영이 가능해진 사회적 맥락을 분석한다. 세 체제가 따로, 또 같이 갈 때의 장점과 문제점을 논할 수 있고, 특정 제작사와 배급사의 특성을 언급할 수도 있다.

영화의 역사는 이미지를 활동 영상으로 옮기는 과정에서 탄생한 기술의 발전, 무대에서 영상으로 활동 영역을 옮기며 변화하는 배우의 연기, 소리를 창조하고 기록하는 개념의 창조, 색을 가미하고 변형하는 기술과 예술의 조합, 편집의 탄생과 발전, 카메라 구도와 미장센의 발명 등을 포함한다. 특허, 배급망, 촬영 환경과 관련해 발생한 사건 역시 영화사의 일부인데, 미국에서는 영화특허권사(MPPC: Motion Picture Patents Company)의 성장과 몰락, 파라마운트 소송, 영화와 케이블 산업의 힘겨루기가 대표적 사례다. 영화의 역사를 논의할 때 우리는 산업 및 기술의 발전과 상상력의 구현을 동시에 고려한다.

### 글상자 12.1  제7의 예술

헤겔(Hegel)은 『미학 강의(*Lectures on Aesthetics*)』에서 미를 표현하는 다섯 예술 영역을 건축, 조각, 회화, 음악, 시로 정의한다. 리치오도 카뉴도(Ricciotto Canudo)는 헤겔의 정의에 더해 공간의 리듬과 시간의 리듬을 병합한 제6의 예술로 영화를 선정한다. 후에 그는 영화 이전에 댄스를 꼽아 영화를 제7의 예술(The Seventh Art)이라 칭한다.

# 1. 영화산업의 시작

## 1) 이미지의 복제

대상을 이미지로 옮기는 방식은 그림, 사진, 영화 순서로 발달한다. 인쇄술, 판화 기법이 발달하면서 이미지의 복제가 가능해진다. 렌즈를 통해 현실의 피사체를 그대로 그려내는 카메라 옵스큐라(Camera Obscura)나 카메라 루시다(Camera Lucida)와 같은 사진의 초기 형태가 인기를 끌기 시작한다.

다게레오타입(Daguerreotype)의 발명과 함께 사진 기술이 비약적으로 발전하자 인간은 그림 외의 표현수단에 관심을 가진다.[1] 사진은 산업혁명이 발생하고 대중문화가 발전하면서 자신의 영역을 공고히 한다. 인간의 손이 아닌 과학의 힘으로 이미지를 본뜨는 기술복제 시대가 도래하면서 사진은 대중의 상품으로 자리 잡는다. 그리고 사진을 연속으로 이어 붙인 활동사진은 영화의 시초가 된다.

미국의 토머스 에디슨(Thomas Edison)은 1891년 활동영사기(Kinetoscope)를 발명한다. 한 사람이 작은 구멍(Peep hole)을 통해 30초 정도 움직이는 영상을 볼 수 있는 활동영사기는 인간, 사건, 상황을 기록한 사실만으로도 높은 평가를 받았다. 에디슨 스튜디오는 키스, 닭싸움, 희화화된 권투 등을 주제로 영상을 촬영한다. 한 명의 관객만이 영상을 감상할 수 있었던 점은 활동영사기의 단점이다.

여러 사람이 투사되는 영상을 함께 보는 현대적 영화 관람 개념이 창조된 시기는 1895년 프랑스의 뤼미에르 형제(Lumière brothers)가 영사기(Cinématographe)를 발명(1895)한 이후이다. 뤼미에르 형제는 초상화 화가에서 사진사로 직업을 바꾼 아버지를 도와 사진을 찍고 현상한다. 형제는 후에 자신들만의 장비를 갖추어 활동사진을 촬영한다. 어떻게 보면 이 부자의 이력은 영화 발전사를 제시하는 셈이다.

1895년 뤼미에르 형제는 노동자들이 공장을 나서는 현장을 포착한 〈리옹의 뤼미에르 공장을 나서는 노동자들(*La Sortie de l'Usine Lumière à Lyon*)〉과 승객들이 역에 도착한 기차에 오르내리는 장면을 기록한 〈기차의 도착(*L'arrivée d'un train en gare de La Ciotat*)〉을 파리의 카페에서 상영한다. 1900년 뤼미에르 형제는 그들의 카메라를 포함한 상업적 이권을 샤를르 파테(Charles Pathé)에게 넘기는데,[2] 파테는 에디슨의 활동영사기와 축음기(Phonograph)를 접하면서 영화산업의 가능성을 누구보다 빨리 알아차린 인물이다. 이스트만코닥(Eastman Kodak)의 유럽 특허권을 획득하고, 필름 제작과 배급을 시작한 파테와 같은 선구자 덕분에 프랑스는 다른 나라보다 빨리 유럽 영화시장을 장악한다.

파테의 회사는 미국 영화산업의 시초가 된 영화특허권사에 속한 유럽 기업이기도 하다. 영화제작과 관련된 특허권을 독점하고 싶은 특허권사는 배급과 상영을 하나의 체제 아래 묶으려 하지만, 독립 제작사들의 반발에 부딪힌다.[3] 특허권사의 독점을 반대한 제작사들은 후에 거대 제작사인 파라마운트(Paramount), 20세기 폭스(20th Century Fox), MGM(Metro-Goldwyn-Mayer)으로 성장한다. 이 회사들은 특허권사의 특허를 위반하지 않는 기술을 개발하고, 새로운 제작 환경을 찾아 뉴욕, 시카고, 필라델피아에서 미국 서부로 이동한다.

결국 할리우드의 역사는 기존 영화 시장을 독점하려는 기득권에 저항한 제작자들의 실험과 모험에서 시작된다. 동부에 비해 상대적으로 일정한 기온, 영화 배경으로 활용하기 좋은 다양한 풍광, 값싼 부지와 노동력은 영화제작사가 점차 캘리포니아로 이동하게 된 요인이다.[4] 이런 과정을 거쳐 할리우드에 정착한 대형 스튜디오들이 자신이 반대한 시장 독점을 추구한 점은 아이러니다. 제작, 배급, 상영을 아우르는 독점 체제는 영화산업이 탄생할 때부터 꾸준히 이어온 시장의 지배 법칙이다.

## 2) 이야기 방식의 발명

영화사 초기의 촬영 주제이자 목표는 사건의 기록이다. 뤼미에르 형제가 공장 노동자나 기차를 대상으로 다큐멘터리 영화를 찍은 이유다. 극영상 제작도 시도되는데, 인간은 자연을 모방하는 데 그치지 않는 극적 존재이기 때문이다. 예를 들어 클레망 모리스(Clément Maurice)는 1900년 당시 유명한 연극배우인 사라 번하트(Sarah Bernhardt)가 연기한 햄릿과 레어티즈의 결투를 녹화한다. 모리스는 영사기와 축음기를 결합한 초기 유성 영화제작 방식을 선보이는데, 노래, 대사, 음향을 후시로 녹음하는 방식이었다.[5] 번하트의 경력은 배우가 연극 무대에서 영화 현장으로 활동 영역을 넓히는 당대의 경향을 반영한다.

30초에서 50초 동안 사건을 기록하던 활동사진은 점차 촬영 시간을 더해가고, 영화는 10분 정도의 상영을 기본 단위(1릴[Reel] 혹은 1스풀[Spool]이라고 부른다)로 삼는 장르로 발전한다. 1릴을 기본으로 제작되면서 영화는 기차가 도착하는 사건을 기록하는 수준을 벗어나 이야기를 갖춘 픽션(Fiction)을 시도한다. 에드윈 포터(Edwin S. Porter)의 〈대열차강도(The Great Train Robbery)〉(1903)가 미국에서 극영화의 효시로 평가받는 이유는 실제 장소와 배우를 활용해 관객이 상상하는 이야기를 제시하기 때문이다. 거칠지만 현대 영화에서 활용되는 편집 기술을 사용한 점 역시 포터의 영화를 선구작으로 간주하는 근거다.

영화가 역사적 사건의 재현 이상을 추구하면서 관객이 익숙한 이전 이야기로부터 주제를 빌린다. 당시 영화의 원작은 소설, 성경, 신화, 민간설화, 희곡 등이다. 기술이 발전하면서 극영화 제작은 더욱 쉬워졌는데, 기본 단위인 1스풀에 필름을 이어 붙여 2스풀, 3스풀 영화를 만들 수 있었기 때문이다. 영화 길이가 늘어나면서 영화 상영 중간의 인터미션(Intermission, 휴식시간)이나 영화 상영 전에 상영하는 쇼트 프로그램(Short program)을 영화의 본 편이라 할 수 있는 피쳐 필름(Feature film)과 구분하기 시작한다.

영화가 이야기를 단순하게 시간순으로 나열하는 데에 그치지 않으려면 등장인물을 성격화하고, 사건을 세분화하는 작업을 수행해야 한다. 등장인물, 사건, 동기, 결과, 시점, 소리, 이미지 등을 뜻하는 영화의 화법(Narrative)이 발전한 계기도 장편영화의 탄생과 무관하지 않다. 결과적으로 영화 기술과 이야기 형식이 함께 개발되면서 단편영화는 장편영화로 발전한다.

### 3) 상영관의 발전

영화가 발명되어 상영되기 시작한 1900년 무렵, 영화는 보드빌(Vaudeville)의 일부였다. 코미디, 슬랩스틱, 아크로바틱, 춤, 노래 등 갖은 공연을 결합한 보드빌 극장은 대중을 위한 오락을 제공한다. 드라마를 재현하는 방식이 실시간 공연에서 기록 영상으로 넘어가고 있었고, 보드빌은 그 다양한 재현 양식 안에서 시대의 흐름을 반영한다.

영화는 곧 보드빌 극장을 벗어나 독립된 재현 공간에서 상영된다. 칼레이도스코프(Kaleidoscope, 만화경) 형태의 간이 상영관을 제외한다면, 건물 형태를 지닌 상영관의 시초는 스토어프론트(Storefront theatre)와 니켈로데온(Nickelodeon)이다. 길에 면한 건물의 일부를 빌려 영화를 상영하는 스토어프론트, 그리고 미국 화폐 5센트(Nickel)를 내고 공연과 영화를 보는 니켈로데온은 미국식 상영관의 출발점이다.

스토어프론트가 하루 중 특정 시간에 영화 한 편을 상영하는 데 반해, 이보다 늦게 탄생한 니켈로데온은 영화를 연속적으로 상영한다. 보드빌 극장이나 스토어프론트와 비교해 니켈로데온은 여성과 아이들을 데려올 수 있는 안전한 장소였다. 니켈로데온이 인기가 높았던 또 다른 이유는 극장끼리 영화 릴을 교환하는 체제를 갖추어 한 상영관에서 다양한 영화를 볼 수 있었기 때문이다.[6] 관객은 상영관을 돌아가며 영화를 볼 필요가 없어 좋고, 극장주는 한 영화만 상영할 때 가지는 위험 부담이나 짧은 필름을 이어 붙여서 상영하는 불편을 감수하지 않아도 된다. 이런 초기 상영관들은 지속 가능한 공간이 아니었기 때문에 이내 사라진다. 가설극장 형태를 취한 스토어프론트가 대표적 예이다.

스토어프론트나 니켈로데온은 하층민이 향유한 오락거리를 위한 극장이다. 하지만 영화가 사건을 기록하는 것에 그치지 않고 이야기를 갖추고 등장인물의 성격화를 완성하자 상황은 달라진다. 장편 영화가 등장하면서 영화를 무시하던 상류층이 점차 상영관에 몰린다. 좌석 수가 많지 않은 상영관은 늘어나는 관객을 수용하지 못하고, 여기에 더해 상류층은 하류층과 마주치지 않는 고급 상영관을 바란다.

이런 상류층의 요구와 취향을 반영한 극장 형식이 영화궁전(Movie palace)이다. 영화궁전은 1920년대 전성기를 맞은 고급 상영관이다. 화려한 디자인과 높은 입장료를 무기로 한 대형 극장은 늘어나는 영화 관객의 수요를 만족시킨다. 텔레비전 시대의 도래와 함께 없어지거나 공연장으로 변신하기도 하지만 영화궁전은 여전히 영화를 보는 경험을 선사한다. 거대한 스크린과 설계 잘 된 스피커를 갖춘 영화관이 주는 즐거움이 있기 때문이다.

시간이 흐르면서 거대한 스크린을 갖춘 대형 영화관은 수익을 극대화할 수 있는 방법을 모색한다. 이전부터 간간이 등장한 멀티플렉스(Multiplex)가 미국 영화산업에 본격적으로 도입된 시기는 1960년대이다.[7] 하나의 대형 스크린을 몇 개의 중소형 스크린으로 대체한 멀티플렉스는 다양한 영화를 상영할 수 있다. 관객의 취향을 다방면으로 만족시키는 동시에 관객의 선호도 때문에 수익을 거두지 못할 가능성도 낮춘다.

극장주와 관객이 함께 만족할 수 있는 상영방식인 멀티플렉스는 시간이 흐르면서 여러 용도로 활용된다. 상영관을 비주류 영화에 내어주면서 영화 배급의 다양성을 추구할 수 있고, 한국과 같이 상영 쿼터제(Screen quotas)가 있는 국가의 경우 자국 영화 상영 할당치를 채울 수 있는 좋은 방식이 된다.[8] 또한 단관(單館)과 비교해 아이맥스(IMAX) 같은 발전하는 영화 기술을 빠르게 적용할 수 있는 여유가 있다. 관객의 취향 수용과 배급 및 상영의 측면에서 멀티플렉스가 경쟁력을 갖춘 이유다.

멀티플렉스로 대표되는 상업 영화관과 대척점에 있는 상영관은 아트하우스(Art House)로 불리는 예술영화 전용관이다. 아트하우스는 대중 시장과 거리가 있는 독립영화, 예술영화, 전문가 영화, 비주류 영화, 그리고 특정 국가나 감독의 영화를 선정해 상영하는 영화관이다. 즉 예술적, 실험적 시도를 하는 감독이나 상업성은 떨어지지만 높은 비평적 평가를 받는 작품이 주목을 받는 공간이다. 관객의 입소문과 비평가의 평가는 예술영화 전용관을 지지하는 토대다. 해외 유명 영화제나 독립영화제 출품작을 상영하는 극장이기도 하다.

### 글상자 12.2 독립영화

독립영화(Independent Film)는 대형 제작사가 아닌 회사가 제작, 배급한 영화를 의미한다. 제작비가 상업영화에 비해 낮고, 대형 배급사의 유통망이나 상영관을 거치지 않을 확률이 높다. 또한, 감독의 스타일이나 영화의 내용이 상업성을 추구하지 않는 영화를 뜻하기도 한다.

## 2. 영화의 규격화와 대량생산

### 1) 소리와 영상 문법의 발전

1920년대 후반부터 제작이 시도된 유성영화(Sound film, Talking pictures, Talkie)는 최초의 유성영화인 〈재즈 싱어(The Jazz Singer)〉(1927)가 성공한 후 할리우드 영화제작의 기준이 된다. 영화를 구성하는 요소인 시나리오, 연출, 연기, 편집, 소리의 문법 역시 이 시기에 상당 부분 완성된다.

영화에 소리를 도입하면서 관객의 영화 경험, 배우의 경력, 영화의 규격에 변화가 일어난다. 무성영화 시대에는 악단과 변사가 영상에 맞춰 실시간으로 이야기를 이끌고 배경음을 들려준다. 관객은 연극과 영화의 중간 단계로 볼 수 있는 무성영화 경험을 한다. 자막으로 처리된 대사가 영상 안이 아닌 영상 사이에 삽입되는 무성영화는 문학과 영상의 중간 형태이다.

무성영화 경험은 필름에 소리가 입혀지면서 사라진다. 변사와 악단이 주도하는 실황 상영은 사라지고, 관객은 규격화된 녹음 방식(옵티컬 사운드 녹음이나 더빙)에 맞춰진 동일한 음향을 경험한다. 책과 같이 제시되던 대사를 길게 쓸 시나리오 작가들이 영화산업에 진입하고, 신체언어를 주로 사용하던 무성영화 시대 배우들은 일자리를 잃는다. 혼자 각본, 제작, 연출, 음악을 담당한 찰리 채플린(Charles Chaplin)은 유성영화 시대에도 살아남지만, 이는 아주 드문 사례이다.

흑백영화는 자연스러운 색을 표현하는 점에서 컬러영화보다 나았고, 이 때문에 할리우드는 컬러영화 도입을 주저한다. 필름에 색을 입히다가 소리의 질이 떨어지는 등의 기술적 문제가 발생했기에 1900년대에 이미 존재한 컬러영화는 1950년대에 와서야 본격적으로 제작된다. 소리에 영향을 미치지 않는 테크니컬러(Technicolor)가 도입된 후 산업적으로 컬러영화의 제작이 가능해졌고, 1950년대에 이르면 영화의 절반 정도가 컬러로 제작된다.[9]

1950년대에 할리우드가 컬러영화를 받아들인 데에는 급성장하는 텔레비전 시장의 영향도 컸다. 텔레비전은 영화제작 방식에 또 다른 변화를 가져오는데, 바로 시네마스코프(Cinemascope)로 대표되는 35mm 아나모픽(Anamorphic, 일그러져 보이는 상(像)을 뜻한다) 제작 방식이다. 촬영 시 피사체를 압축해 찍었다가 상영 시 이미지를 펴서 정상으로 출력하는 이 방식은 더 나은 화질을 제공했기 때문에 70mm 필름을 대체한다.

영상은 색이나 촬영 기술의 발전뿐 아니라 촬영 기법의 고안을 통해 진화한다. 예를 들어 피사체를 밑에서 비추는 로우 앵글(Low angle)은 대상과 장면을 웅장하게 만들고, 하이 앵글(High angle)은 배경과 인물을 작게 만들어 이른바 전지적 작가 시점을 구현한다. 미세한 부분을 감추지 않는 하이 키(High key) 조명은 부드러운 느낌의 화면을 연출하는 반면, 주 조명이 아닌 배경 조명, 풀 라이트의 광도 비율이 큰 로 키(Low key)는 극단적 명암과 그림자 효과를 제시한다. 하이 키는 전형적 할리우드 드라마에 사용되고, 로 키는 공포영화와 필름 느와르에서 즐겨 사용된다. 기술의 발전에 힘입어 소리와 영상이 진화하면서 영화적 시점과 스타일이 정착한다.

### 2) 스튜디오 시대

체계를 갖춘 제작 시스템이 가동되면서 미국 영화산업은 전성기를 누린다. 대형 스튜디오의 황금기는 대략 1930년에서 1960년대, 특히 유성영화가 본격적으로 도입된 1927년부터 파라마운트 소송으로 독점이 금지된 1948년까지의 20여 년이다.

영화가 산업으로서 운용되는 단계는 제작, 배급, 상영으로 나눌 수 있다. 할리우드의 대형 스튜디오는 안정적인 제작과 배급 체제를 구축해 영화를 대량 생산한다.[10] 스튜디오는 시나리오를 저술하고 각색할 작가 발굴, 편집 기술과 안정적 연출력을 갖춘 제작진 섭외, 스타성이나 연기력을 갖춘 배우 계약, 효율적 제작 시스템을 지휘할 임원진을 완비해 합리적 예산 내에서 규격화된 영화를 만든다. 안정적 체제에서 다양한 이야기가 창작되면서 대형 스튜디오는 관객이 선호하는 서부영화, 뮤지컬 영화, 멜로드라마, 갱스터 영화 등의 장르를 창조한다. 대형 스튜디오가 신경 쓰지 않는 장르에 집중하는 중소 스튜디오까지 시장에 참여하면서 할리우드의 황금기가 시작된다.

대형 스튜디오는 이른바 빅 파이브(Big Five)로 불리는 20세기 폭스, 파라마운트, MGM, RKO(Radio-Keith-Orpheum), 워너브라더스(Warner Brothers)를 가리킨다. 중간급 스튜디오로 유나이티드 아티스츠(United Artists), 유니버설(Universal), 콜롬비아(Columbia)가 있고, 규모가 작거나, 특정 배우나 감독이 만들었거나, 뉴욕이나 캘리포니아가 아닌 지방에 위치한 중소 스튜디오가 존재한다.

스튜디오들은 배우와 감독을 선점하거나 배급 시스템을 공유하는 견제와 협업을 반복하며 영화 시장의 판을 키운다. 대형 스튜디오들이 관심을 가지지 않은 공포영화 장르에 주목해 회사의 덩치를 키운 유니버설이나 대형 스튜디오의 간섭으로부터 자유롭기 위해 찰리 채플린과 D. W. 그리피스(D. W. Griffith) 등이 세운 유나이티드 아티스츠는 영화산업의 영역을 확장한 대표적 중소 스튜디오이다.

### 3) 스타 배우와 영화산업

영화에 섭외되는 배우는 화제를 몰고 올 수 있는 인물이어야 한다. 사라

번하트의 예에서 보듯이 카메라의 피사체가 되는 배우는 연극 무대에서 이미 스타성을 인정받은 경우가 많았다. 상업성을 고려하는 영화에서 배우의 이름값은 중요하다. 게다가 스크린 위에 투사되는 배우의 후광이라는 미학적 요소가 고려되면서 영상 매체에 적합한 배우가 등장한다. 영화산업이 자리를 잡으면서 연극이 아닌 다양한 경로(광고나 텔레비전 같은 다른 분야에서의 검증, 공개 오디션이나 에이전트의 섭외 등)를 통해 배우가 영화에 데뷔하는 사례도 늘어난다.

배우의 외모, 연기, 사생활, 이미지 등은 줄거리, 연출 의도, 제작 과정과 맞물려 영화의 성공을 보장한다. 관객이 영화를 선택하는 기준 중 각본, 연출과 함께 배우는 빠뜨릴 수 없는 고려 대상이다. 대중이 영화 기술을 담당하는 연출진이나 제작자들을 접하기 어려운 현실을 고려할 때, 화제에 오르는 감독이나 배우는 영화의 흥행을 좌우한다.

할리우드 역시 이런 스타 배우의 영향력을 일찍이 간파한다. MGM 제작자 루이 B. 메이어(Louis B. Mayer)가 발굴한 그레타 가르보(Greta Garbo), 조안 크로포드(Joan Crawford), 클라크 게이블(Clark Gable) 등의 예에서 알 수 있듯이 스타 배우의 이미지는 스튜디오의 제작 경향(아름답거나 잘생긴 배우, 화려한 배경과 의상을 활용하는 MGM)과 맞물리기도 한다.[11]

배우의 스타성을 높이 산 스튜디오는 특정 배우와 전속계약을 맺는 경우가 많았다. 스튜디오는 계약을 통해 언론과 팬을 관리하는 현대의 기획사 역할을 담당했고, 이런 스튜디오 체제는 가끔 배우에게 부정적 영향을 미치기도 했다. 스튜디오가 계약을 맺은 감독이나 스튜디오 사장의 성향을 따라 특정 장르나 주제를 다루는 작품에 배우를 배치하려 했기 때문이다. 조안 크로포드는 MGM이 자신을 위해 창조한 현대적 도시 여성의 이미지를 벗어나기 위해 계약 해지도 불사하지만, 워너브라더스와 계약한 후에도 자신의 배우 경력을 다시 이끌 역을 찾는데 몇

년을 허비한다.[12] 대중이 인식하는 스타의 이미지가 쉽게 바뀌지 않고, 스튜디오 역시 배우의 기존 이미지를 재생산하기 때문이다.

스타 배우는 영화가 생산한 결과물이지만 거꾸로 영화산업에 영향을 미치기도 한다. 전속계약 및 근로조건과 관련해 영화사에 이름을 남긴 대표적 예는 올리비아 드 해빌랜드(Olivia de Havilland)와 재키 쿠건(Jackie Coogan)이다. 드 해빌랜드는 워너브러더스를 상대로 한 소송에서 배우가 시나리오를 선택하기 위해 촬영을 거절한 기간도 계약에 포함되어야 한다고 주장한다. 공장처럼 영화를 찍어내던 스튜디오 시대에 스튜디오 경영진은 전속계약 배우를 최대한 활용하기 위해 무리한 촬영을 감행하곤 했다. 이런 관습에 반기를 든 드 해빌랜드는 배우가 예술가로서 작품을 선택할 권리를 주장하고 승소한다.

채플린 영화 〈키드(The Kid)〉(1921)를 통해 할리우드 초기 스타 아역 배우가 된 쿠건은 드 해빌랜드와 달리 새드 엔딩을 맞는다. 쿠건은 생모와 계부를 상대로 아역 배우 시절 자신이 벌었다고 추정되는 백만 달러 단위의 수입 반환을 요구하는 소송을 제기한다. 캘리포니아 법정은 성인이 된 쿠건의 요청을 받아들여 수입 반환을 명령하지만, 그가 부모로부터 회수한 재산은 얼마 되지 않는다. 이후 발효된 쿠건법(Coogan Law, 1939)을 통해 할리우드에서 일하는 아역배우는 자신이 번 소득의 일부를 위탁해 보호받고, 교육과 근로 시간을 보장받는다.[13] 주디 갈란드(Judy Garland)와 같은 슈퍼스타조차 약물을 투여받으며 일한 당시 상황을 고려하면, 상기한 스타 배우들의 소송은 영화산업이 노동자들을 고려하게 만든 상징적 사건이다.

## 3. 영화 장르의 이데올로기

### 1) 장르의 탄생과 발전

계급, 기호, 문화는 제스처, 악센트, 스타일 등을 통해 체현된다. 이런 상징, 기호들이 문화 내에서 조직되고 수용되는 체계인 약호(Coding)를 통해 영화는 현실을 재편하고, 관객도 영화를 수용한다.[14] 물론 관객이 영화적 관습, 혹은 영화의 약호를 입장에 따라 다르게 받아들일 가능성은 존재하지만, 대부분의 영화는 그 영화적 관습이나 약호를 통해 구성되고 관객을 끌어들인다. 장르는 이런 관습과 약호, 스타일의 총체이다. 스튜디오 시대에 정착한 장르 영화는 관객이 특정 영화를 이해하기 쉽게 만드는 장치이다.

설립 당시 소규모 스튜디오인 유니버설은 프랑켄슈타인 시리즈, 드라큘라 시리즈 등을 통해 공포영화 시장을 개척한다. 공포영화는 1960년대에서 1970년대에 하이틴 영화와의 융합을 통해 변형된 형태로 생명력을 유지한다. 공포 영화는 특정 팬층을 위한 장르물이지만, 21세기에 두각을 나타낸 좀비 영화와 같이 대중적 지지를 얻는 사례도 있다.

서부영화는 서부 개척기의 역사와 신화적 인물을 소재로 제작된다. 존 웨인(John Wayne)과 존 포드(John Ford) 콤비로 대표되는 1세대 서부영화는 카우보이가 악당 및 원주민과 대결하는 권선징악 구도를 가진다. 샘 페킨파(Sam Peckinpah)와 세르지오 레오네(Sergio Leone)는 선악의 경계를 흐리고 폭력 묘사에 집중하는 2세대 서부영화를 대표하는 감독이다. 클린트 이스트우드(Clint Eastwood)가 연출하고 주연한 현대 서부극, 그리고 〈늑대와 춤을(Dances with Wolves)〉(1990) 같은 영화로 기억되는 3세대 서부영화는 자기 반영적, 자기 비판적 서부인의 모습을 그려낸다.

1942년 프랑스 비평가 니노 프랑크(Nino Frank)는 인간의 어두운 심리와 세계관을 묘사한 영화들을 필름 느와르(Film noir), 즉 어두운 영화로 명명한다. 초기에는 다실 해미트(Dashiell Hammett), 레이먼드 챈들러(Raymond Chandler), 제임스 케인(James Cain)과 같은 작가들이 쓴 하드보일드(Hard-boiled) 소설이 필름 느와르에 플롯을 제공한다. 탐정, 추리, 범죄 소설로 간주되는 하드보일드는 인간의 본성을 가감 없이 묘사하고, 기존의 정치, 사회 권력에 대해 냉소적 시선을 던진다. 필름 느와르는 하드보일드의 주제의식을 받아들이면서 장르의 주제와 이야기 방식을 확장한다. 비선형적 사건 구성, 도덕적 결함을 지닌 주인공, 완결되지 않은 결말 등이 느와르의 특징으로 여겨지지만,[15] 필름 느와르에 대한 정확한 정의를 내리기는 힘들다. 미국 영화계는 1970년대에 와서야 본인들이 생산하고도 주목하지 않던 필름 느와르를 본격적으로 연구한다.

　초기 멜로드라마는 고딕적 배경을 설정하고, 권선징악을 주제로 삼는다. 현대적 의미의 멜로드라마는 과도한 감정을 표현하는 극을 뜻하는데, 감정과 더불어 과도한 극적 내용과 양식을 추구한다. 멜로드라마의 주인공은 대부분 목적을 실현하는 데에 실패한다. 방해하는 요인은 가족의 해체, 이별, 상실, 정체성의 오인과 위협 등이다. 주인공이 욕망을 투사하면서 겪는 강박, 우울 등이 관찰되고, 영화 속 제스처, 음악, 도상을 통해 주인공의 정동이 관객에게 전달된다.[16]

　할리우드 멜로드라마는 1930년대부터 1950년대까지 꾸준히 제작된다. 주로 여성 주인공이 자신의 주체성을 자각하고 욕망을 실현하는 과정과 그 실패를 담는다. 멜로드라마는 신분 상승과 자녀 양육 등 계층적 요소를 결합하면서 장르 안에서 다양한 변주를 시도한다. 하지만 멜로드라마가 여성 영화만을 지칭하는 용어는 아니다. 멜로드라마는 과도한 감정을 드러내는 모든 영화, 즉 멜로드라마적 서부영화, 멜로드라마적

갱스터 영화 등을 아우를 수 있는 장르 개념이다.

## 2) 장르와 스타 배우

장르는 서로 다른 화법을 가진 영화들을 구분하는 기준 중 하나이고, 영화를 이해하고 접근하는 가장 유용한 방법이다. 스타 배우는 특정 영화의 화법과 이미지를 체현하는 매개로서 작동한다. 관객의 입장에서 장르와 스타 배우는 자신들의 취향을 형성하고 감정적 동화를 이끄는 주요 요인이다. 영화에 심각하게 접근하는 관객의 경우 여기에 더해 감독의 예술적 비전과 연출을 고려하지만, 대부분의 대중은 장르와 스타 배우를 보고 영화를 선택한다.

장르는 반복적인 약호, 관습, 시각적 스타일을 사용해 그만의 규칙을 만들어간다. 때로는 관객의 기대를 벗어나는 변용을 통해 그 영역을 확장한다. 스타 배우는 특정 역할이나 연기 스타일을 통해 비평적 평가를 받거나 상업성을 인정받는다. 배우 역시 연기나 배역을 반복하지만, 그 반복에 차이를 더해 생명력을 늘이기도 한다. 시장과 관객은 특정 장르를 편애하고, 스타 배우의 이미지에 열광함으로써 산업을 성장시킨다. 주류 언론, 텔레비전과 같은 매체, 소셜네트워크서비스(SNS)는 산업의 조력자 역할을 한다.

할리우드 영화산업의 경우 장르의 반복은 속편(Sequel)과 리메이크(Remake) 제작으로 귀결된다. 선형적 시간 개념이 사라진 21세기에는 한 영화나 영화 시리즈가 성공을 거두면 그 전편(Prequel), 외전(Spin-off), 확장판(Extension)까지 제작된다. 스타 배우의 경우 반복은 역할 복제로 나타난다. 이 둘이 얽히면서 산업의 규모를 키우고, 서로의 영역을 확장한다.

첩보물은 전형적인 속편 제작이나 역할 반복을 관찰할 수 있는 대표적 장르다. 007 시리즈는 서로 느슨하게 연결되는 스파이 제임스 본드(James Bond)의 이야기들을 담는 동시에 다양한 본드 캐릭터와 본드걸을 탄생시킨다. 로저 무어(Roger Moore), 숀 코너리(Sean Connery), 다니엘 크레이그(Daniel Craig) 등이 본드 역을 수행하며 스타로 성장한다. 또한, 동일한 작품이 배우를 바꿔 리메이크되기도 하고, 코미디로 장르를 바꿔 재해석한 〈카지노 로열(Casino Royale)〉(1967) 같은 외전이자 패러디가 제작되기도 한다. 〈제이슨 본(Jason Bourne)〉 시리즈가 본드의 전형성을 비판하면서 창조되자, 그 비판 역시 부분적으로 수용하며 현대적 스파이인 다니엘 크레이그의 본드를 창조한다. 결국, 장르와 스타 배우는 영화산업과 함께 성장하면서 분화하고 발전한다.

## 4. 영화제작과 배급의 구조

### 1) A급 영화와 B급 영화

스튜디오 시대 영화 상영방식은 한번 입장을 하면 2편의 영화를 동시에 보여주는 동시 상영(Double bill)이다. 동시 상영 이전에는 니켈로데온의 상영방식이 고수된다. 즉 실황 공연, 애니메이션, 뉴스, 영화 본편(Main feature film)을 섞어 관객에게 제공한다. 대공황이 닥치면서 관객이 급감하자 지역 상영관들은 영화 1편 가격에 2편을 볼 수 있는 프로그램을 고안한다. 이 동시 상영관은 1편의 본 영화만을 보여주는 개봉관보다 더 많은 관객을 끈다.

동시 상영관이 증가한 이유를 영화산업의 구조에서도 찾을 수 있다. 유성영화의 인기에 힘입어 스튜디오의 영화제작 편수는 증가한다. 당시 대형 스튜디오의 영화 1편당 평균 제작비는 대략 20만 달러 내외였다.

영화 한 편 당 5만 달러부터 100만 달러에 이르는 제작비가 투입된 상황에서 저예산 영화는 고예산 영화 제작 중 발생하는 공백기에 이미 계약한 인력과 스튜디오를 활용하는 방편이었다.[17] 소형 스튜디오들은 대형 스튜디오 영화의 영향이 미치지 못하는 교외와 소형 상영관, 그리고 동시 상영관에서 많은 비용이 투입된 영화와 함께 상영될 저예산 영화를 만든다.

그 결과 뉴스, 단편, 희극 영화, 애니메이션, 저가 영화를 상영한 후 고가의 영화를 상영하는 방식이 자리 잡는다. 원래 B급 영화는 동시 상영이 이루어질 경우 대규모 자본과 스타 배우가 투입된 A급 영화가 상영되기 전에 상영된 영화를 뜻한다. 배급사와 상영관은 동시 상영을 선호하는데, A급 영화는 관객 수에 따라 수입 배분을 하지만 B급 영화는 고정 가격에 판매되었기 때문이다. 스튜디오 입장에서는 고정 수입이 확정된 상태에서 영화를 제작, 배급할 수 있고, 상영관 입장에서는 고정 지출이 나간 이후의 수입을 가져갈 수 있다. 대형 스튜디오의 상영관 체인에 속하지 않은 상영관은 자의적으로 동시 상영될 B급 영화를 선택하기 힘들었기에 영화 두 편을 묶어 구매한다. 이런 이유들 때문에 1935년까지 미국 상영관의 85%가 동시 상영방식을 택한다.[18]

적은 예산으로 제작되고, 신참 감독, 작가, 배우가 투입되는 B급 영화의 예술적 성취가 낮지는 않다. 예술가의 창의성은 제한된 자본에서 발휘되는 경우가 많다. 또한, 영화 시장이 선호하지 않는 초기의 서부 영화, 공포 영화 등이 B급 영화를 통해 장르의 문법을 완성한다.[19] 감독의 연출과 배우의 연기가 숙성되는 무대 역시 B급 영화계이다. 물론 B급 영화 영역이 자리를 잡으면서 주류가 되지 못하고 저예산 영화계에서 경력을 마치는 배우와 감독도 등장한다.

B급 영화는 아이러니하게도 스튜디오 시대의 종말과 함께 질적으로 낮은 영화라는 뜻을 가지게 된다. 예술 창작이나 제작 방식의 실험 무대

로서 B급 영화가 가진 특성은 스튜디오 시대가 끝난 후에 사라진다. 순전히 상업적 측면에서만 B급으로 제작된 영화는 이전의 실험 정신을 저버린다. 예술적 열망 없이, 제작 당시 관객의 선호를 이용하는 영화, 흔히 익스플로이테이션 영화(Exploitation film)라고 부르는 장르는 스튜디오 시대가 끝난 후 등장한 B급 영화의 대표적 예이다.

### 2) 일괄 판매와 맹목적 예약 판매

일괄 판매(Block booking)는 A급 영화를 B급 영화와 함께 판매하는 방식이다. 일괄 판매 시 대형 스튜디오가 고정 가격으로 판매하는 B급 영화의 질을 신경 쓰지 않는 폐해가 발생하곤 한다. 극장주는 A급 영화를 상영하기 위해서 기본 줄거리와 감독, 배우만 알려진(상당수는 제작 이전의) B급 영화를 보지도 않고 구입해야 했다. 대형 스튜디오는 선판매를 통해 제작비를 확보할 수 있지만, 배급자와 극장주는 환급을 받을 수 없는 일종의 투자를 하는 셈이다. 이 맹목적 예약 판매(Blind bidding)는 ① 5대 대형 스튜디오에 대한 규제(1940년 판결, 1940년대 말에서 1950년대 초 수행)로 극장주가 맹목적 예약 판매를 통해 허가를 받은 영화 중 20%를 거절하는 것이 가능해지고, ② 1968년 연방법원 명령(1968년 발효해 1975년까지 유효)으로 대형 스튜디오의 맹목적 예약 판매 영화를 1년에 3편으로 제한하고, ③ 연방법원의 명령 시효가 끝난 후 1978년부터 각 주의 법원들이 맹목적 예약 판매와 관련해 판결을 내리면서[20] 규제를 받는다.

스튜디오 시대의 유산인 일괄 판매와 맹목적 예약 판매, 특히 후자는 배급자의 편의를 위한 관행이다. 극장주는 보지도 못한 영화를 배급자의 판매전략에 휘둘리며 선구매하면서 부당함을 느낄 수밖에 없다. 영화 상영을 위해 빚을 져야 하고, 영화 한 편의 흥행 실패가 치명적 타격이 될 수 있는 소규모 상영관 입장에서 맹목적 예약 판매는 없어져야 할 관행이다. 그러나 영화 시장에서 배급자는 상영자보다 우위를 점해 왔고, 미국 몇몇 주에서 금지되었지만, 맹목적 예약 판매는 여전히 이루어지고 있다.

### 3) 제작규범과 산업논리

헤이스 규범(Hays Code)으로도 불리는 할리우드의 영상제작규범(Motion Picture Production Code)은 1930년대부터 1960년대까지, 즉 스튜디오의 황금기에 실시된 영화 검열 기준이다. 영화제작배급협회장이었던 윌리엄 헤이스(William Hays)가 1930년 천주교, 개신교, 유대교 단체 및 공익 단체의 요구를 받아들여 영화에 표현되는 성, 종교, 정치, 폭력을 규제하는 방안을 마련한다.

문제는 영화제작배급협회와 종교 단체들이 내세운 미풍양속을 해치는, 도덕적이지 않은 영화를 판단하는 기준이다. 신성모독, 외설, 폭력을 받아들이는 사람들의 입장은 다양할 수밖에 없다. 그런데 헤이스 사무실이 설정한 기준을 통과하지 못하면 영화 상영 인가를 주지 않는 조치는 제작사를 압박한다. 이렇게 제작사가 알아서 눈치를 보는 상황을 만든 제작규범이 영화제작에 긍정적 영향을 미쳤다고 보는 시선도 있다. 제작규범의 시행 초기 제작사가 스스로 주제 표현과 줄거리를 다듬어서 효율적인 영화제작을 이끌었다는 평가가 대표적이다.[21]

그러나 제작규범은 영화의 몇몇 장면을 덜어내는 결과만 초래하지는 않는다. 규범이 영화의 결론, 인물의 성격화, 줄거리 전개에 끼친 영향은 지대하다. 남자와 여자의 사랑은 결혼으로 끝나고, 범죄자는 처벌을 받는 식의 결말이 나는 영화는 현실을 반영한다고 보기 어렵다. 제작규범이 영향을 미친 대표적 영화는 〈스카페이스(*Scarface*)〉(1934)

이다. 주인공 토니는 폭력을 행사하면서 일종의 희열마저 느끼는 인물이고, 원래 의도한 결말에서도 경찰에 끝까지 저항하다가 최후를 맞이한다. 그러나 헤이스 사무실의 권고를 받은 제작자는 감독의 동의를 받지 않고 토니가 경찰에 잡혀 도망가다가 총을 맞는 결말을 삽입한다. 범죄를 문제 삼고, 사회의 각성을 요구하는 교조적 장면도 여러 번 등장한다. 영화의 또 다른 엔딩에서는 토니가 교수형에 처해지기도 한다. 감독의 의도와 상관없이 수정된 영화는 제작자와 헤이스 사무실의 입맛에 맞춘 결과물이다. 등장인물의 성격과 주제가 왜곡된 〈스카페이스〉 사례는 제작규범의 폐해를 제시한다.

이런 제작규범은 1960년대에 서서히 사라진다. 〈누가 버지니아 울프를 두려워하랴?(*Who's Afraid of Virginia Woolf?*)〉(1966)를 시작으로 검열을 신경 쓰지 않는 영화들이 등장하고, 1960년대에 꽃을 피운 성 권력과 정치 권력에 대한 저항운동은 제작규범 폐지를 촉구한다. 결국, 1968년 미국영화협회는 연령에 따른 등급제를 도입해 미성년자의 연령대별로 관람 가능한 영화를 선정하고 상영하는 방식을 택한다.

연령 등급제는 오늘날까지 유효하며, 폭력, 외설, 언어, 누드 등을 기준으로 관람 연령을 설정한다. 연령 등급은 모든 연령 관람(G: General Audiences), 어린이는 부모의 지도 필요(PG: Parental Guidance Suggested), 13세 미만의 경우 부모 주의 필요(PG-13: Parents Strongly Cautioned), 17세 미만 부모 동행이나 성인 지도 필요(R: Restricted), 17세 미만 관람불가(NC-17: No Children Under 17 Admitted)로 나뉜다. 이런 연령 등급 역시 영화제작과 배급 방향에 영향을 줄 수밖에 없다. 예를 들어 NC-17을 받는 영화는 R등급을 받기 위한 편집을 시도할 수 있다. 영화 배급 범위와 수익에서 차이가 나기 때문이다.

## 5. 미디어 변화와 영화 콘텐츠

할리우드 영화산업은 새로운 미디어가 등장할 때마다 위기를 맞지만 나름의 생존전략을 모색한다. 1950년대 텔레비전이 대중에 보급되자 관객은 안방극장으로 몰린다. 영화제작사들은 텔레비전 회사를 설립, 합병하거나 텔레비전 시장에 진출함으로써 위기를 타개한다.[22] 수십 년 전에 이미 개발된 컬러 영화를 50년대 이후 시장에 도입한 이유도 색을 입힌 필름이 텔레비전에 안착했기 때문이다. 콜롬비아는 텔레비전 제작사 설립으로, 워너브러더스와 디즈니는 텔레비전 시장에 진출하면서 새로운 미디어와의 공존을 꿈꾼다. 심지어 RKO는 텔레비전 회사에 영화 저장소를 통째로 넘긴다.

텔레비전 도입으로 인한 위기를 벗어난 스튜디오들은 1960년대 이후 대기업과 합병하면서 매출을 다각화하고, 새로운 미디어에 적응한다. 그들은 1980년대 후반부터 뉴스, 잡지, 영화, 레코드 등에 걸친 종합 멀티미디어 그룹으로 변신한다.[23] AOL 타임워너(워너 브러더스), 뉴 코퍼레이션 주식회사(20세기 폭스) 등의 예에서 볼 수 있듯 회사명에서 스튜디오의 흔적을 알아채기 힘들다.

영화사의 대기업화는 영화의 스펙터클을 부각하고 화법과 캐릭터의 중요성을 감소시킨다. 블록버스터(Blockbuster)는 원래 2차 세계대전 당시 한 블록을 통째로 날릴 정도의 폭발력을 가진 폭탄을 뜻한다. 많은 제작비를 들여 관객에게 스펙터클을 제공함으로써 상업적 성공을 거두는 블록버스터가 본격적으로 제작된 시기가 1960년대인 이유 중 하나는 상기한 영화산업의 구조 개편이다.

텔레비전과 컬러 영화로 시작된 매체의 다변화와 시청각 기술 발달은 제작사의 구조 조정뿐 아니라 관람 관습의 변화도 가져온다. 상영과 시청의 관점에서 보자면 관객이 영화관을 방문해서 일방적으로 영상을 수용하는 관행은 점차 사라진다. 1970년대부터 영화와 텔레비전은 같은 제작 기술을 사용하기 시작하고, 이는 그들이 공유한 규격이 20세기에서 21세기로 접어들면서 변화하는 양상(4:3-〉16:9)에서도 관찰된다. 70년대 중반부터 등장한 홈비디오는 관객이 제작 과정을 인지하는 계기가 되었을 뿐 아니라 규정되고 규제되는 영상 문법을 바꾸고 실험하는 기회를 제공한다. 이로써 가정에서도 영화관과 비슷한 영상 경험을 할 수 있게 된다.

상영관이 영화관에서 가정으로 바뀌면서 제작 관행도 변한다. 비디오 홈시스템(VHS)이나 디브이디(DVD)와 같은 영상 방식은 영화관에서 거두지 못한 수입을 보완하는 보조 시장으로 자리 잡는다. 하지만 21세기에 들어 디지털 기술의 도움을 받은 케이블네트워크, 컴퓨터, 인터넷프로토콜텔레비전(Internet Protocol Television, IPTV)이 등장하면서 제작사는 전통 영화시장과 별개의 수익 모델을 모색한다. 가정용 영상시장을 위한 영화제작이 그 규모나 목표 관객의 측면에서 전통 영화시장에 버금가는 규모로 성장했기 때문이다. 에이치비오(HBO, Home Box Office), 넷플릭스(Netflix), 아마존(Amazon)은 자체 제작 영화를 통해 독립 제작사로서의 역량을 과시한다. 디즈니 같은 엔터테인먼트 그룹 역시 디지털 텔레비전 회사를 설립함으로써 새로운 시장을 개척한다.

디지털 기술의 발달은 매체뿐 아니라 영화 콘텐츠의 확장으로 이어진다. 원작 속 극적 현실을 영상으로 구현하게 되면서 21세기 영화 시장에서 판타지 문학, 만화, 아동문학이 주요 소재로 활용된다. 영화가 원작을 뛰어넘는 비평적 평가를 받는 경우도 발견된다.[24] 〈반지의 제왕(The Lord of the Rings)〉과 〈해리 포터(Harry Potter)〉 시리즈가 문학을 영상으로 바꾸어 원작만큼의 평가를 받은 사례라면, 마블 시네마틱 유니버스(The Marvel Cinematic Universe, MCU)는 하나의 장르이자 세계관으로서 원작을 넘어서는 영화만의 정체성을 구축한다. 만화나 판타지 문학이 다른 원작과 비교해 가지는 강점은 연계 상품으로의 확장성이다. 그들은 전통 문학이나 영화 시나리오에 비해 테마파크, 컴퓨터 오락, 비디오 게임, 디지털 문학 등의 상품으로 발전할 가능성이 높다. 대중문화에 뿌리를 둔 탓이다.

매체의 확장은 콘텐츠의 다양화와 함께하기도 한다. 영화에 머무르지 않고 디즈니 디지털 네트워크의 자체 제작 프로그램을 통해 배역과 세계관을 확장한 마블 시네마틱 유니버스와 스타워즈(Star Wars), 그리고 아마존 플랫폼을 빌린 〈반지의 제왕〉 리메이크가 대표적이다. 디지털화를 통해 축적된 자료는 제작과 배급 비용을 절약할 뿐 아니라 이야기의 연계와 확장도 자유롭게 수행한다.

영화산업은 일련의 혁신을 통해 규모를 키우지만, 역으로 자신의 정체성에 질문을 던지기도 한다. 예를 들어 〈옥자〉(2017)는 상영관보다 스트리밍 서비스를 통해 먼저 개봉되어 영화제 후보작 자격 논란을 일으킨다.[25] 이런 사례는 매체 다양화와 관객 접근성 논의에 앞서 영화의 개념을 재정의한다. 상영관 중심의 영화 감상 주도권을 수호하려는 기존 영화계의 의지도 살펴볼 수 있다. 하지만 인터넷 플랫폼의 영향력을 고려할 때 할리우드가 온라인 상영을 산업구조에 끌어들일 확률은 높다.

영화산업의 설립과 발전은 재현 기술의 발달, 미디어의 변화와 확장, 제작사의 구조 조정을 통해 이루어진다. 예술적 비전과 재능에 대한 고려가 빠질 수는 없지만, 적어도 할리우드 영화산업은 문화 상품으로서 개념을 확립한 예이다. 문화산업은 영화, 음악, 방송, 출판, 거대 이벤트, 레저의 하위 장르로 구성된다. 영화는 문화산업의 일부로서 다른 장르들을 포괄하는 생산물이다. 또한 영화는 문화현상으로서 원작, 영상, 배우, 등장인물, 관객, 제작 현실, 미디어가 결합한 의미작용이다.[26] 산업이든 현상이든 21세기에 영화가 문화재로서 가지는 위상은 문학과 같은 전통적 텍스트가 가진 위상과 다를 바가 없다. 자본주의와 연계된 문화산업으로서, 다양한 예술 장르를 수용할 수 있는 문화현상으로서 영화가 가지는 영향력은 계속 커지고 있다.

## 주

1) Mary Warner Marien, 2006, *Photography: A Cultural History*, 2nd ed. (London: Laurence King Publishing), pp. 12–15.
2) 그래엄 터너, 1994, 『대중 영화의 이해』 (서울: 한나래), p. 47.
3) Jens Ulff-Möller, 2001, *Hollywood's Film Wars with France* (Woodbridge, NY: University of Rochester Press), pp. 8–12, 18–19.
4) 부르크하르트 뢰베캄프, 2005, 『할리우드』 (서울: 예경), pp. 10–12.
5) Robert Hamilton Ball, 2013, *Shakespeare on Silent Film: A Strange Eventful History* (New York: Routledge), p. 24.
6) Paul McDonald, 2000, *The Star System: Hollywood's Production of Popular Identities* (New York: Columbia University Press), pp. 23–24.
7) "Stan Durwood; Multiplex Theater Pioneer," *LA Times*, 16 July 1999.
8) 자국 영화산업을 보호하려는 상영 쿼터제는 영국에서 시작해 한국, 브라질, 스페인 등에서 시행되고 있다.
9) 부르크하르트 뢰베캄프, 2005, p. 70–71.
10) Tino Balio, 1995, *Grand Design: Hollywood as a Modern Business Enterprise, 1930–1939* (Berkeley, CA: University of California Press), pp. 73–76.
11) Joel W. Finler, 2003, *The Hollywood Story*, 3rd ed. (London and New York: Wallflower), p. 156.
12) Jane M. Gaines, 1991, *Contested Culture: The Image, the Voice, and the Law* (Chapel Hill, NC: The University of North Carolina Press), p. 164.
13) Shayne J. Heller, 1999, "The Price of Celebrity: When a Child's Star-Studded Career Amounts to Nothing," *DePaul Journal of Art, Technology and Intellectual Property Law*, 10–1, pp. 161–174.
14) 그래엄 터너, 1994, 『대중 영화의 이해』 (서울: 한나래), pp. 117–120.
15) Paul Schrader, 1972, "Notes on Film Noir," *Film Comment* 8–1, p. 10–11.
16) Marcia Landy, 1991, "Introduction," in Marcia Landy (ed.), *Imitations of Life: A Reader on Film & Television Melodrama* (Detroit, MI: Wayne State University Press), pp. 14–15.
17) Joel W. Finler, 2003, *The Hollywood Story*, 3rd ed. (London and New York: Wallflower), pp. 41–42.
18) 부르크하르트 뢰베캄프, 2005, pp. 51–52.
19) Blair Davis, 2012, *The Battle for the Bs: 1950s Hollywood and the Rebirth of*

        *Low-Budget Cinema* (New Brunswick, NJ: Rutgers University Press), pp. 8–16.
20) Suzanne I. Schiller, 2002, "The Relationship between Motion Picture Distribution and Exhibition: An Analysis of the Effects of Anti-blind-bidding Legislation," in Ina Rae Hark (ed.), Exhibition, *The Film Reader* (London: Routledge), pp. 110–114.
21) 부르크하르트 뢰베캄프, 2005, p. 58.
22) Marc Wanamaker, 2009, *Hollywood, 1940–2008* (Charleston, SC: Arcadia Publishing), p. 93.
23) Timothy Corrigan, 2011, "Books and movies as multimedia: into the new millennium," in Timothy Corrigan (ed.), *Film and Literature* (New York: Routledge), pp. 43–51.
24) Thomas Leitch, 2003, "Twelve Fallacies in Contemporary Adaptation Theory," *Criticism* 45–2, pp. 149–171.
25) Gwilym Mumford, "Cannes apologises after technical problems and booing disrupts Netflix film Okja," *The Guardian*, 19 May 2017.
26) 그래엄 터너, 1994, 『대중 영화의 이해』, 한나래, p. 177.

## 참고문헌

### 1. 한글문헌

그래엄 터너. 1994. 『대중 영화의 이해』. 서울: 한나래.
부르크하르트 뢰베캄프. 2005. 『할리우드』. 서울: 예경.

### 2. 영어문헌

Balio, Tino. 1995. *Grand Design: Hollywood as a Modern Business Enterprise, 1930–1939*. Berkeley, CA: University of California Press.
Ball, Robert Hamilton. 2013. *Shakespeare on Silent Film: A Strange Eventful History*. New York: Routledge.
Corrigan, Timothy. 2011. "Books and movies as multimedia: into the new millennium." in Timothy Corrigan (ed.). *Film and Literature*. New York: Routledge.
Davis, Blair. 2012. *The Battle for the Bs: 1950s Hollywood and the Rebirth of Low-Budget Cinema*. New Brunswick, NJ: Rutgers University Press.
Finler, Joel W. 2003. *The Hollywood Story*. 3rd ed. London and New York: Wallflower.
Gaines, Jane M. 1991. *Contested Culture: The Image, the Voice, and the Law*.

Chapel Hill, NC: The University of North Carolina Press.

Heller, Shayne J. Fall 1999. "The Price of Celebrity: When a Child's Star-Studded Career Amounts to Nothing." *DePaul Journal of Art, Technology and Intellectual Property Law*. 161-74.

Landy, Marcia. 1991. "Introduction." in Marcia Landy (ed.). *Imitations of Life: A Reader on Film & Television Melodrama*. Detroit, MI: Wayne State University Press.

Leitch, Thomas. Spring 2003. "Twelve Fallacies in Contemporary Adaptation Theory." *Criticism*. 149-71.

Marien, Mary Warner. 2006. *Photography: A Cultural History*. 2nd ed. London: Laurence King Publishing.

McDonald, Paul. 2000. *The Star System: Hollywood's Production of Popular Identities*. New York: Columbia University Press.

Mumford, Gwilym. "Cannes apologises after technical problems and booing disrupts Netflix film Okja." *The Guardian*. 19 May 2017.

Schiller, Suzanne I. 2002. "The Relationship between Motion Picture Distribution and Exhibition: An Analysis of the Effects of Anti-blind-bidding Legislation." in Ina Rae Hark (ed.). *Exhibition, The Film Reader*. London: Routledge.

Schrader, Paul. Spring 1972. "Notes on Film Noir." *Film Comment*. 8-13.

Ulff-Möller, Jens. 2001. Hollywood's Film Wars with France. Woodbridge, NY: University of Rochester Press.

Wanamaker, Marc. 2009. *Hollywood, 1940-2008*. Charleston, SC: Arcadia Publishing.

## 김정규(Kim, Jeong-Gyu)

연세대학교 사회학과에서 학사와 석사를 마치고, 미국 뉴욕주립대학교 버펄로 대학(University at Buffalo, State University of New York)에서 사회학박사 학위를 취득하였다. 현재 계명대학교 국제지역학부 미국학전공 교수로 재직 중이며 국제학연구소장을 맡고 있다. 미국 UC 얼바인 대학교(University of California, Irvine) 사회학과에서 방문학자로 연구하였다. 주된 연구관심은 미국사회, 일탈과 범죄, 인종과민족, 이주자, 사회문제 등이다. (연락처 jkim@kmu.ac.kr)

## 김명수(Kim, Myung Soo)

연세대학교 경제학과와 동대학원 경제학과 석사과정을 졸업하였다. 게이오기주쿠대학(慶應義塾大學) 대학원 경제학연구과에서 박사학위를 취득했다. 게이오기주쿠대학 경제학부 연구조수와 조교수를 거쳐 2012년부터 계명대학교 국제지역학부 일본학전공 교수로 재직 중이다. 그밖에 2019년부터 계명대학교 국제학연구소『국제학논총』편집위원장을 맡고 있으며, 2021년부터 Society for Cultural Interaction in East Asia(동아시아문화교섭학회)의 부회장을 맡고 있다. 한국과 일본의 근대경제사를 대상으로 한 다수의 저역서와 논문이 있다. (연락처 omoiyari@kmu.ac.kr)

## 윤성환(Yoon, Seong Hwan)

경희대학교 무역학과에서 학사, 석사, 박사과정을 졸업하고 중국 칭화(淸華)대학교에서 마케팅을 전공하여 경영학 박사학위를 취득하였다. 현재 계명대학교 인문국제학대학 국제지역학부 중국학전공 교수로 재직하며 중국 경제와 경영에 관하여 강의를 하고 있다. 최근 관심 분야는 중국의 경제발전 정책, 중국의 혁신 기업과 기업가 정신, 중국 디지털 마케팅 등이다. (연락처 yshwan70@kmu.ac.kr)

## 이동훈(Yee, Donghoon)

한국외국어대 졸업 후 도쿄대학교(東京大學) 총합문화연구과에서 일본 지역학으로 석사와 박사학위를 취득했다. 현재 계명대학교 국제학연구소 전임연구원으로 근무하고 있다. 관심 분야는 메이지 다이쇼 시기를 중심으로 한 일본 근현대사와 지역사 그리고 한일관계사이다. (연락처 yeedonghoon@gmail.com)

## 정상희(Jung, Sang Hee)

멕시코 Universidad Nacional Autónoma de México에서 중남미지역학으로 박사학위를 취득하였으며, 현재 계명대학교 국제지역학부 스페인어중남미학전공 부교수로 재직 중이다. 주된 연구 분야는 중남미 국제개발협력 분야이며 관련분야의 연구를 심화하고 있다. (연락처 sanghjung@kmu.ac.kr)

## 한미애(Hahn, Mi Ae)

이화여자대학교에서 지역학(유럽전공) 박사학위를 취득하였으며, 유럽연합과 회원국에 대한 지역학적인 관점에서 심도있는 연구를 지속하고 있다. 현재 계명대학교 국제학연구소 연구교수로 근무하며 국제지역학 연구에 있어 다학제적 통합 교육과정 개발과 국제지역전문가 양성 프로그램을 운영하고 있다. (연락처 hahnmiae@gmail.com)

## 김태형(Kim, Taehyung)

고려대학교 영어영문학과를 졸업하고 뉴욕대학교(New York University)와 UC 얼바인 대학교(University of California, Irvine)에서 각각 석사학위와 박사학위를 취득했다. 현재 군산대학교 영어영문학과 교수로 재직 중이다. 관심분야는 영화, 문화학, 영미희곡, 퍼포먼스 등이다. (연락처 thkim11@kunsan.ac.kr)

## 성일광(Sung, Il Kwang)

국립경상대를 졸업하고 이스라엘 히브리 대학에서 중동학 석사를, 텔아비브 대학에서 중동학 박사 학위를 취득했다. 현재 서강대 유로메나연구소에서 연구교수로 재직 중이다. 관심 분야는 현대 중동 역사와 이스라엘-팔레스타인 분쟁, 이슬람 원리주의 단체 연구 등이다. (연락처 ilkwangs@naver.com)

## 이지혁(Lee, Jihyouk)

부산대 국제대학원에서 국제지역학 박사학위를 취득 후 서울대학교 아시아연구소와 사회과학연구원에서 선임연구원으로 재직하고 있다. 고려대, 부산대, 동아대에서 동남아 국제관계와 지역학에 대해 강의했다. 관심 분야는 동남아 국제관계, 동남아 한국기업의 진출과 로컬 사회의 상호작용, 이슬람 금융, 이슬람 문화 등이다. (연락처 tankm@daum.net)